陕西师范大学人文社会科学高等研究院资助出版（项目编号2018GY006）

陕西师范大学人文社会科学高等研究院资助出版（项目编号2018GY006）

中国文学人类学原创书系

叶舒宪　主编

人类学仪式理论与实践

彭兆荣　著

陕西师範大學出版总社

图书代号：SK19N0767

图书在版编目(CIP)数据

人类学仪式理论与实践／彭兆荣著．—西安：陕西师范大学出版总社有限公司，2019.7
（中国文学人类学原创书系／叶舒宪主编）
ISBN 978-7-5695-0853-6

Ⅰ．①人…　Ⅱ．①彭…　Ⅲ．①文化人类学—研究　Ⅳ．①C958

中国版本图书馆 CIP 数据核字(2019)第 112883 号

人类学仪式理论与实践
RENLEIXUE YISHI LILUN YU SHIJIAN
彭兆荣　著

责任编辑　梁　菲
责任校对　刘存龙
装帧设计　锦　册
出版发行　陕西师范大学出版总社
（西安市长安南路 199 号　邮编　710062）
网　　址　http://www.snupg.com
印　　刷　西安牵井印务有限公司
开　　本　720mm×1020mm　1/16
印　　张　22.5
插　　页　2
字　　数　328 千
版　　次　2019 年 7 月第 1 版
印　　次　2019 年 7 月第 1 次印刷
书　　号　ISBN 978-7-5695-0853-6
定　　价　98.00 元

总序

2018年，正值中国改革开放40周年纪念之际，陕西师范大学出版总社推出“中国文学人类学原创书系”，对改革开放的时代大潮在人文学界催生的这个新兴学科，给出一个较全面的回顾与总结，以便继往开来，积极拓展人文学科的教学与研究新局面，可谓恰逢其时。

50后这代人的青春岁月，激荡在汹涌澎湃的“文革”浪潮之中。“文革”后的改革开放，相当于天赐给这一代知识人第二次青春。1977年恢复高考，我们在1978年春天步入大学校园，那种只争朝夕、如饥似渴的求学景象，至今仍历历在目。改革开放带来“科学的春天”，也第一次带来人文科学方面的世界景观。正如改革的基本方向是向发达国家学习市场经济模式一样，人文学者们也投入全副精力，虚心学习借鉴国际上先进的理论与研究方法。“神话－原型批评”就是当时的新方法论讨论热潮中，最早进入我们视野的一个理论流派。1986年我编成译文集《神话－原型批评》时，先将长序刊发在《陕西师大学报》上，文中介绍原型理论的宗师弗莱的观点时讲道：

> 物理学和天文学形成于文艺复兴时期，化学形成于18世纪，生物学形成于19世纪，而社会科学则形成于20世纪。系统的文

学批评学只是到了今天才得以发展。……正像自然科学体系的建立有赖于把握自然界本身的规律。一部文学作品，它所体现的规律性因素不是作家个人天才创造发明的，而是在文学的历史发展中，在文化传统中所形成的，这种规律性的因素就是“原型”。……从文学史的考察中可以看到，文学作为一个有机整体，植根于原始文化，最初的文学模式必然要追溯到远古的宗教仪式、神话和民间传说中去。“这样说来，探求原型实际上就是一种文学上的人类学”。

当时无论如何也不曾想到，这样一段话，居然能够准确地预示这一批学人后来几十年学术探索的方向。“文学人类学”这个名称，也就由此在汉语学术界里发端。10 年之后的 1996 年，在长春召开的中国比较文学学会第五届学术年会上，中国文学人类学研究会宣告成立（首任会长为萧兵先生），如今简称“文学人类学研究会”。从研究文学的神话原型，到探索华夏文明的思想、信仰和想象的原型，这一派学者如今正式提出的大小传统理论和文化文本符号编码理论，可以说早已全面超越了当年所借鉴学习的原型批评理论，走出文学本位的限制，走向融通文史哲、宗教、艺术、心理学的广阔领域。

从 1986 年到 2018 年，整整 32 年过去了，我们也经历了自己人生从而立到花甲的过程。如今我们要解读的是 5000 多年前的先于华夏文明国家的“文化文本”，阐发的是河南灵宝西坡仰韶文化大墓的神话学内涵。这是当年完全没有预料到的。是问题意识，先把我们引入文化人类学的宽广领域，再度引入中国考古学的全新知识世界，这样的跨越幅度，的确是当初摸索文学人类学研究范式时所始料未及的。

从原型批评倡导的文学有机整体论，拓展到文化符号的有机整体论、史前与文明贯通的文化文本论，这就是我们努力探索近 40 年的基本方向。西周青铜器上出现“中国”这个词语，至今不过 3000 年时间。2018 年 2 月 4 日，我第二次给国家图书馆“文津讲坛”开设讲座，题目是“九千年玉文化传承”。今日的学者能够在 9000 年延续不断的文化大背景中研究“中国”

和“中国文学”,就是从先于文字的文化大传统,重新审视文字书写小传统的一套完整思路。相信这样一种前无古人的理论思路和研究范式,是学者们对西方原型批评方法的全面超越和深化,这将会引向未来的知识更新格局。

本丛书要展示这40年的探索历程,以萧兵先生为首的这一批兴趣广泛的学人是如何一路走来,并逐渐成长壮大的。本丛书将给这个新兴学科留下它及时的也最有说服力的存照。希望后来者能够继往开来,特别注重不断发展和完善中国版的文化理论和文学理论,包括作为文史研究当代新方法论的三重证据法和四重证据法。

是为丛书总序。

叶舒宪

2018年2月7日于北京太阳宫

再版序言：返还仪式

《人类学仪式理论与实践》即将再版。这本书在出版的十余年里为读者所喜欢。数据说明，此书在人类学、民族学领域的“转引率”名列前茅。价格暴涨。这是我未曾意料到的，原因有二：一是人类学在中国，说是“方兴未艾”，言过其实。与西方国家的大学、科研机构相比，我国的人类学无论从学科的影响力，教育部门的重视程度和民众的认知度，学科自身的发展等，都相形见绌。在数以千计的各类大学中，有人类学科系的学校寥寥无几，它既无法与传统学科数理化、文史哲比肩，亦赶不上新兴学科 IT、智能、旅游等的发展盛况。二是仪式仿佛为“幽灵”，虽然飘荡在“礼仪之邦”的上空，试图寻找“借尸还魂”的机会，却一直未能真正如愿以偿。或许因为学者们的怀旧之情还在，或许因为“土豪们”无礼却仪的景观委实令人难以接受，或许还有一些社会转化的能量，总之，仪式成了念旧的遗情，历史的遗产，新潮话语中的“非遗”。

中国的文化是务实的，又是机巧的。尽管在当今社会，仪式早已失去了古时盛况，古代遗风，然而，人们却时而将其操弄于掌，如“把玩”一般；尤其是政治家们，无师自通，借助各种仪式性场合、场景、场域，以显示权力、权威、权势，手段还稔熟。因为只要人在，只要生活在，仪式一定在。仪式兼有理论与实践的双重性，纵然今日之世，除学者外，已罕有人关注仪式之"理"，但毕竟还有仪式之"用"。因此，"返还仪式"仍有与时俱进的学理逻辑和适用空间，包括返还仪式于中华文明博大精深之脉络，返还仪式于"礼仪之邦"的传统大度，返还仪式于社会伦理之机要，返还仪式于社稷、社会、社群，民众、民情、民俗。

礼仪是古代国家社稷的"表情"。虽然仪式无法与礼仪同日而语，但它作为礼仪中安邦治国重要的、不可或缺的形式要义，一直扮演着重要角色。"社稷"作为国家的指代，本身就包含着祭仪的原义和仪轨的原理。"国之大事，在祀与戎。"(《左传》)国家没有祭祀仪典，天地人无以沟通，家国政治无法持续，社会秩序难以维系。今天，当人们在各大博物馆参观"礼器专区"时便明白，那些礼器曾经是如何通过特殊、特定的仪式和仪轨实现国家治理的。当游客在北京参观天坛、地坛的时候，便明白古时帝王靠什么将天子与黎民联结，"王"(上面一横代表天，下面一横代表地，中间一横代表人，王将三者串联贯通)为明确的象形，天人合一之照相；而实现这一机理的关键，非仪莫属。虽今非昔比，但社稷国家的精神还在，返还仪礼于社稷，在情在理。

仪式之于社会宛若骨肉，无法分离。社会依靠特殊和特定的秩序维持，仪式是参与和协助维持社会秩序中最稳定的机制与模型。"传统"无疑是社会价值的重要说明，特别像中国这样具有悠久农耕文明的国家，传统的继承离不开仪式的延续，仪式本身也成了传统的景观。特别是那些我们今天仍然能够感受到的诸多鲜活事务、事象和事理；比如春节，如果不是农耕文明的传统，二十四节气之于时节、生产和生计的恒久关系，"春的时节"何以成为中国最为重要的传统节日？而像春节这样的传统节庆又靠什么将其长久地存续下来？仪式既为"体"，又为"用"。"传统的发明"少不了仪式的作用。霍布斯鲍姆(Eric Hobsbawn)等在《传统的发明》中阐明，仪式正是"传统发明"最为重要的社会公示。仪式作为历史和传统的"贮存器"，通过在特定历史语境中的选择、遗弃，发明、创新，平衡、调适等机能，将传统置于特定的社会语境进行价值整合，成为传统延续的护卫。

社会是传统的继承与创新，今日之中国，传统丢失太多，如果要拾回重要的、具有创新能力的传统价值，仪式必在其列，必不可少。

仪式之于社群，可以说是一个互为你我的关系。一个社群的繁衍发展，决定因素可以、可能很多，但无论多少，仪式都少不了。比如对于乡土社会而言，村落的基层单位构成了“同意权力”（费孝通在《乡土中国》中认为，国家的权力属于“横暴权力”，乡土社会的权力属于“同意权力”）的政治机制与动因。以汉族村落为例，最为典型的力量是宗族，而宗族力量的维持缺少不了仪礼的作用。当村里人确认祖先庇荫时，当乡土社会确认地方权威时，当民众制定乡规民约时，宗族成了至为重要的关系纽带。其中，族谱的文字书写与仪式一并发挥着现实功能。一般的族长、地方精英，在平日里并不体现特别的权威，他们多数只是农民；在仪式中，他们的权力、权威和声望方得以显露，社群的“命运共同体”形制也才能得到完整显现。今日之中国，国家权力下浸到村落，传统的“同意权力”受到了极大的约束，一些与“同意权力”互为凭照的仪式也随之消失。然而事实上，国家力量并无力解决乡土社会的全部问题。因此，在乡村振兴的战略中，恢复乡土智慧无疑是重要一环，“返还仪式”不啻为重要一款。

总的来说，在任何时候，任何地方，民众都是仪式的创造、认同、参与和传承的主体。虽然有些仪式包含着某种秘祭的性质，某些仪式对参与的对象，包括宗教、阶层、年龄、性别有特殊的规定，但都不妨碍民众作为仪式参与主体的性质。在任何时候，任何地方，社会都是一个复杂社会关系的综合体，不同的阶级、阶层、团体、信仰群、年龄段、性别、行业等，都会根据特定的语境情势建构不同的社会关系，使之趋于情义相投，情感相向，利益共享，责任同担，在关系群体中形成社会关系的不同脉象。仪式具有一种非凡的能力，能够将不同的人群、社会关系，通过一个共同的仪式行为，或宗教性的，或信仰性的，或政治性的，或时序性的，或历史性的，或纪念性的等，将不同的小群体、亚群体集结在一起，同享一个共同的仪式。甚至一个国家的人民，可以通过一个特殊的仪式被集结被团结在一起，比如国庆纪念仪式。

仪式时常可以充当人情冷暖的温度计，间或可以充任人间情感的调节器。人的一生无不在一个个人生礼仪中完成，从出生到死亡，从红喜到白喜，从欢乐到悲伤，从神圣到世俗，这是范·根纳普(Van Gennep)总结的“生命礼仪”。人们快乐的时候，总希望能够与大家同享；人们悲哀的时候，也希望有人分担同情；人们面对庄重的事务和事件时，仪式性场景会增加庄严感；人们面对共同的危难、共同的敌人的时候，仪式能够增强同仇敌忾的气氛。这些都是人群共同体基本的情感表达和情感实现。所以，仪式也常常成为文化认同的衡量度，因为人们总会根据自己的情境、语境寻找认同的依据。人，无论作为生物的物种，还是作为社会的群体，都需要“同情”——共同分享各种情感。仪式于是成为鉴证、公证和凭证。

世界上绝大多数仪式的滥觞、发生、延续、传承在民间，是“地方知识”和“民间智慧”的集中表现和表达，成为民俗——在我国，更为通行的表述是“风俗”——的组成部分。其中两个因素成为仪式作为民俗的重要标志：地域与族群。仪式之所以如生命之树常青，根本原因正是与民俗相濡以沫。民俗有一个特别的秉性，即草根性，形象的表达为“野火烧不尽，春风吹又生”。或许有的仪式在历史的变迁中消失了，有的仪式在王朝更替中衰亡了，有的仪式在历史语境中变形了，有的仪式在社会发展中生成了，但绝大多数来自民间的仪式都被包容在民俗之中。当我们在民间参加社火，进城逛城隍庙，新春挂桃符，中秋吃月饼，端午竞龙舟的时候，就能深切地意识到仪式的民间底蕴和民俗底色。今天，仪式在联合国教科文组织(UNESCO)的非物质文化遗产名录中成为其中一个亚类种，这种“活态遗产”深深地扎根在民间，融化于民俗。

人类学擅长仪式研究，在于仪式伴随着人类生命过程的各个阶段，在于仪式与文明历史形影不离，在于仪式与社会秩序相协相依，还在于仪式表达与人类与生俱来的亲密关系——远远早于文字的出现，成为人类文化遗产的重要范式。本书从人类学的研究角度，从理论和实践的维度对仪式进行阐述、分析，有助于对仪式的更加深入的了解和认识。

本书出版后的十余年中，仪式研究又有了不少推展，个别读者也提出了一些建设性批评意见，笔者本人也有些新的见解，书架上又多出了一批仪式研究的专著，若要全面修订，或可写出一部续集，工程之大，工作之繁，目前实难完成，故而放弃。保持原貌亦不失为一种对“历史”的尊重。

是为序。

彭兆荣

2018 年 7 月 18 日于昆明

目录

引　言

英国著名学者霍布斯鲍姆在他的《传统的发明》的开篇就语出惊人，认为“传统”是被“发明”的，并阐明其是如何被“发明”的；而仪式成了用于解说“传统”主题的开场白：

> 英国君主制在公共仪式中的盛观显得是如此古老，并仿佛与无法追忆的往昔紧密相联，在此方面没有任何事物能与之匹敌。然而，正如本书第四章所证实的，现代形式的这种盛典事实上是19世纪末和20世纪的产物。那些表面看来或者声称是古老的“传统”，其起源的时间往往是相当晚近的，而且有时是被发明出来的。……“被发明的传统”意味着一整套通常由已被公开或私下接受的规则所控制的实践活动，具有一种仪式或象征特性，试图通过重复来灌输一定的价值和行为规范，而且必然暗含与过去的连续性。事实上，只要有可能，它们通常就试图与某一适当的具有重大历史意义的过去建立连续性。……第二点必要的区分（其重要性低一些）在于，我们所谓的“传统”与惯例或常规之间的差异，后者并不具备显著的仪式或是象征功能，尽管它偶尔可

能会有。……我们认为，发明传统本质上是一种形式化和仪式化的过程，其特点是与过去相关联，即使只是通过不断重复。创造此种仪式和象征体系的确切过程尚未被史学家很好地加以研究。[①]

毋庸置疑，霍布斯鲍姆所使用的"发明"并非他的首创，却成了当代人文社会科学领域最重要的观念与"热用"的概念。他明确地把仪式视为理解、反思和建构"传统"的关键：其一，将传统的发明与仪式的象征结合在一起，并明确了二者相互关系的原则：正确地理解传统绕不过仪式和象征。也可以说，传统与仪式是一个无法彼此分裂的结构共同体。解读仪式本身就是一种对"传统"核心的理解。其二，仪式同时又成为区分传统和历史价值的一个尺度和圭臬，任何传统的意义与历史的价值都势必在仪式中获得生命力。强调仪式可以成为一种记忆、选择与划分原则。其三，仪式又充当了一个制造传统与破解传统（破解也是一种发明）历史的工具。仪式不啻一种实践传统意义的手段和形式。这样，仪式便宛若一把解读传统的钥匙，因此，对它的考察也就成了理解"传统发明"的必要和必需的知识谱系。

长期以来，仪式一直被人类学家当作观察人类情绪、情感以及经验意义的工具，成为民族志研究者阅读和诠释社会的一类不可多得的"文本"；比起日常生活中的"秘而不宣""未充分言明"以及缄默的意义而言，仪式是较为集体性和公开性的"陈说"，具有经验的直观性。仪式的这些特征都使得人类学家们热衷于将它作为一种思想和民族志范本的重要对象。[②]概而言之，仪式不独容纳了复杂的历史事实和想象，又具备了许多可供观察和量化的数据。

① 霍布斯鲍姆、兰格：《传统的发明》，顾杭、庞冠群译，译林出版社 2004 年版，第 1—4 页。

② 乔治·E. 马尔库斯、米开尔·M. J. 费彻尔：《作为文化批评的人类学：一个人文学科的实验时代》，王铭铭、蓝达居译，生活·读书·新知三联书店 1998 年版，第 92 页。

第一章　仪式的引介

仪式的概说

“仪式”是一个具有理解、界定、诠释和分析的广大空间和范围，被认为是一个“巨大的话语”(large discourse)。[1] 它可以或可能包容上至宇宙观的认知，下至具体的实践行为，因而具有多维解读的可能性——无论是主观、客观抑或是主观-客观。在过去的一百多年里，人类学仪式理论从发生(此指人类学这一学科的诞生)到发展经历了一个明显的变化轨迹。仪式的研究成果可谓汗牛充栋。正因为此，对仪式进行全面评述自然存在着相当大的难度，其原因是对仪式的“中心和边界”的把握与确认上的困难。[2] 它大可至如“道”之恢宏、之玄奥；小则微若事物之屑末，日常之琐碎。众所周知，中国自古就有“礼仪之邦”之称和所谓“制礼作乐”之说，它已经成为建立华夏文明之文化秩序的一种象征。而要了解这一古老的文

---

① C. Bell, *Ritual Theory, Ritual Practice*, New York & Oxford: Oxford University Press, 1992, 1.

② L. R. Grimes, *Research in Ritual Studies*, N. J. Metuchen: Scarecrow Press and The American Theological Library Association, 1985, 8.

明体,便不能完全撇开仪式和对仪式发生形貌的理解。叶舒宪在《中国神话哲学》中开宗明义:"用现代人类学的眼光来看,所谓'礼',乃是自史前社会的部落宗教仪式发展而来的礼仪——一种象征性的符号行为;而所谓'乐',最初也不过是配合宗教仪式行为而进行的另一种象征性的符号行为。"①可见,从宽泛的意义上看,它与华夏,乃至世界古代文明体的文化渊源和制度的发生有着根本上的联系。

人类学擅长研究所谓的"原始社会"(primitive society)②和"异文化"(other cultures),是为常识。逻辑性地,人类学对仪式的研究,特别是对世界范围内的民族志比较成果更是自成体系,独树一帜。从表述和内容方面看,从早期的神话-仪式学派到后来的功能主义、结构主义、解释主义,有一个明显的从宗教到社会的内在变化印记,并形成了一套可供理解、学习和实践的知识谱系。也就是说,早期的人类学家、宗教学家基本上把仪式置于宗教范畴,在穆勒(Max Müller)、泰勒(Edward Tylor)、斯宾塞(Herbert Spencer)、弗雷泽(James Frazer)、奥托(Rudolf Otto)等人类学家的著述中可以清楚地认识到这一点。而在古兰吉斯(Fustel de Coulanges)、史密斯(Robertson Smith),特别是到了涂尔干(Emile Durkheim)那里,仪式研究已经从较为单一的宗教范畴扩大到了世俗社会的领域,并成为一种圭臬性的分类原则,进而逐渐成为研究视野和分析工具。这在涂尔干的经典著述《宗教生活的基本形式》中可以了解到,仪式甚至可以独立地成为区分神圣(宗教生活)/世俗(世俗生活)的理念与形式。这为仪式进而走进社会结构奠定了基础。再往后,在特纳(Victor Turner)、格尔兹(Clifford Geertz)、利奇(Edmund Leach)、萨林斯(Marshall Sahlins)、道格拉斯(Mary Douglas)等人那里,仪式已经扩大到一个几乎无所不涉的领域和研究空间,而功能-结构的研究方法也已成功地获得了所谓范式的意义。正如马尔库斯和费彻尔说的那样,仪式的"公共属性"(public nature)使之具有

① 叶舒宪:《中国神话哲学》,陕西人民出版社 2004 年版,第 4 页。

② "原始"一词曾经是传统人类学研究中出现频率较高的词汇之一,但今天的人类学家已经极少使用或谨慎使用,其原因是其中包含着某种通过时段的区分而进行文化的高/低评断,带有明显的话语中心主义色彩。

“经验意义”和“文化生产文本”的同质性和共相性特征。[①] 若从仪式所表述的内容来看，仪式在现实生活中的实践活动以及所表现的特有的形式无疑也成了一个重要依据；而仪式理论属于另一个表述内容。简言之，仪式兼有两翼——实践和理论。所以，西方的仪式研究专家一般喜欢以仪式的行为与仪式的理论加以区分以便于进行研究上的分类与整合；比如贝尔(Catherine Bell)把她对仪式研究的集成性著作取名为《仪式理论与仪式实践》[②]。即便如此，这也还只是对仪式研究宽泛的分类和粗略的概括而已。同样重要的是，仪式为我们展现了清晰可感的文化发生学上的形貌。

从认识论的角度透视仪式研究的形式和范围，仪式明显呈现出一条清晰可见的变化轨迹：越是到了现代，仪式的表述范围也就越大，分类形式也越来越细致，包括诸如宗教的仪式、世俗的仪式、世俗融于宗教的庆典、仪式与节庆、政治性仪式、市民的礼仪、私人仪式和集体的仪式、旨在造反的活动与旨在集结的活动、参展的表演与仪式的表演、体育运动的仪式活动、季节性活动、节假日仪式等。[③] 这些说明了人类在仪式事象上的认知的变化。即使如此，这样的划分尚远不足以囊括仪式的范围与形式。若从社会和国家的政治表述的所属范围来看，大至国际事务，比如世界巨头的公开活动与会晤，国家与国家的各类协议的签署，奥林匹克运动会的政治指喻、体育竞技及升旗仪式；小至个人，比如出生、满月、周岁、成年、及第、毕业、嫁娶、做寿、丧葬、祭典等一系列活动无不与之有涉。人们把仪式，或仪式把人们引进了历史文化、社会生活的各个方面，甚至人的仪表、脸面、面子工作(face-work)、表现、表演等“面子工作”都渗透着仪式的要素。[④] 人的一生也都是在仪式中度过的，诚如根纳普所概括的“通过仪式”(the rites of passage)。社会的各个方面和领域也都有形态各异的仪式展演和展示。

---

① G. E. Marcus & M. J. Fisher, *Anthropology as Cultural Critique*, Chicago: University of Chicago Press, 1986, 78-81.

② C. Bell, *Ritual Theory, Ritual Practice*, New York & Oxford: Oxford University Press, 1992.

③ S. F. Moore & B. G. Myerhoff, “Secular Ritual,” in Mircea Eliade et all. ed., *The Encyclopedia of Religion*, New York: Macmillan, 1987, 179-183.

④ E. Goffman, *Interaction Ritual: Essays on Face-to Face Behavior*, New York: Pantheon Books, 1967, 5-45.

对仪式的研究也随着变化在广度和深度上有极大的拓展，尤其近五十年来，人类学的仪式研究显然出现了将其置于更广阔背景下进行重新解释的态势。此种状况直接对学术的现代反思产生了推动作用。同时，它也可以被视为当代学术反思下的一种学科检验和实践。与之对应，在方法上亦开辟了许多新的路径。20 世纪 70 年代，就有学者呼吁对仪式的范式进行重新审视和评估。[①] 特别是在福柯知识考古谱系式的检索和解读方法出现以后，人们已经不再满足于对仪式进行单一行为、物器包括文字的“物态”层面的实物说明，而试图对客观本体之中所潜伏的历史的叙事和意义进行重新解释。如此一来，从学科史的角度看，不仅传统的仪式研究需要进行梳理、反思和重新评价，原先的那些被确认为物质化、工具性的概念都不容易在一个分类范畴里面进行讨论。[②]

从表述和意义方面看，由于对仪式的范围及其所涉及的内容在不断扩大，人们对它的认识也从过去较为狭窄的内涵扩张到更大的理解和解释空间，其意义也就不再囿于宗教的范围。这从另外一个方面又产生了相应的麻烦，即由于仪式的概念在不断膨胀，势必导致混乱的情状。造成这种情状有以下几种原因：其一，仪式的参加者、观察者、分析者之间的主位/客位的差距。它可能最终导致概念的分化与分离，即事实上的仪式是一种概念，被观察者描绘出来的却是另外一回事。其二，仪式“异文化”的特质与参与观察者的“参照系统”在“进化”过程中的认知完全不同。从这个意义上说，人们通过民族志作品所了解到的仪式完全可能成为另一个文化体系的“再生产”产品。其三，一般而言，绝大多数的仪式属于某一个民族或族群历史传承的产物，它们原属于远古生活的一部分，经过历史的变迁，仪式已经留下了被驳离的痕迹。即使是同一民族或族群的人也已经无法真正还其“原生形态”。其四，仪式本身属于一个文化传统的“贮存器”，包容了各种各样的知识，有宗教的、艺术的、时节的、农事的、宗族的、政治的、组织的、娱乐的等等。而哪些属于宗教，哪些属于艺术，哪些属于娱乐，实际上

① T. Kuhn, *The Structure of Scientific Revolutions*, University of Chicago Press, 1970.

② C. Bell, *Ritual Theory, Ritual Practice*, New York & Oxford: Oxford University Press, 1992, 14.

并不容易泾渭分明地加以区分。加之学者们知识范畴又各有所属，所以，同一个仪式完全可能被描绘成宗教的、哲学的、人类学的、历史的、伦理的、民俗的、戏剧的、艺术的、考古的等等，并从不同的学科分析中再产生各式各样的概念来。[①] 这一切又与人类认识自然、认识社会和认识自我的程度有关，与社会“世俗化”变迁、社会再生产有关，也与科学技术的迅猛发展有关。相反，随着社会的加速变化和变迁，新的社会价值、研究领域、学术理念、探索手段等又促使研究对人类的过去进行再认识和再阐释。我们不难想象，在远古时代，人类祖先生活在强大的自然威慑之下，一些自然现象，如暴雨狂风、电闪雷鸣、地震海啸等无不威胁着人类。自然的律动，如四季更替、万物枯荣、生命变化等直接作用于人类的生存和生活，也为人类提供了一个参照。当人们在这些威慑面前，在这些变化面前无从解释的时候，便想象有一个巨大的、人类无可比拟的神秘力量在背后操纵，那个人们看不见的世界便是神的世界。人间的情感寄托采取了超人间的力量和形式。在人类历史记忆的初期，首先便从自然界和自然力方面获得了这样的认识和期待。于是，神话（神化）也就产生了。配合着人类对待神的认识和态度，直接的表现行为便是仪式。这也正是为什么早先的仪式大多与神话、原始宗教（自然宗教）有着剪不断的关系。随着时间的推移、社会的发展，人类的生活越来越趋于世俗化，宗教意义的仪式只构成仪式中的一个部分，或一种意义的表述。仪式的含义越来越宽，仪式的范围越来越大，对仪式的解释也越来越多样。今天，仪式已经成为一门名副其实的学问。

“仪式化”（ritualization）是一个涵盖面很宽的概念。格鲁克曼（Gluckman）早在20世纪中期就使用了这一概念，以指示在仪式中个体化角色之于社会活动中的神圣关系和社会地位。[②] 随着这一概念的使用，其范围和意义越来越大，几乎可以指示所有仪式的社会化表述。概而言之，社会的“仪式化”与仪式的“社会化”越来越趋向于一种相互结合、相互适应、共同表述的关系。按照赫胥黎（Huxley）的观点，“仪式化”事实上是在自然和

---

① 简·布洛克：《原始艺术哲学》，沈波、张安平译，上海人民出版社1991年版，第5—6页。

② R. Rappaport, *Ritual and Religion in the Making of Humanity*, Cambridge University Press, 2000, 39.

社会压力下的有目的的选择，形成了一种适应性的形式和情感动机行为化的疏通化网络。[1] 从这样的角度来看待仪式化，仪式甚至超越了人类的范畴，扩大到了生物种类（species）的范围。这使得“仪式化”在自然和社会的许多方面、领域大量呈现，分枝越来越茂盛，指示越来越缜密，谢克纳（Schechner）根据仪式社会化的表述语义的膨胀以及人们对它认知程度的加深，将仪式描绘成一棵茂密的“仪式树”，以表现其丰富的形式和深邃的内涵[2]：

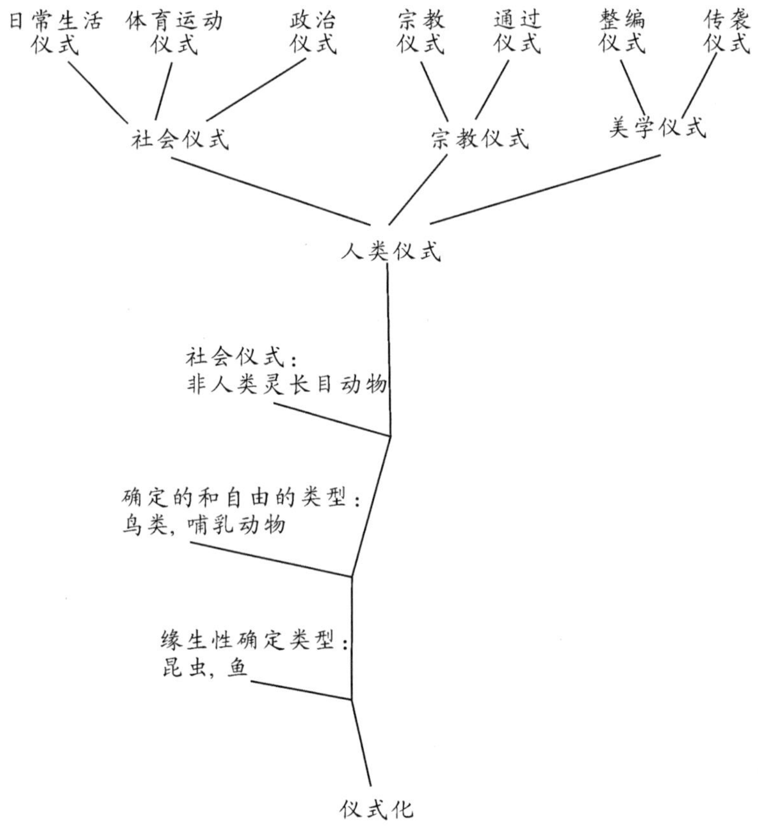

仪式化的表现形貌

① J. Huxley, “Introduction: A Discussion on Ritualization of Behavior in Animals and Man,” in *Philosophical Transactions of the Royal Society*, Series B, 1966, 250.

② R. Schechner, *The Future of Ritual: Writing on Culture and Performance*, London & New York: Routledge, 1995, 228-229.

今天,随着科学和学术发展的需要,“仪式化”已经日益成为一个学术界常用的词汇。但是,学术界在使用它的时候并不一致,对它的指示含义在认识上也不统一。大致看主要有以下几种:一是谢克纳倾向于从生物行为学的进化角度看待仪式在各种不同的发展阶段和时期所表现的广义性特征。[①] 这意味着仪式活动不仅可以作为一种审视不同生物种类的群体活动,也可以被当作不同群体的集体活动的一项检索指标,还可以被放在同一生物种类、群体的范畴内考察,从中发现其社会性的差异,比如人类的仪式活动。从谢克纳描绘的这一幅“仪式树”来看,“仪式化”并非人类社会的特有表述和关系,也不是人类的专属行为和活动。这意味着,其他动物的活动中也可能存在着“仪式”。显然,这是一种最为宽广的认识“仪式化”的视野。原则上,我们认同与认可谢氏的观点。若仅从形式上看,许多生物种类确实具有仪式的特点;不过,迄今为止人类尚无法深入动物的“仪式化”分析层面,至多在形式上进行类同。二是赫胥黎与谢克纳在“仪式化”所指范围方面有所不同,虽然他也强调仪式在生物活动和行为范畴方面的所属特性,但他强调的是人类的仪式。也就是说,在赫氏的研究畛域里,仪式被非常清晰地规定在了人类的相关属性上,包括人类作为自然生物的行为范畴和人类作为社会生物的行为范畴。虽然其他生物(动物)也有“仪式化”的诸多特征,但我们所做的仪式研究定位在“人类”(mankind)的范畴,而“人(man)类(kind)”语义的一个基本原则正是强调和凸显“人”的专属性,也旨在将“人”与其他“类属”泾渭分明地区分开。三是格鲁克曼把带有社会化关系的“仪式化”与“仪式主义”(ritualism)进行对照,以批评在传统的研究中过于狭窄地将仪式置于组织化的宗教机构和宗教崇拜范畴所带来的问题。[②] 他的这一主张对后来的其他社会学科以及非宗教领域的仪式研究有着重要的影响。其价值是提供了一个把传统的

---

① R. Schechner, *The Future of Ritual: Writing on Culture and Performance*, London & New York: Routledge, 1995, 228.

② M. Gluckman, *Essays on the Ritual of Social Relations*, Manchester: Manchester University Press, 1962, 20.

仪式从宗教范畴解放出来的明确示范。格鲁克曼把仪式社会化研究中的传统视野从以往过分囿于宗教领域拓展到了社会的各个方面，为后来的仪式研究开创了更大的空间。四是把“仪式化”当作“传统的发明”。这种观点在当代社会越来越成为一种代表性的研究方向。代表人物自然是以同名著述闻名遐迩的霍布斯鲍姆。在他看来，仪式的技术化特性非常适合现代社会在发展过程中的再生产程序和模式。[①] 就此而言，“仪式化的确具备着一种价值性关系，并具有正式的模式化特性，使之在维持某些社会价值和关系的合法化、国际化方面起到重要的作用”[②]。尽管“仪式化”研究已经越来越广泛、越来越深入，但是，有些方面的研究还相对不足和滞后。贝尔认为，一个更为重要的问题似乎还不是指其所包含的内容和范围，而是考察“仪式化”是如何作为一种实践活动被卷入，这些活动又是如何实现其“仪式化”目标的。[③] 我们认为，仪式“动机”（诸如有没有动机？动机是什么？是自然的还是人为的？怎么作用？等等）方面的研究还相对薄弱。

回眸人类学的仪式研究传统，人们会发现，它是一个从内涵到外延都不易框定的巨大的话语性包容。大体上看，以“神话－仪式”为代表的早期人类学仪式研究基本上可以被置于一种比较文化视野（comparative culture studies）下的“异文化”研究范畴，它具有非常明确的文学化（文化）表述特色和特质，其研究包括了对传统文本处理、神话形象化的塑造、民间材料的采收、对口述传统的重新认识、采信宗教人士和旅行者见闻等材料、对历史文献的重新解释、文字的训诂、民俗资料的类比、“未开化野蛮人”神话传说的实录、各种巫术方技的搜集等。这一切构成了该学派最擅长和最有影响的部分。它对西方现代文学的影响甚至超过了人类学本身，成了作

① 霍布斯鲍姆、兰格：《传统的发明》，顾杭、庞冠群译，译林出版社2004年版。

② C. Bell, *Ritual Theory, Ritual Practice*, New York & Oxford: Oxford University Press, 1992, 89.

③ C. Bell, *Ritual Theory, Ritual Practice*, New York & Oxford: Oxford University Press, 1992, 89.

家(尤其是西方现代派作家)一种常备的知识准备和时尚追求。相反,在人类学学科发展过程中,后来的人类学仪式研究[特别是以马林诺夫斯基为代表的英国功能学派和以博厄斯(Boas)为代表的美国历史学派对人类学田野调查的强调和规范]骤然丧失了对这样一种范式追逐的热情。他们并不像作家和文艺批评家那样对早期人类学仪式研究中的"文学(文本)化的人类学"赞赏有加,却注重仪式的"物质化""技术化""内部化""符号化""具体化""数据化"等方面的特质,追求"科学"指标和功能作用。二者的差别主要在于:古典人类学的仪式研究更加恢宏,现代的仪式研究非常精致。这样的差异和结果也使得人们对仪式的原初概念和意义的区分有了"再认识""再解释""再发现"的愿望和要求。对诸如究竟要将仪式当作一种广泛的社会现象还是仅仅当作一种孤立的行为和操作性工具,仪式所包括的除了那些数据化的、工具性的、器物形态的物化要件以外,是否还可以解读出具有广泛维度的"文化诗学"价值等问题都在当代学术背景下获得了重新阐释和认识。

配合学术精进的必然趋势,随着仪式越来越广泛地渗透到社会的各个方面,以及学者们对仪式的研究越来越深入,来自各个研究领域的不同态度、角度、眼光、方法对仪式进行全观性的分析和破解,从而使仪式的意义呈现出越来越复杂的趋势。倘若我们不加以基本的框架,单"仪式"一词的语义就多得令人瞠目。其边界也很难确认:它是一个普通的概念,一个学科领域的所指,一个涂染了艺术色彩的实践,一个特定的宗教程序,一个被规定了的意识形态,一种心理上的诉求形式,一类生活经验的记事习惯,一种具有制度化的功能行为,一个政治场域内的策谋,一个族群的族性(ethnicity)认同,一系列节日庆典的展示,一个人生礼仪的通过程序,一个社会"公共空间"的表演……大致梳理,仪式主要有以下几个方面的指示:一,作为动物进化进程中的组成部分。二,作为限定性的、有边界范围的社会关系的组合形式和结构框架。三,作为象征符号和社会价值的话语系统。四,作为表演行为和过程的活动程序。五,作为人类社会实践的经历和经验表述。

仪式的表述与定义

1. 几个与仪式有关的词语表述

西文中的“仪式”主要有以下几个相关的词语表述,它们是:仪式,可以是仪式的总称,但在狭义的范畴内主要指与宗教有关的教义陈述、祭祀、仪礼、庆典、礼拜活动等。出版于 1771 年的《不列颠百科全书》(*Encyclopaedia Britannica*)将“仪式”定义为“一本秩序和方式的书,它是之于正在特定的教会、教区或相似地点举行的庆典和礼拜”。这与中国民间宗教中的所谓“做功”有相似之处,是一个学习宗教经典和实践宗教教义之完整行为的有机部分。具体地说,它属于一种基督徒的修养(训练),是一种苦行和高尚的行为,可与抄写《福音书》媲美。做神圣事务(如仪式中的唱赞美诗)或抄写圣典的象征“意义”并不是问题的关键所在,实践本身才是。[①] 在涂尔干的《宗教生活的基本形式》里,“仪式(rites)/信仰(beliefs)”与“物”(this object)与“物的特殊意义”(the special nature of this object)构成了一种粗放的语义表述。[②] 简言之,仪式除了对仪式行为和意义具有泛指外,早期主要集中指示宗教范畴内的意义和行为。“仪典”一词,从社会学、人类学的角度去理解,它与仪式有着某些相近之处。首先,它们都具有宗教方面的指示。其次,二者都可以指大范围的社会事件——指这方面正式的事件。[③] 特纳认为,“仪式与交流与变化相属相连,仪典则与社会状态和社会地位联系在一起”[④]。相对而言,仪式侧重于表示更民间性、民俗化的类型。阿萨德(Asad)认为:“仪式是指在各地乡下所举行的、有礼物的

---

① 菲奥纳·鲍伊:《宗教人类学导论》,金泽、何其敏译,中国人民大学出版社 2004 年版,第 178 页。

② C. Bell, *Ritual Theory, Ritual Practice*, New York & Oxford: Oxford University Press, 1992, 15.

③ R. Rappaport, *Ritual and Religion in the Making of Humanity*, Cambridge University Press, 2000, 24.

④ V. W. Turner, *The Anthropology of Performance*, New York: PAJ Publications, 1987, 158.

特定方式。”[①]比如，根纳普的通过仪式，亦指人生礼仪（包括诸如出生、成年、结婚、丧葬等重要的仪式），即使用这个词。[②]

2. 一些仪式的定义和基本主张

仪式理论在当下已经成为一个非常重要的专门知识，甚至学术界还出现了从事该领域研究的刊物，如《仪式研究学刊》（*Journal of Ritual Studies*），使不同学科的学者可以在同一个学术平台上围绕同一个社会现象发表各自的见解。在人类学研究的视野和意义范畴内，仪式首先被限定在“社会行为”（social action）这一基本表述上。从广义上说，仪式包括各种各样的行为，从“你好”等日常问候的礼节到天主教弥撒的隆重仪式。利奇不失为广义使用“仪式”的代表人物，在他那里，言语（祷词、咒语、圣歌）如同手势动作和器物使用一样，都具有仪式的特征和价值。特纳则相对地缩小了仪式的范围，认为仪式只属于概述类行为，专指那些随着社会变迁、具有典礼的形式，并发生于确定特殊的社会分层之中。涂尔干偏向于将仪式视为社会生活的实践过程和结构，“神圣/世俗”（the sacred and the profane）的关系和行为被看作二元对立的基本社会分类和结构要素。根纳普的通过仪式被分解为分离、过渡、组合三个程序，他把仪式放置在伴随着地点、状态、社会地位之于年龄变化的过程中来看待，并着重于仪式过程不同阶段阈限（threshold）的各自品质、特征以及变化关系之上。从超时空的角度说，仪式定义最重要的内容是：它们是标准化的、重复的行动。早期的戏剧学分析的倡导者使用“仪式”一词时，依据的是公开确立的仪式活动的原有意义。他们主要将仪式视为沟通和维持群体传统活动的途径。[③] 或许正是由于仪式概念和性质具有非常大的伸张幅度和解释范围，因此，人类学家、宗教学家、戏剧学家们在自主确定其边界时都拓展了各自巨大的领地，即使在对仪式的基本概念进行界定时，亦出现了言人人殊的状况。

---

① T. Asad, *Genealogies of Religion: Discipline and Reasons of Power in Christianity and Islam*, Baltimore and London: Johns Hopkins University Press, 1993, 56.

② A. Van Gennep, *The Rites of Passage*, London: Routledge & Kegan Paul, 1965(1908).

③ 约翰·R. 霍尔、玛丽·乔·尼兹：《文化：社会学的视野》，周晓虹、徐彬译，商务印书馆2002年版，第91页。

由于不同的学科和学者对仪式的描述和定义不同，有的甚至大相径庭，单在仪式的定义上就呈现百花齐放的态势。在此，我们撷取一些较有代表性的定义供研究者参考。另外，我们也可以通过比较，进而清楚地看出中国历史典籍中的“仪礼”“仪式”与西方在基本定义和意义强调上的差异。

一些典籍中的定义：

《说文解字》载：“仪（儀），度也，从人，义声。”强调仪礼和仪容的规范和适度，法度。《国语·周语》载：“度之于轨仪。”《淮南子·修务训》载：“设仪立度，可以为法则。”显然，礼仪是我国古代社会秩序和国家政治制度的“微缩景观”。它表明，仪式在远古社会和传袭中表现出某种法律的效力，只不过这种“法”的效力与现代“法律”并不完全一样。比如我们常能听到这样的说法：“这是我们的习惯”，或“我们的祖祖辈辈（祖先）就是这样做的”。这些虽然不是法律法规，却明显具有不容抗拒、没有商量余地的意思。另外，礼仪还是连接传统社会内部关系的一条重要纽带。它既是有形的（礼仪活动和行为），亦是无形的（社会价值系统和观念形态）。

“仪式”，礼之秩序形式等，礼节规范。（《辞海》条目）

仪式由传统习惯发展而来，是一种普遍为人们所接受的行为方式，其基本作用是使人们之间互相理解。就此而言，仪式和语言有相同之处。[①]

仪式指按一定的文化传统将一系列具有象征意义的行为集中起来的安排或程序。[②]

仪式是知识的一种形态，神话和仪式包含着人类对宇宙的理解。[③]

仪式的狭义范畴指，宗教背景中所进行的正式行动，如基督教的仪式活动或祭祀祖先灵魂的活动……然而，人类学家用仪式来指示那些正式的、高层次的和一个无功利目的的活动。它不仅包括宗教中的那些活动，

① 中国大百科全书出版社《简明不列颠百科全书》编辑部译编：《简明不列颠百科全书》（第9卷），中国大百科全书出版社1986年版，第65页。

② 陈国强主编：《简明文化人类学词典》，浙江人民出版社1990年版，第135页。

③ 参见萧兵：《傩蜡之风：长江流域宗教戏剧文化》，江苏人民出版社1992年版，第708页。

也指诸如节日庆典、游行集会、入会仪式、运动会以及正式的问候等。[1]

仪式是指与巫术或宗教实践联系在一起的那些行为，仅从考古材料来看，它们属于一些近乎无法使人理解的信仰，这一用语间或也可以用于指称一些遗址或器物所传达的非功能性解释。“诚实才是上策”（honesty is the best policy）这样的用法显然不适宜。[2]

一些学者的描述和定义：

那些包含着世俗的行为，是为了国王和部落祈福的，人们称作仪式。[3]

特纳是公认的仪式研究大师，他在不同的论述（不同的语境）中都涉及了仪式的定义，即从不同角度对仪式的多种特质进行过归纳，比如在谈到仪式的交通与变迁的特质时，他认为，仪式是一种通过表演形式进行人际交流和文化变迁的“社会剧”。[4] 在谈到具体的田野案例，比如非洲的仪式时，他认为“仪式是一个连续性活动的基型（stereotyped），包含着在一个特定的场合中形体、语言、器物等的展演，以达到行为者在仪式中设计的某种超自然的影响和目标”[5]。他又说：仪式是指那些“用于特定场合的一套规定好了的正式行为，它们虽然没有放弃技术惯例，但却是神秘的（或非经验的）存在或力量的信仰，这些存在或力量被看作所有结果的第一位的和终极的原因”[6]。

福特斯从弗洛伊德精神分析学说的角度对仪式进行探讨，认为仪式是与无意识——一种意识的存在却不容易感觉和触及的力量——来自个人

① T. Barfield ed., *The Dictionary of Anthropology*, Oxford: Blackwell Publishing, 1997, 410.

② W. Bray & D. Trump, *The Penguin Dictionary of Archaeology*, London: Penguin Books, 1982, 209.

③ S. H. Hook & A. M. Black ed., *The Myth and Ritual Pattern of The Ancient East*, London: Oxford University Press, 1933, 1-2.

④ V. W. Turner, *The Anthropology of Performance*, New York: PAJ Publications, 1987, 158.

⑤ V. W. Turner, "Symbols in African Ritual," in *Science*, 1973, 179: 1100.

⑥ V. W. Turner, *Celebration: Studies in Festivity and Ritual*, D. C. Washington: Smithsonian Institution Press, 1982, 79.

的行为和存在，与社会关系相联系。[①]

无论何时，仪式都与社会性的生死冲突相联系，因而必然趋向于成为一种神圣或祭献礼仪。[②]

仪式是一种卓越的交流形式。[③]

仪式是整合了各种叙述和行为属性的事件。[④]

“我将仪式视为基本的社会行为。”[⑤]在另一处又说：“我把仪式用于指示一系列由表演者进行的、正式的、连续性的、非完全编码性的不同行为或表示的有机组成。”[⑥]

就最一般的和最基本的方面来说，仪式是按照计划进行的或即兴创作的一种表演，通过这种表演形成了一种转换，即将日常生活转变到另一种关联中。在这种关联中，日常的东西就改变了。[⑦]

仪式是纯净的行为，没有意义或目的。[⑧]

“仪式是关于重大性事务，而不是人类社会劳动的平常的形态。”[⑨]又

① M. Fortes, "Religious Premises and Logical Technique in Divinatory Ritual," in *A Discussion on Ritualization of Behaviours in Animals and Man*, Organized by *Philosophical Transaction of the Royal Society of London*, Series B, Biological Sciennce, London: Royal Society, 1966, 251:411-413.

② E. Francis, *Ritual and Drama*, London: Lutterworth Press, 1976, 11.

③ M. Douglas, *Natural Symbols*, New York: Random House, 1973, 41, 97.

④ M. Block, "The Ritual of the Royal Bath in Madagascar," in David Canadine & Simon Price ed., *Ritual and Royalty: Power and Ceremonial in Traditional Societies*, Cambridge: Cambridge University Press, 1987, 181.

⑤ R. Rappaport, *Ecology, Meaning and Religion*, Richmond, California: North Atlantic Books, 1979, 174.

⑥ R. Rappaport, *Ritual and Religion in the Making of Humanity*, Cambridge University Press, 2000, 24.

⑦ B. C. Alexander, "Ritual and Current Studies of Ritual: Overview," in S. D. Glazier ed., *Anthropology of Religion: A Handbook*, Westport, CT: Greenwood Press, 1997, 139.

⑧ F. Staal, "The Meaninglessness of Ritual," in *Human*, 1975, 26(1):9.

⑨ J. Z. Smith, *To Take Place: Toward Theory in Ritual*, Chicago: University of Chicago Press, 1987, 198.

说:“总之,仪式在于宣称差异性。”[①]

仪式是特殊、独特的事物,与日常生活相分离。[②]

仪式就像一场令人心旷神怡的游戏。[③]

在仪式里面,世界是活生生的,同时世界又是想象的;它处于符号形式的单一性功能的能动融化中,展演的却是同一个世界。[④]

仪式是一套条理清楚的象征行为,它们对个人或社会群体具有真实的转变作用。[⑤]

弗思(Firth)认为,“仪式是以支配人间诸问题为目的的一种行为”[⑥]。

仪礼以世界观为基点,世界观的种种观念通过仪礼形式表现出来。[⑦]

……

从以上的仪式概念和定义的部分罗列可以透露出以下基本的信息:一方面,正是由于仪式涵盖了历史叙事和社会生活的各个方面,从社会的任何一个领域对其进行阐述都可能自相负责,自圆其说,自成一体。另一方面,不同的学科、学者在看待它时所采取的视野不同,包括他们的知识积累的差异,研究领域的不同,调查案例的迥殊等,所以,在同一个概念意义上会出现巨大的差异。利奇看得很清楚:“在仪式的理解上,会出现最大程度上的差异。”[⑧]这种状况所形成的巨大反差,以及将某一款定义移植到另一个族群仪式行为上去解释,可能会产生重大的歧义。道格拉斯对此颇有心得:“越是对不同的宗教进行比较,也就越是显得困惑,因为人类经历上

① J. Z. Smith, *To Take Place: Toward Theory in Ritual*, Chicago: University of Chicago Press, 1987, 109.

② 艾米·加金-施瓦兹:《考古学与民俗学中的物质文化、仪式和日常生活》,周惠英译,载《民间文化论坛》2006年第1期。

③ C. Lévi-Strauss, *La Pensee Sauvage*, Paris: Plon, 1962, 30.

④ C. Geertz, *The Interpretation of Culture*, New York: Basic Books, 1973, 112.

⑤ B. Lincoln, *Emerging from the Chrysalis: Rituals of Women's Initiation*, New York & Oxford: Oxford University Press, 1991, 6.

⑥ 参见吉田祯吾:《宗教人类学》,王子今、周苏平译,陕西人民出版社1991年版,第53页。

⑦ 参见吉田祯吾:《宗教人类学》,王子今、周苏平译,陕西人民出版社1991年版,第52页。

⑧ E. R. Leach, “Ritual,” in D. L. Sills ed., *the International Encyclopedia of the Social Science*, Vol. 13, New York: Macmillan, 1968, 526.

的差异如此巨大。”[1]然而，至为重要的，诚如格尔兹的所谓“仪式的窗户”论（window of ritual）认为，“作为文化原动力的‘窗户’，人们通过仪式可以认识和创造世界”[2]。概而言之，仪式除了为人们展示出一个窗户，通过它人们可以洞察生活的各个方面以外，它同时还为认识论提供了一种辩证法的基本观。进而言之，仪式不仅属于一种历史形貌的展现形式，也是一种人们参与和认知的内容。它既集结了某种人们对宗教生活的信仰，同时又提供了一种可观察的活动。这样，符号的意义和符号的形式之间呈现出一个巨大的理解和解释空间；然而，这个空间并不由人们任意的主观放纵，因为仪式的形式和意义本身存在着一种辩证的关系，这种关系为限定性的解释提供了一种既开放又约束的认识对象。

仪式的功能与特点

“仪式”作为一个分析的专门性词语出现在 19 世纪，它被确认为人类经验的一个分类范畴。这个词的原初所指是将欧洲宗教文化与其他宗教文化进行对比。也可以这样理解，“仪式”一词之所以在 19 世纪成为一个非常重要的概念形式并为学术界所关注，本身说明了特定历史时段中人们对它的理解以及它在这种情势下的语境价值。也意味着，仪式的疆界已经突破了传统宗教的范围而在社会的各个方面，乃至人们日常生活的世俗化方面呈现强有力的穿透力。学者们也敏锐地觉察到仪式所具有的特殊品质和容纳的特有价值。于是，仪式研究的两方面走向也就明显地表现出来：一种走向仍然沿袭着传统的宗教线路，即从仪式的原生依据和肇始意义方面进行重新诠释；另一种走向则开始注意仪式在传统社会的全方位表现以及它在社会中的功能－结构的整合能力。

许多古典的人类学家也都在这样一个大的背景下对仪式进行定义和解释。神话－仪式学派的学者们主要集中于同一学术范围和学理逻辑进

---

① M. Douglas, *Purity and Danger*, Harmondsworth: Penguin Books, 1970, 28.

② C. Bell, *Ritual Theory, Ritual Practice*, New York & Oxford: Oxford University Press, 1992, 3.

行认识和阐述。后来的社会功能主义者则完全相反,他们不满足、也不限于仪式的宗教理解,而是通过仪式行为和活动来分析社会以及社会现象的自然特性。更晚近的解释人类学在仪式符号的"隐喻性叙事"中发现了所谓的文化"动力"。总之,人类学的仪式研究自其成为一个专门的研究领域以来,就在比较文化研究的语境里建立了与宗教、历史、社会范畴的相互交叉(仪式和神话的历史渊源和物质存在等方面),却又具有自己学科上的独特性质。或者说,宗教学对仪式的认识和研究总不肯脱离宗教教义的规定和假定,人类学的仪式研究则非常自然地把它当作导入和破解社会的一种可操作、可分析、可拆解、可诠释的物质形态。从早年的史密斯到当代的格尔兹,仪式被赋予了特别丰富的意义,而非简单的图解概念或分析工具。它蕴含着形式上的"物质性"和分析方法的双重价值。马尔库斯认为,人类学家长期以来把仪式当成观察情绪、感情以及经验的意义灌注的适当工具。仪式具有公共性,它们常为解释仪式因由的神话所伴随,它们可以被比喻为文化创造的、民族志作者可以系统阅读的文本。[①] 这也使得当代人类学的仪式研究在学术意义上与文化批评有了交通与通缀的广阔腹地。

摩纳哥公国王宫换岗仪式　彭兆荣摄

仪式的社会功能之所以产生作用,它包含着两方面的特点:其一,社会和文化系统赋予某一种仪式以特殊的规定性。换言之,许多仪式的功能被

① 乔治·E. 马尔库斯、米开尔·M. J. 费彻尔:《作为文化批评的人类学:一个人文学科的实验时代》,王铭铭、蓝达居译,生活·读书·新知三联书店 1998 年版,第 92 页。

事先规定的社会意义预设了；这些价值预设在相应的仪式以及它们的目的和目标上，或在名义上已经被附丽。比如礼拜仪式，无论它在世界各地的实际存在有什么差异，参加者、时间的规定、教职人员的礼节、诵经所使用的语言等等，都不会影响仪式本身所规定的意义。因为教徒和信众面对的是宗教规定、参加者认可的“神圣”。无论这种认可属于个人自愿还是带有集体强加性意味，礼拜仪式的意义在形式之中和行为之前已经铸就和确定。其二，仪式的权力和能量除了借助社会和文化系统所赋予和规定的意义、价值外，形式本身也起了重要的作用。如果有人说“上帝是至高无上的”——这一语言的使用又要被认可、被说明、被相信，那么，最基本的所指意思不可能脱离两方面的表现和表示：一方面是言说者相信或信仰，即宗教虔诚所致；另一方面，言说者必须（或多或少）参与特定的形式（比如仪式）以示表示和表达。仪式的形式性帮助言说者的“言说”通过某一种活动的“程序公正”得到社会公认和公证。就像人们常说的那样：“爱不能只停留在嘴边，还需要有行动。”因此，仪式形式也就具有一种“权威化的公证”。它的形貌（包括物质的、程序的和符号的等）的“现场性”——利奇称之为机械性、技术性（technique），无疑是实现仪式功能不可或缺的依据。如果说形式和意义构成仪式功能的两个重要指示的话，我们还要强调的是，二者并非简单地分离或独立呈现，而是相互关联，就像一个符号指示，前者属于能指，后者属于所指。比如在基督教所属的仪式中，葡萄酒和面包以及相关的活动程序是这些东西在那个特殊的场合中与耶稣的血和身体互指的。葡萄酒和面包既指我们现实中同一品名的食物，又与人们日常生活中的食物意义完全不同。这种不同不是能指方面的，而是所指，是仪式使之产生了新的喻义。更令人感到诧异的是，在有基督教传统的社会里，只要一提到葡萄酒－面包，人们便可能产生一种与其他生活食品不同的感觉和情感。事实上，除了二者象征耶稣为人类受难的鲜血和肉体外，它们还有宗教上的更丰富意义：“面包这种食物被赋予神圣的观念：摆在教堂里的十二片面包（见《出埃及记》第二十五章第三十节）象征精神食粮。《新约》细述了面包和鱼的奇迹。……于是圣餐中的‘生命面包’和葡萄酒一道用来滋润人的灵魂”[①]。所以此葡萄酒 + 面包与彼葡萄酒 + 面包完全不一样,包含的人类情感也不一样,甚至功能都发生了变化:生活中的葡萄酒 + 面包用于满足饥渴果腹,仪式中的葡萄酒 + 面包用于寄托宗教情感。

人们可以把仪式视为社会文本(social text),也可以从不同社会历史记录和记忆方式中去认识、理解和分析仪式,但是,仪式首先应被视为一种实践。只有具备了实践的特质,才有记忆和记录它的客观对象。也可以这么说,社会文本本身就包含着社会实践的意思。所以,实践构成仪式的基础性特征。布迪厄对实践的特性有精辟而广泛的理解和解释,从基本的个体实践的角度看,“每个人对世界都有一种实践知识(practical knowledge),并且都将它运用于他们的日常活动之中”[②]。在我们所讨论的话题里,仪式是参加者的个人性实践知识过程,同时,又是集体传统价值的依附形式,因而它是集体性实践知识的累积和传承过程。仪式作为人类活动的实践特征大致有以下四种:一,情境性实践。这一特点强调人类活动的社会语境化。这里,人类的仪式活动的所谓影响必须格外加以强调:人类的社会活动一方面受特殊的环境和社会背景的制约和影响;另一方面,仪式性社会实践又会对其他社会活动,甚至在某种程度上对社会语境产生作用和影响。二,策略性实践。在一些学者眼里,仪式实践活动的情境与策略是相互的;换句话说,人们之所以会在一个特定的情境里发生和进行某一项活动,原因在于他们策略性地根据自己的目标和目的进行选择后的行动和行为。比如戈夫曼(Goffman)就强调一种“互动的策略”(interaction strategies)或“策略性互动”(strategic interaction)[③],旨在强调仪式的目的性。三,误识性实践。它强调在仪式性的实践行为中存在着一种原理,即所谓的误识(misrecognition)。布迪厄对误识有一个特定性解释,他认为:“社会

① 汉斯·比德曼:《世界文化象征辞典》,刘玉红、谢世坚、蔡马兰译,漓江出版社 2000 年版,第 221 页。

② 皮埃尔·布迪厄、华康德:《实践与反思——反思社会学导引》,李猛、李康译,中央编译出版社 1998 年版,第 9 页。

③ E. Goffman, *Strategic Interaction*, Philadelphia: University of Pennsylvania Press, 1969.

行动者对那些施加在他们身上的暴力,恰恰并不领会那是一种暴力,反而认可了这种暴力,我将这种现象称为误识。"[①]这里,我们可以将这个概念扩大,从理论上说,误识未必一定是人们对某些原理或道理的错误判断和错误认识,而经常是对所属关系和关系因素的结果、手段之间不吻合的强调。这种不吻合有时源自理念和实践所产生的距离,有的时候则属于一种策略甚至谋略。在笔者看来,误识也可以指这样一种情形,即实践行为的原因和结果不一致。然而,仪式活动的这种结果性背离又因为其形式的固态性和经久性,使人们不间断地对仪式的文本和意义进行重复性的误读。四,话语性实践。仪式的实践行为和活动具有"再生产"和"再塑造"的特性。众所周知,仪式属于社会化的、群体认可的重复行为和活动。它对社会秩序的稳定和道德形象的塑造起到了其他许多社会活动无法替代的作用。贝尔称之为"偿还性强权"(redemptive hegemony)。[②] 我们更愿意用话语性实践,以强调仪式的实践活动对一个确定社群里的人、阶层、性别的"无条件性"和"不可抗拒性"。仪式本身就是一种在社会语境中带"强制性"的活动。比如在中国的传统社会里,红白喜事都要进行隆重的仪式,对当事者(包括当事者的亲属)也好,对朋友也好,对乡里乡亲也好,大家都要参加(或派出代表参加),大家既是对新人(红喜)的祝贺、对死者(白喜)的哀悼——类似于民间的现场"公证",同时也是对乡土社会网络关系的承认。另外,任何社会关系都要在仪式"表演"中扮演各自的角色。因此,被认为"应该到场的角色"都不能缺席;否则,表演便无法进行。如果真是那样的话,乡土社会的秩序也就被破坏殆尽。

仪式包含着多种功能,但它与不同的仪式类型有关。我们可以在不同的仪式中清晰地看到某些功能,比如在通过仪式中,人的自然年龄与社会身份的转化功能就非常明确和突出。然而,人们所认识的仪式功能经常并非与现场的实际功能相吻合,多数系通过历史文献或他者转述获得。所

① 皮埃尔·布迪厄、华康德:《实践与反思——反思社会学导引》,李猛、李康译,中央编译出版社1998年版,第222页。

② C. Bell, *Ritual Theory, Ritual Practice*, New York & Oxford: Oxford University Press, 1992, 81.

以，旁观者或非所属群体的第三者在了解仪式的功能时，与学者们在不同学术原则下的不同主张与归纳有关，比如在马林诺夫斯基那里，仪式的功能总会与生活的基本需求（basic needs）联系在一起，并被格外强调。在弗洛伊德那里，与图腾、禁忌相关的仪式总会与“潜意识－性”的积郁和释放功能扯在一起。所以，仪式的功能至少包含了以下三种指示：其一，仪式在现实中的实际功能。这又可能出现仪式本身从原始发生到后来变迁过程中的不同、距离甚至背离现象。也就是说，同样一种类型的仪式在不同的历史时段表现出来的功能变化，包括萎缩、弱化、丧失以及延伸、创新等。其二，对仪式功能的解释。从人类学仪式研究的轨迹来看，许多功能是在不同学者的研究中被归纳出来的；而不同的学术原则和主张为了强调某一方面的功能特质，往往会将仪式的某一种功能绝对化和扩大化，这种情况一方面突出了仪式的某一种功能，另一方面也可能因此遮掩了仪式的其他功能。其三，仪式的符号功能作为一种内在的表述能力，有着作为符号的两个基本的指示，即能指和所指。前者指符号的物质构造，后者则指它的概念。问题在于，二者在社会变迁中的变化速度和程度并不一致。相对而言，符号的功能性能指的变化相对所指来说小得多。列维－斯特劳斯据此称之为“不稳定指示”功能。[①]

言及功能，我们有必要对仪式的功能与功能的仪式做一些小小厘辨。人们通常在谈到仪式的时候，会很自然地与其功效联系在一起进行解释，或者说，仪式必定具有功能性。这大约不会有问题。但是，如果我们要对某一个仪式的某一些确定性功能进行对应的时候，就有可能发生问题。它除了我们在上面所说的仪式的符号指示性质中不稳定指示功能外，还可能出现理解性功能失缺的情形。具体而言，在一种仪式的原始生成或者在某一个历史时期，对其所进行的观察具有一种确定的“功能”价值；然而，社会的变迁和转变必然会对同一个仪式的功能产生作用，从这个意义看，某一种东西在特定的情况下具有一种功能，但当情况改变了以后，原先的那些功能便可能改变或者消失。同理，新的功能和意义也可能产生和出现。

---

① C. Lévi-Strauss, *La Pensee Sauvage*, Paris: Plon, 1962, 174.

正是在这个意义上，格尔兹认为，传统的功能主义未必处处适合于对仪式的解释，因为功能主义没有能力面对社会变迁和转变的社会进程。[1] 所以，我们可以这样说，仪式必有其功能，但仪式究竟有什么功能则要在具体的社会语境下进行观察、分析。某一个仪式在过去的某种功能，今天可能消失了，继而生产出新的功能。我们把仪式功能的这些特性和潜质称为功能的仪式。

最早较为完整、明确地提出仪式的功能作用者为涂尔干。他在对“原始人”的研究中发现，仪式在他们的生活当中具有明确的“集体效益”，仪式提供了神话社会中一种带有戏剧化特征的形式，人们可以通过仪式活动的内容和形式以及与神话的历史关联寻找到它们远古时代的某种“凭照”，这种仪式的社会化结构功能被他特别地加以强调，这也成了他看待和确认仪式功能的最基本观点。[2] 当然，他对仪式结构的基本要素分析以及由此引申出来的分类原则，即所谓的神圣/世俗更成了人类学仪式研究的一个重要原点。循此线索，仪式便很自然地具有维护社会秩序的功能。或者更准确地说，任何传统仪式无论是逻辑上抑或客观上都必定具备或参与维护社会秩序的功能，只是在涂尔干那里被突出，这种突出又使那些通过阅读涂尔干著作去了解仪式的读者获得了集中甚至是片面的强调。顺带做一个提示：仪式的维护社会秩序意义之功能并不忌讳突出社会潜在着反叛和暴力的另外一面；它们既可以是仪式的功能，也可以被视为实现此功能的手段。关于这一方面的内容我们会在后面专门讨论。

仪式功能的具体表现，涂尔干的归纳较为著名：仪式的第一种功能是惩戒。仪式实践常常需要自我惩戒——在某些仪式中甚至会出现苦行僧式的自我否定，这些仪式需要个人的意志服从群体的要求。仪式的第二种功能是凝聚，宗教仪式的集体实践再度肯定了该群体的社会团结。仪式的第三个功能是赋予人们以生命力。在仪式中，神圣的象征以一种特定的方式维持着，以至它们能够作为至关重要的群体价值观代代相传。最后，仪

① C. Geertz, *The Interpretation of Culture*, New York: Basic Books, 1973, 143.

② T. Barfield ed., *The Dictionary of Anthropology*, Oxford: Blackwell Publishing, 1997, 411.

式的第四种功能是欢娱：一方面，社会通过或借助仪式活动以重申道德秩序的合理性和合法性。另一方面，仪式将个人的失落或不满的体验（比如死亡的不可避免）游戏化。[1] 另外，仪式的交通和交换功能也被格外地强调。涂尔干在《乱伦禁忌及其起源》中说："在所有宗教中，我们都会发现仪式效果独立于所有神圣力量之外。通过交感行为，仪式自身产生作用；仪式带来了这种现象：它几乎只想机械地进行生产。它既不是一种创新，也不是一种祷告，希望从某种存在的恩惠那里得到回报。这样的结果，是通过仪式活动的自动作用获得的"[2]。后来一些重要的人类学仪式研究者也主要承袭着这一学术传统，比如利奇、特纳、道格拉斯、格尔兹等，他们在以涂尔干等为代表的法国社会学派和以马林诺夫斯基为代表的英国功能学派的传统和研究方法的基础上，将仪式的社会内部研究——"结构－功能的范式"继续推进，使之成为当代最富有活力和最有建树的人类学仪式研究的代表趋向。

从文化考古的线索看，仪式的发生并非孤立的、单一性的，它与巫术、图腾、禁忌、信仰、表演、环境、物种、生产、生计等有着千丝万缕的关系。在形态上，仪式与人类的表演行为不仅在原生纽带（primordial ties）方面有着密切的关系，不少学者甚至认为，仪式与戏剧在发生时期即同为一物，因此，仪式也是戏剧发生的重要根据。布洛克特就从仪式的原生角度以及与戏剧的关系来看待仪式的功能。在《戏剧史》中，他将仪式的功能归纳为五个方面：

> 仪式是一种知识形态，神话和仪式包含着人类对宇宙的理解；
>
> 仪式可以起说教的作用，通过仪式可以继承传统和传授知识；

---

① 约翰·R. 霍尔、玛丽·乔·尼兹：《文化：社会学的视野》，周晓虹、徐彬译，商务印书馆2002年版，第90页。

② 爱弥尔·涂尔干：《乱伦禁忌及其起源》，汲喆、付德根、渠东译，上海人民出版社2003年版，第98页。

仪式想影响和控制事物，产生预期效果；

仪式还用于显耀一种超自然力量，或打猎和战争的胜利，或光荣的历史、英雄人物，或图腾；

仪式也起娱乐作用。[①]

文化史家鲍伊则从仪式的原始文化的范畴去认识其功能，他认为，仪式有许多功能，无论是个人层面上，还是群体或社会层面上。它们可以成为情感的渠道并表达感情，引导和强化行为模式，支持或推翻现状，导致变化，或恢复和谐与平衡。仪式在治疗方面还有非常重要的作用。它们可以用来维护生命力和大地的生殖力，保证与无形世界（无论是精灵、祖先、神灵，还是其他超自然的力量）的适当联系。当一种文化执着的价值从一代人传给下一代人的时候，借助于仪式会变得更加容易。[②]

仪式在满足人们心理层面的需求方面也有着重要的作用，特别是人类生活中的一些不可意料的事情，比如生病、危险、生活变化等，它可以起到心理上的舒缓、化解、转移等作用。事实上，人们特别是人类的先辈，由于对自然、对人类自身的认识还停留在一个相对低下的阶段，来自自然的威慑和人类心理、情感上的变化都得不到"正确"的解释，人们便在仪式中寄托某种情感上的东西。马林诺夫斯基在《巫术、科学与宗教》以及他的特罗布里安德岛的民族志系列著作中对当地的仪式进行过这方面的分析。比如妇女们因丈夫或者儿子出海捕鱼，她们对亲人所处的危险境地的担心，以及期盼他们平安归来等心理诉求和情感活动都可以通过仪式得到某种舒缓。[③]

现在让我们对仪式的功能及其所具有的几种表现特征做一个小结：一，仪式具有表达性质却不限于表达。二，仪式具有形式特征却不仅仅为一种形式。三，仪式的效力体现于仪式性场合但远不止于那个场合。四，

---

① 胡志毅：《神话与仪式：戏剧的原型阐释》，学林出版社2001年版，第23页。

② 菲奥纳·鲍伊：《宗教人类学导论》，金泽、何其敏译，中国人民大学出版社2004年版，第173页。

③ B. Malinowski, *Magic, Science and Religion*, Boston: Beacon, 1948.

仪式具有操演性质但并不只是一种操演。五,仪式操演的角色是个性化的,却完全超出了某一个个体。六,仪式可以贮存"社会记忆",却具有明显的话语色彩。七,仪式具有凝聚功能,但却真切地展示着社会变迁。八,仪式具有非凡的叙事能力,但带有策略上的主导作用。"仪式不是日记,也不是备忘录。它的支配性话语并不仅仅是讲故事和加以回味;它是对崇拜对象的扮演。"[①]毫无疑问,由于仪式诸如此类特点的存在,它自然要在社会变迁中起到非常重要的作用,也会在"诗性叙事"[②]中扮演重要的角色。

治仪式研究,除了要重视仪式的外在的、物质的、分析性的功能外,还要特别重视它的整体性内在功能。由于仪式特别是那些重大的、神圣的、礼仪的、传统的、代表性的仪式,其构造成分、因素、要件多样而复杂,事实上具有一种"话语"的性质;所以,仪式表述(ritual words)也就成为某种超越仪式中的单一主题、人物、器具等独立功能的整体效应。这种效应一方面来自仪式的"物化"整体构造,如仪式中的人物(特别是重要的人物),仪式的时间和空间,仪式活动对参加仪式的人所规定的语言、姿势、姿态、仪式的程序和程式等;另一方面,这些特定的要素和社会关系组合和建构会产生出一种更大的能力和能量。学者们对这种仪式表述功能予以充分重视,但对其实际功能以及这种功能的内涵并没有达成一致的看法。有的学者把仪式表述的功能置于仪式的物化性整合的层面,认为仪式的这种整体功能主要来自那些语言、姿势、姿态、活动程序等的展演和展示[③];有的学者则强调,仪式选择了日常生活中的语言表述的仪式化"话语"的能力和效果[④];有的学者强调,仪式来源于神话,却与神话叙事完全不同,因为仪式是将神话叙事"行动化"(in action),使仪式表述不只是"讲述"(talk)或

---

① 保罗·康纳顿:《社会如何记忆》,纳日碧力戈译,上海人民出版社 2000 年版,第 81 页。

② 维柯:《新科学》,朱光潜译,人民文学出版社 1986 年版。

③ R. Rappaport, *Ritual and Religion in the Making of Humanity*, Cambridge University Press, 2000, Ch5.

④ M. Block, "Symbols, song, dance and features of articulation," in *European Journal of Sociology*, 1973, 15:55-81.

仅仅是“表述”(words),而是一种自在性的程式和展示性的整体构造[①]。在笔者看来,仪式表述除了强调仪式的整体性表述功能外,更为重要的是,强调仪式“表述之外的表述”;这种表述是借助仪式的整体形式获得了超越日常生活各项表述以外的超常表述。这种表述一方面利用了参加仪式的人和社会关系、各种符号组合、各种象征意义等的整合能力和能量,另一方面,最大限度地借助神圣,包括神灵、族源、祖先、巫术、方技等超自然能力所产生的权力和权威——一种无与伦比、无以抗争、不容置疑的“话语”和“势力”。

① E. R. Leach, "Ritualization in man in relation to conceptual and social developments," in *A Discussion of the Ritualization of Behavior in Animals and Man*, Organized by *Philosophical-Transactions of the Royal Society of London*, Series B, Biological Sciences, 1966, 251:772.

第二章　仪式、神话与宗教

仪式与神话的关系

1."仪式－神话"概述

仪式与神话历来无法截然分开，无论是从历史发生形态的角度透视，还是从人类学研究领域解释，都是如此。与仪式一样，神话构成人类学知识谱系中一个不可或缺的历史性内容。人类学与仪式/神话的知识背景相互渗透、彼此互动已属常识。任何人类学的重要流派、几乎所有的代表人物都在"仪式－神话论坛"竞相发表见解，人类学仪式－神话理论也因此成为人类学家专业训练和知识积累的一种必修的学养。甚至有些人类学家还是从神话领域"起家"的。总之，神话是人类学基础性知识要件，人类学通过对神话的研究拓展了学科的历史维度。[①]

从知识考古的角度看，神话虽然非常重要，但要为神话做一个共识性的定义却相当困难，正如卡西尔(Ernst Cassirer)所说："在人类文化的所有

① 彭兆荣：《神话叙事中的"历史真实"：人类学神话理论述评》，载《民族研究》2003 年第 5 期。

现象中，神话和宗教是最难相容于逻辑分析了。”他援引英国诗人密尔顿的诗句：“一个深不可测的海洋，无边无际，苍苍茫茫，在这里长度、宽度、高度和时间、空间都消逝不见。”[①]尽管学者们对神话的界定不尽相同，但大家对神话中的一个性质则有共识，即叙事（narrative）。它可以是对未知事件的叙述，也可以是符号形式对具有神秘性质的事物做神秘的交通。它所叙述的内容经常并非可触摸的事和物，而是神话本身。叙事具有戏剧性的转化能力，叙事同时展示出某一族群的宇宙观。从叙事形式看，神话经常混杂着传奇或者民间传说等类型，它对事物或者未知世界的描述与历史或者“伪历史”叙事不同[②]，却从未妨碍过人类通过神话叙事了解历史的真实。

2. 神话的几种主要流派

神话研究有七种代表性学派，它们是：一，历史学派，主张神话就是历史。二，自然元素学派，认为神话是自然构造和演变的结果。三，心理缘动学派，旨在强调神话折射人类心理积郁的投影——精神分析学说的直接袭用。四，道德喻教学派。神话是社会喻教的示范。五，语言游戏学派。神话其实是语言游戏（language games），著名的宣言性表述是：神话是一种语言病（mythology is a disease of language）。六，神话仪式互疏学派。神话和仪式相互印证，缺一不可。七，结构主义学派。用结构主义主张看待神话，以结构的方法处理神话。[③] 七种学派都包含着明确的人类学指示；不少人类学的分支都秉持和继承着神话叙事与范式，像神话仪式互疏学派、结构主义学派等。历史学派所讨论的主题在当今的历史人类学最热闹的话题中再度闪回。自然元素说则与生物种类、自然生态与人类文化的生成息息相关，讲述了最为基础的自然（nation）/文化（culture）肇始与发生关系。心理缘动学派在很大程度上为后来的心理人类学奠定了基础，并成为该分支学科中最为重要的一个章节。道德喻教学派仿佛是社会人类学对社会秩

---

① 恩斯特·卡西尔：《人论》，甘阳译，上海译文出版社 1985 年版，第 92—93 页。

② P. S. Cohen, “Theories of Myth,” in *Man*, 1969, 4(3): 337.

③ K. K. Ruthven, *Myth*, London: Methuen & Co. Ltd, 1979, 5-43.

序和功能强调的古时版本。至于语言游戏学派，则不啻为语言人类学里程碑的过去时。篇幅所限，不能一一赘述。

七种主要不同的神话理论除了侧重表达各自不同的主张外，对于诸如“神话是什么”这样的问题，方家也有许多歧见。归纳起来也是七种。它们与七种主要神话流派有着叙事上的内在关联，分别是：一，神话的解释形式，尤其对人类社会在某一个发展阶段进行解释。二，将神话看作具有功能的符号表达形式。它非解释，其终极者是表达，特别是表达所反映的人类思想的类型。三，神话是人们无意识的心理陈诉。四，神话被当作创造和维持社会整体和传承等的一种功能。五，神话叙事具有社会组织和社会实践的合法性。六，神话作为社会结构的符号表述形式，尤其与仪式发生互动作用。七，结构主义理论。[①]

无论从什么角度看待和诠释神话，叙事都绕不过。按照最为狭义的理解，叙事宛若故事的讲述过程。但是，故事可以有不同的讲法，它体现出每个人、每个人群、每个时代对事物的认同和反映差异。“这些不同观点的每一个后面都是一部历史，以及一个对未来的希望。我们每个人也有一部个人的历史，我们自己生活的叙事，这些故事使我们能够解释我们是什么，以及我们被引向何方。”[②]在古典进化论学派里，人类学家将神话－仪式叙事作为阶段性产物置于整个历史演进之中。比如，泰勒把神话当作一种以语言为隐喻的解释，以寻求达到理解和控制自然力量，使原始人向“人化”（personalise）转变。[③] 泰勒甚至把“神话”作为对原始文化“万物有灵”（Animism）的总体性叙述来对待。弗雷泽在《金枝》中开宗明义，引出了古罗马神话森林女神以及尼米湖畔守林祭司的相关民俗。这部鸿篇巨制拾掇起几乎在当时可以找到的全部“原始巫术”的神话材料，进而将其放在事先编排好了的进化序列的第一阶段：“巫术－宗教－科学”。[④] 以今天的眼光来看，古典进化论者在看待神话时的明显弱点，除了刻板地将所谓

① P. S. Cohen, “Theories of Myth,” in *Man*, 1969, 4(3): 338.

② 华莱士·马丁：《当代叙事学》，伍晓明译，北京大学出版社 1990 年版，第 1—2 页。

③ E. B. Taylor, *The Origins of Culture*, New York: Harper, 1958, 368-416.

④ J. G. Frazer, *The Golden Bough*, London: Macmillan Publishing Company, 1947, 1-59.

"异文化"做削足适履的分类,把神话叙事简单地当作原始社会的阶段性产物外(进化论者顺理成章地把自己作为"文明人",与"野蛮人"在"阶段"上泾渭分明地分开),没有解释为什么神话具有特定的社会价值认同。换言之,神话制造(myth making)与历史制造(history making)无不具有社会群体和社会边界的规定性。神话的制造首先属于制造神话的社会群体,而不是这个群体以外的其他群体。这是一个基本的前提。

在人类学的历史上,涂尔干和马林诺夫斯基对神话的理解奠定了现代人类学理论的基调。在涂尔干眼里,神话只是宗教系统的一部分,其主要功能是以语言进行表达,而仪式则是行为的表达,二者具有维护和传达社会价值的功能。具体地说,首先,神话的内容以象征性意义来传达社会价值。其次,它反映社会结构的某种特征。此外,涂尔干开创性地将神话作为一种分类的表述类型,使得神话有了叙事上的归属。他这样解释分类:"所谓分类,是指人们把事物、事件以及有关世界的事实划分成类和种,使之各有归属,并确定它们的包含关系或排斥关系的过程。"[①]在分类原则的指导下,澳洲神话、祖尼神话、中国神话因此都有了各自叙事的发生与发展,并有了"族"(family)、"属"(genre)等更细致的分类链条。从此,在人类学的研究视域里,神话避免了成为古典进化学派那种粗糙的、简单的"阶段性板块",有了族群和文化的归属性。同时,它又使神话作为文化的一种叙事类型被嵌入"社会结构"成为可能。一方面,把神话的分析与社会性融为一体;另一方面,使之成为哲学和科学的"基础形式"成为可能。[②]

马林诺夫斯基的神话理论与涂氏有着密切的关系,历史地看,他深受涂尔干的影响,却又表现出两个重要的差异:其一,马氏的理论缺乏认识论的深度内涵。其二,功能主义却有着明显的实用主义色彩。后者正好又是涂氏所欠缺的。马林诺夫斯基笔下的特罗布里安德岛民都像实用主义者,他们相信神话巫术是因为他们在现实生活的需要而且也寻找了的理由。

① 爱弥尔·涂尔干、马塞尔·莫斯:《原始分类》,汲喆译,上海人民出版社 2000 年版,第 4 页。

② E. Durkheim, *The Elementary of Religious Life*, Trans. by Joseph Ward Swain, New York: Colier, 1961, 419-420.

为了使他们的需求合法化，他们有必要寻找到一些超越事实、超越理由的、带“凭照”性、权威性的东西；神话就具有这样的品质，它与巫术共同满足了人类需要的功能性诉求。马林诺夫斯基曾清晰描述了神话功能：

> 神话总的说来也不是关于事物或制度起源的，毫无价值的一种臆测。神话决不是幻想自然，并对其法则做出狂妄解释的产物。神话的作用既非解释，亦非象征。它是对非凡事件的陈述，那些事件一劳永逸地建立起部落的社会秩序，部落的经济活动，艺术、技术、宗教的和巫术的信仰与仪式。我们不能简单地把神话视为文学作品里的、活生生的、很吸引人的、虚构的故事。神话论述了寓于社会群体的制度与活动中的根本现实，它论证了现存制度的来龙去脉，提供了道德的价值、社会差别与社会责任，以及巫术信仰的可资追寻的模式。这一点构成了神话的文化作用。[①]

就叙事的完整体系而论，神话的表述经常与仪式的实践相兼相融。因此，在人类学理论当中，神话 - 仪式每每被同置于一畴——仿佛鸡与蛋的关系。这成为一个无法跨越的学术原点。早期的人类学神话理论中最有代表性的一个流派也出自于此。泰勒、史密斯、弗雷泽、穆雷、克拉克洪（C. Kluckhohn）、格里弗（R. Graves）等都曾经围绕着这一学术原点进行讨论。最早引出这一话题的学者当属史密斯，他在继承泰勒的大概念“神话”——“遗留”（survivals）的基础上，将其一分为二，并对泰勒的观点做了进一步挑明。在《闪米特人的宗教》一书中他公然宣称：“神话来源于仪式，而非仪式来自于神话。”此后很长一段历史时间里，它一直成为人类学神话理论的一个主旋律。[②] 对此较有代表性的现代学者要算利奇了。利奇认为，神话和仪式是同一种信息的不同交流方式，二者都是关于社会结

---

① 史宗主编：《20 世纪西方宗教人类学文选》（上卷），金泽、宋立道、徐大建等译，上海三联书店 1995 年版，第 96 页。

② K. K. Ruthven, *Myth*, London: Methuen & Co. Ltd, 1979, 35.

构的象征性、隐喻性表达。[1] 神话/仪式互疏的学术原点和对这一学术原点争论的延续，使人类学研究在传统的神话学畛域里“圈出一块领地”。另一方面，由于这一个学术原点将二者同时放在一个“历史因果”的逻辑起点上，许多学者因而局限于二者的功能性关联。柯恩认为：“事实上，绝大多数神话理论的主要缺失是它们没有真正解释为什么神话的社会功能是以神话形式进行展演而不是其他。为了做到这一点，应该对诸如神秘信仰的性质进行解释，即要对神秘符号的自然和神话思维结构做进一步探究。结构主义神话研究正好弥补了这一缺陷。”[2]

众所周知，结构主义方法论受惠于语言学的成就。列维－斯特劳斯在神话学上的一个重要贡献是将神话视为“交流”，因而语言学的结构分析和在控制交流方面的情况构成了重要特征。列维－斯特劳斯认识到结构属于一个不同层面的思维活动，这些思维活动须通过语言来完成。他使人相信，神话分析的进行就像语言分析一样，将神话和语言分离开来便丧失了它们本来的意义。[3] 于是，三者成为这样一种基本的结合关系：

神话 ⟷ 语言 ⟷ 思维

即神话是“野蛮人”思维的产物，而语言承载着将二者沟通的使命。列维－斯特劳斯曾经以巫医神话以及巫医为妇女治疗为例对其进行说明：

> 巫医的神话学和客观现实不相符合，但这并不要紧，患病的妇女相信神话，她属于神话的社会……巫医为患病的妇女治病是用一种语言。依靠这种语言，患者的心理状态便表达出来，而其他手段无法达到这个效果。正是这种语言表达的转换能力，并通过这种方式，使原来混乱的秩序在经过生理的释放之后达到了重

---

① E. R. Leach, *The Political Systems of Highland Burma: A Study of Kachin Social Structure*, London: G. Bell & Sons, 1954, 13-14.

② P. S. Cohen, "Theories of Myth," in *Man*, 1969, 4(3): 345.

③ M. Douglas, "The Meaning of Myth, Chap. ," in E. Leach ed. , *The Structural Study of Myth and Totemism*, London: Tavistock Publication, 1967, 49-50.

新的组织。[1]

在列维－斯特劳斯结构神话学里，神话具备两个基本的命题：其一，神话的"意义"不可能存在于构成神话的各种孤立要素之中，它天生存在于那些孤立要素的组合之中，而且必须考虑到这种综合所具有的转换能力。其二，神话的语言显示出特殊性质，它高于一般的语言水平。[2] 这也使得结构主义与功能主义在神话学研究中显示出截然不同的看法："神话学不存在明显的实践功能，不像以往研究的那些现象，神话与不同类型的现实不发生直接的关联。这使得它因此被赋予了比其本身更高程度的物质性，并使之看上去更为自由地将那些自发的创造性通过思维转化为具体的指令性表达。"[3]他宣称："不是人们在神话中如何思想，而是那些与未知事实发生关联的神话如何启动人的思维。"[4]比如，从经验上看，"一条魟鱼能够对抗风"显然是错误的，不可能的。但从逻辑的观点来看，我们却能够理解：为何经验之中移植过来的意象可以这样运用。这就是神话思维的原则性，它实际扮演了概念性思维的角色……即"二元转换器"（binary operator）。列维－斯特劳斯将神话在现实中的实际功能予以剔除，显然是为了满足他特殊的关于"人类心灵"的普世性主张。"尽管各个人类群落彼此之间有多少文化上的歧义，但是一切人类的心灵都是一模一样的，也是具有同等的能力，这可能是人类学研究诸多定论之一，我想也已经是世人所普遍接受的命题。"[5]

---

① C. Lévi-Strauss, *Structural Anthropology*, Harmondsworth: Penguin Books, 1973, 197-198 (*Anthropologie Stuucturale*, Paris: Plon, 1958.)

② 特伦斯·霍克斯：《结构主义和符号学》，瞿铁鹏译，上海译文出版社 1987 年版，第 33—39 页。

③ C. Lévi-Strauss, *The Raw and the Cooked, Introduction to a Science of Mythology*: *I*, Trans. John & Doreen Weightman, New York: Octagon Books, 1979, 10.

④ C. Lévi-Strauss, *The Raw and the Cooked, Introduction to a Science of Mythology*: *I*, Trans. John & Doreen Weightman, New York: Octagon Books, 1979, 12.

⑤ 列维－斯特劳斯：《神话与意义》，杨德睿译，麦田出版社 2001 年版，第 42、46 页。

3. 仪式－神话相互疏证

古典人类学对神话和仪式做阐发，其学理依据主要来自进化论。众所周知，人类学作为一门学科的诞生与达尔文的进化论有着直接的学理逻辑和学术关联。人类学最早的学派也因此被称作进化学派。毫无疑问，文化人类学研究的进化取向，也像生物物种一样，首先将它放在文化的原初形态，以建立一个历时性的文化时态和关系。这样，早期的仪式与神话之间的互文（context）、互疏（interpretation）、互动（interaction）关系也就自然而然地成了人类学文化分析在对象、方法上的基础。与此同时，与这样的学术背景相互映照，从19世纪中末叶到20世纪初，神话－仪式研究也因此出现了空前的热潮并取得了丰硕的成果。由于人类学古典进化论学派与神话研究既交叉又重叠，这样的关系直接导致一个基本的学理知识和规范：将仪式研究视为人类学学术传统和认知系统的一个重要部分。泰勒、斯宾塞、史密斯、弗雷泽、奥托、兰等都不乏神话仪式的重要著述，不少也都在此领域成名成家。以神话－仪式研究为标志性成就的，闻名于世的剑桥学派（Cambridge School）被名正言顺地冠以人类学派（Anthropological School）。即使到了今天，人类学研究仍然将神话和仪式作为重要的学术范畴和知识要求。人类学历史上几个重要的流派以及它们的代表人物无不对神话仪式有过重要的贡献。

仪式研究从一开始就与神话有着不解之缘，无论就其发生、推原[①]，抑或整理、分析都是如此。神话和仪式的鸡和蛋问题，一直就是早期学者们讨论的焦点。在这个问题上，人类学家的观点虽然不能说没有差别，但原则上相当一致，即将二者当作一个相互交融的体系。比如泰勒就习惯将仪式置于神话的范畴来看待，他将神话类分为物态神话（Material myth）和语态神话（Verbal myth）两种：物态神话是基本的、原始的，语态神话是从属的、其次的。语态神话事实上乃是基于对物态神话的存在所做的解释。在他那里，物态神话实指仪式。

弗雷泽不仅以其"仪式先于神话"的命题而闻名，还对与"死而复活"

① 推原（genetic），指专事对宇宙万物的起源做解释的叙事。

之神的农事节期崇拜紧密相关的神话进行探考，在神话学研究领域产生了巨大的影响。弗雷泽的学术著作是仪式说赖以传播的基础，这多少也在传统的人类学与神话学之间客观上展示出二者的差异，即人类学侧重于对"异文化"社会的观照，同时强调实践理性；而神话学侧重于对神话本体的研究。所谓古典剑桥学派［主要包括赫丽生（J. E. Harrison）、科恩福德（F. M. Cornford）、库克（A. B. Cook）、穆雷等］的学术主张主要就导源于此——所从事的学术研究的主要依据是基于仪式先于神话之说，并将仪式视为古代世界的宗教、哲学、艺术赖以发展的重要渊源。[1] 伴着穆雷、赫丽生等人的学术追随，以及他们在神话仪式研究上将神话和仪式视作原生性共存体的相同主张，此后很长一段时间里，它都成为同领域的学术主潮之一。比如赫丽生认为，在希腊语中，神话的定义是"在仪式行为中所说的东西（talegome-naepitoisdromenois）"[2]。美国历史学派代表人物博厄斯也认可神话与仪式之间的协约关系。他认为，一个仪式就是一个神话的表演。"人类学分析表明，仪式本身是作为神话原始性刺激的产物。"[3]

心理学和精神分析学说对仪式的看法别具一格。弗洛伊德在精神病分析以及临床经验中洞识仪式的潜意识现象和象征性叙事价值，这就是他在《图腾与禁忌》（1913）中直接推导出来的理论："俄狄浦斯情结"（Oedipus Complex）正是仪式由深层的存在走向导致人类行为的一个完整建制。精神分析学说曾经名噪一时，几乎成为一个历史时期的学术时尚，它对人类学研究的影响也很明显。不过，人类学研究可以借鉴现代心理学的成就，却拒绝任何来自精神心理方面的假定。人类学田野调查的特点和方法决定了这个学科要通过具体的案例去观察仪式行为的社会实践和生活场景，从而进行分析、认识和挖掘人类心理深层的生命现象。两种研究的视野截然不同。当然，同样在仪式这一现象上，两种方法都不妨碍获得对仪式的深刻理解，一段时间内，我们甚至可以看到将二者结合在一起的努力

---

① 中国民间文艺研究会研究部编：《民间文学理论译丛》（第一集），中国民间文艺出版社1986年版，第27页。

② 参见胡志毅：《神话与仪式：戏剧的原型阐释》，学林出版社2001年版，第43页。

③ F. Boas, *General Anthropology*, Boston, New York: D. C. Heath, 1938, 617.

和尝试。

以弗洛伊德为代表的精神分析学说在这方面也有自己的主张，特别是采之于古代希腊的几个神话范例，尤其是俄狄浦斯情结不啻为神话仪式的联袂出演。[①] 弗洛伊德虽不从事人类学的专门研究，但他的精神分析学说对西方思想界和学术界起着重要的引导作用。在一段时期里，从心理学，或具体地说，从精神分析学说的角度对文化乃至社会的研究在人类学研究领域也大量出现。英国功能主义学派的奠基人马林诺夫斯基在他的《原始心理中的神话》(1926)中曾提出了下列论断，在许多古老的社会里，即神话尚未成为"遗迹"时，神话并不具有理论意义，并不成为人们施之于周围世界的科学认识或前科学认识的手段，它无非是具有纯属实践的功能，并诉诸史前事迹的所谓超自然现实性，以维系部落文化的传统和延续。神话将思想编织成说，使道德得以确立，使一定的伦理准则为大众所遵循，使种种宗教仪式得以被确认，使社会体制得以合理化与合法化。马林诺夫斯基指出，神话并不仅仅是历史的陈述，或者是具有比喻性、象征性等的叙说；神话作为一种口头相传的"圣书"，作为某种对世界和世人的命运不无影响的现实，为古老意识所领受。所谓神话与仪式大体相契合的观念，即认为两者均为某种举措的再现和重演。[②]

仪式中的神话母题虽然带有一些不可捉摸的影子，与人类学研究讲求客观的田野研究似乎有些区隔，但在对事情和事件的解释上完全可以殊途同归。因此，人类学家们并不拒绝对精神分析学说理论和方法的借鉴，恰恰相反，他们也不乏以心理分析的方法解释仪式现象的例子。比如我们清楚地看到马林诺夫斯基在特罗布里安德岛的一系列民族志成果中的这种借用。需要特别指出的是，马林诺夫斯基的功能不仅指在生活中看得见、摸得着的"原因－结果"的对应性，也经常指喻那些"看不见"的效力和结果。以巫术为例，并不是所有的巫术行为都必定获得现实性(可见性)的

① R. H. S. Crossman, *Plato Today*, New York: Oxford University Press, 1937, 88.

② 中国民间文艺研究会研究部编：《民间文学理论译丛》(第一集)，中国民间文艺出版社1986年版，第29页。

效果，许多情况恰恰是为了满足心理方面的需求，他在《野蛮人的性生活》中以乱伦神话和巫术的关系为例进行了类似于弗洛伊德的心理分析的套用，我们甚至能看到弗洛伊德式“力比多”的影子。

叙述的梗概为（有删减——笔者注）：

> 故事发生地在库米拉伯瓦格（Kumilabwaga）。一个女人生养了两个孩子：一个女孩，一个男孩。
>
> 母亲走过来开始削她的纤维条裙子。男孩在煮魔草（为爱情巫术用）。他用椰子油煮芳香叶。他把盛有煮好的液体的容器挂起来（在靠近门的椽子上）然后去游泳。
>
> 女孩砍柴回来，放下柴火，问母亲要哥哥放在屋里的水。
>
> 母亲回答：“你自己去取，我的腿上有削裙子的砧板。”
>
> 女孩走进木房看见放在里面的水瓶；她的头蹭到了装有巫术液体的容器；椰子油滴下来，渗进她的头发……爱情巫术的魔力触到了她，进入她的身体……
>
> 她问母亲：“我哥哥呢？”
>
> 母亲说：“到海边去了。”
>
> 女孩快步朝海边跑去。她看见哥哥在游水。哥哥看见妹妹就往浅水边跑。在那里妹妹追上了他，他们就在那里发生关系。巫术的作用战胜了他们的羞耻。后来兄妹俩死于巫咒。①

与此同时，也有一些人类学家注意到神话与仪式关系似乎并不那样一致和密切的现象。换句话说，不见得所有神话必定伴随着一个仪式，同样，也未必每一个仪式都有发生学上的神话叙述。有例子表明，某些民族的神话非常之多，仪式却少得可怜；例如生活在南非卡拉哈里沙漠地区的游牧民族就是如此。相反，因纽特人有着很丰富的仪式，相对应的神话却并不

① 马林诺夫斯基：《野蛮人的性生活》，刘文远、纳日碧力戈、马殿君等译，团结出版社 1989 年版，第 390—393 页。

From Rat Productions

多。就这一点而言，将二者完全视为一个单位性整体似也有不近周延之嫌。在这方面，人类学家克拉克洪的主张比较灵活且不拘一格。他并不像一些学者那样将神话与仪式捆绑在一起不能须臾分离，而是认为二者趋向于在一起进行表述，却不妨碍它们可以独立存在。他也不同意当神话和仪式同时在一起的时候必须对同一桩事由做表述，二者可能分别做各自的表述，只是在同一件事情上形成互动关系。[①] 克拉克洪对神话、仪式的主张，可以说体现了人类学“解释”的成分，具有浓郁的现代气息。我们认为，在对神话－仪式做一体性解释的时候，还有一种情况似乎被忽略了，即间或发生这样的情况：在一个仪式中附加了超过一个以上的神话故事，这种情形在当今大规模的群众性旅游的时代更容易发生。比如某一个仪式原本属于同一人群共同体内部成员所认为的神话故事，然而，为了迎合社会发展的需要，在此基础上又出现了更多的其他“新神话”。也存在着这样一种可能性，即一个民族有着众多支系，每一个支系又根据自己的解释产生出对同一个仪式的不同神话故事。也可能出现这样的情况，即当一个仪式成为重要的历史文化资源的时候，不同支系、不同地缘群，甚至不同的民族

---

① C. K. Maben Kluckhohn, “Myths and Rituals: A General Theory,” orig. 1942, in R. A. Segal ed., *The Myth and Ritual Theory*, Blackwell Publishers, 1998, 313.

都会参与对同一资源的争夺，于是产生新的不同的神话故事系列。“刘三姐”的故事在当今的广西壮族自治区已成为一个重要的品牌，围绕着刘三姐的故事传说、民俗故事等便出现了不同的“新神话”版本。这种情况虽然属于民俗范畴，但为了寻找原始依据，神话经常成为说明其正宗的叙事。当然，这也成为人类学、历史学、民俗学需要面对的新形势。无论如何，神话和仪式作为人类学研究的原初性知识资源，二者在具有功能性、操作性、工具性意义的背景下被同置一畴，并使在此基础上形成、成长起来的神话－仪式学派蔚为大观。总之，神话－仪式——从形式到内容，从名到实，在很长的历史时段内一直为学界的重要话题。是故神话－仪式也就自然而然地在人类学派的专属名称之下得以流传。表象上，古典人类学家如此热衷于这一问题的争执似乎并无必要，那不就是一个“符号”的命名和界定吗？实际上，以今天的眼光看，我们终于可以瞥见人类学先辈们在试图突出人类学这门新兴学问与其他传统学科差异上所表现出的良苦用心，即寻找到哲学的、逻辑的、文本的、“我者的”、“文明的”另外一个参照体系：经验的、直觉的、行为的、“他者的”、“野蛮的”部分——一个自觉的、叙事性比较文化研究的范式变革。这一切都沉积于神话－仪式巨大的知识系统和结构之中。

将二者放在一起除了其原始关系以外，还有一个结构性原理，即倾向于把神话视为信仰的、理念的、理性的、理论的、观念的，仪式则是行为的、具体的、感性的、实践的。就广泛的意义而言，对原始神话－仪式做这样的归类和划分并没有什么根本的不妥。人们很容易可以通过一个仪式听到一个与其相配对的神话传说；同理，神话传说也经常可以推衍出具有仪式性色彩的行为和实践，或成为某一个具体仪式的原始根据。然而，在具体的文化事象上，如果我们因此就把二者完全视为同一物似乎又欠妥当。特别是仪式，毕竟它自身包含着一个完全具备了自我说明的能力和结构，而且它会不断地在同一个叙事框架内随着时间和空间的改变发生符合逻辑的变化。比如，中国的春节庆典活动（贴桃符、春联，放爆竹等），随着时空的推移已经与原始形态有了非常大的变化，这些变化包括了形式和内容、符号和意义等方面。最有意思的是，原始的悲凉色彩的基调完全被喜庆代替。可是相对于附丽之上的神话传说却并无什么变故。此外,其中还涉及一个方法论问题,即人们对于同一主题的神话－仪式叙事和表演虽无法求证,甚至可以理性地讥之"胡说八道",却不妨碍每一个人接受和参与由这个"胡说八道"所产生的实践活动。

克拉克洪显然看到神话与仪式之间的这种辩证关系:一方面,仪式与神话虽有不解之缘,表现起来却各有特质。从大的层面上说,它们都要受到文化传统和外界环境的影响。在同一个背景和环境变数中,作为行为模式的仪式与作为观念模式的神话来说,仪式更容易产生变化。相对的,作为观念模范的神话(广义的神话——笔者注)通常后续于行为模式的仪式,就像妇女行为的变化与妇女地位的社会观念变化的关系一样。他还以"纳粹德国"为例子,反证一旦某种特别强力的观念模式(神话)同样具有能力通过诸如组织、机构、国家等手段产生出一整套行为模式(仪式)。他称之为"纳粹神话模式"(the Nazi mythology)。[①] 在笔者看来,就思维形态而言,将神话与仪式截然两分多少有一些以"逻辑思维"的方法去看待属于"前逻辑思维"的观念和行为。如果按照卡西尔对"神话思维"所做的描述,神话与仪式——观念与行为、观念模式与行为模式还未达到可分的二元,故没有谁先谁后的问题。它类似于"混沌"性的"元语言"叙事,特别对于仪式的原生时态更是如此。仪式与神话的概念和分类属于后续。这一点有必要格外加以强调。所以,我们与其在二者之间区分"谁是鸡谁是蛋",毋宁视之为人类学在学科诞生伊始的策略性出演和学科性场域的边界设置。

不言而喻,神话－仪式学派的阐发点主要集中于神话和信仰范畴。尽管该学派人物众多,共性特征却颇为明显:都偏爱在宗教和情感经历方面强化仪式的作用。而且,这种对原初性的神话和仪式的理解直到今天仍然对于宗教研究产生了巨大影响。事实上,这个学派的仪式研究并不只限于关注神话和仪式中的原生形态,对相关形态的文化现象和意义也有深刻的

① C. K. Maben Kluckhohn, "Myths and Rituals: A General Theory," orig. 1942, in R. A. Segal ed., *The Myth and Ritual Theory*, Blackwell Publishers, 1998, 320.

阐发。较有代表性的是胡克(S. H. Hook)以及他于1933年出版的《神话与仪式》。这一部著作的主要特点在于:①把神话-仪式的研究传统向高级的宗教形态拓展。他在书中对基督教的研究展开了以往神话-仪式学派的学者不甚涉及的领域。因为以往的学者在学术上有一个"原始社会"的背景前提;关于此,早在泰勒、弗雷泽那儿就已经定调和确认了。胡克则将高级宗教的研究往它的原生状态"推原"。②引入了人类学的考古学方法,即在传统的人类学对文本、民俗、口传等材料搜集的基础上增添了使人更具有信服力的资料和手段。③确认了"文化模式"——也被称作"仪式模式"的表述范式。在文化模式中还有了地缘的概念,如近东;地缘上的交流使文化模式具有了动态和变迁的性质。④将研究视野从以往单一的、狭窄的搜集、类比原始社会的遗留习俗扩大到不同种族、社会之间的各种关系,包括战争、贸易和殖民。[①] 在不断"扩容"的历史演变中,人类学的仪式研究也随之不断向前推进,其品质和内涵也得到了大幅提升。

仪式中的信仰和意识形态

如上所述,早期的人类学仪式研究基本上将其置于宗教的范畴。宗教是一个巨大的语义、指喻、理解、存在和实践范畴。从西方文化背景看,宗教不仅有着与历史并行的轨迹,而且事实上成为政教纷争、领地纷争、阶级划分、信仰崇拜,乃至日常行为的实践规范,也就是说,表现在社会化价值的方方面面。比如单就"神圣"一词的语言表述,就有诸如sacred,泛指神圣化的理念和与之相关的行为;numinous,指超自然的、神秘的和与神所产生的交感作用,强调宗教不可置疑的品质;occult,指隐秘的、隐藏的、看不见的能力和秘术等;divine,则强调精神、神性和灵性方面的东西;holy,可泛指宗教的神圣性,经常可与sacred互用;等等。由于宗教信仰大都与各

① S. H. Hook & A. M. Black ed. ,*The Myth and Ritual Pattern of The Ancient East*,London: Oxford University Press,1933. R. A. Segal ed. ,*The Myth and Ritual Theory*,Blackwell Publishers,1998,14-22.

种各样的仪式联系或结合在一起,这样,仪式便被分为两个基本部分:信仰和行为。仪式的形式化特征经常把人们的注意力吸引到物质形态上,但事实上,仪式之所以成为一种相对稳定化的形式,它需要有信仰和意识形态方面的内容的支持与支撑。至少我们可以追问:为什么我们所接触到的仪式是这样的而不是那样的?它的逻辑依据是什么?这样的追问直接把我们引导到潜伏在仪式(作为形式)背后的社会价值形态,特别是信仰。信仰的"存在"虽然无法看见,却起着至关重要的作用。因此,对信仰系统的理解有助于我们确立一种文化视角,即相对于建构性的社会价值系统,信仰是一个具有由特定的个体实现但又超越个体的社会化"存在"。那么,从社会中的个体思想、认识的"相信",到具有社会集体认同的"信仰"之间的关系又是如何汇聚和表现在仪式当中的呢?个人的行为和仪式的表述又是如何符合文化叙事的逻辑的呢?要解答这些问题,符号遂成为开解相互关联的钥匙。正如贝尔所说:"至于对仪式的研究,最重要的方向是致力于分析符号的作为,它使我们相信符号主义的目的是将政治化的自然主义和意识形态价值与社会文化整体连接在一起的方式。"[①]毕竟,任何宗教信仰和意识形态的表现都必须借助有形的、可触摸的、可效仿的、可参与的行为和活动加以显示。

理论上,虽然我们可以把"信仰↔符号↔行为"在逻辑上串在一起。但与此同时,我们必须接受进一步的追问:社会是分层的结构,在同一个社会里,不同的阶级和阶层所遵循的宗教观念和意识形态会出现很大的差异,他们在实现和实行宗教信仰或意识形态时的行为很难达到一致,特别是那些政治信念和信仰。所以,如果将不同的社会阶级和阶层所表现出来的信仰行为都建立在同一个基础之上,显然会有问题。[②] 尽管有些宗教宣称其带有普世价值,然而,对于不同民族、不同阶级、不同性别、不同时代、不同地域的信徒而言,必定会出现在同一个符号或价值体系中自我认知、

---

① C. Bell, *Ritual Theory, Ritual Practice*, New York & Oxford: Oxford University Press, 1992, 184.

② P. Converse, "The Nature of Belief Systems in Mass Publics," in David Apter ed., *Ideology and Discontent*, New York: Free Press, 1964, 207-209.

自我满足和自我实现的巨大差异。许多学者注意到，在同一个社会系统的对话中，当一个“霸权”阶级操控着话语权的时候，其他阶级和阶层通常只能处于“失语”状态。这显然是一个不争的事实。于是，这又把问题引到了另外一个层面，即不同的社会阶级和阶层又根据什么去建立同一种信仰和意识形态呢？这样，我们必须进入对不同历史阶段和不同类型的仪式的分析层面。也就是说，如果我们把不同历史时期的仪式和不同类型的仪式区分开来进行具体问题具体分析，这一问题方可得到解决。比如，在人类原始阶段，自然力成为人类首要的制约力量，那么，在原始社会中的所谓“自然宗教”的仪式中，“信仰↔符号↔行为”的逻辑依据显得相对比较一致。这个时候，“自然”经常成为“生态”的一种观照。生活在深山里的人们大概是不会产生海神，也无法产生海神崇拜的。反之，以海洋拓殖为主要价值的社会大约也不会笃信土地公。当历史演进到了“人为宗教”阶段，一些与政治仪式为同一个宗教信仰、同一个社会意识形态，也必然会出现阶级的分化，甚至出现意义和形式与传统迥异的“反仪式主义的仪式”。[①] 因此，对仪式中所表现出来的信仰和意识形态主题也就有必要进行更细致的分析。

李亦园在《文化的图像》中以我国传统的信仰及变迁中“仪式主义的社会”为例，集中讨论了仪式中的意识形态的变化：

> 在群体约束力特强与个人角色规范严紧的情况下，相对应的仪式主义的强调，为了保证这些规范的完全被遵守，因此一切的行为准则都仪式化了，不但“男女授受不亲”，而且行礼要“三跪九叩”，所有的行动都有标准化的“礼”“仪”来作为指导。同时，惟恐这些“礼仪”未被完整地履行，因而发生逾越的举动，破坏应有的社会空间，所以产生特别复杂的禁忌，以保证社会关系的洁净，避免不必要的“污染”。……从另一方面来考察，传统中国对超自然的看法是有秩序的、规范性的；除去一些无足轻重神格极

① 李亦园：《文化的图像》（上、下），允晨文化实业股份有限公司 1992 年版，第 26 页。

低的超自然存在之外，正统的神都是善恶分明、赏罚有据的，神的存在不但是主宰宇宙合理的运行，而且更重要的是控制人类社会使之和谐有秩。①

这让我们看到仪式的两种对立统一的存在价值：一方面，仪式主义融进了社会道德体系的普世主义，它号召、鼓励甚至强迫人们通过参与仪式的行为以遵守这一价值。另一方面，在这一普世价值中，包括了不同的人群阶级和阶层，包含了不同的行为规范和道德标准；君子与庶人不可能有一个相同的道德准则和规范，男人与女人连坐都不能同席，他们连起码参加仪式的权利都不一致，又何以奢谈对普世的共同认知呢？所以，越是普世性高的社会，其社会结构的内部分化也就越大，社会价值的评判标准的"落差"亦越大。再则，官方与民间的意识形态的指导准则也不一样，仪式中的伦理原则也会出现巨大的出入。就此而言，仪式主义作为社会控制手段原本是"冲突"（对立）的"平衡"（统一）的一种手段。

但是，仪式中的人群分化和社会意识形态并非一开始就成为基本主题。如果我们对人类学关于仪式方面的论述做一番大致的梳理，便能够从中发现一个很有意思的发展线索。早期的人类学家、古典主义进化论者泰勒坚信"万物有灵"，认为各种对神灵的信仰构成人类原初性、低限度的宗教。由此推衍，人类会将自己的"灵魂"与"肉体"进行交通感动，甚至可以互动于动物、植物，健康、疾病，梦幻、未来行为等事物和现象。泰勒对仪式所进行的定义和分类伴随着一个基本的"进化论"线性发展，即在万物有灵的基本表述中，"野蛮人"与"文明人"，"低级的"与"高级的"有着本质的区别。他说：（我们）"首先应认识到，未开化人对动物本性的看法和文明人的看法是截然不同的。未开化民族所奉行的一套奇特的礼仪，鲜明地展现了这种区别。未开化人非常认真地对活的或死的动物谈话，其态度就像对活人或死人谈话一样，对它们十分敬重，当人们不得不去执行猎杀它

① 李亦园：《文化的图像》（上、下），允晨文化实业股份有限公司1992年版，第23—24页。

们的痛苦任务时,总要寻求它们的谅解”[1]。进化论者对待所谓的“野蛮人”的看法总体上说也相当笼统,他们只满足于将所有的观念搁置在“进化”的框架之内。为了达到这样一个可供归纳和演绎的双向推证,仪式中的许多“特质”因此被漠视。由于文明社会与未开化社会之间存在剪不断的历史关联,具有文化传承上的“遗留”品质;对于这些“遗留物”的形成原因,泰勒有一个非常著名的观点,即“种族-环境-时代”说:“人类情感与观念中有一种系统;这个系统有某种总体特征,有属于同一个种族、年代或国家的人们共同拥有的理智和心灵的某些标志,这一切都是这个系统的原动力……有三个不同的原因有助于产生这种基本的道德状态——种族、环境和时代。”[2]“三要素”论既划开了野蛮/文明之间的差异,也解释了文明类型的成因。然而,泰勒的“三要素”虽然很好地解释了文化生成的原因,却不能说明各种不同文化类型的个性,更不足以说明不同文化体系之间的高/低差别。

在仪式研究的历史上,以弗雷泽为代表的一批人类学家,亦即被称为人类学派的研究显然更为有效,他们所做的研究工作对后来的影响非常巨大,非常深远。虽然弗雷泽等人也属于“进化学派”,但他们对各种文化,包括宗教、仪式、巫术等进行比较研究,将各类母题化仪式进行系统的整理和专门的分析;诸如对阿都尼斯(Adonis)、阿提斯(Attis)、奥西里斯(Osiris)等重要的类型神祇和崇拜仪式进行悉心的比对,对像“死-再生仪式”“丰产与生殖仪式”“杀老仪式”“替罪羊仪式”等做大量的材料搜集和类型化整理,并将这些原型性仪式纳入其“进化”理念和“线形”发展的轨道。在解释宗教起源的时候,他套入了“巫术时代”(Age of Magic)和“宗教时代”(Age of Religion)的演化程序。特别是他的代表作《金枝》一书,极大地影响了整个人文社会科学领域;正如马林诺夫斯基评价的那样,弗雷泽的《金枝》“在许多方面是人类学所取得的最伟大的成就。……他表达了

---

① 史宗主编:《20世纪西方宗教人类学文选》(上卷),金泽、宋立道、徐大建等译,上海三联书店1995年版,第31页。

② 拉曼·塞尔登编:《文学批评理论——从柏拉图到现在》,刘象愚、陈永国等译,北京大学出版社2000年版,第456页。

现代的人文精神,即整合了民俗和人类学方面的古典学术价值”[①]。与此同时,他对仪式的原型的挖掘和示范为后来的文学研究和创作起到了里程碑的作用。

概而言之,以信仰为价值取向的仪式研究,不仅反映出早期的仪式研究的基本范围和范畴,而且也大致有一个认识和分类上的线索,即从“自然化仪式”到“人为化仪式”的发生、发展轨迹和印记。

仪式的宗教渊源和社会行为

如上所述,仪式和宗教首先成为人类学在理论建构上的一个重要探讨对象和叙事范畴。由于在早期的部落社会里,宗教和仪式总是结合在一起相互呈现,因此,有些学者将这样的关系和行为结果视为一种思维形态,或思维形态的折射。其中仪式扮演着一种“无思想的行为(thoughtless action)——日常化的、习惯性的、可观察的、模仿性的行为,即纯粹属于一种形式化的东西”[②]。这样,仪式便沦为宗教思想和观念的附庸化形式。也有一种主张认为,仪式仅仅是人们早先思想观念的物质形式。这两种观点虽然存在些微的差异,却都有一个共同的特点,即把仪式归属于单纯的物质化形式,从属于相对应的宗教思想和观念。这样的认知分类显然有过于简单之嫌。席尔斯据此提出不同的意见,认为仪式和宗教虽然具有相互依存的关系,但却可以相互独立,“信仰可以不需要仪式而存在,仪式同样可以不需要信仰而存在”。[③] 涂尔干显然不同意将信仰与仪式作为机械性的分类,虽然他也把二者作为两个分析的分类概念,却视它们为一个个相互作为的整体,即著名的神圣/世俗理论。他认为:“仪式是以其对象的独特

---

① B. Malinowski, *Sex, Culture and Myth*, in J. Middleton ed., New York: Harcourt, Brace & World, Inc., 1962, 268.

② C. Bell, *Ritual Theory, Ritual Practice*, New York & Oxford: Oxford University Press, 1992, 19.

③ E. Shils, “Ritual and Crisis,” in Donald R. Cutler ed., *The Religious Situation: 1968*, Boston: Beacon Press, 1968, 736.

性质来确定和辨别的，并由此与其他的人类实践（如道德实践）区别开来。道德法则虽然也像仪式一样为我们规定了如何行为的确定方式，但所施用的对象却不相同。因此，假如我们想阐明仪式本身的特征，就必须说明仪式的对象所具有的特性。而这种对象的独特性质又是在信仰中表现出来的，因而人们只有在说明了信仰之后，才能阐明仪式。”[①]“由此我们得出下列定义：一个宗教是信仰与仪式活动之统一的体系，它们都同神圣的事物有关。神圣的事物是有所区别和禁忌的。而信仰和仪式活动则结合为一个独立的道德共同体”[②]。在中国，神圣同样是一个重要的道德价值，“人性的最为完美的状态称为聖（圣）。自从儒教将这一个词作为终极理想以来，圣人成为了表示至上的理想状态的东西。其字由耳、口和站立着的人的形状组成。更早的字形，亦有仅由耳和口组成的。……就有在庙中加上这一字形的字。由口、耳来看，其字容易被理解为聪的意思，但口被写作𠙵，即表示祈祷词的祭器的形状。其字的原意表示对神祈祷并可能听见神的声音的人，亦即将能够听见神的声音的人尊为圣”[③]。这说明，汉字中“神圣”的原始造型和意义都与祭仪有着脱不了的干系。因此，我们似可做出这样的判断，无论在中国、西方，还是那些原始部族的记录和行为，神圣都与敬神、祭神的观念和仪式结合在一起。也只有当思维和认知意识与行为和形式有效地结合在一起的时候，双方的意义才能够完整地表现出来。

依据一般的看法，在历史发展过程中，仪式（狭义的）一直被作为宗教的一个社会实践和行为来看待。人类学学科在其肇始时期便对仪式给予充分的重视。“对于礼仪的首要地位，对于礼仪在原始社会内部的作用的这种关注，在人类学和比较宗教学里是比较新鲜的东西。在此，我们有了一座桥梁，可以通过后来的宗教社会学，通向后来的社会人类学。尤其是

---

① 史宗主编：《20 世纪西方宗教人类学文选》（上卷），金泽、宋立道、徐大建等译，上海三联书店 1995 年版，第 61 页。

② 史宗主编：《20 世纪西方宗教人类学文选》（上卷），金泽、宋立道、徐大建等译，上海三联书店 1995 年版，第 63 页。

③ 白川静：《汉字》（卷一），朱家骏、林崎等译，厦门大学出版社 2005 年版，第 29 页。

巴厘岛印度教的丧葬仪式　彭兆荣摄

杜尔凯姆从罗伯特森·史密斯那里得到了很多富于成果的推动力”[①]。学者们沿着这样一条路径，一方面审视神话仪式与宗教演变的历史纽带关系，另一方面探索作为宗教化的仪式在社会总体结构和社会组织中的指示和功能。我们也可以做进一步的表述，人类社会从一开始就已经将思维观念、认知形态融入行动与形式，而人类思维形态的发展和演变，即将原先“一体化”的事物与事象给分离开来，这虽然给现代人进行分析时带来了很大便利，却在很大程度上破坏了所谓“原生形态”的格局和秩序。在这些关系的不同演变过程中，思想和观念上的认识久而久之会形成带有明确工具利害性的组织和行为，从而将信仰和宗教观念变为社会生活中的行动和行为规则。比如禁忌即为一范：“被我们作为塔布(tabou)的这样一整套仪式禁忌，其目的在于阻止和某个事物或某个范畴的事物之间的任何接

① 埃里克·J. 夏普:《比较宗教学史》，吕大吉、何光沪、徐大建译，上海人民出版社 1988 年版，第 105 页。

触，以避免某种巫术传染（contagion magique）所造成的危险后果，因为在这类事物中存在着某种超自然的本原（principe），而其他事物则没有这种特性，或是虽有这种本原，但却没有达到前者的程度。”“其实，外婚制同样也是一种接触禁忌：它所要防范的，是同一氏族的男女之间的性亲近。两性要相互避讳，就像神圣要避开凡俗、凡俗要避开神圣那样小心；对这一规则的任何违反都会激起憎恶之情，这种情感在性质上与破坏塔布所引起的情感没有什么两样。就像那些已经证实的塔布一样，有关这种禁忌的制裁与惩罚，有时候是社会的正式介入，但有时候也是自己降到有罪者头上的，是其作用力的自然效果。”[①]另一方面，社会本身就是一种制度性的规约，任何事情一旦变成一种风尚，就会根据它自己的理由继续存在下去。比如某一种仪式原本可能来自外婚制度的图腾与禁忌，随着历史的演变和时间的推移，那些原始的图腾和禁忌信仰逐渐消失，但那些沿袭下来的习俗和习惯因不断在社会生活中重复并将这些习俗和习惯牢固地树立起来。[②] 在这种情况下，社会的组织形态使得仪式的原始意义和形式有可能产生分离。所以，任何仪式都烙上了不同社会和时代的印记。

其实，在中国古代社会历史的发生与演变轨迹中，我们同样也可以看到，原始（民间）宗教仪式与人民的生产生活方式、社会组织结构、土地伦理制度、宗族世系关系、地缘性人群共同体等有着千丝万缕的联系。但中国的情况又有自己的特点，中国的宗教精神具有乡土性和务实性的明显特征。中国传统社会的根本属性表现为乡土性，这大概也就是为什么费孝通将它概括为“乡土中国”的原因吧。那么，乡土社会的根本属性又是什么呢？依照我的理解，“社”“祖”为两个关键词。《说文解字》释“社”为：地主也，从示、土；《春秋传》曰：共工之子句龙为社神。周礼二十五家为社，各树其土所宜之木。社表示人与土地的“捆绑关系”（earth-bound）的发生形貌，简单地说就是“祭土”，它历史地延伸出了社稷、社会、社群、社火等

① 爱弥尔·涂尔干：《乱伦禁忌及其起源》，汲喆、付德根、渠东译，上海人民出版社 2003 年版，第 42—43 页。

② 爱弥尔·涂尔干：《乱伦禁忌及其起源》，汲喆、付德根、渠东译，上海人民出版社 2003 年版，第 68 页。

一系列相互关联的形态与意义。“祖”在《说文解字》中被解释为:始庙也,从示,且声。其原始意义表示土地人群在生殖、历史传承观念和行为上的照相,简单地说就是“崇拜生殖与生产”,它历史地延伸出祖国、祖宗、祖传、祖庙的土地伦理等意群构造。“祖”的原始意义无论是始于“生产－生殖”的仪式表达,还是祭祀仪式中的“神主牌”,都不妨碍它与祭祀仪式的原生纽带关系。[①] 至于封建帝国的方位律制中的重要部分“郊”,也就成为封建等级礼制中的重要部分。《礼记·明堂位》有“祀帝于郊,配以后稷,天子之礼也”。(《说文》释为:距国百里为郊。从邑,交声)帝王的重要活动,“祭”(《说文》释之为:祭祀也。从示,以手持肉)不仅说明帝王先祖的法礼成规,也通过仪式彰示封建等级制度的规矩。《礼记·祭法》:“祭法,有虞氏禘,黄帝而郊喾;祖颛顼而宗尧……”“天下有王,分地建国;置都立邑,设庙祧坛墠而祭之,乃为视亲疏多少之数。”这一切都说明,对于封建社会而言,各种各样的祭祀仪式不仅是一种正统的制度,也是等级区分的依据。这一切都说明,中国传统文化中“社－祖－礼－仪”存在着根本和基础的纽带关系。

李学勤在《曲阜周代墓葬的两种类型》一文中对殷周社会传统做过细致的考证:

> 殷周两种传统的并存,在文献中还有一个重要的证据,就是鲁国有两社。社是地神,古代天子有代表天下土地的社,诸侯有代表境内土地的社。鲁国由于是有大功的周公的封国,得用天子礼乐,这是其他诸侯国没有的,可是这并不成为设两社的理由。事实上,鲁确有两社,一处叫周社,一处叫亳社。《左传》载,闵公二年,鲁桓公有子将生,请人占卜,卜人说这是个男孩,长大后“在公之右,间于两社”。两社在鲁外朝雉门以外,周社在右,亳社在左,能够在两社之间治事的,便是朝中的大臣。还有,定公六年,“阳虎又盟公(定公)及三桓于周社,盟国人于亳社”,说的也

---

① 李万春:《汉字与民俗》,云南教育出版社1992年版,第53页。

是两社。

很多学者曾指出，鲁有两社，是由于鲁国有殷遗民的缘故。杨伯峻《春秋左传注》说："周社自是鲁之国社，以其为周公后也。鲁因商奄之地，并因其遗民，故立亳社。"周初分封的诸侯国，有殷遗民的不止鲁国一国，比如卫国，封在纣王故郡，更应有殷遗民了，但没有记载说卫国有两社。看来鲁国的设亳社，是有意容许殷人传统在某种程度上继续存在，乃是一种明智的政策。曲阜发掘的种种迹象，恰好印证了这一点。

亳社在什么地方呢？是在雉门外的左面，宗庙的外边，所以《春秋谷梁传》说："亳社，亳之社也。亳，亡国也。亡国之社，以为庙屏，戒也。"亳是地名，商汤的都邑，所以把商亡以后的社叫作亳社。把亳社建在鲁国宗庙的外面，成为宗庙的屏障，表示商已经亡了，有告诫后人警惕的意思。同时，社本应是露天的，"以达天地之气"，亳社却罩在屋内，只在北墙上留一个窗子（见《谷梁传》《礼记·郊特牲》）。或许将来在曲阜的考古工作中，能找到这处亳社的遗址。

很久以来，研究殷墟甲骨卜辞也有"亳社"。下面笔者把有关卜辞抄出来，供大家研究。引书的《合集》指《甲骨文合集》，《屯南》指《小屯南地甲骨》：

于亳社御。（《合集》32675）

辛巳贞，雨不既，其燎于亳社。（《屯南》665）

癸丑卜，其侑亳社，惠。（《合集》28106）

戊子卜，其侑岁于亳社三少牢。（《合集》28109）

亳社，飨。（《合集》28107）

其侑燎亳社，有雨。（《合集》18108）

其方禘，亳社燎，惠牛。（《合集》28111）

这些卜辞不太好懂，但大家可以看出，对"亳社"多用燎祭，即焚烧牺牲的祀法，其目的多为求雨。

其实，甲骨文的这些材料并不是"亳社"，问题是"亳"这个字释错了。请看《屯南》58卜辞：其祷于亯社。

"亯"和"亳"是没有办法通假的，可见"亳"字的释法实有疑问。

被大家误认为"亳"的字，从"高"省，从"屮"，应为"蒿"字，因此可同"亯"字通假。"蒿"就是"郊"，《周礼·载师》注便讲到"蒿""郊"的通用。"郊社"在古书中常见，如《尚书·泰誓》《礼记·仲尼燕居》等都有这个词。读者如把上面引的卜辞"亳社"都改为"郊社"，意思就更明白通顺了。总之，商代没有亳社的称呼，只是到了商亡以后，在鲁国才出现亳社这一事物。①

反观其他原始文明和西方早期的国家形态似也有相互佐证的材料。西方学者对古代著名的几个历史文明体的国家起源做过多方面的研究，也有各种各样的解释，但从考古材料来看，神庙是迄今为止最具有代表性的实物见证。德国学者赫尔佐格认为，神庙与早期国家，乃至国家的起源有着密切的关系。首先，神庙对土地具有绝对的占有权。也就是说，神庙通过对土地的占有与人民建立起了纽带。以苏美尔早期国家形态为例，"苏美尔人的那些神庙所要求得到的，则是对'它们的'国家领域之内的每一块土地都享有完全充分、毫无限制、实实在在的所有权"。"我们从其他宗教中也知道的这类提法一样，即便再考虑到城镇保护神的这种权利当然也可以由其尘世代理人——供奉该神的庙宇的住持们来行使，情形也仍然如此。"②神庙分给人们房屋和土地，使之成为人民的生活根本和家园根基。从此，我们可以清楚看到神庙与国家的原始关系，这与中国古代之"祖"和"社"的祭祀和崇拜以及它所包含社稷、祖国的意义完全相通。正因为此，西方的古代国家形态伴有明确的宗教成分，而国王与祭司也经常被"身兼

---

① 李学勤：《比较考古学随笔》，广西师范大学出版社1997年版，第17—19页。

② 罗曼·赫尔佐克：《古代的国家：起源和统治形式》，赵蓉恒译，北京大学出版社1998年版，第50页。

二任”;所以学者们以“教会国家”和“祭司国王”概之。[1] 许多古代国家都有这类祭礼,即国王履行的各种祭拜活动在当时都属于生存关怀的一种形式。同时,国王通过其祭司的身份和权力修建神庙,以祭祀的方式奉献所崇拜的神祇或以其他方式与神明交通,以此祈求神明对全体人民施予慈悲和恩惠。这样,国王们也使自己成为人们心目中的世俗与神圣的中介。根据学者的考索和推断,古代迈锡尼城邦国家的国王们的作用也与此有关。克诺索斯和派罗斯发现的那些用线形文字 B 书写的泥版所提供的信息,当时虽然在国王(wanaka, wánax)和祭司(ijereu = hiereús)之间有明确的区分,但当阿伽门农用这一套术语,他毫无疑问是 wánax——在进攻特洛伊之前以自己的女儿伊菲革涅亚为牺牲时,他的地位在祭司之上。[2] 也就是说,他充当了“人 - 神”(man-god)的双重角色。

这些例子可以说明,仪式具有明显的宗教社会化指喻意义。毕竟任何宗教都无法逃避一种选择,即对社会生活的一种理解和实践;而仪式在很大程度上正是这种理解和实践的完整和完美体现。当然,它也就成为历史上“文人”(the letters)——不仅从事文字化的文学创作,而且通过文字记录了早期社会中的历史面貌。所以,仪式也成了人类学的宗教研究和文化学研究的富有特色的叙事。霍尔曾经对古代诗人的创作与宗教仪式的关系进行考述,发现在早期社会里,艺术家和诗人的工作基本上是指向与宗教和政治制度有关的仪式的(他们本身也与这些环境休戚相关)。比如,雷蒙德·威廉姆斯就曾追溯过,科尔特游吟诗人的作用是如何随着社会组织和生产式样的变化而逐渐专门化的。在爱尔兰基督教化之后,牧师的功能和游吟诗人的功能开始分离了,在牧师逐渐与书写相结合时,游吟诗人在相当长的一段时间内仍然和口头传统联系在一起。[3] 与纯粹的宗教学

① 罗曼·赫尔佐克:《古代的国家:起源和统治形式》,赵蓉恒译,北京大学出版社 1998 年版,第 51 页。

② 罗曼·赫尔佐克:《古代的国家:起源和统治形式》,赵蓉恒译,北京大学出版社 1998 年版,第 92—93 页。

③ 约翰·R. 霍尔、玛丽·乔·尼兹:《文化:社会学的视野》,周晓虹、徐彬译,商务印书馆 2002 年版,第 87 页。

研究不同,社会文化人类学的仪式研究趋向于把带有明确的宗教意义和喻指性仪式作为具体的社会行为来看待,进而考察其在整个社会结构当中的位置、作用和地位。在有关传统和原始文化的早期研究中,研究者经常强调仪式是前现代社会宗教实践的一种确定性特征。[①] 比如,涂尔干、莫斯等人类学家在仪式研究和社会结构之间架起了一座桥梁。我们可以这样加以总结:人类学对仪式的研究不仅重视其作为行为和形式的部分,也会将其同与之发生原始关系的宗教信仰置于一个整体构造进行考察。同时,人类学的仪式研究也重视不同的宗教体系、国家制度、政治生态、族群记忆以及文化叙事之间的比较研究。

① 约翰·R.霍尔、玛丽·乔·尼兹:《文化:社会学的视野》,周晓虹、徐彬译,商务印书馆2002年版,第89页。

第三章 仪式与社会

仪式的社会性表述

确认仪式的社会性,特别是社会变迁的主题时,有一个问题需要进行必要的讨论,这就是把国家的影响和作用置于社会变迁中来考察。虽然这是一个很大的视野,但进行相应的讨论有助于提高我们对仪式社会性的认识。在传统的民间社会里,仪式中的国家符号并不十分明显,随着现代国家的影响力日益浸透、深入、扩大到民间社会,仪式中的国家符号也就越来越多,哪怕是根植于草根社会的仪式也会在这个过程中越来越多地嵌入国家的权力和国家的表述符号。这就是学者们所说的民间仪式的“国家在场”。[①] 或者说,仪式的现代展演和展示已经不可避免地羼入了国家的权力与符号作为。它成为仪式在当代“社会性”包含的一种很重要的内容。其主要特征就是仪式往往以象征的方式和手段表达权威,制造权威。国家的“身影”通常并不可见,它必须以人格化的形式才能见到,以象征化的方

① 参见郭于华主编:《仪式与社会变迁》,社会科学文献出版社 2000 年版,第 310 页。

式被认可,以想象的手法被接受。[1] 仪式不仅从认知上影响人们对政治现实的定义,而且具有重大的情感影响力。据此,仪式绝不仅仅专属于传统的前现代社会,现代政治生活和权力的运作同样离不开仪式。所以,仪式的现代性也自然把国家与社会关系带入。[2] 特别是现代社会中的那些"新编"的仪式,或是在传统文化复振运动中现代政治对民间仪式的"改造"等。又由于现代国家这一"想象的共同体"[3]的存在理由之一就是印刷和传媒的作用,所以,任何政治集团和势力在"制造"现代仪式的时候,都会借助和利用现代传媒手段。这样,国家符号的介入也就更为显著。"国家的干预和经济利益的渗透都日益变本加厉;经营电视、出版社、电台的各大机构彼此联合,巩固自身,逐渐变成独立的文化体制或机构,兜售自己的生产标准和消费准则……"[4]虽然布迪厄在此指的是现代国家的社会化符号对学术研究和知识分子的作用,但它对现代仪式的作用同样适合,特别是由此产生的新的权力(详后)。

在讨论仪式与社会的时候,两个视角有必要首先确立:其一,仪式之于社会的整体性。莫斯曾经对仪式的社会学现象进行过分析,他强调"整体性社会现象"(total social phenomena),也就是说仪式的社会性必须放在社会这样一个整体系统(social system as a whole)中去考察。在这个社会整体中,人的身体、灵魂、社会以及所有的东西都熔铸了社会的特性。概而言之,社会的整体性是一个基础性的分析视野。这也符合人类学这一学科的学理特征,即强调整体观和整合性。在这样的原则之下,当我们面对和讨论具体的社会"部分"时,无论是制度性要素、制度性机制或者制度性分层的社会现象,诸如经济、宗教或其他部分,都是相对次要的。只有把这些不

---

① D. Kertzer, *Ritual*, *Politics and Power*, Yale University Press, 1988.

② 郭于华主编:《仪式与社会变迁》,社会科学文献出版社 2000 年版,第 5 页。

③ B. Anderson, *Imagined Communities*: *Reflections on the Origin and Spread of Nationalism*, London: Vergo, 1991.

④ 皮埃尔·布迪厄、华康德:《实践与反思——反思社会学导引》,李猛、李康译,中央编译出版社 1998 年版,第 60—61 页。

同的部分置于社会整体中去考察，才会理解这些不同部分的意义。[1] 仿佛一部汽车，每一个部件虽然都是重要的、不可欠缺的，但这些部件的功能和属性只有在汽车这样一个完整的构造中才有其作为交通工具的意义。其二，仪式本身的整体性和过程性。虽然任何仪式只有在特殊的社会和特定的语境中才能完整地体现其价值，但是我们必须同时看到，仪式也具有自身的完整性，这个完整性不仅包括规定了构成要件的内容，诸如人群、制度、观念、时间、空间、场所、器物、程序等，同时也具有特殊的规定性，这些公认的规定性保证了仪式在社会中能够起到其他社会活动所不能取代的作用。作为仪式的整体现象，它的完整性必须建立在完整的、"合法的"程序之上。所以，仪式的整体性，完整的程序是仪式体现的重要依据。

仪式的运作有赖于仪式的社会构成，大致上，仪式的社会构成具有三种基本的指示：其一，仪式的纵向性因素。社会由不同的等级组成，这是一个基本的社会事实。仪式（尽管有些仪式对社会等级和社会性别有各种不同的限制和规定，但它并不妨碍仪式参加者所属不同的社会等级的身份构成）也自然要汇集各个等级的人或代表。其二，仪式的横向性价值。所谓的"横向价值"在此特指仪式参加者在具体仪式中特定的社会平等性质。从某种意义上说，仪式中虽然包括明显的"权力话语"，仪式也有助于凸显权力和权威，而这些权力和权威——无论是有形的还是无形的，都使仪式烙印了"霸权"和"主控叙事"（master narrative）特征，但这种权力的掌控经常是无形的，对于每一个参加仪式的人而言，那些社会身份、社会特权在那一个特定的时段中黯然失色。比如在朝圣活动和仪式中，所有信徒一律平等。面对神圣，所有的信徒都为自己赢得了信仰和朝圣时段的平等权利。面对朝圣过程中的各种宗教规定，所有信徒都一视同仁。再比如，世界各地盛行的狂欢节，所有参加狂欢的人无一例外地将他们的社会身份"面罩"脱下来。其三，"中心/地方"的二元关系。[2] 这一指示还可以有不

① M. Mauss, *The Gift*: *Forms and Functions of Exchange in Archaic Societies*, Trans. by Ian Cunnison, New York: Norton, 1967, 77-78.

② C. Bell, *Ritual Theory*, *Ritual Practice*, New York & Oxford: Oxford University Press, 1992, 125.

同的理解和诠释。就时间与空间的关系来说,仪式是一个特殊的事件。以事件为一个中心轴来看,仪式的主办者和主持者自然成为事件的中心角色,通过它凝聚各种社会关系,并实现各种社会关系在同一个活动和事件中的交流。就仪式的进程而言,它是专断性的,它不会根据日常生活的规矩进行。仪式本身就是一个特定社会情境中的中心,它不需要讨论,因为它是历史延续的一部分;它不能够协商,因为它属于公认的价值。就仪式的族群关系看,仪式一般由确定的民族或族群所认同与认可,在许多仪式举行的时候,仪式所属的族群或人群会划分出区别我们/他们的边界,其他民族、族群、村落的人在仪式进行时均会受到严格限制。就仪式的话语而言,中心/边缘具有转换的可能,至少在仪式举行的时段和场所。

毋庸置疑,我们在谈论仪式命题的时候,主要指人类社会的一种或一类专门的活动,虽然生物界的其他动物也可能具有仪式活动,但毕竟人类至多只能从其形式方面,比如固定的时间、季节、地点和动物类型、数量、群体活动等进行观察和了解,却不能真正做到物种的替代或替换以达到真正意义上的了解和理解。所以,对我们而言,所谈论的仪式自然是指人类社会的专属性活动,甚至扩而张之:仪式属于特殊社会、特定人群的特别事务和活动。由于仪式在发生时期的原始形态中与宗教盘根错节,在很多情形中,仪式的表达在宗教上属于一种祈祷,在形式上属于符号象征性的修辞形式;仪式甚至是一种断言——持续不断地出现同一个主题。不同仪式会重复出现同一种主题和宣言。这种带有无可争议的、强制性的、权威性的宣言把人们引导到一种类似于疯狂般的崇拜程度。格尔兹在《尼加拉:十九世纪巴厘剧场国家》中描述巴厘社会时认为:“国家崇拜并非是一种对于国家的崇拜。它是一种论辩,在仪式的持续再现过程中不断重复,也就是说,置身于世界情境之中的地位有其宇宙论根基……”他把这种国家的社会情状形容为“剧场国家的仪式狂剧”——狂剧之演出核心处那不可撼动的、神情恍惚甚或死去的半神性君主,同样是农民伟大精神究竟为何物的象征性展示，但更是关于那种伟大精神究竟为何物的观念的象征性展示。[1] 所以，仪式的社会性很难排除宗教的社会性。

但是，纵使是对人类社会做一个范围上的限定，也未必就可以把仪式行为的社会价值都囿于同一性的规定之中，因为，不同社会的价值体系并不一致，对仪式方式和行为的认知和定义也完全不一样。另一方面，不同的学者由于对仪式的理解角度不尽相同，对仪式范围和范畴的看法也非常不一致。我们在第一章已经了解到了这一点；比如有的学者认为，仪式是专指那些非常重大、庄严的事件和活动，而有的学者则认为，仪式可以小到"Hello"的简单问候。其实，我们还不能仅仅把这样的定义差异理解为研究者之间的差异，笔者认为，更重要的还是不同的社会对人类不同行为和方式表达上的差异以及对这些差异的理解。比如，在中国现代社会，人们相见时打招呼的礼仪性和礼节性成分比较少。乡民社会中的打招呼并不是必需的程序，一般人们如果有什么事情，直奔主题；没事的话，或点头，或吱声"哎"，或常见性的"吃（饭）了没有"，等等。类似的招呼已与古代传统礼仪社会的要求越来越远。总体上说，这种趋向属世界范围内的一种趋向，快节奏、工业化、技术革命、社会个人主义加剧等因素使人们在交往中越来越简单，越来越出现了礼仪的工具化。尽管如此，不同社会和不同的文化传统对仪式的定义和范围还是呈现一些差异。比如在西方社会的交流与交往中，人们日常生活的仪式性色彩便不同，利奇是把仪式做广义解释的一位代表，弗思也持相同的态度。

弗思在《问候与道别的声音和身体性仪式》（*Verbal and Bodily Rituals of Greeting and Parting*）一文中表明，像人们在生活中的打招呼、道别等一类日常活动不仅具有仪式性特征，而且包含了许多值得研究的社会意义。他认为："一个人见到另一个人时的打招呼事实上是作为一种社会接受的认可方式；同理，从这个角度出发，与人道别则可看作对那一特定对象已经

① 克利福德·格尔兹：《尼加拉：十九世纪巴厘剧场国家》，赵丙祥译，上海人民出版社 1999 年版，第 121 页。

接受的一种认可。”[①]沿此思路，我们会发现，像打招呼和道别这样的形式属于象征性的方式或符码，这些方式和符码是在一个特定的社会框架之中的一种社会交流与合作的基本形貌。对于这个基本的社会行为，我们并不是对所有邂逅的人都必须或有必要去打招呼或话别，人们做出这种行为的标准是什么，范围是什么，都属于社会的规则范畴。所以，弗思在此做了一个清楚的辨析：如果仪式仅仅属于与神圣相关的象征行为的话，那么，人们在日常生活中的招呼或道别一类的行为似乎就与之不符；然而，作为一种更为宽泛的交流与交往的随意方式和形式类型，它在社会中具有对特定情境中的社会事务的控制力和平衡作用。[②] 我们可以这样推断，任何一个重大的社会事件，比如仪式活动，都不是平时缺乏基本的社会交往和交流的突兀行为，它需要更大程度的日常性铺垫——特别对于生活在同一个社会或社区的人们。从这样的角度去理解，我们就会发现弗思的分析不无道理。

作为一种社会的表达方式，仪式的程序显得尤其重要。人们在社会生活和活动中少不了都要参加各式各样的仪式，却很少注意一个重要的现象，这便是程序的权威性。在很大程度上，仪式的权力性和权威性来自程序性。只有按照人群认可和习惯接受的程序规定才算得上仪式，如果程序被任意篡改或变动，仪式的庄严性就丧失殆尽。仪式程序带有机械性的古板特征，却是万万不可以省略的。英国著名哲学家罗素在《宗教与科学》一书中讨论巫术中的魔法和妖术的时候，援引了人类学家里弗斯《医学、魔术和宗教》一书中一段非常有趣的记录：“当我说到魔法时，我指的将是一套程序，人在这些程序中利用各种仪式，而这些仪式的效力则是依靠他自己的力量，或者依靠在这些仪式中所使用的某些物体和方法的内在力量或特性而产生的。另一方面，宗教将包括一套这样的程序，这些程序的效力则依赖于某种高级的力量的意志，即人们通过祈求和赎罪的仪式寻求其

---

① R. Firth, “Verbal and bodily rituals of greeting and parting,” in J. S. La Fontaine ed. , *The Interpretation of Ritual*, London: Tavistock Publications, 1972, 1.

② R. Firth, “Verbal and bodily rituals of greeting and parting,” in J. S. La Fontaine ed. , *The Interpretation of Ritual*, London: Tavistock Publications, 1972, 3.

干涉的某种力量的意志。”①罗素借用人类学家的材料将自然宗教(低级宗教)和人为宗教(高级宗教)进行了区分,同时慧眼洞察到,无论是自然宗教抑或是人为宗教,仪式之程序之于仪式的效力都是至关重要的。

在古代,仪式的社会化还可以是一种制度,它借助官方与民间、神明与世俗的“契约”形式固定下来。1965年山西侯马晋国遗址出土了大量盟誓辞文玉石片,历史上称为“侯马盟书”,又称“载书”,便是一例。“侯马盟书”是春秋晚期晋国赵鞅与卿大夫订立的文字条约,要求参加盟誓的人都效忠盟主,一致诛讨已被驱逐在外的敌对势力,不再扩充奴隶、土地、财产,不与敌人来往。公元前491年(晋定公二十一年),以赵鞅为首的赵、韩、魏、智四卿联合灭了范、中行氏二家。侯马盟誓便是赵鞅在返回绛都(今山西襄汾县境内)后,为了巩固联合阵线,发展壮大自己的实力,削弱分化敌营力量,而与自己的宗族成员、同盟诸卿,以及从敌方(范、中行、邯郸赵氏)跑过来的投诚者共同举行的宗教仪式。这就是已被考古发现的侯马盟誓遗址和侯马盟书。侯马盟誓遗址位于山西侯马东郊浍河北岸的台地上,面积约三千八百平方米。1956年至1972年先后发掘出埋有盟书的竖坑、埋有牛羊和马等牺牲的兽坑和埋有人殉人牲的陪葬坑,其中盟书坑达四百余处,且有叠压、打乱的现象,说明赵鞅在那场激烈的政治斗争中,曾举行过多次盟誓,即史书中所说的“寻盟”现象。据《周礼·司盟》等记载,古代盟誓时所写的盟书都是一式两份,一份藏在掌管盟书的专门机构——盟府,作为存档;一份告于鬼神,埋入地下或沉入河中。侯马盟书便是埋在地下的那一份。

侯马盟书

我国古代史籍中记载的盟誓种类很多,依据不同的角度可有不同的类型。按其参加人员分,主要有天子与大臣、诸侯间的,王臣参加的,多个诸侯之间的,诸侯与卿大夫之间的,诸侯与少数民族之间的,诸侯国君与国人

① 罗素:《宗教与科学》,徐奕春、林国夫译,商务印书馆2005年版,第52—53页。

之间的，卿大夫与卿大夫、家臣、本宗族成员之间的等类型。按其性质分，又有政治性的，军事性的，经济性的，混合型的。按其仪式分，有血盟（人血盟、动物血盟）和非血盟之分。侯马盟誓则主要是晋国卿大夫、本宗族成员间的政治军事性的动物血盟。其盟誓遗物——盟书，后来被整理成大型考古报告《侯马盟书》，整理者根据内容把盟书分为宗盟类、委质类、纳室类、诅咒类、卜筮类、其他等六大类，并认为主盟人是赵孟，即赵鞅赵简子，盟书本身便是赵鞅在那场激烈的政治斗争中为巩固和发展自己的势力所采取的一系列重大措施并逐步取得胜利的历史见证。按照侯马盟书的研究者张颔的看法，它与古代祭仪有关。从考古发掘的情况来看，盟书都埋在一长方形竖坑中，坑的方向以正北为主。其形制，多数北宽南窄，四壁垂直、光滑，底部也很平整。坑的大小、深浅不尽相同，一般长 1 米，宽 0.5 米，深0.4—6 米，以 1—2 米的居多。这些坑基本上都是"坎牲"的，其用牲以羊为主（共 177 具），兼用牛（63 具）、马（19 具），另有一坑（坑 80）的填土中发现有鸡骨。多数坑的北壁，靠近坑底 5—10 厘米处有一小壁龛，内放一件璧或璋等玉器（古时称为币），多的有 3—8 件。这种埋盟书和牺牲的竖坑，就是古代所谓的"坎"。从出土迹象看，是先凿地为坎，再奉置玉币和杀牲，然后将朱笔写就的盟书和所用之牲掩埋起来，这与文献记载大体相符。再如集中出自 67 号坑的禁止"纳室"的誓约，也与古文献记载的赵简子宣布"克敌者，上大夫受县，下大夫受郡，士田十万，庶人工商遂，人臣隶圉免"相印证。《侯马盟书》及其所反映的历次盟誓充实了春秋史的内容，尤其是充实了《左传》中所记的少数完整盟书，并以实物说明了盟誓之制。

盟誓时，有其隆重、烦琐的仪式和程序，综合文献记载可知，一次完整的盟誓要经过征会与定期、排序、商讨盟辞、凿地为坎、杀牲于坎上、执牛耳、取其血、歃血、读盟书以昭明神、坎用牲埋书、载书之副藏于盟府、拜盟等步骤，其目的是向明神表示虔诚和崇拜，并在其监督下盟誓各方无条件履行盟约，对违反者则予以严惩，这说明在鬼神崇拜的宗教观念约束下，盟誓还起着一定的作用。但实际上，在政治斗争风云变幻、战争胜负反复无常的春秋时代，盟誓这种以宗教形式出现的政治活动往往成为政治斗争的工具。侯马盟誓的内容都要靠明神监督、约束,说明祖先崇拜和神灵崇拜已渗透到当时社会生活的各个领域了。所以,祖先崇拜和神灵崇拜应是人类思想发展史上的一个重要环节,作为它的重要表现形式——盟誓活动,这也符合古代“族”的意义。据古文字训诂,中国古代的“族”起源于一种“军事共同体”,其字造型初为“矢”,“矢”用于盟誓,“族所以具有氏族成员的结盟之意,还有射仪所以具有盟誓之意,都是用了它的这种含义”①。

这一切都说明,仪式在社会化表述(国家政治、经济、军事、宗族关系等)中不仅可以充任形式上的公证、见证角色,而且还可以形成某种法律性和制度化的约束力。特别在等级制度森严的封建社会,仪式在很大程度上成为区隔社会等级和差异的“凭证”,我们只要对中国各朝代封建帝王墓葬的考古发掘的丰富材料和物证略有了解,就可以粗略知晓那个时代的社会构造,想象当时举行仪式的盛大场景,也就会认可文中所做的基本判断。

秦兵马俑遗址 彭兆荣摄

① 白川静:《汉字》(卷一),朱家骏、林崎等译,厦门大学出版社2005年版,第82页。

仪式的社会化控制

仪式具有社会控制的性质和能力，这种性质和能力首先来自仪式属于一种特殊的社会强制活动和形式。“当人们试图定义仪式时，他们注意到抛开仪式本身和与仪式没有联系的事物，仪式根本没有什么特殊的东西。事实上，仪式包含在仪轨中，换言之，包含在得到明确规定的行为方式中。任何社会仪式都具有同样的特征……大部分仪式都是强制性的。”①仪式的强制性包含了以下基本的内容：其一，仪式属于某一个或某一些社会历史选择和约定俗成的规范性行为活动，只要属于同一个社会（社区）的成员，就必须参与和参加这些仪式。所以，仪式被贴上了社会标签的形式，人们几乎很难脱离一个社会规范而独立生活。其二，特定的社会化仪式活动，会产生精神或人格上的特权和权威，会经常被赋予特殊的精神或神圣的力量。无论是在场的人、器物，或是获得与神交通的特殊能力，或是拥有了情境中的神灵性，或是神圣与世俗的媒介等，因而具有常人所无法企及的意志力，不容抗拒。其三，仪式一经形成并得以流传，往往与社会机构相辅相成，构成了社会机制的一部分。一方面，它成为社会控制的有效力量，另一方面，仪式的形式本身也转化成为一种权力。有必要强调的是，我们所说的强制性并非现代社会中带有国家权力性质和机构的强迫性。从表象上看，参加仪式所遵照的是自愿原则，也就是说，你若不去，不会被送去劳改，不会被送进监狱，不会被枪毙，因为这些都是现代国家的专制机关的强迫行为。传统社会里没有这些专政的、法律的、行政的机关和手段，然而，并不意味着没有强制性。任何社会都需要有相应的社会秩序，而维持秩序就必须借助相应的社会价值和实践形式，仪式便是二者的结合体。每个人都生活在属于自己的社会里，在所谓“面对面的社群”中，个体生命和生活的存续有赖于那个社会秩序的维系。因此，个体的意愿必须满足社会整体秩序的存续；从这个意义上说，参加仪式也就具有强制性。

---

① 爱弥尔·涂尔干：《乱伦禁忌及其起源》，汲喆、付德根、渠东译，上海人民出版社 2003 年版，第 101 页。

仪式的强制性包含着每一个所属人员服从的义务。仪式既然能够产生权威,是权力的重要附着领域,或者干脆说,仪式(特别是那些政治仪式)就是一种权力与权威,那么,从功能的角度看,仪式也就具备了控制能力。因此,仪式的控制也成为学者研究的一个方面。我们知道,涂尔干从宗教信仰和宗教现象的一致性入手去看待和分析社会整合(整体)性:

> 真正的宗教信仰,对于特定的群体来说,总是一致的,这种共同性使人们执著一定的信仰,履行与其相联的宗教仪式。真正的宗教信仰绝非只是某一群体全体成员分别体认的,它们是属于这个群体,并且由此造成了群体的统一性。构成群体的个人认为彼此之间是统一的,其原因在于他们有共同的信仰。人们组成一个统一的社会,其根据在于他们以共同的或一致的思想方式看待神圣的世界及其与世俗世界的关系,在于他们把共同的观念化作共同的实践活动……①

显而易见,涂尔干把社会视为一个整体和单位,社会作为整体性和统一性的根据是在特定社会中的成员都有共同的宗教信仰和社会价值,而实践和体现社会整体性和统一性的形式是仪式。换言之,信仰和仪式成为社会统一性的两翼。这一认知前提得到了许多学者的认可,正如柯则尔说的那样,社会整体作为一种"社会的必备条件",仪式就是"创造这一社会整体不可或缺的因素"②。我们在确认涂尔干等人对仪式之于社会整体性的必备条件的前提下,同时发现,涂尔干的社会整体论太过粗放。事实上,无论是确认社会的整体性,抑或是厘清社会内部的各种复杂因素之间的关系,都充满了对社会整体性的反叛与背离;同样在讨论仪式的社会控制时也显得非常复杂。

---

① 史宗主编:《20 世纪西方宗教人类学文选》(上卷),金泽、宋立道、徐大建等译,上海三联书店 1995 年版,第 62 页。

② D. Kertzer, *Ritual*, *Politics and Power*, Yale University Press, 1988, 62.

格鲁克曼的仪式理论显然承袭了涂尔干的传统,但是他关于仪式对社会的作用与控制方面的研究有了进一步的拓展。作为“社会冲突”(social conflict)论者,格鲁克曼在他的《非洲部族中的秩序与反叛》一书中认为,社会的整体性主要依据社会的政治系统,而政治制度的基础却是依靠对立的群体在冲突中实现的。各个群体都拥有自己的权威和组织,与其他群体的基本关系和方针策略是斗争,而社会基础却是联合。这样的分析促成的结果是:冲突不仅不造成社会的分化,恰恰相反,它的结果是联合。这便是他的所谓“冲突导向理论”(channeling of conflict theory)。在这一套冲突理论中,他所研究并刻意强调的“反叛仪式”(rites of rebellion)类型便充分地行使和实践着对社会内部的对立和冲突等紧张关系的缓和与缓解,仪式充当了一种“安全阀”(safety valve)的作用。[①] 显然,格鲁克曼的“冲突”主要是指个体的心理冲突,但这种个体化的心理趋向则指向群体性社会价值的整体控制方向。卢克斯则从仪式的类型方面做进一步分析,认为社会整体的实现在很大程度上是通过不同类型的仪式以确定其方向。“仪式有助于确定权威之于社会的方向,帮助实现社会的特殊性是仪式的重要特征,它把人们的注意力集中到某一个社会关系的形式和活动中,与此同时,仪式把人们的注意力从其他的形式中转移。”[②]仪式的冲突理论给我们在看待和研究仪式活动时开拓了一个视野,通常人们习惯把社会控制放在权力与权威的强势作用,忽略了造就和产生权力和权威的暂时性的“和平”面目和作用。冲突恰好是平衡的生成要件。人们经常面对和生活的社会原来就是一个不断冲突、不断化解冲突的过程,仪式正好充当了润滑剂的作用。

道格拉斯的研究显示,仪式同样是一个重要而有效的社会控制手段,但是,仪式对社会的控制是有条件而非绝对的。她认为,只有某些类型的仪式在特定的社会条件下才起作用,简单地说,社会必须建立在密集而严

---

① M. Gluckman, *Order and Rebellion in Tribal Africa*, London: Cohen & West, 1963, 110-136.

② S. Lukes, "Political Ritual and Social Integration," in *Sociology*: *Journal of British Sociological Association* 1975, 9(2): 301-302.

格的等级制度的基础上。由于建立在严格的等级制度的社会结构中才存在泾渭分明的不同社会地位和层次差异,而不同的阶级和阶层都有着各自的社会认同感。只有这样,作为一个既具有离异又具有聚合性质的合作单位,社会群体才会有很强的一致性,这种一致性的仪式趋向并非是出于自我利益的考量。[①] 显然,道格拉斯并不是泛言仪式的社会控制力,而是将仪式置于特定的条件之下,或对仪式的类型和社会的类型之间的关系进行研究。具体地说,那些具有等级层次的仪式类型便符合等级森严的社会类型。据此,她总结出了仪式之于社会重要性的几个要素:具有紧密的社会群体;严格限制的语码和符号交流体系;存在着明确的等级差距并与个体化认同形成对照;有一个被很高程度认可的,具有很强支持度的社会系统。[②] 我们姑且不对道格拉斯所列举的仪式之社会控制诸要素的合理性和周延性进行评价,但至少对她社会类型和仪式类型的规定相对于仪式的社会控制能力方面或分类进行评价确属必要;毕竟各种社会具有不同的类型和特质,仪式的类型也各不相同。有些类型的仪式有着明确的社会控制特征,有些则不明显。如果以广义的角度去看待仪式,许多仪式根本就不具备社会控制性质和能力,比如不少民俗仪式就看不出明确的社会控制性质。

在笔者看来,仪式对社会的控制除了学者们所强调的仪式类型和仪式形式的作用外,社会的价值观念是一条看不见的纽带,这条纽带包括两个基本的原生性因素(primordial elements)和策略诉求。前者是检验一个社会群体之所以能够自愿地成为同一个社会分子的依据,也是确定传统的社会"单位"边界的依据,即人们只有通过对社会共同体的原始组成部分或元素的认可和认同才有可能聚集在一起,也才有可能组成一个人群共同体。这些原生性因素包括共同的祖先——当然也可能是"拟祖"(fictive ancestor)——虚构的原始祖先。相同的认同条件,如共同的经济方式,共同的的语言,共同的地域,共同的习俗等。后者则是检验某一个仪式之所

① M. Douglas, *Natural Symbols*, New York: Random House, 1973, 26-27, 72.

② M. Douglas, *Natural Symbols*, New York: Random House, 1973, 178-179.

以能够成为社会共同体内部成员的选择形式，以达到他们所要获得的目标和目的，特别是在获得他们的既得利益时，仪式的选择和实践也就成了一种社会团体性的务实行为。所以，所谓仪式的社会控制至少有以下几种意思：一，通过仪式中权力和权威的力量以实现对社会的整体性掌控和平衡，这些力量包括看得见的和看不见的。二，通过仪式的形式以达到对社会人群分层的集中和集结，以实现整肃力量的功能。比如在原始的部落社会里，结盟、血亲复仇等无不需要仪式来整合社会力量。三，通过仪式活动检查社会群体内部的分化情况，化解冲突。大量民族志材料说明，在传统社会里，许多重要或重大的社会问题和案件就交给仪式处理，而经由仪式处理和裁定后的结果必须被社会成员或当事人接受。四，社会权威和精英通过对共同体历史上的仪式惯例的选择和放弃以突出仪式作为社会控制的一种力量。在某一个特殊的情境中，出于对资源的掌握和既得利益的目标性需求，他们会有意识地从其他民族，尤其是主体民族中借用某种仪式的外壳。因此，选择和借用仪式本身也就是一种社会控制。五，由于仪式具有许多其他社会活动和社会形式所不具备的品质和特点，因此，仪式一经社会确认和确定，它的形式就转变为一种社会的能量，制约着社会中的每一个成员的观念和行为。

仪式的社会化控制除了利用仪式的社会性特点，比如社会组织、机构、等级集团等强势功能和能量，还经常借用那些看不见的神灵，包括灵异、天象、祖先等。在远古社会里（事实上，在当代中国的乡土社会中仍然盛行），仪式就大量借助神灵的力量对社会进行控制。“神判”便是一个代表性的仪式化活动。这是由于“古代的审判并不采用后世的那种证据主义，而是用神判的方法。因为那个时代根本就不需要证据，只要心证就可以做出决定了。在神的面前，人们不会说假话。只要采用卜问神意的方法，就可以很容易地确定善恶”[1]。神判的方法有很多，中国古代有所谓的“盟神探汤”之法，如“汤神乐”“汤立”（主要特征是在仪式中，神职人员将竹叶

① 白川静：《汉字》（卷一），朱家骏、林崎等译，厦门大学出版社2005年版，第77页。

浸于有热水的鼎中，然后洒向前来朝拜的人群）。[1] 生活在我国西南的许多少数民族长期以来盛行各式各样的神判方法，贵州的水族盛行的占卜方法有："过阴"，主要通过鬼师的仪式活动，用米、线等生活物品裁定是非对错。"蛋卜"则作用于米和蛋。"石卜"则以草绳捆石头为判断工具。"草卜"是用七根或九根糯谷草进行"审判"工作。"铜钱卜"所作用的物品主要有铜钱、衣物、米等。方法亦多种多样。此外，还有所谓的"捞油锅"，具体的做法是，通过当事人把手伸进烧开的油锅中去捞东西，如斧头、铜钱之类，视当事人的手有没有被烫伤为断案的依据。这些形态各异的神判方法大都是鬼师（巫师）根据各种表象结果来判断是非曲直，虽不"科学"，但为人们所认可和接受。这些神判都需要举行规模大小不等的仪式。另外，也有许多各式各样的乡规民约，人们根据规约举行仪式，解决诉讼争端。

仪式对社会的控制自然不能缺少对社会价值体系的认可这一前提，如果人们不相信所谓的神灵，仪式也就失去了效力。所以，反过来说，如果那些特定的形式和活动以及所表现出的特殊内涵不为人们所接受、所认可，仪式的社会控制便无从谈起；毕竟如果人们根本不相信、不认可那些观念和那些神意，便不可能花钱去请鬼师，也不可能为之举行盛大的仪式。另一方面，除了某一群体的人们对特定的社会价值体系的确认和认同外，仪式的形式也具有类似于章程的权威性质。任何一种仪式之所以能够流传并被特定的人群接受，程序公正也是一个重要的根据。这里，所谓程序公正并不是指法律意义上的公平，而是指仪式活动中所有的物质、符号、组织、形式等对任何一个人都具有同等的效力。它大致有以下几种基本的意思：其一，仪式把各种复杂的因素和各类物质符号集中在一起，并重新建造起一个特殊的组织形式，以产生出相应的对社会和各种社会关系的控制。其二，仪式中的各种东西，包括那些器具、姿势、形态、时空等，已经超出了日常生活中的功能与作用，仪式的"语境"使它们以及它们的组合产生出一种超越现实的控制力；而这种控制力的获得经常需要借助神的力量，因而不可抗拒。其三，反过来，日常生活中的某些符号或价值通过仪式活动

① 白川静：《汉字》（卷一），朱家骏、林崎等译，厦门大学出版社2005年版，第78页。

的“程序公正”被提升到一种认知的高度，久而久之，那些特殊符号的认知价值逐渐凝固下来演变成人们的观念和习俗。我们可以这样认为，任何事物（包括物质的、精神的）在某一个特定的社会中都会自然地嵌入整个社会认知和价值体系，并对人们实施控制。

仪式与社会等级

等级制度是一般传统社会的主要构成形式。众所周知，中国封建社会就是一个由等级制度支撑的社会。等级社会除了我们所熟知的“君臣父子”“三从四德”等各种各样的伦理和规范外，在仪式礼节的具体实施中，其等级的规矩也事无巨细。比如在仪礼的举行过程中，对辈分、身份、参仪者、性别、时辰、处所、方位、器物、服装、牺牲等都规定得非常细致。《礼记·礼器》就有：“天地之祭，宗庙之事，父子之道，君臣之义，伦也。社稷山川之事，鬼神之祭，体也。丧祭之用，宾客之交，义也。”在具体的仪式场合，“器皿之度，棺椁之厚，丘封之大，此以大为贵也。有以小为贵者，宗庙之祭，贵者献以爵，贱者献以散。尊者举觯，卑者举角。五献之尊，门外缶，门内壶。君尊瓦甒，此以小为贵也”。简言之，不同等级的族群、集团、阶级在举行仪式的时候，其尊卑是先期规定的。这些尊卑等级和地位往往是通过仪式的规模、奢华程度、器具的使用等繁缛礼节加以规定和确认的。在印度教社会里，四个种姓等级组成了社会基本的构造因素，它们是婆罗门、刹帝利、吠舍和首陀罗。通常情况下，婆罗门是社会中的统治阶级，它所代表的宗教祭司集团与世俗性君主结成特殊的关系，以确保该等级在社会中的统治领导地位。巴厘社会属于印度教社会，也是一个地地道道的仪式社会，即社会的等级和价值无不通过宗教化仪式表现出来。为了保证统治阶级的权力，君主与祭司会进行合作以达到优势互补：在宗教领域内，婆罗门远比君主们优越，他们通过掌握经典传统与深奥的仪式知识而保证自己的优越性。但在政治领域内，君主们却远比婆罗门具有优势，他们通过掌握统治工具而保证自己的优越性。每一方都不信任对方，同时每一方都需要对方。婆罗门需要君主的政治支持和保护以保障其特殊地位；君主需要婆罗门的仪礼技能以便搬演戏剧国家的仪式狂剧(extravaganza)。[1] 所以,等级间的结盟也就成为等级森严的社会中的"力量整合"。另一方面,结盟形式与过程又强化了仪式的重要性,其中各种礼仪具有法律效力,甚至伤害行为亦必须遵照礼节方式来进行。[2]

福建莆田湄洲妈祖像　彭兆荣摄

有些社会的等级制度虽然不及印度教社会如此森严,不可僭越,但等级分层同样是社会的基本特征,特别是经过长时间演变仍处于农业伦理的社会。桑格瑞通过对台湾地区宗教仪式的研究发现,台湾的汉人社会具有很高的分层社会(stratified society),仪式成为社会分层与各阶层之间交流的一种有效形式,他称之为"仪式系统"(rıtual system)。因此,仪式构造中的边界范围的联结关系对台湾的汉人生活也就显得非常重要,尤其在乡民

① 克利福德·格尔兹:《尼加拉:十九世纪巴厘剧场国家》,赵丙祥译,上海人民出版社 1999 年版,第41 页。

② 克利福德·格尔兹:《尼加拉:十九世纪巴厘剧场国家》,赵丙祥译,上海人民出版社 1999 年版,第45 页。

社会中的村落更是如此,仿佛是一个微型社会(microcosm society)。[①] 桑格瑞以台湾妈祖崇拜和妈祖仪式为例,提供了一个透视乡土社会的例子。在妈祖崇拜仪式系统中,社会中的等级关系(纵向性)与妈祖信众在仪式中的平等关系(横向性)形成一种互动关系。[②] 众所周知,妈祖是一位海洋女神,她的出生地为福建莆田的湄洲岛,后成为世界性华人的崇拜对象,与华人在历史上向海外迁徙、移民的过程中文化认同上的需求有着密切关系。台湾的汉人社会都属于移民社会,虽然在历史移民过程中,来自不同的地缘群(如闽南人、外省人、客家人等)、不同的历史时期、从事不同的行业、政治经济势力的大小不等,以及不同地缘群、不同家族姓氏所掌控的社会资源的差异,形成了乡土社会在等级制度上的差异,但是他们又都是从大陆迁移过去的,而且必须是通过海路迁徙的,妈祖崇拜遂成为他们共同的社会文化认同价值。在定期举行的"妈祖巡游"的仪式系统中,不同的社会等级与平等信仰的民众同铸于一体。自上而下的、梯级化的等级交流构成了一个政治中心。[③] 在一个确定的范围(随着历史的变迁,因崇拜和信仰的人群不断扩大而呈现不断扩大的趋势),因妈祖崇拜形成了"祭祀圈"和"信仰圈"。[④] 由此我们可以看出,仪式是社会缩影,它具有一套独立的系统构造,它的凝聚力甚至可以超越政治权力和党派的界限,可以超越社会等级的界限。

人类学家非常擅长对不同的民族、族群或人群共同体的专属仪式进行详细的民族志描述和分析,诸如婚礼、葬礼等等。类似的仪式可能自动构成划分不同的人群、族群、亲属关系等的标志性行为和事件。任何社会规则所属的人群和亲属关系,都会在那个社会规范的体系里去确认自己的社会角色,进而做出与之相适应的行为和行动。此类重大的、带有通过礼仪

---

① P. S. Sangren, *History and Magical Power in a Chinese Community*, Stanford: Stanford University Press, 1987, 1, 13-16.

② P. S. Sangren, *History and Magical Power in a Chinese Community*, Stanford: Stanford University Press, 1987, 91.

③ P. S. Sangren, *History and Magical Power in a Chinese Community*, Stanford: Stanford University Press, 1987, 91, 122.

④ 林美容:《妈祖信仰与汉人社会》,黑龙江人民出版社 2003 年版。

的仪式很容易得到人们的社会化认可。事实上,即使是那些在生活中并不属于非常重大的活动,比如打招呼和道别一类的行为,同样也具有非常细致的社会印迹。一方面,它们昭示出不同社会之间的文化差异,另一方面也折射出一个社会个体与群体之间的社会关系以及相关的社会形态。① 比如在英语社会里,"How do you do"与"Hello"(或"Hi")的社会确认范围和关系有着明显的差异。当置身于一个正式的社交场合,或者撞见一个必须以正式的招呼进行交流的时候,个人的行为是受到相对严格的社会规范制约的。这种情况下,任何个性化的放任都只会把自己置于一个非常不利的社会情境,或非常尴尬的现实场景之中。所以,无论是作为一项重要的理性原则,还是从一个合适的生存策略来考量,人们都不会轻率地把自己放置在那样一个不利的窘境之中的。从这个意义上看,一个日常生活中的简单问候或道别都带有仪式性的意义和含义。

仪式经常可以成为分开和分离社会群体的一种区隔形式,而这一形式又与某一个特定社会的价值体系和概念分类联系在一起,以"裁决"什么群体、什么性别、什么人可以或不可以出现在某一个仪式现场。巴特(亦译巴斯)在《斯瓦特巴坦人的政治过程》一书中对巴基斯坦西北部边陲省份斯瓦特谷地巴坦人社会进行了详细的研究,他发现,印度教系统中,特级观念和身份在礼仪中的表现非常明确,而在伊斯兰世界中却毫无意义。从此我们可以清楚地看到,同样作为仪式这样一种单纯的形式,印度教和伊斯兰教中的表现和意义是不一样的,特别在划分不同人群的时候更是如此。其中"污"(pollution)的概念是仪式划分的一个重要尺度。与印度教的观念不一样,"按照伊斯兰教的定义来说仪式上的污来自于生理方面或身体的自然过程,如排便、性交和死亡。所以,所有人都同样受这些污染源的害,而要从那些污染中得到净化只有依靠某些经常性的、反复的个人和不公开的行为,伊斯兰概念中的污一词不能直接用在各社会群体之间象征性的等级结构中。但巴坦人也倾向于根据洁(pak)与不洁(palit)这两个

① R. Firth, "Verbal and bodily rituals of greeting and parting," in J. S. La Fontaine ed., *The Interpretation of Ritual*, London: Tavistock Publications, 1972, 3.

对立的概念来解释世俗的身份。因此,没有一个仪式场合或词语能够把所有群体归集到一个单线性的阶层组织下。相反,有好几个相对独立的评判标准来决定各社会群体在阶层组织中的位置。如果我们用财富、政治权势和洁(purity)三个标准去分析上面的列表,那么我们完全可以用阶层组织的名称来解释各种姓之间的差异"[①]。这种通过不同社会对群体划分的价值关系去评判群体关系,通过仪式手段突显和强化社会阶层的现象在巴特稍后的时间里成了人类学仪式研究的特点——结构性符号分析,道格拉斯的《洁净与危险》成为这方面最有影响的作品。[②] 各自不同的群体(如血缘群体)又由各自划分的仪式进行彰显。简言之,仪式经常扮演一种划分不同种姓、姓氏、群体的作用。

毫无疑义,性别是任何一个社会等级的分层和分类的标志。在父权制社会中,女性的社会地位受到严格的规定和限制。这一问题也成为人类学研究中极其重要的主题,因为"对社会人类学研究而言,女人的问题一直没有得到很好地解决——无论是技术性的(a technical)还是分析性的(an analytical)"[③]。从历史的资料看,女性并非从一开始就从属于男性。恩格斯在《家庭、私有制和国家的起源》一书中认为:"确定原始的母权氏族是一切文明民族的父权制氏族以前的阶段的这个重新发现。"[④]人类学研究表明,人类在远古时代曾经有过母系制社会,也就是说,女性掌控社会的时代。虽然我们无法将这样一个社会类型和时代扩大到全人类的所有民族和族群,但是,可以确认的是,女性的社会地位绝非一蹴而就,亦非亘古不变。公元前5世纪,西方历史(学)之父希罗多德在环游"古代世界"时遇到过各式各样的人群,最令他疑惑和吃惊的是古埃及人以及他们的生活习俗:女人来往于市场并投身商业活动,男人却留在家中织布。市场上皆是

---

① 弗雷德里克·巴特:《斯瓦特巴坦人的政治过程》,黄建生译,上海人民出版社2005年版,第26页。

② M. Douglas, *Purity and Danger*, Harmondsworth: Penguin Books, 1970.

③ E. Ardener, "Belief and Problem of Women," in J. S. La Fontaine ed., *The Interpretation of Ritual: Essays in Honour of A. I. Richards*, London: Tavistock Publications, 1972, 135.

④ 恩格斯:《家庭、私有制和国家的起源》,人民出版社1972年版,序言第16页。

妇女在交换商品。她们在田里耕作,或参与节日庆典。各个社会阶层的妇女享有当时其他各国妇女所未知的权利、责任和特权。特别值得一提的是,古埃及妇女的法律地位比当时其他世界各国妇女的法律地位都明显要高,尽管当时的法律规定妇女与男性拥有平等的权利,但在现实中,妇女可以不必请男性保护人而自己拟遗嘱或在法庭上做证。此外,她们还拥有控制自己财产的权利。在婚姻中,男女双方自行决定,离婚也只要夫妻双方自行处理,任何一方提出离婚,女方除可保留自己的财产外,还可分得三分之一的共有财产。女性死后同样可以期望长眠于尼罗河西岸,并可享受家人提供的木乃伊及葬礼和供品。① 但是,随着父权制的强势发展,妇女在社会中经济大权的旁落,妇女的社会地位便历史性地转变为弱势。"母权制的颠覆乃是女性的具有全世界历史意义的失败。男子掌握了家中管理权,而妇女失掉了荣誉地位。"②

妇女社会地位的历史转变,使女性从公共领域(public area)退回家庭的私人空间而成为男人的附属"财产"。又,由于绝大多数重要的仪式(尤指那些纪念性祭祀仪式)都属于社会的公共事务范畴,在公共场合举行。女性在社会中属于"弱势性别"和"弱势群体",处于"弱势地位",她们经常被限制在所谓的"私宅领域"(domestic area)——很难进入社会的"公共领域";她们的存在也因此经常被漠视,甚至为男性所不屑。正如列维-斯特劳斯说的那样,无视或不理睬(For words do not speake, while women do)③,这必然导致在社会的公共空间很难见到女性"身影"的情状,自然也不容易完整地观察和了解她们。再说,由于传统力量的作用,许多女性文化的表述为父权社会所规定、所约束、所撕裂。更有甚者,在古代许多社会的仪式表现和实践活动中,女性经常成为仪式中"恶"的符号,比如在欧洲中世纪,女性经常与巫术、妖术、恶魔等联系在一起,而且以非常残酷的方

① 美国时代-生活图书公司编著:《尼罗河两岸:古埃及(公元前3050~公元前30)》,聂仁海、郭晖译,山东画报出版社、中国建筑工业出版社2001年版,第47—48页。

② 恩格斯:《家庭、私有制和国家的起源》,人民出版社1972年版,第54页。

③ C. Lévi-Strauss, *Structural Anthropology*, Harmondsworth: Penguin Books, 1973. (*Anthropologie Stuucturale*, Paris: Plon, 1958.)

式对“女巫”进行处罚，包括烧死大批的“女巫”——法国历史上的“女英雄”贞德即以“女巫”的罪名被烧死。这与《圣经》中“夏娃的原罪”有关，也与社会对女性的压迫有关。女性在这种情况下，根本没有任何为自己辩护甚至是陈述的机会。简言之，由于父权制社会的强大势力，女性的“社会性别”要么罕见于公共空间中的仪式场合，要么成为一种被“污名化”的对象和符号。据此，有些人类学家认为，在田野调查中需要加大对女性符码研析的力度（crack the code）。①

正是由于女性在社会中处于整体性的失语状态，所以，从技术性层面来看，人类学家尤其应该注意女性特殊的社会性表达，哪怕是“无言的表达”，重视所谓的“女人词汇”（women' s vocabulary）。比如在许多仪式场合，女性无论是真实性出现，还是符号性出现，都会在各个方面隐蔽性地呈现将女性作为一种“污染”的社会化“污名”的结果。② 这就导致她们无法成为社会的主体参与者甚至出现在仪式的现场。然而，这并不意味着女性的不在场，她们可能没有在仪式中露面，却不见得女性的社会性不存在。因为任何社会的构造都离不开事实上的两性化二元对峙的关系和因素。她们可能被作为一种社会化隐喻，可能属于一种集体性符号，可能以某些女性的物品，如服装、用具、动作（男人着女人的服装，以女性的腔调、女人的动作，或彰扬女性的功绩等）出现，也可能在某些仪式中出现大量女性的认知，或以女人的特殊生理，比如血（经血）为禁忌等特殊的社会文化叙事。总之，女人词汇和女性符号都为我们对仪式进行深度分析提供了一个社会视野和研究角度，透过这样的研究去了解社会等级。

仪式中的角色

在许多重大的仪式场合中，仪式的主持、主事扮演着非常重要的角色。

---

① E. Ardener, “Belief and Problem of Women,” in J. S. La Fontaine ed., *The Interpretation of Ritual*: *Essays in Honour of A. I. Richards*, London: Tavistock Publications, 1972, 137-138.

② M. Douglas, *Purity and Danger*, Harmondsworth: Penguin Books, 1970.

在原始的巫术活动里，通常会有巫师或祭司在场；如果巫师或祭司缺席，则必须有相应的主持或主事等替代人物，否则那些巫术活动和祭仪便无法进行。无论仪式的主持或主事是否必须出现在仪式现场，但这一个或几个仪式性主角都是存在的，根本原因在于他（们）是这些纪念或祭祀仪式与神灵交流、交通的关键。所以，祭司的权力是一种特殊的制度性传承——或来自身体的某些特别的“奇异功能”，或被特定群体认同的标准化仪式知识并在限定的群体内部继承。[①] 更有甚者，在某些国家和社会，祭司成为整个社会形态的中心和核心。比如在格尔兹称之为“剧场国家”的巴厘社会，仪式庆典不啻为这种“国家”的表演主角。“它是一个剧场国家，国王和王公们乃是主持人，祭司乃是导演，而农民则是支持表演的演员、跑龙套者和观众……它们即是结果本身，它们就正是国家的目的。王室庆典主义是王室政治的驱动力；公众仪式并不是巩固国家的谋术，而正是国家本身”[②]。所以在很多情况下，“神圣”（祭司）－“世俗”（君主）会通过等级特权以达成合作的协约，表现在具体的仪式过程中就是祭司与王室代表共同主持并掌控仪式。[③]

师公或祭司之所以非常重要，根本原因在于：首先，祭司大都属于世俗社会的领袖和头人，同时他们又是通神、通灵之媒。钱锺书在《管锥编》中对“巫（师）”有过论述，认为巫师一身兼有二任；而“二任”之使命以丧葬仪式为基础。“先祖是皇，神保是飨”；《传》：“保、安也”；《笺》：“鬼神又安而享其祭祀。”按毛、郑皆误；“神保”者，降神之巫也。……俞玉《书斋夜话》卷一申其说曰：“今之巫者，言神附其体，盖犹古之‘尸’；故南方俚俗称巫为‘太保’，又呼为‘师人’，‘师’字亦即是‘尸’字”。“神保”正是“灵保”。本篇下文又曰：“神保是格，报以介福”，“神嗜饮食，卜尔百福”；……

① V. W. Turner, “Religious Specialists,” in A. C. Lehmann & E. Myers, *Magic, Witchcraft, and Religion: An Anthropological Study of the Supernatural*, California: Mayfield Publishing Company, 1985, 82.

② 克利福德·格尔兹：《尼加拉：十九世纪巴厘剧场国家》，赵丙祥译，上海人民出版社 1999 年版，第12 页。

③ 克利福德·格尔兹：《尼加拉：十九世纪巴厘剧场国家》，赵丙祥译，上海人民出版社 1999 年版，第 41—42 页。

"神保""神""尸"一指而三名,一身而二任。"神保是格","鼓钟送归",可参稽《尚书·舜典》:"夔典乐,神人以和,祖考来格。"乐与舞相连,读《文选》傅毅《舞赋》便知,不须远征。《说文》:"巫:祝也。女能事无形,以舞降神者也"。[①] 钱先生的考述为我们厘清了两方面内容:首先,巫师(师公、祭师等)与原始社会的丧葬仪式(即民间所说的"白喜")有渊源关系。其次,巫师凭借仪式以及仪式中的特殊的技艺(如跳舞等)和言行以彰其与神灵的关系,以行使其媒介作用。这样,宗教和民间的事务因巫师而取得沟通。

"在一些社会里,祭司有官方的宗教领袖和民间的代表,比如巫师、萨满或先知等之分。他们的权力和超越自然经验的能力被认为来自灵异和神灵的凭附。在实际活动中,这些社会的分类概念经常被超越,而且这些划分也没有普遍意义。"[②]换言之,他们大都是某一个社会群体中受尊敬或掌握权势的人和阶层。他们的能力、经验和社会权力在仪式活动中经常被选派、指认为代表当地人民与祖先或神灵进行交流和交通的使者,因为只有他们才有资格与超自然的神灵进行交流。另一方面,作为主持仪式的代表,仪式本身又加剧了他们的权力化身和神奇符号。他们大都因此有了人-神的身份。这些人的存在又使得仪式变得非凡和神秘。于是,原本来自日常生活内容的活动由于特殊的程序、道具、服装、表演等而变得庄重且富有神秘感。比如源自中北亚的萨满活动还经常随伴着主持者的迷狂(ecstasy)而被人类学家们称为"迷狂师"(the master of ecstasy)。[③] 他们在主持仪式时经常出现浑身颤抖,"灵魂出壳"或癫狂的行为。这些非同寻常的行为举止被认为在进行某种一般人肉眼看不见却又是满足人们心理需求的认可行为。所以,他们的特权也就非常自然地从特定的社会中延伸出相应的禁忌与禁规。

---

① 钱锺书:《管锥编》(第1册),中华书局1979年版,第156—157页。

② C. Von Furer-Haimendorf, "Priests," in A. C. Lehmann & E. Myers, *Magic, Witchcraft, and Religion: An Anthropological Study of the Supernatural*, California: Mayfield Publishing Company, 1985, 89.

③ C. Von Furer-Haimendorf, "Priests," in A. C. Lehmann & E. Myers, *Magic, Witchcraft, and Religion: An Anthropological Study of the Supernatural*, California: Mayfield Publishing Company, 1985, 91.

主持仪式者——无论是宗教仪式还是民俗仪式——他们之所以有特权，除了以上所说的社会构造，如等级、性别、世系等关系的预先规定和规范外，他们在仪式中的行为语言、服装器具等也会成为实现主持者角色意义和价值的要件。仿佛在一个演说现场，演说者的说便不同凡响，它与自言自语或讨论问题式的说话完全不一样。大多数情况下，仪式的主持、主事、主祭等都属于地方社会中的“精英”范围，但他们又与一般的所谓能读书认字的人不太一样，他们在仪式中所使用的语言、所咏诵的经文、所表演的动作需要专门的训练和演习，而且常常需要花费很长的时间。一方面，这有利于保证仪式的专职人员限制在一个极小的人选范围内；另一方面，经过长时间的训练和演习，仪式用语（比如经文）便带有“自言自语”的特征，这不仅包括形式上的朗朗自语的形态特征，也成为一般参加仪式的人们“听懂”的障碍。否则，与神灵交流便不神秘、不神圣了。所以，一般而言，祭司、巫师、鬼师等仪式主持者不是平常百姓可以充任的。虽然仪式主持者角色至关重要，非一般人可以染指，但并不意味着那些仪式主持者的权力和“能力”完全属于个人或私人范围，毕竟需要为特定的人群共同体所推选、所认可。换言之，他们的角色和能力具有“公共性质”，表现在：首先，仪式场合的“言说行为”是被社会的“集体”赋予的特殊行为。尽管言说者的行为属于个体性的行为，但这一行为和行动的号召力完全被仪式环境或集体氛围扩大了，夸张了。这大约也就是为什么我国当下的许多行政领导一旦在仪式场合（如会议）就会喋喋不休的原因所在，他们似乎深谙此理。其次，仪式对言说者也有规定性（适度的时间、适合的语言等），如果超越了仪式所规定的限度，便会出现副作用。就像有些领导如果过分或滥用仪式所赋予他们的特权，便会引来参加者的恶感。再者，主持者或主讲者在特定的仪式中所发布的信息是有规定或约定的，不可造次。同时，他的言说行为和其他行为，如歌咏、诵经、表演等必须相互对应。当然，仪式场合在相应的尺度范围内允许主持者的个性化表演和个人魅力的展示。特别在民俗仪式活动中，这一点还尤其值得称道。这也是为什么仪式的主持大都是能言善辩，能说会道，能歌善舞，能“癫”能“狂”者。值得一提的是，这些仪式的主持者又成为一些原始艺术种类的发明者和传续者。

瑶族的师公主持“还盘王愿”仪式　彭兆荣摄

在人类社会里，仪式属于一群人——一个人群共同体，包括一个家庭、一个家族、一个宗族、一个地缘群、一个民族甚至一个现代民族－国家（nation-state）在一个确定的时间和空间所进行的“传统认定”活动。这一活动也是在日常生活之外建立了一种特殊的、暂时的、有目的的、带有宗教信仰等的形式，而这一形式需要由一个人或一群人来主持。由于这一个人或一群人根据或借助传统价值、宗教体系或法律专政制度等所赋予的特殊权利和权力从事主持活动，他（们）也就自然成为那一个仪式的中心和核心，构成了那一个时间和空间的“当权者”和“执事”。这些人物的身份和活动也因此被分隔。仪式毕竟不是日常生活的寻常事件，只属于短暂的活动和行为。这些主持者在平常的生活中也与一般民众无异，比如在传统的农业社会，他们照样要出工，要下田，要农耕……只是到了举行仪式的时候，他们的特殊身份和名分才凸显出来。所以，仪式的主持者们也只有在限定性的仪式时段和场合方显神圣。比如瑶族“还盘王愿”仪式中的师公就是这样的角色。在日常生活中和家事活动里，师公未必享受什么特别的权利和权力，与同村寨的其他成员一样，上山砍柴，下田种地，亦无额外的经济收入。只有到了仪式场合，师公才被认为是具有与祖先和神灵沟通的使者。

瑶族“还盘王愿”的仪式活动一般由四名师公主持各项目事务。之所以要四位共同参与主持，一则是由于仪式进行的时间长，不能间断，一两个师公（师公大都由在地方德高望重的、经过专门传承的中老年男性当任）

的体力难以承受。二则仪式内容非常复杂，宗教颂词、各类喃词、哼腔唱法、舞蹈动作繁多，有些需要几位师公共同进行。除了师公外，还要有助手、歌娘（女歌手）和歌师（男歌手）等。这些人包括还愿师（正堂师）、祭兵师（招禾师）、赏兵师和五谷师，每一名师公配一名助手（瑶语称"着累"，意为代替师公穿法衣跳舞的人），共八人。另外还要请两位歌娘，两位歌师，一名长鼓艺人，一名唢呐艺人，三名童女（漂亮的小女孩且必须为童贞处子），三名童男（年龄大小以及婚否不限）。主持仪式的师公属于相对独立传承的系统。由于仪式过程冗长，需要诵读大量的经文、咏唱各种音乐、使用特殊道具、熟悉复杂程序、谙知仪式符号意义等，使得师公成为一种专门的行业，非一般人可以充当。师公的培养和实践也需要长时间的训练，特别是在仪式中有大量道教繁文缛节，而这些知识在瑶族民间日常生活中并不流行，多数只是仪式专属性知识，所以需要系统学习才能掌握。虽然在师公的选择上并没有严格的限制，但要成为一名合格的师公要经过数年甚至十几年"学徒生涯"，经济上却又没有优越的回报，因此并不是每一个村寨都有专业化的师公，经常需要到别的村寨去请。比如主持笔者所调查的"还盘王愿"仪式的李有银就是方圆几十公里最著名，也是最受人尊敬的师公。

第四章　仪式与族群

世系发展与英雄祖先

“民族”(族群)与仪式存在着发生学上的关联性。据日本学者白川静的考证,古代社会以氏族为基础,氏族是以祖灵为中心的灵的结合体,其组织为一切秩序的根本。因此,祖祭为氏族团结的最重要的仪礼。为确认氏族团结纽带的种种仪礼都在祖祭时举行,或在祖灵前举行。“族”是缀着飘带的旗下画着矢的会意字。通俗的解释为:因打仗时矢集中射向军旗,所以,族为集中之意。同时,旗又是氏族的徽号,矢表示在旗下举行族盟的意思。根据这样的意象和意义,氏和族都应被视为确认氏族的血缘纽带的仪礼行为,是将氏族的共餐和族盟的形式加以字形化的表述。另外,相关的一些字,如旌、旗等也都与迁移、旅行有关,“古人离开自己所住的出生地即超越其守护灵的守护范围到外面去时,要举着迁移守护灵的族旗而行……所以,氏族集团出行时,在旗下举行作为军礼的誓约仪式,那就是族。

族乃是一种军事的共同体”①。由此可见,民族和族群的原始形态——氏族和部族的核心意义指集结于同一个旗帜下,对同一祖先和神灵进行祭祀仪式以彰其血缘纽带的人群共同体。这里,仪式不仅成为一面旗帜,成为一种祖灵的象征,成为同一人群共同体所确认的符号体系,成为凝聚内部力量的方式,成为同族内部的行为准则,成为与外族交流和结盟的形式,也在确定族的边界范畴。

由此可见,仪式在民族、族群与宗族世系的发展中所起的作用非常重要,非其他形式可以比拟。对外,它是一面旗帜,一种号召,一种宣誓;对内,它是一条纽带,一种标志,一个传统。它在联系、传承、控制社会中的各种不同的人际关系方面具有其他形式无可替代的纽带连接与均衡和谐等作用;特别对以农业伦理为基本背景,以家族、家庭社会基本单位的传统中国文化而言,仪式在这方面的纽带关系更值得研究。李亦园认为:

> 人际关系的和谐向来是中国文化价值系统中最高的目标,所谓以伦理立国的意思即在于此。传统的伦理精神着重两方面的表现,其一是以家庭成员关系的和谐为出发,另一方面则延伸到家系的传承与其延续。前者可说是一种同时限的和谐,其意义表现在“父慈子孝、兄友弟恭”等理念上;而后者则是一种超时限的和谐,其意义则表现在“不孝有三,无后为大”等理念上。家系的传承与延续既然是追求超时限的和谐,因此其对象就要包括家族中现生的人与过世的人。把现生与过世的家族成员都看作是一体,认为二者都得到和谐均衡才是真正的均衡,这是中国文化中人际关系最重要的特色,而小传统的民间信仰表现在这一方面却是最为突出,这也就是祖先崇拜的仪式。传统祖先崇拜的内涵可包括下列各方面:

① 白川静:《汉字》(卷一),朱家骏、林崎等译,厦门大学出版社2005年版,第196—197页。

- 中国祖先崇拜
  - 牌位崇拜
    - 家内崇拜
    - 祠堂崇拜
  - 坟墓崇拜
    - 坟墓风水
    - 清明仪式[①]

有必要做一个说明，世系，亦译为宗族，主要强调同一祖宗（尤指父系为主线）传承的谱系关系。世系研究历来是人类学的一个核心内容。人类学作为西方舶来之学问，一开始就把世系视为族、群（氏族、部族、宗族、家族等）发展和演变的有形线索和谱系。这样，人类学的世系研究不仅成为看待社会发展的重要根据，也使人类学研究具有发生学和物化形态上的学术性特质和特征。然而，任何世系观念或线索都有一个最为基本的依据，这就是在原始、源头上确立一个可接受的、公认的“祖先”。这一“祖先”必须是神圣或英雄，以“正名”其谱系。所以，若就其最早的形态看，与其说世系是一个族、群的可依可寻的族谱发端，还不如说它更接近于认知观念。这些观念不少直接来自对自然的神话（化）认知，因而是“无形”的。比如，华夏社会在确认自己的先祖时会将其视为“皇”，并常与上帝、天王、天、君等同并置。顾颉刚曾对“皇”有过考述，“皇”的各种语词上的使用，都有祖先之意，如“皇天既付中国民越厥疆土于先王”（《书·梓材》），“皇天改大邦殷之命”（《书·顾命》），“先祖是皇”（《诗·小雅·楚茨》），“继序是皇之”（《诗·周颂·烈文》），“上帝是皇”（《诗·周颂·执竞》）。[②]按照顾颉刚的著名学说，即所谓古史系统的神话传说层累地造成学说。他为自己的“层累地造成的古史”观总结了三个基本意思：第一，“时代愈后，传说的古史期愈长”。第二，“时代愈后，传说中的中心人物愈放愈大”。第三，这使我们“不能知道某一件事的真确的状况，但可以知道某一件事在传说中的最早的状况”。[③] 引顾先生之研究意在说明：中国的世系在线

① 李亦园：《文化的图像》（上、下），允晨文化实业股份有限公司 1992 年版，第 76—77 页。

② 顾颉刚：《古史辨自序》，河北教育出版社 2000 年版。

③ 顾颉刚：《古史辨自序》，河北教育出版社 2000 年版，第 4 页。

索之初更讲究一种“正统”的名分理念，未必在族谱上可以寻找到“事实性”。就我国古代浩如烟海的文献记录的分类来看，族原本有虚指和实指之分。它与我国的名/实有关却又非泾渭分明，或许这也成为中国仪式传统中的一个重要特征：仪式之于世系既可被视为一条有形的谱系线索，同时也包含着因求“名”而虚拟、虚构，查无实据的“建造”。既然族之先祖必须为神圣，那么，在可寻与不可寻之间，在明与暗之间，在事实与想象之间必须确定一个英雄名分，以示正统和正宗，哪怕虚拟亦可为。这尤见于对英雄祖先的考索。国族如此，家族亦复如此。而这一切或遵循，或“制造”都被熔铸于仪式。这大抵也可以成为解释我国“国家”特色的一个视角。今天，每当我们满怀敬意地参加黄帝祭仪时，情感与理性总在各自体认、各自表述。原因就在于，黄帝是一个具有现实意义的神话英雄，是现代“国族”谱系中不可缺少的“虚实参半”的华夏始祖。①

就形式而言，把仪式视为一种连接形态和世系纽带并无不妥，但需要一个前提的预设，即它并不是一般意义上的形式，在很多情况下，仪式的形式决定着意义和价值的展开与展示；同时，它又时常起到一种“宪章”和鉴别的作用。张光直曾经对中国古代的宗族发展与仪式的关系做过悉心的研究，他这样概述：

> 在王族发展的某一个阶段，会产生某种需要，得让族中一位男子离开王都，到外地去建立新的城邑。他或许是王的手足，也可能是王的叔伯或堂表兄弟。大批人民会随他出行，这或者为了减轻人口压力，或者为了开垦新的土地，也可能是去戍守边防。无论何种原因，他离别时都要带走以下物事：(1)民族的关系和徽号；(2)属于一个或几个氏族的数群宗族成员，他们既是农业、手工业劳动者，也是兵士的来源；(3)对于新领地的管辖权；(4)标志新政治单位的新名称；(5)保证他同大宗的仪式联系得以延

① 沈松侨：《我以我血荐轩辕——黄帝神话与晚清的国族建构》，载《台湾社会研究季刊》1997年。

续，并作为他新独立地位象征的仪式符号和道具。他将在新领地中建立新的庙宇，最后还要把自己的牌位放进去，以作为新宗族创立者的标记。于是，一个新的支系开始繁衍。作为次一级的宗族，它必须对自己原来所属的大宗表示恭顺。它的政治地位和仪式地位也相应要低一等。①

对“族”的文字解释，张先生比日本学者更为具体细致，也更具有说明性。他认为，族是最重要的社会强制组织。甲骨文的“族”包括两个部分：上为一面旗帜，下为一支箭，其本义为军事组织。族内的行为规范于三代时期汇编为礼。大多数研究中国法制史的专家都认为：礼实际上便是法。长老控制族人之权表现为祭礼对宗族成员的束缚。《礼仪》中交代了有关仪式的过程和细节，但我们最熟悉的还是与这些祭典有关的具体物事。首先是祖庙，它不仅充作祭祀的活动场所，而且本身就成为一个象征，既为仪式的中心，也是国家事务的中心。② 在张先生的解释中，我们更进一步认识到原始的氏族显然构成了“国家－家国”的基础性构造和意义丛。

从这些论述我们可以清楚地看到，仪式在宗族发展（分支）中的脉络，即由父系宗族的分裂（fission of the agnatic lineages）的宗族分支制度（system of lineage segmentation）。这就是说，当一个原初性的人群共同体（主要表现为氏族原则）聚集在一起的时候，他们要做的第一件事情就是建立庙宇并进行祭祀活动。仪式无形之中成了某种从开创引入形成规矩的“区分/排斥”原则——能够在祖庙参与祭祀的人们遂被确认为我群，反之便是他群。能否参与以宗族为单位的祭祀活动便事实上成了一种身份证明。另一方面，祭祀仪式不仅在我群与他群之间画出一道界限，而且也在大宗—次宗—再次宗这样的亲属分支发展过程中建立起了不可僭越的级次伸展。正因为此，宗族世系便具有亲属树的发展和延伸关系。所以，对宗族世系的“开宗始祖”的确认非常讲究，与“国”与“家”都是如此。它必须

① 张光直：《美术、神话与祭祀》，郭净译，辽宁教育出版社 2002 年版，第 6 页。
② 张光直：《美术、神话与祭祀》，郭净译，辽宁教育出版社 2002 年版，第 21—24 页。

是一位英雄祖先，无论从族谱上可以推溯还是无法推溯。对名分上正宗脉系的讲究决定了某一世系发展的文化正统性。由于任何一个家族、宗族的历史发展线索非常久远，世系在向上追溯时往往很难寻找到令人信服的史实，大都与神话传说联系在一起。因此，英雄祖先也大都具有神话色彩。比如笔者在闽西对林姓客家进行调查时发现，他们的家（族）谱在记录其始祖时非常一致地上溯到了《封神榜》中的比干。这位普罗米修斯式的英雄成为林姓的英雄祖先。

在具体的宗族仪式实践中，除了族的名分外，仪式对世系的传承与财产的继承关系也密不可分。挪威人类学家、族群边界理论的创始人巴特在其博士论文《斯瓦特巴坦人的政治过程：一个社会人类学研究的范例》中，对巴基斯坦西北部与阿富汗接壤的边陲省份斯瓦特谷地的巴坦人社会的民族志研究中发现，在那个社会里，父系血缘关系、土地所有权、伊斯兰教的神圣与权威以及地方政治联盟的形式等成为斯瓦特巴坦社会中最为重要的几个选项。有意思的是，在斯瓦特巴坦的农业社会，父系制血缘群体往往与土地所有的群体直接发生关系，而所谓有宗谱只是一个虚拟的血统，换言之，当地由血缘群体而建构起来的宗族关系需要与土地所属关系的共同财产结合在一起。人类学理论的普遍观点认为，只有在共同财产存在的时候，才会出现直系血缘群体之间的合作关系。这是一个理想和标准的血缘组织发展的基础。但事实上，这样一些群体只是在有共同财产的时候才会出现。[①] 在这样的社会组织原则之下，那些与社会组织有关的，与土地的共有关系发生的重要的仪式活动都被限制在基本单位“社”之内。[②] 这与我国的社有相似之处，即都强调人群与土地的捆绑关系。但是，毕竟并不是所有仪式活动和社会关系都以相互之间的利益关系为准则而使得“单位”与“单位”之间永远没有共同的关系，那么如果有又是什么呢？巴特的调查使我们相信，血缘/土地的村社组织单位（同一个清真寺）并不是

① 弗雷德里克·巴特：《斯瓦特巴坦人的政治过程》，黄建生译，上海人民出版社 2005 年版，第 35 页。

② 弗雷德里克·巴特：《斯瓦特巴坦人的政治过程》，黄建生译，上海人民出版社 2005 年版，第 20 页。

任何时候都不可超越，“有时候，他们甚至把一些更大的群体看作是同一个单位，比如，我在明哥拉（Mingora）的时候，他们在当地的小河边举行了一次非常特殊的祈雨仪式，整个地区的人都来参加了”①。巴特的例子告诉我们，仪式中的英雄祖先这一原则与仪式中的财产分配和继承的秉承并不一致，前者是固定的、原生的、宣言性的，后者则是后续的、次生的、策略性的。

这个例子很好地说明了一个道理，在社会的组织关系中，不管其构成单位有多大，其原则都是根据与地方人群认同和认可的，最为攸关的利益与资源配置有关。仪式也经常成为一种最为直接而有效的边界划分——把不同的利益群体、血缘群体依照相同的原则区分开来。然而，当这些不同的群体需要共同面对一些相同的利益和事件的时候，那些各自不同的小单位，比如宗族，有可能共同参与到一个更大的仪式活动中来，比如生态性的求雨仪式；它成了一个更大的区域性的人群共同体，姑且称之为“生态人群共同体”。它们都在一个相同的祈祭主旨或主题之下集合到了某一个仪式活动中来。由此我们可以看出，仪式如果作为一种活动性的边界划分的话，它有两种表象上截然相反的特征：一方面通过仪式来建立族群“文化地图”过程来区分边界范围。另一方面，有的时候，恰恰又是相同形式而具有不同目标和目的的仪式，将原来划分好的族群边界打破，或超越了原先的族群边界。仪式于是成了族性“情境论”的另一种工具性阐释。

需要特别指出的是，在一个族群的世系关联和发展过程中，总是会将自己族群的历史纽带的英雄始祖主题凸显出来。在某一个民族或者族群的历史记忆和表达族群认同中，英雄祖先的纪念主题大多总是与族源联系在一起。在同一个主题之下，表达和转达的方式可以多种多样：有口传的民间故事，有神话的叙述，有族谱的记录，有歌咏的传唱，有舞蹈的表达，有图画的描绘，有巫术的技艺，在有文字的社会自然少不了文献的记载等。但是，纪念英雄祖先的仪式无疑是最重要、最庄重、最盛大的形式，而且通

---

① 弗雷德里克·巴特：《斯瓦特巴坦人的政治过程》，黄建生译，上海人民出版社2005年版，第21—22页。

常更为复杂,象征意义更为集中,文化喻义也更为深奥。有些仪式本身就以主题命名。比如瑶族的"还盘王愿"仪式即是一个带有明确主题的英雄祖先的纪念仪式。显然,它比瑶族众多支系和民间流传的、借用汉文字系统并夹杂着瑶族土俗字和符号文本中的同一个英雄祖先的表达和纪念更为神圣,更具有族群感。这说明,仪式形式中的主题和符号表达虽然都滥觞于同一个文化系统,它们在同一个仪式形式中也都起传达同一个意义和意思的目的,但是二者的作用并非完全一致。通常情况下,仪式中的主题表现为单一性,而象征符号的却可以表达多种意义和意思,自然也可以用于表达多种主题和意义。根据叙事学的原理,符号属于表达性的,主题则是被表达的。符号表达和转达本身如果置于一种特定的叙事范畴和知识体系中,它还包含了叙事的内部规则和能力,甚至叙事可以根据所表达和转达的某一个主题的需要激发出一种特殊的仪式氛围,比如增进庄严感、神圣感等。

仪式与族群边界

在人类学家眼里,空泛和抽象的历史是不存在的,任何历史的发生和表述都脱离不了基本的族群背景和社区单位。也可以说,脱离不了具有族群背景和社区单位的人。我们相信,每一个民族或族群对"我们的文化"都有一个相对一致性的假定,以便区别于"他者的文化"。族群成为确认传统具体单位的另一条边界——"我族"必须借助与"他族"的边界关系(boundaries)进行确认。人类学家巴斯认为:"民族确认的最重要价值与族群内部相关的一些活动联系在一起,而建立其上的社会组织同样受到来自族群内部活动的限制。另一方面,复合的多族群系统,其价值也是建立在多种族群不同的社会活动之上。"[①]也就是说,某一个具体的族群认同和社会价值必定在一个特定时空性、知识性和策略性场域建立族群间的互动

---

① F. Barth, *Ethnic Groups and Boundaries: the Social Organization of Culture Difference*, Boston: Little, Brown and Company, 1969, 19.

关系。

我们也相信，虽然我者的建立需要借助他者的参照比对方能完成，但是，这并不意味着我者的历史不具备个性特征和自我负责的能力。事实正好相反，越是在与不同族群边界的关系修建中越是需要强化某一个族群的认同(ethnic identity)。道理很简单，任何民族历史和文化的确认终究系由某一民族的人民根据自己的族源和背景自己来确认。换言之，“历史的制造”羼入了某一民族或者族群意识，是一个人群共同体内部的共同生命体貌和集体价值。因此，这里的人的生命表述不只体现在某一个个体生命中，而且反映了他所生活和生存的那个共同体背景和族群认同的意识。

苗族人在举行牯藏仪式　彭兆荣摄

那么，一个具体的生命个体是如何在自己的生活经历和经验中体现和反映族群认同呢？是历史记忆。在族群性的研究中，历史、社会记忆等常被认为是凝聚了族群认同这一根本情感的源头。历史都被理解为一种被选择、被想象甚至被虚构的社会记忆。其中也就有了一种历史记忆与族群认同之间相互负责的关联性，他们要对自己的行动负责。这里有两个阐述点：其一，我者历史必须通过与他者历史的边界修筑和划分来帮助完成。这好像我们在平常的生活中表示一个东西的好或者坏的时候，尽管可能在表面上是一件孤立的事情，然而，它必须与具有同性质的参照背景共同进行表述，绝对孤立的东西不可能具有好/坏品质。也正由于这种相互并置关系的存在,使得我者历史的特征与个性被格外地加以强调,以凸显其自我认同的专属性。其二,任何所谓的族群认同无不例外地要通过一个个具体的生命形式和生命体验加以表述,它是活生生的,个性化的。我们知道,每一个生命个体无不烙印着特定族群的印记,它同时是记忆的结果。

因此,任何历史其实也是一种确定族群范围的认同和记忆。这样,所谓的历史叙事与族群记忆也因之染上了浓厚的现代国家的权力色彩和现代社会的具体语境。也因为相同的理由,表现出相应的策略性特征:族群的“集体性记忆”与“谱系性失忆”(genealogical amnesia)都可以理解为“强化某一族群的凝聚力”。所以,族群认同下的“历史记忆”其实同时意味着同等意义上的“历史失忆”。因为历史的记录不仅使之成为历史构成的一个部分,也使这些被记录的部分成为无数历史发生过的“遗留物”的幸运者和幸存者,属于人类主观因素和族群策略的选择对象。也就是说,如果我们可以从历史文献和各种文本中读到“历史”,认识到“历史”,那么,我们必须同时打一个折扣,那不是真正的历史,只是历史的记录,而且只是被选择的部分历史;何况,那些被选择的部分还是经由记录者的主观选择的结果。因此,这样的历史其实只不过是历史的记忆,与历史上所发生的“历史”不是一回事。另一方面,任何历史都包含着人的生命陈述,这种陈述是活生生的,而不应该只成为书籍中的记录,因为记录本身只是对事实的一种记忆方式,却不能是唯一的方式。这样,生命叙事与族群记忆便逻辑性地构出了一个相关的、外延性重叠的部分,却不是全部和全体。在我们看来,历史志的生命叙事在于它不仅直接与历史的原生形态丝丝入扣,而且,它还引出了历史叙述中的“话语”性质——任何历史叙事无不潜匿着政治性目标的追求和政治意图的表达。再者,叙事同时表现出一种明确的对历史“事实”选择策略下的有族群目的的“事件性”重新组合。诸如,为什么要说这些,不说那些?为什么要这样说而不那样说?为什么要在这个时间而非那个时间说?这些都与“话语”有关系,都不是任意的行为。

以最为粗泛的认知,仪式作为“历史-族群记忆”可以被视为一种社会机能和能力。它建立在另一个必要的逻辑前提之上:族群叙事(ethnic narrative)。叙事每每被简约地等同于故事的讲述。西文中的“历史”,从字义上解释正是故事的讲述。人类属性多种多样,除了生物存在和经济存在之外,还有一个基本的属性:故事的讲述者(storyteller)。[①] 人是故事的制造者,故事又使人变得更为丰富;人是故事的主角,故事又使人更富有传奇色彩;人是故事讲述者,故事又使人变得充满历史的想象。在这里,叙事本身具有自身的功能-结构,人的讲述也具有历史语境之下的功能-结构。没有基本故事讲述者,记忆便有束之高阁之虞。其间的关系应为:社会叙事与社会记忆互为依据,共同建构成一个社会知识传袭和伦理价值的机制。所以,就此而言,与其说仪式是一种工具形式,还不如说它是一种表现和强调族群认同的叙事。

另外,对于那些主体民族、强势族群,族群叙事表现为经常性地贬诋少数民族、弱势族群——他者的历史并构成同一话语的叙事习惯。对于汉民族传统而言,族群的确认与方位-地缘相联系,也就是所谓的"一点四方"方位律制:既是人群规范,也是行政律令。犬等动物(东西南北/狄戎蛮夷的族群无一不"从虫")的确认历史地与蛮夷放在一起来看待。这样的二元结构规定了一个特性:任何族群在进行族群记忆和选择的时候,先期已经根据类似的区分/排斥原则进行不同类的生命划分。毫无疑问,仪式在某种意义上说,就是一条族群边界,它不仅像一张入场券,只有获得门票的人才能够入场;而且,它也在进行着群(我群/他群)的划分。

另外,在族群研究中,性别也是一条重要的边界范畴。传统的社会价值大都以男人/女人为简单的分类区别和边界划分,从社会结构的角度来看,这无疑是一个满足二元对峙的基本原则,比如有些仪式规定女性不能参加,当然,也有的仪式规定男人不能参加。更多的情况是对女性的特殊的情况或时期的限制和严禁(如外嫁的本族女子,未成年的女性,女性在月经期、怀孕期、分娩期等)。但是,在具体的社会分类和分析时,人们经常犯了一个无法自圆其说的假设,即男人和女人仿佛可以如此简单地加以区分和区别。我们可以将这样的区分作为一个原则。但笔者认为那是次

① M. Richardson, "Point of View in Anthropological Discourse," in I. Brady ed., *Anthropological Poetics*, Rowman & Littlefield Publisher, Inc., 1991, 207.

要的，更重要的还是族的分类。比如我们可以男性－强势/女性－弱势这样一种基本的社会化分类来进行符合社会真实的区分；但同时我们也可以设置另外一条边界，如"他们和他们的女人"（themselves and their women）与"其他的男人与他们的女人"（other men and their women）这样的"捆绑"，亦即"边界"（在英文中 bound 可同译——笔者注）进行新的边界区分和定义。① 比如，海伦所属的社会已经步入了严格的父系制社会门槛，却没有妨碍整个希腊各邦国为了一个女人联合起来而战。虽然这场战争有着更复杂的、带有时代特征的拓殖目的；虽然，男人的荣誉是一个西方的文化主题；虽然，女人－财产也是一个发动战争的表象意图……但这一切都不能掩盖海伦属于"我们的女人"，不是"他们的女人"，"他们不可以把我们的女人抢走"这样一条最简单的族群边界。它虽没有根本改变所谓父权制社会的本质，却破除了简单的男人/女人的边界关系，将男人－女人看成一个整体，或社会，或集团，或族群，或家族等所属关系与另外一个所属关系的对比。在许多仪式中，这样的文化意丛和比较就可能产生新的诠释角度和空间，从而表现出更复杂、更多样、更深邃的文化内涵。

值得进一步分析的是，仪式的程序既构成仪式不可或缺的一个有机部分，同时其程序自身又组成一种表述——程序的表述。任何种类和形式的仪式，其中的程序选择和介入并非无关紧要，人们选择一种程序行为和动作事实上都是在选择和记录一种意义，即相信那一个或一个连续性行为或动作都具有相应的效力。有些时候，女人在仪式中受到严格的禁忌，比如女人不能参加某些仪式。可是，令人奇怪的是，男人所祭献、所崇拜、所纪念的对象不独为女性，而且仪式中的许多文化符号表现出女性化的特征。居住在贵州省荔波县瑶麓的青裤瑶人传统有一个叫作"娲厦"的祭仪。娲厦在当地瑶族支系中是一位女性始祖神，她具有丰饶、生殖功能，人们祭她供她是为了祈求来年五谷丰登。主持仪式者是瑶麓的七个姓氏的代表，一律为男性。然而，祭祀仪式中有一个程序上的规定，即所有参加仪式的姓

① E. Ardener, "Belief and Problem of Women," in J. S. La Fontaine ed., *The Interpretation of Ritual: Essays in Honour of A. I. Richards*, London: Tavistock Publications, 1972, 142.

氏代表都必须身着不同颜色的女装。这一仪式程序本身有着丰富的当地瑶族文化传统上的内涵，构成族群认知和象征系统的一个重要的表述——包括表述内容和表述形式。[①] 在那里，"身着女性服装的男性姓氏代表"以及歌颂"我们的女人"这些程序化象征符号本身就在刻意讲述"我们男人身上都有我们女人的'骨血'"，刻意讲述"我们男人身上其实充满了'我们的女性'的另外部分"，刻意讲述"如果没有'我们的女性'便没有'我们男人的完整性'"等多种多样的文化命题。

仪式符号与族群认同

由于社会的认同价值与族群联系在一起，因此，许多仪式具有族群的专属性，即只有在这些族群中才会出现特定的仪式。同理，这些仪式也只有在所属的族群中才会产生特定的意义。当然，也有许多仪式是超越族群的，比如国家的庆典仪式或国际性的仪式性活动，如奥林匹克运动会的一些礼仪等。然而，这些形式上超越某一个民族或族群的仪式，其认同依据仍然是以民族或族群为单位的，理由是现代国家与国家之间的认同单位仍然是民族－国家。所以，族群仪式与族群认同的相关性非常密切，表现为族群仪式的符号价值和体认是那一个族群的认知体系直接产生并由族群共同体内部的人们共同分享，其他民族或族群无法体会其中的文化价值，还会产生相反的体认感，甚至恶感。我们仍以瑶族"还盘王愿"仪式为例。在进入这一仪式之前，有必要对祭仪中的瑶族英雄始祖做一个介绍。

事实上，神犬故事本身并不艰涩，情节亦显得简单。我们不妨在此做一个大致的引述和勾勒。从现存的汉籍看，主要是《后汉书·南蛮西南夷列传》中最早记录了盘瓠（槃瓠）神话的有关犬作为长沙武陵蛮祖源的神犬祖先神话。

昔高辛氏有犬戎之寇，帝患其侵暴，而征伐不剋。乃访募天

---

① 彭兆荣、牟小磊、刘朝晖：《文化特例——黔南瑶麓社区的人类学研究》，贵州人民出版社1997年版，第228—230页。

下，有能得犬戎之将吴将军头者，购黄金千镒，邑万家，又妻以少女。时帝有畜狗，其毛五采，名曰槃瓠。下令之后，槃瓠遂衔人头造阙下，群臣怪而诊之，乃吴将军首也。帝大喜，而计槃瓠不可妻之以女，又无封爵之道，议欲有报而未知所宜。女闻之，以为帝皇下令，不可违信，因请行。帝不得已，乃以女配槃瓠。槃瓠得女，负而走入南山，止石室中。所处险绝，人迹不至。于是女解去衣裳，为仆鉴之结，著独立之衣。帝悲思之，遣使寻求，辄遇风雨震晦，使者不得进。经三年，生子一十二人，六男六女。槃瓠死后，因自相夫妻。织绩木皮，染以草实，好五色衣服，制裁皆有尾形。其母后归，以状白帝，于是使迎致诸子。衣裳斑斓，语言侏离，好入山壑，不乐平旷。帝顺其意，赐以名山广泽。其后滋蔓，号曰蛮夷。外痴内黠，安土重旧。以先父有功，母帝之女，田作贾贩，无关梁符传，租税之赋。有邑君长，皆赐印绶，冠用獭皮。名渠帅曰精夫，相呼为姎徒。今长沙武陵蛮是也。（《后汉书·南蛮西南夷列传》“武陵蛮条”）

沿此神话叙述之原型甚多，如：

昔高辛氏有犬戎之寇，帝患其侵暴，而征伐不克，乃访募天下有能得犬戎之将吴将军头者，购黄金千镒，邑万家，又妻以少女。时帝有畜狗，其毛五采，名曰盘瓠，下令之后，盘瓠遂衔人头，造阙下。群臣怪而诊之，乃吴将军首也。……帝不得已，乃以女配盘瓠。……经三年，生子一十二人，六男六女。盘瓠死后，因自相夫妻。……其后滋蔓，号曰蛮夷。（东汉·应劭《风俗通义》。注：关于盘瓠之源出，请参阅吴永章《瑶族史》“盘瓠”传说渊源）

昔槃瓠杀戎王，高辛以美女妻之，不可以训，乃浮之会稽东海中，得地三百里封之，生男为狗，生女为美人，是为狗封之国也。（东晋·郭璞《山海经·海内北经》注）

另一个与《后汉书》并称为两大神话故事来源的是《搜神记》,但仔细分析,很容易发现二者来自同一个故事原型:

> 高辛氏,有老妇人居于王宫,得耳疾历时。医为挑治,出顶虫,大如茧。妇人去后,置于瓠蘺,覆之以盘,俄尔顶虫乃化为犬,其文五色,因名"盘瓠",遂畜之。时戎吴强盛,数侵边境。遣将征讨,不能擒胜。乃募天下有能得戎吴将军首者,赐以千金,封邑万户,又赐以少女。后盘瓠衔得一头,将造王阙。王诊视之,即是戎吴。为之奈何?群臣皆曰:"盘瓠是畜,不可官秩,又不可妻。虽有功,无施也。"少女闻之,启王曰:"大王既以我许天下矣。盘瓠衔首而来,为国除害,此天命使然,岂狗之智力哉。王者重言,伯者重信,不可以女子微躯,而负明约于天下,国之祸也。"王惧而从之。令少女从盘瓠。盘瓠将女上南山,草木茂盛,无人行迹。于是女解去衣裳,为仆鉴之结,著独力之衣,随盘瓠升入山谷,止于石室之中。王悲思之。遣往视觅,天辄风雨,岭表云晦,往者莫至。盖经三年,产六男六女。盘瓠死后,自相配偶,因为夫妇。织绩木皮,染以草实,好五色衣服,裁制皆有尾形。后母归,以语王,王遣使迎诸男女,天不复雨。衣服褊裢,言语侏俪,饮食蹲踞,好山恶都。王顺其意,赐以名山广泽,号曰"蛮夷"。蛮夷者,外痴内黠,安土重旧,以其受异气于天命,故待以不常之律。田作贾贩,无关繻符传祖税之赋;有邑君长,皆赐印绶;冠用獭皮,取其游食于水,今即梁、汉、巴、蜀、武陵、长沙、庐江郡夷是也。用糁杂鱼肉,叩槽而号,以祭盘瓠,其俗至今。故世称"赤髀横裙,盘瓠子孙"。(晋·干宝《搜神记》,按汪绍楹样注本)

瑶族的文书记录了同一个故事,只因过于驳杂,盘瓠的符号称谓有几种异名或异称(盘古、盘王和盘瓠在瑶族各支系的神话传说中都有出现,由于瑶族支系极为庞杂,三者的概念和指称出入较大。有三者为同一始祖说，盘王即盘瓠说、盘王非盘瓠说，盘古即盘瓠说、盘古非盘瓠说，盘古即盘王说、盘古非盘王说等等）。[1] 偶尔也有瑶族支系并无盘瓠传说和祭祀仪式者，比如笔者曾经对贵州省荔波县茂兰瑶麓的青裤瑶（他称）支系做过调查，确认此支系并无盘瓠神话传说和仪式的流传。[2] 再者，即使流传盘瓠传说的支系（以瑶族中的盘瑶系统，或汉藏语系苗瑶语族瑶语支的各支系为主，约占瑶族人口的70%）如过山瑶、平地瑶、排瑶、坳瑶、山子瑶以及多数印支半岛和欧美国家的优勉瑶（Yiu Mien）等所记所传同一个神话故事亦出入甚多。比如，瑶族文书《评王券牒》《过山榜》等莫说叙述内容多有差异，单就文书的名目便有数十种之多。[3] 瑶族文书绝大多数抄录于个人之手，且绝大多数存于个人或家族之内。不过，尽管我们无法找到一份瑶族公认的权威性文书，却不妨碍我们从诸多不同名目、不同记录风格、不同抄录方式、不同收藏人手的文本的比较中看到带有一致性的叙事主题、主体和主干。而且，其中的文法（grammar）是共通的，叙事是共同的，功能是共用的。为了与汉文本中同一个神话传说做比况，我们任意择瑶族文书之一转录于此。

过　山　榜

评王券牒，王猺（瑶）子孙执照，过山防身，永远蠲免身丁夫役。

评王券牒执照，过山防身，永远存照。

朕（理）忠（宗）景定元禩（一二六〇）十月二十一日，招抚瑶人，仍照前朝更新出给评王券牒。

评王券牒，其来久矣。瑶人根骨，即龙犬出身，身高三尺，毛

① 黄钰辑注：《评皇券牒集编》，广西人民出版社1990年版，第30—31页。赵廷光：《论传统瑶族文化》，云南民族出版社1990年版，第1—9页。

② 彭兆荣、牟小磊、刘朝晖：《文化特例——黔南瑶麓社区的人类学研究》，贵州人民出版社1997年版。

③ 黄钰辑注：《评皇券牒集编》，广西人民出版社1990年版。《广西瑶族社会历史调查》（第8册），广西民族出版社1987年版。

瑶族“评皇券照”，摄于广西贺州博物馆　彭兆荣摄

色斑黄，意异超群之也。忽一日，评王龙颜大怒，意欲谋杀外国高王。召集群王计议，俱无人承应。惟龙犬名盘护（瓠），左右踊跃起身拜舞朝王，欢欣内外，无（忽）言语话答应，独言报主之恩，自有兴邦之志，不必君臣计较，何须［用］万马以行藏，欲知浩天之计谋，且看微臣之动静。评王听悉，欣喜非常。汝出此灵性之言，可有谋杀高王之计？倘去他邦，必有去之世（泄）情，身避防人之害，高王又岂之防物？只有海水滔滔，汝焉能横游千里，万顷洪波，又非一日可渡，虽然能浮游于水面，何以负之行粮？盘护（瓠）闻言，答应数句：人受一日之饥，犬当七日之饿，去外数朝，何须负载行粮，惟愿吾王敕赐圣旨，去数（是）不识（失）真言，吾当受命。评王大喜，取百味赐食之。汝有灵志之人，入（如）得功劳，朕将宫女配合。盘护（瓠）领旨敕令，受食百味，拜辞而去。群臣送出朝门，盘护（瓠）即（疾）走入（如）云飞，身游大海，七日七夜惊（径）到伊国。时遇高王［坐朝］，亦且认得盘护（瓠）［是］非等［闲］之也。喜笑曰：大国评王有此龙犬，［不］能畜之，今游过海来投我国，乃祯祥也。左右臣僚举皆欢悦退朝。引盘护（瓠）被引入宫，将美［味］付之，爱惜如珠玉。美（每）坐朝，常念（令）侍侧。不却（觉）数日，高王不忘国［事］，游赏百花行宫，饮

酒大醉，不醒(省)人事。盘护(瓠)存思报主之恩，发动伤人之口咬杀高王，捷取头级，复游回大海，飞走入朝内，伏卧殿前，污血堕地。诸大臣僚慌忙扶之起身，并问道：汝系异物之类，却有大海之功劳，准奏吾王高高封赏。众臣僚又问：汝去他邦，如何得其所谋，如何得其所出？护(瓠)应言答曰：吾受高王爱惜如珠玉，常随前后左右之间。一日，忽遇高王酒醉，乘(趁)时得其所谋，走入(如)云飞，得其所[出]。众臣听罢盘护(瓠)详尽之言，俯伏金阶，启奏明君即刻升殿。评王升殿亲视高王头级，如(始)信盘护(瓠)之功劳，一身当万马之奔驰，一口兑万军之粮食，不用君(军)师之计，又何须元帅之封(锋)刀，殿(展)[动]刚(钢)牙，断杀高王大命。众臣惟愿吾主深深酬赏，合宜大小之褒封。评王念护(瓠)不辟(辞)大海之风波，但(且)[受]饥寒冷饿之苦，[功]劳非小，封势(世)龙(袭)依臣荣享国公之职。护(瓠)曰：吾岂能投(图)取荣华富贵，吾王有敕誓在前，今当受命。评王叹曰：尔念(恋)宫娥之丑(美)貌，传与天下之矣。朕亦出乎无奈，另择日期方可成配。且吩咐群臣，将高王头级焚化，取骨灰盛于瓦瓶之内，安埋刚(岗)山秀水之地，享[受]万人之祭祀也。又吩咐群臣将盘护(瓠)一身迟(遮)掩其体，用绣花[带]一条，以缚其腰，用绣花帕一块，以裹其额，用绣花裤一条，以藏其服(股)，用袖(绣)花布一幅，以裹其胫，皆所(可)迟(遮)掩其身也。次日，方才吩咐宫女梳装，插金戴银，乃是吉[日]良辰，招赘为驸马，即日宫中龙犬名盘护(瓠)是也，却[是]灵志之人，功劳盖群臣及大将军莫及也。宫女莫(不)敢违父之命，配合累结之中，交拜成婚。盘护(瓠)入宫，宫女相见只得依从，不敢违命。是时，宫中摆设王宴，以国婿相待。过后不觉数日，父王安排车辆，举成(臣)三元(员)，笃(督)立(力)夫五百名，抬金银二杠，布帛一十二柜，百般动用家具一幅(付)，着鼓乐送夫妻入会稽山(浙江)内，许令男女即起造屋宇居住，家(永)属深山藏身过去(世)而矣。另着奴[婢]二口，搬运柴水，炊爨饮食，使盘护(瓠)夫妻不得受苦。

自后，父王[又]逐月差人送给银钱与护(瓠)夫妻食用。不却(觉)数年，宫女生育六男六女，评王闻知喜悦，传下[敕]只(旨)，[敕]封盘护(瓠)为始祖盘王，六男六女为王瑶子孙，而惟(为)人道之初，皆许称王瑶子孙也。就安一十二姓，长男随父姓盘，其余姓沈、黄、李、邓、周、赵、胡、郑、冯、雷、蒋。敕令六男婚娶外氏之女为妻，以传其后；敕令六女[招赘]外氏之男为夫，以继其宗，乃为盘瑶十二姓之源也。男婚女配，繁衍宗枝(支)，然后分居各爨，承奉一十二姓香烟，开发一十二姓宗支，必有帛(绵)远之依(裔)也。正是树开千枝，如木皆本[乎根]，如水[之]分派，万派本乎源。而盘护(瓠)后世之子孙，虽蚁众皆出一穴，而出一脉所生养，可忘其本哉！盘护(瓠)始祖，虽受纳王室之禄，纳王宫女之姻，而有福德感非常也。奈何食如列(猎)山之味，终朝趣也(野)，逐日奔山。自后不却(觉)出外数日，不期(见)归家，大男小女，出动成群，游(寻)遍各处山林，嗷嗷呼无应声，睸睸寻无形迹。后寻及于石山岩脚之下，见护(瓠)身被陵(羚)[羊]角而刺，乃善终身。男女悲泣，扛护(瓠)回家。仍将花衣花帕，装束一身，入与木函。孝男孝女哀声不绝，忧奏评王痛惜前勋。评王准下丁属男女，莫违游(孝)道，依木封棺埋葬。绣斑衣一件，为送死之大事。敕龙犬盘护(瓠)为始祖盘王。生时有人性之灵，死后有鬼神之德，许令男女敬奉阴魂，描成[人]貌之荣(容)，画出神德之像，广授(受)子孙之祭祀，永当敕赐高盟。自今许(以)后，一二年以庆，养活猪只成才(财)，不许变卖。婚男喜庆，宰杀成牲，娶(聚)居(集)一脉男女，生熟百姓军民，将来迎散。遥(摇)动长鼓，吹唱笙歌鼓乐，务使人[欢]神乐，无(物)阜财兴。如有不遵作(者)，阴中俭(检)点，不得轻恕，自干其罪。

敕令布列于后：

一准令王瑶子孙一十二姓，永属深山。评王券牒，发天下一十三省，万领(岭)山河，地名开冥(具)：会稽山(浙江)、中(终)南山(陕西)、峨嵋山(四川)、清凉山(五台山、山西)、南岳山(湖南)、南山(湘、桂边境)、万阴(阳)山(湖南)、幽列山(广东)、五凤山(湖南醴陵、长沙二处)、天堂山(广西)、武当山(湖北)、九龙山(浙江、川甘边境二处)、大江山(未详)、中坪山(广西)、九溪山、十八洞、八十里山、三百里山(各地泛称山名)、东源山、西源山(广东)、梅花山、梅岭山(粤、赣边境)、刚山(未详)、桃源洞(湖南)、仙源山(未详)、高梁山(广东)、摇头狮子山(广东)、五盖山(湖南)。天下一切山场田地,付与王瑶子孙耕管为业,营生活命,蠲免国[税]夫役,不敢(许)需索侵害。良瑶永管山场,刀耕火[种]。

一准[令]王瑶子孙发往会稽山(浙江),正是刀耕火[种]粟麦,活命安生。日后居住久远,人种(众)山穷,开枝分派,圣旨敕下,许各[自]出山,另择山场。途中逢人不作揖,过渡不[使]钱,见官不下跪,耕山不纳税。如有采(择)取[之地],不俱(拘)所属乡源,离田三尺三锹,戽水不上,各(乃)是王瑶子孙耕管为业。如有卿(乡)官势民,宽田大洞,由民家所管,山场则任从王瑶子孙安居度活。

仰呈评王券牒,所属州县府衙,后代时官,任便欧(区)处,安抚瑶人为营生之计。

一准令王瑶子孙之女,不许嫁与百姓为婚,于(如)违者,罚蚊子酢三瓮,开元铜钱三百贯,无节竹三百根,糠立(粒)金(作)绳三丈,鸡屎(尿)三斗,入官领纳。强夺王瑶妻女者,罪不轻恕。

一准令王瑶子孙居住山林,刀耕火种,营生活命,本分为人,无得惹祸生非,各守王法。如有不遵守者,送官治罪。

又给付王瑶子孙一十二姓名官品述于后:

一赐男姓盘名启龙,封助国公,食邑千户。

一赐男姓沈名贤成,封骑侯,食邑千户,补充尧(饶)州刺史。

一赐男姓黄名文敌,封光禄大夫,食邑三千户,本司侯(仆)射郎。

一赐男姓邓名连安,封贞(镇)国将军,补充尧(饶)州刺史。

一赐男姓周名文旺，封都尉、刺史，补充□□□□，王氏夫人。

一赐男姓赵名才昌，封定国公、尚书，都嘉[氏]夫人。

一赐男姓胡名进成，封都鲁将军，永[氏]夫人。

一赐男姓郑名广道，封野侯，食邑千户，本司侯（仆）[射]。

一赐男姓冯名敬忠，封定国知州，杨化（氏）夫人。

一封（赐）男姓雷名元祥，封都鲁侍郎，□□□□。

一赐男姓蒋名朝旺，封经国知州，石氏夫人。

（缺一姓氏）

佑（右）仰钦定品名姓名门下大学士臣林光。

奉照议名信（姓）臣冯世瑞。

奉经国侯门下大学士臣罗道门。

奉护官品大学士臣刘居正。

奉东门大将军金骑都尉臣谢思庞。

奉南大将军飞下骑安臣门任。

奉西大将军飞下骑安臣何临。

奉北门大将军、侍郎臣罗行。

奉中门大将军、节骑都尉臣卢节。

奉结（给）事舍人臣刘光辉。

奉中大夫、知国事臣张令宗。

奉大谏将军、节度官臣李林。

奉金紫光[禄]大夫臣樊宅。

佑（右）仰敕旨如前许王瑶子孙浮游天下，乃是[助]国之人，与圣分忧，任从择山居住。

如字号券牒一道，付照除己备私须知照者。

朕（理）忠（宗）景定元禩（一二六〇）十月二十日出给准此。

评皇券牒，王瑶子孙执照，管山防身，永远[居住]深山，蠲免身丁[夫]役。[1]

以上所列举者只是汉瑶两族对同一神话传说文本化叙事的一鳞半爪，却足已瞥见二者在社会历史记忆上的差别。竹村卓二从这些故事的结构中寻找出以下几个基本的结构要素：

1. 作为蛮夷始祖的异类的不同寻常的出生始末以及隶属于中国古帝王的地位。

2. 为政治当权者建立功勋，如获得威胁中国政权的有力的外敌将军的首级，并取得报酬，如公主下嫁，在这一基础上建立了不同社会体系之间的交往关系。

3. 蛮夷各氏始祖(6男6女)的诞生和民族内婚。

4. 汉、夷划定文化界限，如特异的语言和习俗等等。

5. 居住环境(山地)的限定，采取分地而居的原则。

6. 从汉族政治统治者那里取得对身份和特权的保障，如山地自由使用权和免除各种租税的权利。[2]

我们同时可以看到，同一个神话故事在两个不同民族的文本叙事中所凸显的因素也发生了根本的变化：

汉族文本叙事		瑶族文书叙事
A.“高辛犬”的“蛮夷化” （汉文本叙述中都为高辛犬号为“蛮夷”的部分）	————	“盘瓠－盘王”的“神圣化” （瑶文书叙述中的“蛮夷”改成了“盘王”的称号）
B.“高辛犬”的“他者化” （汉文本叙述中的神犬属于“非我族类”）	————	“盘瓠－盘王”的“他者我者化” （瑶文书叙述中的盘瓠从来属于“评王－吾王”体系）

① 黄钰辑注：《评皇券牒集编》，广西人民出版社1990年版，第20—25页。注：文书中的( )[ ]为注辑者所加。

② 竹村卓二：《瑶族的历史和文化——华南、东南亚山地民族的社会人类学研究》，金少萍、朱桂昌译，民族出版社2003年版，第215页。

C. 汉王施赏的“传说化”————“盘瓠”受赏的“敕令券牒化”
(汉文本中汉王封赏停留于同一传说的层面)　　(瑶文书叙述中评王敕令封赏并留下《评王券牒》)

从这个非常简约的排列中我们可以发现,社会记忆中作为具体族群单位(ethnic units)的策略性质,这便是历史记忆的重要特征。在具体的族群单位面前,有些东西需要遗忘,有的东西需要记忆;而什么需要遗忘,什么需要记住,无不经过选择而做出。即使是同一个概念的功能和意义,汉籍与瑶书亦指涉迥异,令人看到类似于福柯所说的区分/拒绝(division and rejection)原则。比如“莫瑶”之名称,在瑶族文书里,作为国婿的盘瓠因有功于朝,而被敕准其后裔永远免于徭役,故称“莫瑶(徭)”。然汉籍中的说法就有不同,首次见于册籍者作如是说:“有莫徭蛮者,依山险为居,历政不宾服,因此向化”(《梁书·张缅传》)。甚至更有完全出入者:“不事赋役,谓之瑶人”(《宋史·蛮夷列传一》卷四九三)。而宋周去非却对“瑶人”作如是说:“瑶人者,言其执徭役于中国也。”(《岭外代答·外国门下》卷三)吴永章对此的解释是“前者指‘生瑶’,后者指‘熟瑶’”[①]。很清楚,无论于录于解,汉族对莫瑶皆存在区分/拒绝原则。

与同一个盘王神话叙事相映照,瑶族却以自己的认知加以解释,甚至依照自己的解释行动着。特别在盘王祭祀仪式中存在着大量可备索考的信息和功能指喻。“还盘王愿”即属于典型的祭祀盘王仪式,盘瑶支系大都有各种类型的祭祀仪式。瑶族称祭盘王仪式为“做盘王”“跳盘王”“做堂”“耍歌堂”“还大愿”“搞愿”等,不同支系、亚支系因时间、地域、风俗而祭祀仪式的名称和形式略有不同;比如举行时间有的为三天三夜,有的则长达七天七夜。主旨却相同。除了瑶族文书有过记录,历史上一些到过瑶族地区的汉人对此亦有零星记录,如瑶人“时节祀盘瓠”(刘禹锡《蛮子歌》),“岁首祀盘瓠”(范成大《桂海虞衡志》)。可见,盘瓠的神话仪式化叙事具有广泛的时空性质和跨域、跨族的记录。

① 吴永章:《瑶族史》,四川民族出版社 1993 年版,第 157 页。

盘瑶的祭祀仪式主要有两类:家庭祭祀和村寨祭祀。在笔者看来,其是以家族为单位的泛家庭祭祀,即以家庭为单位却超越家庭祭祀范围的村落行为;而且在祭祀仪式期间,邻近的瑶族村寨亦可前来观看、祝贺。就规模看,有大祭、小祭之分。由于瑶族祭仪里面掺杂了大量道教和地方性民间信仰的因素,因此,伴有道教的内容和自然神鬼。祭祀仪式大致分为两部分:第一部分主要请诸外姓鬼神(非瑶族祖先)列位。通过施公作法,模仿盘王赐福,祈求来年风调雨顺。此间尚有各类示愿形式,杀猪祭神、谢圣送神,时间持续两天一夜。第二部分主要是瑶族请祖先神前来"流乐"(瑶语为玩弄的意思),各种请神、娱乐歌舞活动持续一天。① 笔者在参加贺(州)县的盘王祭仪时甚至看到了一些秘祭内容,包括两位施公模仿盘瓠神犬交尾以传瑶族子民的象征仪式。主要内容包含施公诵颂盘瓠的神奇伟绩,两施公持一红带,于地上翻滚,做交合状,嗣后主祭者口含酒水喷吐成雾状,象征生产出瑶人十二姓的原始意喻。"还盘王愿"祭仪伴有大量的歌颂和舞蹈,其中主要的功能有两个:一为传颂盘王护(瓠)国和瑶族始祖的神绩,二是祈求盘王庇佑瑶族子民。因此,还盘王愿仪式大都有由施公唱诵的"盘王护唱用",主要内容即把《评王券牒》神话传说以歌咏的方式唱出来。② 盘瓠的神话传说与盘王祭仪互渗互疏。

我们在这里可以很清楚地看到,同样是犬,不同民族对其赋予的指喻和意义完全不同,而瑶族"还盘王愿"祭仪中的犬的符号意义和认同也只能在仪式中得到充分体现。从盘瑶所属的诸多祭盘王仪式来看,盘王-神犬具有三种基本的层次符号所产生的意义。一,符号的低级层次意义:作为动物特点的语义学意义,如它不同于猫等其他动物。在这里,犬的动物性特征和生命体貌,及其所具有通人性的特点被突出,被确认。二,符号的中级层次意义:符号意义的相似性以及文化的隐喻性质。它强调的是表述

① 庄惠兰:《广西盘瑶还大愿仪式中的神圣与世俗》,厦门大学硕士论文,2001 年。庄惠兰为厦门大学硕士研究生,其盘瑶的仪式调查和论文主要由笔者指导。

② 《广西瑶族社会历史调查》(第 6 册),广西民族出版社 1987 年版,第 294—295 页。金秀瑶族自治县民委、广西师范学院民族民间文学研究所、广西民俗学会编:《瑶族风情录》,广西人民出版社 1991 年版,第 251—266 页。

范式的类型意义，属分类化的、潜含性的、超越具体空间的指示和相关意义。三，符号的高级层次意义：一个特定的族群单位所特有的认可与认同，区别于我者与他者的群体价值。① 简言之，犬作为特殊动物的特性，犬作为超越单一性生物的共性，以及作为瑶族认同的族群依据，在仪式的符号体系中发挥着多重层次的诠释价值。

仪式与宗族

毫无疑问，族群的仪式包含着特殊人群的宗族认同和归属依据，类似于格尔兹所用的概念“原生维系”（primordial attachments）。它是族群认同的操作性策略和手段，是政治的最小范畴。② 从“宗”的词源考察，它的原始意义和造型就是在一个屋宅里放置祖先的牌位。换言之，它是一个对同宗祖先进行认同的最基层单位和祭祀符号。以近三十年勃兴的“新客运动”为例，我们可以看到客家祖地、海外华人社区中的那些林林总总的姓氏祠堂、姓氏公会等组织机构，依姓氏组织起来的各种寻亲谒祖的祭祀活动、慈善行为，以及近年来兴起的修谱热潮、旅游观光等，大多缘此而为。正是因为这一层次的认同最具有附着力，最具有操作性，在中国人的观念中，它最有实现社会价值的必要性。同时，宗族认同还包含着某种结构的意义——将历时和共时的两种关系汇集一处。它可以是人们在某一时间、某一所处的指南和路标，又是历史掠越至此时此处所发生的关系和效益。③ 它仿佛是一个十字的交叉点，历史的、现实的，时间的、空间的，我群的、他群的等各种关系和关节都在此发生作用。我们可以从以下的客家巫姓个案中清楚地了解这一点。

---

① R. Rappaport, *Ritual and Religion in the Making of Humanity*, Cambridge University Press, 2000, 70-73.

② F. Barth, *Ethnic Groups and Boundaries: the Social Organization of Culture Difference*, Boston: Little, Brown and Company, 1969.

③ M. Freedman, *Main Trends in Social and Cultural Anthropology*, New York/London: Holmes & Meier Publishers, Inc., 1978, 29.

比如福建省宁化县石壁村近十几年兴起的世界客属公祭仪式就是一个非常突出的例子。宁化在世界范围内的客属寻根活动中被确定为“客家祖地”之一。当地政府、海外客属机构以及客家有识之士在宁化投资建起了客家公堂。牌匾上赫然镌着由叶剑英之子叶选平亲手题写的“客家祖地”四个大字。客裔企业家姚美良等为此事业乐而不疲。不少海外客人每年都到宁化祭祖，其势浩大。按有关史料记载，宁化的石壁（碧）更被誉为客家第二故乡、客家摇篮、客家里程碑、先祖寄居地、客家南下中转站等等。[1] 显然，这一切说法的逻辑前提都建立于“客后”与“主先”的基础上。换言之，客家迁徙至宁化时是以“客人”的身份出现。当然，在此之前，宁化已经有“主人”。而从石壁村地处宁化县城二十二公里之外这样一个简单的地理形势便可推知，其时当地已有“主人”。相对于客家学的主/客关系，这里所说的“主人”主要指“土著”古越族及最早迁入的畲族等。然而，在客属诸姓中，有些姓氏宗族会刻意强调本宗为“正宗”。比如宁化的巫姓即为一例。据《巫氏祖裔公房谱》记载：巫氏世居平阳，其故里在今山西省夏县，旧属平阳府，故称平阳巫氏，以平阳为灯堂之号……巫氏为远古之名门，与我中华民族几千年之历史同流同远，为百家姓中最古老姓氏之一……迄东晋末怀帝永嘉元年（西元 307 年），匈奴刘渊在左国城（今山西省方山县境内）自立为大单于，国号为汉，永嘉二年（西元 308 年）称为皇帝，并定平阳为国都，并攻略黄河流域。此为裔孙巫暹公由夏县避居山东转徙入福建之剑津（今之福建南平县东）。距今已有一千六百多年……至隋大业年间（西元616 年）裔孙昭郎率子罗俊，再迁闽之福汀郡黄连峒（今宁化县），斩荆披棘，开拓疆土。值东海李子通叛，率众渡淮，据江都，称吴帝，遣使略闽地，时土寇蜂起，罗俊公，饶智谋，负英勇资筑堡卫众，寇不敢犯，远近归附，公益辟土保境安民为务。唐武德四年（621）子通败死，浙闽初定，黄连未入版土。贞观三年（629），罗俊公诣阙上平寇策，谓黄连土旷齿繁宜可授田定赋，朝廷嘉其辟土功绩，升黄连为镇，授公镇将职，爵封镇国威武侯，赐尚方剑，便宜行事，袭荫三代。罗俊公讳暹，字定

① 张恩庭、刘善群、张仁藩主编：《石壁之光》，厦门大学出版社 1993 年版。

国，号青州，隋文帝开皇二年（582）壬寅四月八日丑时生，唐麟德元年（664）甲子八月十一日未时卒于福建宁化。享寿八十有三……

巫氏世系谱也相当完整，尤其到宁化后并无中断修录：

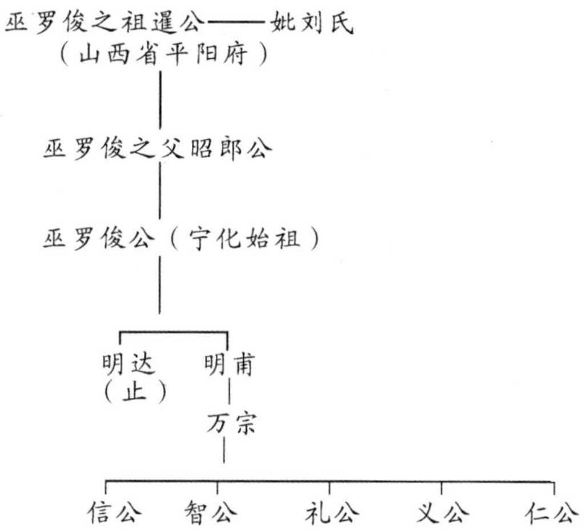

为查明上述“巫封千岁庙史”及巫罗俊授职封爵的情况，宁化县志办于1989年7月8日前往陕西省志办资料室，查阅《长安县志》、《陕西通志》（清康熙版）、《陕西通志》（清雍正版）、《续修陕西通志》（民国版）、《西安府志》（乾隆版）等地方志书，均未见有上述记载；继而又到西安市史志馆也查无所获；而后再到西安民政局地名办查询，仍未查到“长安城镇北道”以及“巫封千岁庙”的下落。因此，对巫罗俊的授职爵封问题，至今仍无法断定。[①] 无论宁化巫氏先祖的业绩在多大程度上受到质疑，也不管当地其他姓氏在对待巫姓客家性质所表现出的暧昧态度，巫姓内部在宗族认同上反而更为一致。与其他姓氏不同的是，巫氏既认定自己是“主人”，也认定自己为“客人”。换言之，他们在族性上保持对“客家人”——中原汉人的认同，在地域群上保持对“主人”——最早到宁化的“原住民”的认同，在宗族上保持对“主人”——开城始祖的认同。这样，宁化巫氏就同时享受着文化认同上的多重身份。

① 宁化县志编纂委员会编:《宁化县志》，福建人民出版社1992年版，第929页。

宁化石壁巫姓祠堂　彭兆荣摄

宁化的客家人除了建立属于本宗族的祠堂，举行本族范围内的仪式外，更重要的还是参加公祭仪式。众所周知，祖先崇拜是我国非常久远的仪式，而且数千年来一直非常流行。追其原因，无非是保护中国传统的亲属关系的延续性。中国式的亲属关系总是希望宗族世代能不断地延绵下去，而达到这一目的最有效的办法是借助一个共同祖先的存在而整合所有的子孙，这也就是祖先崇拜出现的根源。祖先不可能永远活着，但假定死后仍有灵魂存在，经由祭祀其灵魂的种种仪式，祖先就会像活着一样可以维系所有的子孙结合在一起。祠堂与祭祖仪式既是维持“家系”与“香火”之不断的物化和实践，同时亦通过修建祠堂举行祭祖仪式，修族谱来延续宗族的存在与整合。作为同一祖先的后人，对祖先首要的义务就是祭祀，使祭拜的香火永远不断。但同样的公祠、公祭仪式，对于海外的客家运动的领袖而言，却具有另一种意义；如果说老百姓的祭祖仪式和修建祠堂体现出对本宗族的延续价值与凝聚作用的话，那么，在公祭仪式中，以主祭人为首的对客家百姓始祖的牌位祭拜，明显地象征着天下所有的客家人都是一家人的含义。他们有共同的宗族，有共同的祖先。这是海外客家领袖试图通过寻根谒祖等仪式活动欲达到的目的，以及为达到这一目标所进行的策略性定位。通过公祭仪式，他们企望树立和强化客家人的自我认同感，将公祭仪式变成类似麦加朝圣、公祭黄帝陵的活动。这样的一种模式，在客观上可达到团结海外的客家人，减少不同的社团之间的隔阂，形成一种巨大的客属力量；在主观上，亦使客家领袖在仪式中看到自己梦寐以求的客家的统一，及本人在其中的象征性权威地位，自己也由此获得了历史的使命感。

为了使公祭仪式更具有正统性，宁化的公祭总体上有模仿黄帝祭仪的痕迹。

主要程序：

主持人宣布：世界客属祭祖大典现在开始。

鸣炮，擂鼓（三通），鸣金（三叠），奏乐。

请主祭生就位，全体参祭者就位。

脱帽、鞠躬。

主祭人向祖先敬献香帛。

主祭向神位前安位：鞠躬、拜揖（跪）、安杯、安筷、献牲、献帛、叩首、兴（起）。

主祭向香案前烧香：鞠躬、拜揖、初烧香、二烧香、三烧香、叩首、兴。

主祭生向神位前献酒：鞠躬、拜揖、初献酒、二献酒、三献酒、叩首、兴。

全体拜揖。

主祭念诵祭文。客家公祠祭文（公元一九九五年岁次乙亥孟冬月上浣之七日）。

主祭海内外客家裔孙代表等谨具香帛牲礼度馐之仪

昭告于

客家百姓历代祖妣神位前

恭维

列祖，发自炎黄，中原望族，世代书香，为避灾祸，背井离乡，筚路万里，历尽沧桑，汇聚石壁，拓地辟荒，生息繁衍，远播八方，五洲四海，创业图强，利民报国，辅政兴邦，丰功伟绩，赫赫扬扬，祖德宗功，罄竹难详。我辈后裔，姓姓隆昌，承列祖之美德，勤奋刚强，继先贤之传统，正直忠良，重礼重教，恋祖爱乡，纵在天涯海角，一样赤子之心肠。祖地情深恩重，牵魂萦梦难忘，为偿谒祖夙愿，共建客家祠堂，一朝千竣，四海名扬，福地蟠龙踞虎，构筑宏伟端庄。谨择今朝之吉日，恭晋牌于斯堂，祀百姓远近祖妣，享万户香火蒸尝，谨怀万分虔诚，诚奉一瓣心香，恭设大祭，昭告祖堂：客家裔孙近亿，溯源俱出炎黄，同胞谊重，手足情长，从兹精诚团结，共创来日辉煌。伏祈客家列祖，荫佑百姓炽昌，姓姓兴隆蕃盛，代代如意安康，蛟腾凤舞人文起，国强家富事业祥，千秋箕裘绵衍，万载俎豆馨香，列祖英灵如在，降格享我有蒸尝。

伏惟

尚飨！

向祖宗牌位行三叩九拜大礼。

鞠躬、拜揖、叩首、再叩首、三叩首、兴。

鞠躬、拜揖、叩首、五叩首、六叩首、兴。

鞠躬、拜揖、叩首、八叩首、九叩首、兴。

焚烧祭文。

一鞠躬、二鞠躬、三鞠躬。

奏乐。

礼毕退班。

从宁化客家的独立性宗族祭祀到作为客家祖地的世界性公祭仪式，我们可以深切地感受到，仪式之于社会基层，特别是以宗族为线索的仪式活动，不仅成为宗族内部凝聚的纽带，甚至可以成为谒祖归宗、寻根正名、朝圣旅程等不可缺少的活动和程序。[①]

① 何辉：《宁化客家运动的文化复象》，厦门大学硕士论文，2000年。

我们从这个例子的分析可以清楚地看到，在宁化，除了某一个客家姓氏宗族有自己的祭祀仪式，以保护宗族内部的团结和香火的传承，所有姓氏宗族又要同时参加客家群的分祭仪式活动。与此同时，公祭仪式又演变为一个祖地符号，使那些远在海外的客家游子有一个返祖归宗的意愿表达。

石壁村新建了写有“客家祖地”的宏伟牌门，后为公祭堂　彭兆荣摄

第五章 仪式与交通

仪式的交流与转换

我们在强调仪式的交流与交通机制之前，首先有必要对仪式本身的神奇特点和品质做一个探讨，只有这样，我们才可以真正理解仪式与众不同的交流与交通能力。人类学家古迪曾以人们在现实生活中的见面礼仪打招呼的丰富内涵，及西非的刚加(Gonja)人与刚加习俗为例进行了深度阐释。在刚加，见面时打招呼和问候礼仪包括以下几种功能：首先，在两个人见面时以打招呼的行为展开一个交流，不论见面双方的社会地位如何。其次，以确认和表示双方各自的社会关系和背景。再次，由于标准化的打招呼和问候形式包含着提高双方的社会教养和礼仪习俗，所以，它事实上成为一种介入和把握关系的模式，以利于获得一种特殊的效果。[①] 在第二、三种功能中，刚加社会的打招呼和问候又有相应的形式，人们交流的开始

---

① E. Goody, "'Greeting', 'Begging', and the Presentation of Respect," in J. S. La Fontaine ed., *The Interpretation of Ritual: Essays in Honour of A. I. Richards*, London: Tavistock Publications, 1972, 40.

和被接受与礼仪化的形式联系在一起，包括身体、语言、姿势等。语言上的打招呼经常表现出个人的设计，如社会角色的表现，或其他方面特殊的，或所属性的特点。这在其他社会也大致如此，比如英国，人们在打招呼时经常会使用诸如“父亲”（father）、“先生”（sir）、“大人”（my lord）一类的尊称。而在刚加社会，打招呼和问候礼仪具有一种强制性或规定性的规约，即不能贬抑或挤兑双方的亲属关系。这与中国的情形不同。在中国，人们在打招呼或见面的正规场合，不仅经常使用自我卑称，诸如“弟”“小人”“卑职”之类，而且将这种称呼上的“自卑”转嫁给自己的亲属，特别是妻子，称妻子为“贱内”等。不言而喻，不同的社会有不同的打招呼方式和意义，不同的人类学家也会对这些方式做出各自不同的解释。马林诺夫斯基将打招呼和类似的问候看作单纯的情感交流关系（phatic communion）[①]，而在刚加社会，打招呼的形式和意义就相对丰富多样，无论是作为一种形式还是相关的意义都是如此。它可以开启一种交流，表示社会关系和社会角色，还牵涉到社会关系、社会活动、气候、对朋友健康的祝愿，表示和表达友善和致意等。[②]

通常人们在看待或参加仪式的时候会着重了解和感受仪式的可视、可感的因素或现场情形，比如仪式举行的地点、事件、程序、人物、器具以及地方知识和传统习俗等。这些被称为物质或物化的东西必定构成仪式表现和展示中的不可或缺的形式和形态依据。毕竟仪式属于现实生活中的行动和行为活动，没有这些外在的物质或物化形态便不足以使仪式如贮存器一样被长期留存。但是，仪式又不是一般意义上的系列物质的组装或组合，其中包含着以下几种重要的研究视角：一，所有被历史性选择和留存于仪式中的“物质”都属于特别的东西，这种特别并不是那些被选择入仪的“物”在现实生活中有什么超出其物质功能之外的品质（就日常生活而

① B. Malinowski, "The problem of Meaning in Primitive Languages," in C. K. Ogden & I. A. Richards, *The Meaning of Meaning*, London: Routledge, 1927, 313-316.

② E. Goody, "'Greeting', 'Begging', and the Presentation of Respect," in J. S. La Fontaine ed., *The Interpretation of Ritual: Essays in Honour of A. I. Richards*, London: Tavistock Publications, 1972, 42-48.

言），然而，只要它们被历史性地选择，就在日常功能之上附丽了超出物质本身的认知与功能。这就是说，一旦那些物质或物品进入仪式的程序或程式，物质性或物化性的东西便不能再以日常生活中的那些物质品质和形式被看待和认识了。[①] 比如，一个在生活中常用来盛物的瓦器（碗、杯之类），当它出现在仪式场合的时候，尽管其能指仍然是用于装东西，而且所盛的东西也可能与生活中的一样，如饭、酒等，但它的所指已经迥异。它可能用于指代款待神灵、祖先等，因而有了神圣的意味，有些就是"圣物"，至少在仪式场合是那样。二，那些物质或物品又构成了仪式程序中的一个有机部分。物化的表述在仪式中的隐喻特点和品质对于仪式的构成非常重要。需要强调的是，仪式的逻辑是隐喻性的，但仪式逻辑并非指它的行为，仪式的举行或仪式中的物质概念也不是指它在现实中的功能和作用，而是与其在仪式中的结果联系在一起。[②] 毫无疑义，仪式的目的并不在于机械地将生活中的那些物质和物品堆积罗列在一个场景中进行展示和展览，那是博物馆的功能。仪式中所出现和展示的那些物质和物品，除了表示在仪式场合的特殊性以外，更重要的是仪式性结果，这才是仪式的基本逻辑。它与仪式的交通与转换机制密不可分。比如在埃及，生者与死者需要借助某种仪式或风俗进行交流。在他们的观念中，死者的躯体在坟墓中处于休息的状态。埃及人相信死去的人属于肉体上死亡的事实，但死者的灵魂还存在，保护好死者的躯体是延续死者灵魂存在的重要条件。"因此，埃及雕塑获得了惊人的发展；因为一个雕像可能与通过'开口'仪式或一段铭文而魔法似的使之有了生命力的死人身份等同，如果躯体因腐烂或暴力行为而被破坏掉了，那么雕像可以代替它。因此一个人永远关心他的坟墓，因为他的继续生存需肉体形式的保存，或者以木乃伊的形式，或者以雕像的形式。……埃及人经常与他们的死者进行交流，并实际上在分享这种交往。他们到墓中去，不仅仅是给卡（复数的）献祭，而且他们还在节日里聚

---

① R. Rappaport, *Ritual and Religion in the Making of Humanity*, Cambridge University Press, 2000, 144.

② R. Rappaport, *Ritual and Religion in the Making of Humanity*, Cambridge University Press, 2000, 150.

集在那里进行庆祝，包括一桌圣餐，他们认为死人会出现在那里；事实上，在埃及这种风俗已延续到了今日。而且坟墓在结构上表达了这样的事实，即它们在死与活人之间形成了一条交流线。”[①]三，仪式中的各种物质的组合除了对仪式形式有一个重新组织和组装的功能和作用外——从某种意义上看，仪式本身也是一种组织形式；更为重要的是，各类事物集结聚合在一起以达到创造、再生等喻义。一方面，仪式把语言、祭物、人的姿势和姿态等在确定的时间、空间、场合中组织起来，在物质形式上即是一种创造。另一方面，大凡重要的仪式都有一个或多个神话故事和叙事的依据。作为一个重要的族源或教派原教旨的叙述，创造或再生（物质或精神）属于仪式叙事的基本主题；这一主题不仅停留在口述或文本中，也要通过仪式的所谓仪轨（主要指仪式的实践和相关的活动——笔者注）加以表现。换言之，如果说神话叙述中的创造或创生只表现为一种言说性表述的话，那么，仪式则将同一个主题的意思和意义通过具体的活动加以表现，因而属于实践性表述的范畴。这一切都可以在交流与交换的原则中得到体现。

事实上，仪式还能够建构一种看不见的东西，这些东西可以从不同的角度进行讨论、理解和阐发。一种观点认为，仪式中的存在是一只“看不见的手”，具有神奇的作用。它指一种语言表述中的语法类型，即呈现在语言表现外在层面的词句变化与潜在语言内部构造的语法层面关系。瓦莱里认为，仪式所具有的内在的模糊性和诗性化意义远比浮现在外面的语言交流更为重要，就像语言学中的语法对语言范式的重要性超过表面上句法的重要性一样。[②] 特纳认为，仪式的交流与交通遵循着一种模式，这种模式对仪式现场的人有严格的规定和规范。在仪式现场，人们通过语言所产生的信息交流是有限的，所以，仪式最重要的并不是表面上的语言等信

① 亨利·富兰克弗特：《古代埃及宗教》，郭子林、李凤伟译，上海三联书店 2005 年版，第 71 页。

② V. Valeri, *Kingship and Scrifice: Ritual and Society in Ancient Hawaii*, Chicago: University of Chicago Press, 1985, 343.

息交流，而在于创造一种情境。[①] 有些学者认为，仪式的神奇性表现为它作为一种特殊的实践活动存在着"盲目"(blindness)与"误识"，"盲目"与"误识"可以制造和产生神秘性。这种带有宗教色彩的神秘性正是人类生活方式中不可缺少的存在。这种生活中存在却又看不见的东西可以在仪式中实现。[②] 无论这种看不见的东西是属于仪式叙事范式，还是仪式的内部结构，还是人类生活方式中的某种对神秘的宗教需求在仪式中的折射，抑或称之为仪式感，都需要借助仪式的交流与交通的功能才能反映和实现。

仪式可以被视为一个交流和交换的场域。一方面，仪式的现场性就像为人们提供了一个"交易市场"，市场交易如果没有市场便缺乏一个平台场所；另一方面，仪式本身的一个基本的功能就是交流与交通。前者指仪式所创造的时间、空间、场所等客观环境，后者则指仪式的一个基本特性。在仪式作为交换关系的表述中，政治和经济目标的交换颇具有代表性。在这种情况下，交换是此类仪式所遵循的基本原则和目标，仪式成为实现原则、达到目标的手段和形式。比如在许多原始族部的文化传统和生活实践中，某一个氏族部落会根据自己与周边氏族部落的相互关系，采取或联合、联盟，或对立、冲突的态度和立场。原始的图腾制社会里就非常明显地表现出这一原则和特征，而形成这样的原则和关系的一个重要的原因就是，原始婚姻制度由族内婚向族外婚演变的制度性和功能性的需要。列维-斯特劳斯在他的《结构人类学》中已经讲述得非常清楚。于是，"交换婚姻圈"也就自然形成了。在这种情况下，婚姻交换仪式充当了实现这一原则的重要形式和行为。大致上，婚姻仪式的交换圈和交换关系主要有两种。其一，在既定的、以亲属制度为依据的互惠互利的交换婚姻的关系仪式。比如以最简单的关系分析：A 氏族将一名女子嫁到 B 氏族，B 氏族也回嫁

① T. S. Turner, "Transformation, Hierarchy and Transcendence: A Reformulation of Van Gennep's Model of the Structure of Rites of Passage," in Sally F. Moore & Barbara G. Myerhoff. ed., *Secular Ritual*, Amsterdam: Van Gorcum., 1977, 59-60.

② R. Rappaport, *Ecology, Meaning and Religion*, Richmond, California: North Atlantic Books, 1979, 217.

一名女子给 A 氏族。这样,既可保证两个氏族之间的亲属制度的延续性,在经济上亦可做到互利和平衡。这样的结果"是一种原始社会普遍存在的乱伦禁忌的直接后果"。[①] 一个氏族的男人必须到另一个氏族中去获得一个妻子,作为交换,原则上这个氏族也要嫁出去一个女人。于是,"妻子流"(通过女子的嫁出与娶入的相互流动形成相对稳定的关系圈)便形成了。其二,并不是说所有的婚姻交换仪式只存在于亲属制度的相关性氏族或部族之间,有的时候,被视为敌人或对手,具有对抗和竞争关系的部族之间也会发生婚姻交换仪式,以促使原先因力量对比的关系而产生策略性的行动和行为。从历史上看,两个"敌对集团"之间所形成的婚姻交换仪式也屡见不鲜。简言之,政治关系和利益是导致两个相互敌视集团甚至是处于敌对状态的国家之间缓和与和平的仪式性手段。在这种情况下,当敌对或敌视双方经过一个婚姻的仪式交换,敌对与敌视便得到了化解(至少是暂时的)。当然,也可能会发生这样的情况,即 A 部族与 B 部族通过婚姻仪式所形成的特殊关系以对抗 C 部族。在这种情况下,当婚姻交换形成或进行之际,恰好是一场战争开始之时。婚姻仪式作为一种手段和形式,无论其目的和目标是什么,都成为政治关系和政治谋略的工具。这样的例子,古今中外信手可撷。古代希腊"苹果 - 海伦"的符号效应,我国古代吴越两国之间的"西施"礼物手段,拿破仑与奥国公主的联姻策略等,都可以在广泛的意义上视为交换婚姻的仪式方式和行为的注疏。

交换仪式的动机和目的虽然是"司马昭之心,路人皆知",但仪式中交流与交通的实现需要那只"看不见的手"。它的符号性存在拥有或具备一种特殊的权力和权威。布洛克认为,仪式的这种权力一方面来自在某个特定语境中的"形式化",另一方面在于仪式中多重语境之间的"相互关系"所产生的能力与能量。[②] 当然,如果我们简单地把仪式中的交换类比为市

---

① C. Lévi-Strauss, *Structural Anthropology*, Harmondsworth: Penguin Books, 1973, 46. (*Anthropologie Stuucturale*, Paris: Plon, 1958.)

② M. Block, "The Ritual of the Royal Bath in Madagascar," in David Canadine & Simon Price ed., *Ritual and Royalty: Power and Ceremonial in Traditional Societies*, Cambridge: Cambridge University Press, 1987, 271-297.

场上的商品交换,把商品市场的所谓杠杆类同于那只“看不见的手”的话,那么,我们还需要在此做一个附带性的注解,即仪式中的交流与交换并不是直接在货物的商品之间进行流通与交换,而是在仪式中的许多符号、隐喻、器物、程序等中实现交流与交换。所以,仪式中的交换并不像市场上的交换那样简单和直接——一手交钱一手交货。通常一个仪式都会在一个基本的主题或一个基本主题之下的多个次生主题中进行转达,而且这种转达又经常借助象征符号完成。特纳认为,主题可以表述为在某一种文化特殊的方向所引导的要求、位置、宣称或暗示等。在仪式中,它们具有操控行为、刺激活动的作用,以提高和提升其在某一个社会中的价值,而自然、表达和关系主题组成了相关主题最为基础的特征、结构。毫无疑义,每一个文化系统内部都有多种多样的主题,每一个主题又可以有多种多样的表达。仪式正是一种表达和转达主题的重要形式。① 在这方面,马林诺夫斯基在特罗布里安德岛的田野调查以及他的民族志系列为人们提供了以交换为目标和目的的各式各样的例证和类型,并将它们作为社会的最基本的功能性需要。他说:“流行的‘原始黄金时代’的谬误认为,这个时代没有‘我的’或‘你的’概念。深入一点的看法设定了从个人觅食到以家庭觅食为单位的不同阶段,很多其他理论把原始经济视为除了追求基本生存之外再无其他目的。我们在特罗布里恩德的现实中找不到这些观念和理论的一丝痕迹,事实是:部族生活的整体渗透着不断给予和索取;每一个仪式、每一项传统规定和风俗都存在相关的物质上的赠礼和回礼;财富的给出和接受是社会赖以组织、酋长的权力赖以显示、亲属关系赖以维持、法定关系赖以体现的主要手段。”②马氏为人们提供了功能性交换仪式的丰富样本。

① V. W. Turner, “Symbols in African Ritual,” in *Science*, 1973, 179:1101.

② 马凌诺斯基:《西太平洋的航海者》,梁永佳、李绍明译,华夏出版社 2002 年版,第 147—148 页。

酒作为物的符号与仪式的交通

不言而喻,酒是仪式展演中一种具有丰富表述内涵的功能性物质符号。几乎可以这样说,酒是仪式的必需品。同时,它又可以被视为传统的物质文明和文化表述的类型,这在中西方历史文明的远古时期就已经有了很充分的展示。

酒在中国古文字中有多种表达意象。作为饮食性的物化符号,酒与“酉”共象,基本意义有以下几种:首先,所指为物器,用之于祭祀祈福。古代“福”字的最初取象就来自“酒”。“酉”的金文符象就是一个酒壶;“畐”(音壶、福)即壶满之义,古字“福”或与“畐”通,表达祈福美满。[①] 故酒也就有了圆满充足的意思。《淮南子·天文训》有:“酉者,饱也。”意指丰盈富足。显然,祈福与酒祭早就在原始的意义上结合在了一起。对传统的农业文明形态而论,五谷丰登当然是首先要祈求的,甚至包括帝王都不能例外。徐新建据此认为:中国古人注重五谷,在饮食符号中,“饮”字从食,以谷为重,导致了谷物酒的发明并形成了在果酒、乳酒、谷物酒并存的结构中以谷物酒为主的独特格局。[②] 其次,“权威神圣”,也作时间长久、久老解。《广韵·有韵》:“酉,老也。”《史记·律书》:“酉者,万物之老也。”神圣与久老意属同构。众所周知,尊字从酉,如双手捧酒尊形,表示捧酒向上奉献。尊为古代酒器之名,酒和酒器经常成为礼节实践中尊敬程度的一种表达差异。《礼记·礼器》曰:“贵者献以爵,贱者献以散。尊者举觯,卑者举角。”酒自然为祭祀的重要礼品。《礼记·月令·仲冬之月》:“乃命大酋。”注曰:“酒熟曰酋。大酋者,酒之长也。”古之时,首领、部落首长被称为“酋”。“酋”以酒祭与神通,酒即神圣,酋亦神圣。宋玉《高唐赋》有“醮诸神”之说。这样,酒与神、人建立了一种沟通关系。《说文》有“置祭也。从酋,酋,酒也”。酒乃神,酋亦神圣。循此意而衍出,古之时,祭神技艺便常

---

① 王宏源:《字里乾坤》,华语教学出版社 2000 年版,第 171 页。

② 徐新建:《醉与醒——中国酒文化研究》,贵州人民出版社 1992 年版,第 23—24 页。

与巫通,“酉”与“巫”可以互相替换。[①] 再次,酒的物化符号延续了社会伦理甚至等级制度。比如,“尊”与“爵”初都指祭祀礼器,在祭法中也都是用于定位,后凝固为位置,发展出了一套社会伦理次序的爵位称号,爵位即为范例。众所周知,社会关系的基础在于明确社会等级,包括性别等级。长幼尊卑,人伦有序,相互配合。配合之“配”亦从酒,《说文》释为:“配,酒色也。”可指因酒而醉的脸色。也有男女夫妻的相匹配合。“配”之篆文作“妃”,形如人跪于酒尊之状。“卿”也有类指。[②] 酒在中国传统的文化中还有一些其他的延伸性意义,此不能详之。概而言之,酒在中国传统的文化表述系统中被充分地伦理化了。

无独有偶。在西方,酒的物化符号除了在人们的生活、生计上得到了充分的表达外,更被加以酒神化。狄俄尼索斯便是一位非常奇特复杂的酒祇;他在奥林匹亚山上十二大主神系统中占据着一席位置,说明酒神狄俄尼索斯是一位无法替代的神。这当然与人们对酒的品性的认识有着密切关系。希西阿德的《田功农时》、希罗多德的《历史》、荷马的《荷马史诗》等曾经对酒－酒神有过许多记述,兹撷几例:

> 春天刚刚开始,燕子还未到来之前就要修剪葡萄藤,这样做最好,而当移家者(指蜗牛)由地里爬上树梢躲避普里阿德斯时,就已经不再是挖掘葡萄园,而是磨利你的镰刀……这时应当赶快干活,要起早,把你的葡萄果实拿到家,使你的生计有保证。[③]

它是一幅古代希腊人民的生活图景。没有葡萄,无以生计。论及葡萄,必言酒。从希罗多德、希西阿德、荷马等记录以及大量考古资料无不证明,古希腊社会,不仅是神祇、英雄、国王和贵族纵酒成风,就是低贱的人甚至奴隶们也经常喝酒。《伊利亚特》里,荷马经常提到葡萄和葡萄酒。《奥

---

① 臧克和:《说文解字的文化说解》,湖北人民出版社 1995 年版,第 260—267 页。

② 王宏源:《字里乾坤》,华语教学出版社 2000 年版,第 187 页。

③ 希西阿德:《田功农时》,见周一良、吴于廑主编:《世界通史资料选辑》,商务印书馆 1974 年版,第 259 页。

酒神圆形剧场旁新发掘出的酒罐　彭兆荣摄

德修纪》记述了奥德修斯离开特洛伊返回家园，中途在巨人岛上滞留，最后就是以酒将巨人灌醉，弄瞎了巨人的双眼方得以脱身。珀涅罗珀在丈夫外出期间，许多贵族的公子哥儿聚集在她家向她求婚，天天饮酒作乐，长达数年之久，足见一斑。

神话仪式其实不过是人化伦理的曲折反映，人们将自然以及社会现实关系通过神祇系统加以表达。世界许多古老的文明类型中都有酒神。在对不同文明类型的酒神语码进行解读的时候——无论是古希腊的狄俄尼索斯，古埃及的奥西里斯，还是阿拉伯的狄俄尼索斯，人们除了可以了解其间的历史性渊源和影响关系以外，最为重要的共同点是：他们的原始意义都是“自然”，并希冀通过对神的祈求祭祀以满足丰物的需要。“酒神的原始含义就是自然与丰产。”[①]“在希腊神话，甚至在文化的黄金时代，酒神神话都一直保持其首要位置，著名的悲剧性节日庆典就是为了祭祀狄俄尼索斯的。在祭祀仪式中，人们认定酒神能够保佑城邦繁荣”[②]。在这里，最为简单的生命认知是将人类的本性（nature）与自然（nature）同置于一畴。说

---

① D. Leeming, *Mythology*, New York: Newsweek Books, 1977, 60.

② D. Leeming, *Mythology*, New York: Newsweek Books, 1977, 13.

起来也非巧合，西方人在注解精神（spirit，相对于物质而言）、灵魂（相对肉体而言）、神灵（相对于世俗而言）时，都与酒、酒精（spirit）相提并论。“spirit”既是物质的，又是精神的；既是情态的，又是物态的；互为映照，妙趣横生。酒和精神一格双象，前者为物象，后者为意象。

酒在物态上呈液体状，如水。水－酒不简单。从许多民族的原始思维和认识层次上看，它成了宇宙构成不可或缺的物质形态。这与酒神的原生意义不无干系。《礼记》有：“酒教民不忘本也”。“本”是什么？注曰：“太古之世无酒，以水行礼，故后世因谓水为玄酒，不忘本者。思礼之所由起也。”（《礼记·乡饮酒义》）小亚细亚有一个关于Phrygian起源的古老神话可以帮助我们破解其中奥秘。古时的小亚细亚最受人尊敬的自然女神西珀勒（Cybele）与天神巴伯斯（Papas）交合成孕，变形为阿格都斯岩石（Agdos Rock），后岩石裂生出一个凶狠的魔鬼阿格狄斯忒斯（Agdistis）。这个恶魔有一个习惯，时常到一条溪流里去喝水。为了扼制恶魔，酒神狄俄尼索斯遂把水变成了酒。恶魔喝了溪水（酒水）便酩酊大醉，长眠不醒。这个原始的神话故事透露了一个这样的线索：水和酒可以互通和转变，在文化的认识上可以互通。西方哲学鼻祖泰勒斯认定万物乃水而成，他有一句名言：“水是最好的。”泰勒斯恰好是小亚细亚的米利都人。水在原始神话和仪式的表述里面经常被描述成具有神奇的魔术性质。它与酒神系统（与酒神神话、仪式相关的故事、形象、神祇、经历等）的关系更是密切。它甚至还包含了基本的生态认识。比如，水与森林以及森林女神的关系就很密切。①

水—酒—血的转化和延伸也是古代文化中的常见主题。它的隐喻意义与生命的生成与转化有关。《管锥编》录：“《许汉阳》（《博异志》）溺杀四人，尽水龙王诸女宵宴，取人血为酒。按卷二九二《骆子渊》（出《洛阳伽蓝记》）洛水神宴客，酒‘色甚红’，盖童子血也。”②在宗教上，这一主题表现得特别明确。古时的密特拉教（Mithraism），作为罗马帝国时期秘传宗

---

① T. Bulfinch, *The Age of Fable*, New York: Airmont Publishing Company, 1965, 160.

② 钱锺书：《管锥编》（第2册），中华书局1979年版，第808页。

教曾是基督教的有力竞争派别;同样,该教的神灵首领密特拉(Mithras)也就是耶稣基督的强劲对手。尽管如此,两教在"水—酒—血"(生命)的认识上却相通。相传密特拉有一使徒为处女母亲所生,他是上帝和人类的使者和中介。该教有以酒加面包的圣餐,用血洗涤罪恶、再生的仪式与基督教的圣餐仪式颇为相似。[①] 水、酒、面包等转换成血以洗涤罪恶、焕发生命的仪式并不能被当作纯粹的巫术技艺,其中包含了人类祖先对生命过程和仪式性通过的完整理解。酒在这里起了一种催化剂的作用。同时,它还是生命诞生的象征形式。无论是古代埃及、古代阿拉伯、古代小亚细亚或是古代希腊对酒神的崇拜和酒神仪式的实践,无不传递了这样一种生命的意义。它"提示人们说灵魂决不止于自我微弱复本而已,而且唯有在灵魂'脱离肉体'的时候才能显示出来它的真正的性质"[②]。

我们看到,酒文化的民族志表达在仪式中同样也是相当充分的。它是物,是粮食,是生计;也是液体,是饮料,是麻醉品;更是社会关系中无可替代的象征符号。它是人际关系的一种交换体系。莫斯在《礼物》一书中将物品的交换视为一种"总体呈献体系"。[③] 它涉及荣誉和信用,义务和经济利益。"那里的物质生活、道德生活和交换,是以一种无关利害的义务的形式发生、进行的。同时,这种义务又是以神话、想象的形式,或者说是象征和集体的形式表现出来的"[④]。酒在社会总体呈献体系里面充当着一种非常独特的角色。酒首先是一种物,但与其他一些物品的交换却明显不同,它交换的是一种特定社会传统中的人际关系和朋友关系。它更多地在于证明、确认或建立这种社会关系。其象征性隐喻意义比一般的物品更明显、更丰富。大量民族志材料证明了这一点。

贵州威宁的彝族婚礼庆典有一个曲折复杂、意味深长的程序。任何一个环节都离不开酒:男方的迎新队伍到女家,得背一坛酒,这一坛酒是给女

---

① C. J. Bulliet, *Venus Castina: famous female impersonators celestial and human*, New York: Covici Friede Publishers, 1928, 34.

② 罗素:《西方哲学史》(上卷),何兆武、李约瑟译,商务印书馆 1976 年版,第 38 页。

③ 马塞尔·莫斯:《礼物》,汲喆译,上海人民出版社 2002 年版,第 7 页。

④ 马塞尔·莫斯:《礼物》,汲喆译,上海人民出版社 2002 年版,第 63 页。

苗族为客人举行进寨欢迎仪式——不喝酒不能进寨　彭兆荣摄

家唱酒礼歌的姐妹们饮用的。除此之外，还有一瓶酒用作姑娘家神龛前祭奠。婚礼仪式最热闹的部分要数晚饭后的酒礼歌舞，大家乘着酒兴唱酒歌，跳酒舞，咏唱父母的养育之恩，祝福新人幸福美满。酒在整个庆典中辗转轮回，通宵达旦。酒在其中不仅确认着社会关系，也托举着欢乐的气氛。酒在那里还经常具有"凭证"的作用，比如"吃喜酒"在民间知识系统中仿佛成了结婚的一种专谓，一种公证。在民间，它的"法"的意义甚至远远大于结婚证书。一个人如果在地方政府领取了结婚证书而没有请酒，在民间是不算数的；因为，在乡土社会里，结婚必须通过一定的仪式，在确定的时间、地点，由确定的人群，包括诸如亲戚朋友、地方权威、乡党族人等共同参加，请酒的意义不仅仅指请人喝酒，也不只是确认族群、宗族、家族内部的人际关系和亲疏远近的距离背景，更重要的还是请人们见证，求得社会对缔婚的认可。酒的民族志表达具有仪式性的公证作用。

贵州省黎平县的侗族流行着一种习俗——"开众亲"，侗家叫"为鼎"，其主要内容就是通过一系列的活动来增进村寨、青年、男女之间的交流与情谊。这些活动都是在酒的仪式中进行的。此外，侗族还有一个聚酒歌会（侗语为"腊也"）。其内容也是饮酒对歌，创造一个联欢会的环境和氛围，以酒为媒，以增进相互间的了解和友谊。[1] 在这些例子中，酒又成了一种交际手段。它既是一个工具，又是一种表达；前者是物象的，后者是意象的。正如萨林斯说的那样："实物流动和人际关系之间的联系是相互的。某一特定的社会关系可以界定物品的既定运动，但某一特定的交易也同样能促成特定的社会关系。如果说朋友创造出礼物，那么礼物也创造了朋友。"[2]人类学关于礼物交换的研究，主要关注的是交换方式和社会结构之间的关系。受莫斯启发的交换理论，将礼物馈赠视作一种创造、维持并强化各种社会关系的文化机制。[3] 在类似的酒活动和酒仪式当中，社会关系需要经过族群认同下的选择而做出，并经过酒的仪式、活动等达到对确认社会关系，包括村寨、朋友、性别之间，以获得一种次序性的社会关系结构的认可。酒的民族志表达具有社会关系的认同作用。

按照神圣/世俗的分类原则，在许多仪式场合，酒除了作为祭献的必备物以外，还经常成为专属性的物质符号，比如在"还盘王愿"仪式中，酒的祭献行为是由师公来完成的。一方面，这种行为可以被理解为具有与祖先神灵进行交流和交通能力的人，敬酒构成了交流与交通过程的一个不可缺少的程序。另一方面，酒的物质符号在仪式场合中又成了神圣和权威的一个组成部分。虽然在整个仪式当中，所有参加仪式的人都可以饮酒，主人也会为所有到场的人提供足够的酒水，但是，在"盘王宴席"中，一张专门为仪式打造的新桌子是专供盘王和师公们摆设的，那一双红带扎着的筷子和那一只酒杯属于"盘王"，依次而下的酒杯则属于师公们专属，任何人不可以入座，不可以饮用。酒的民族志表达具有社会秩序中的权威关系。

如果说酒的文化包含着某种神圣/世俗的关系结构的话，那么，其中的意义却不尽相同。人类学家利奇据此认为："这种普遍的公式(按指神圣/世俗——笔者注)引出了有关人类的共同问题：各地的文化表面特征是否相同？我认为，对此问题的回答应是'否'。即使文化要素中的某些结构

---

① 杨通山、蒙光朝、过伟等编：《侗乡风情录》，四川民族出版社 1983 年版，第 89—90 页。

② M. Sahlins, *Stone Age Economics*, Aldine de Gruyter, 1972, 186.

③ 阎云翔：《礼物的流动——一个中国村庄中的互惠原则与社会网络》，李放春、刘瑜译，上海人民出版社 2000 年版，第 95 页。

扎红带的筷子和旁边的酒杯在仪式中为“盘王”所专用　彭兆荣摄

关系是普遍相同的，也总可能存在一些价值相反的特殊情况。”[①]马文·哈里斯则更具体地通过人类的食物习惯差异表达了相同的意见：“也许不是每一种饮食癖好都能解释清楚，也不是能解释到巨细无遗的地步。但是一般而言，人类为什么要做他们所做的事还是可以找到充足理由的。食物当然也不例外。……通行的看法是：饮食习惯是历史的偶然”[②]。那么，酒的文化价值应当如何解读呢？一种有效的方法就是把它回归于地方知识体系中的民俗词汇（folk vocabulary）来解读。换言之，在不同的民族志背景中，酒的文化语义各具特色。同样，在不同的仪式或者同一个仪式的不同程序中，酒的意义各自也并不相同。但是，在同一个地方知识背景中，人们对它的理解和执行却一致而稔熟。比如，生活在云南澜沧江地区的佤族人的婚俗，酒不仅被涂上了浓郁的象征色彩，而且构成了鲜明民族词汇的意义表达。在订婚过程中，媒人是以酒代旨。女方父母若同意这门亲事，便将酒饮尽；反之就把酒泼掉。婚姻定了之后，还要进行三次“都怕”（送订

① 埃德蒙·利奇：《文化与交流》，郭凡、邹和译，上海人民出版社2000年版，第64页。
② 马文·哈里斯：《好吃：食物与文化之谜》，叶舒宪、户晓辉译，山东画报出版社2001年版，第3页。

婚酒礼）。第一次男方要送六瓶酒，叫“百来惹”（氏族酒），要请女方父亲氏族里的男掌家人来喝，这意味着从此同意本氏族的人都有义务参与解决。第二次送“百来孟”（邻居酒），也是六瓶烧酒，请寨子里的乡亲们来喝，意味着大家成了这门亲事的旁证人。第三次送“百来报西歪”（开门酒）。这次只送一瓶酒，专奉姑娘母亲一人留在枕头边喝。夜幕降临，母亲先向神灵祈祷：“神啊，在你的照护下，我的女儿已经长大成材，我再求你保佑她，让她过好未来的新婚生活，养儿育女……”祈祷完母亲将酒喝掉，这样订婚的全部过程方告结束。[①] 不言而喻，酒的不同的称谓，不同的程序，不同的馈赠，不同的人群，不同的喝法，其意义迥异；要解读明白，唯置其于特定的族群或地方知识体系中。酒的民族志表达具有地方知识中特殊的民俗词汇意义。

仪式中的权力与声望

在讨论这一话题的时候，我们有必要对权力进行一个简单的认识。在“后殖民”“后现代”的诸多理论中，权力理论特别引人瞩目。大致上权力理论对权力的定义有两种不同方向的指示意义：较为正面的认为，权力属于一种影响力；较为反面的认为，权力是一种“强加于他者的力量”。前者被理解为一种固有的、非特别控制性的，后者则被认为是故意的、特别的和威胁性的。[②] 在权力理论的讨论中，权力对社会和文化的作用有两种相互连带的特点和发生关系，即权力的存在和实现与符号的表述密切相关，而权力的符号化又与相应的机构和机制联系在一起。前二者又是在特定的社会价值体系和社会语境中起作用或发生变化。所以，权力在表面上存在着基本的两极关系：一是掌握权力的、对权力起作用的、对权力占有的一极；二是受制于权力的、无法对权力起决定作用的另一极。二者构成一种相关的、潜在着冲突的情境。事实上，两极关系的背后还有一种对权力起

① 彭兆荣：《酒之于婚姻与性》，见贵州酒文化博物馆：《贵州酒文化文集》，1990 年版，第 71 页。

② S. Lukes, *Power: A Radical View*, New York: Macmillan, 1974, 28-33.

作用的存在:意识形态。卢克斯称之为“第三种存在维度”(third dimension)。[1] 由于社会化语境中的政治语义、意识形态的存在和作用需要借助符号化表述加以实现,故布尔迪称之为“符号权力”。[2] 这样,权力的符号性表达也就成了福柯所说的“话语”。它以各式各样的既定性的“文本”转变为一个十分严格的概念结构对社会实施作用和影响力。[3]

在大致了解了权力的概念后,我们接着对仪式中的权力关系进行辨识。我们相信,社会角色的权力和声望需要借助仪式活动。在此我们无妨借助“权力场域”这一概念,它包含了各种制度、机构等社会机器和形式。权力场域中存在着三个明显的特征:一,具有社会再生产的“自我指涉性”(self-referentiality)或“自我组织性”(self-organization)。二,每一个场域都构成一个潜在开放的游戏空间,其疆界是一些动态的界限,它们本身就是场域内斗争的关键。三,各种场域都是关系的系统,而这些关系系统又独立于这些关系所确定的人群。[4] 如果我们把权力场域引入仪式关系,仪式仿佛成了辅助社会角色提高社会权力和声望的工具。这一点是毋庸置疑的。多数人似乎在理解上往往停留在仪式的这一工具性层面。事实上,它不仅可以制造权力,而且可以稳固权力的持久性。这也是为什么那些政治家、机构首脑、行政领导、族群领袖、宗教主事、部落酋长、村落长老等无一例外地谙熟此意、此技,他们通过对仪式的组织、举行和操控以提高自己的声望,强化自己的权力。然而,如果对仪式的理解和分析只停留在这一层面显然很不够,因为仪式本身也是一个建构权力话语的过程。换言之,仪式就是一个建构性权力话语,而不仅仅是一种被借用的工具。这一点对任何人都是公平的。贝尔认为,仪式理论的最重要研究之一在于强调仪式属于一种“建构的话语”(constructing discourse)。这一话语是通过二元对

---

① S. Lukes, *Power: A Radical View*, New York: Macmillan, 1974, 21-25.

② P. Bourdieu, “Symbolic Power,” Trans. by Colin Wringe, in Gleeson Denis ed., *Identity and Structure: Issues in the Sociology of Education*, Driffield, England: Nafferton Books, 1977.

③ 米歇尔·福柯:《知识考古学》,谢强、马月译,生活·读书·新知三联书店1998年版,第23页。

④ 皮埃尔·布迪厄、华康德:《实践与反思——反思社会学导引》,李猛、李康译,中央编译出版社1998年版,第141—145页。

立——思想和行为的组织、运作机制得以实现的。在建构的仪式中,包含将主观与客观的关系交织在一起的特殊的结构。思想－行为两分制(the thought-action)不仅体现了作为活动的仪式,即客观性的差异;也体现了作为思想的仪式,即主观性的差异。所以,仪式的建构性话语结构包含着三个结构的类型:第一,仪式作为一种活动属于概念化分类的差异。第二,仪式是一种实现思想和行为交流的文化媒介。第三,物体的活动(行为)与主观的概念(思想)以一种无序的方式错综复杂地集结在仪式中,并体现在仪式的整合性功能上,形成了一个由有效的逻辑,把相同或相似的构造层次的结构模式组合在一起的系统。[①]

人们已经注意到,现代社会的仪式行为发生在"地球村"和全球经济一体化的大语境之下,仪式的面目可能会改变传统的确定人群、时间、地点、区域特色、文化圈独立文化价值等特质,有些仪式越来越呈现在全球范围内共同遵守某一种游戏规则的情形。这样,仪式中的现代"超级权力"已经渐渐形成。有的学者以现代的奥林匹克运动项目为例,认为现代体育完全就是古代仪式和戏剧的一种延续,特别表现出对权力的迷恋。[②] 奥林匹克运动的仪式化模式大致表现出以下两种文化再生产层面的意义:文化的自然的"生性"(habitus)(法国社会学家布迪厄"实践社会学"中的概念,主要指一个人因出生于某个家庭、属于某个阶级、某个性别等所形成的特有的习惯、想法、能力、感觉等,类似于一种气质)和"社会形象"(social image)。比如女性运动员在体育项目中的"表演"既是"生物的"也是"文化的"(biology/culture),既是"生物之性"也是"社会之性"(sex/gender)。[③]人们有理由推断,今天体育竞赛的仪式化活动所遵循的规则已经相当程度地全球化了,那么,它的权力也就达到了全球化。如果这样的再生产得以

---

① C. Bell, *Ritual Theory, Ritual Practice*, New York & Oxford: Oxford University Press, 1992, 47-48.

② I. Rudie, "Making Person in a Global Ritual? Embodied Experience and Free-floating Symbols in Olympic Sport," in F. Hughes-Freeland & M. M. Crain ed., *Recasting Ritual*, 1998, 117.

③ I. Rudie, "Making Person in a Global Ritual? Embodied Experience and Free-floating Symbols in Olympic Sport," in F. Hughes-Freeland & M. M. Crain ed., *Recasting Ritual*, 1998, 119.

维持和继续,那么,产品也就在一体化中流通。仪式不论是手段还是目的,形式还是内容,原因还是结果,这一点必须引起警惕。

在一个具体的社会环境中,每一个人的个人行为都受到某一种社会价值体系的限制和影响,每个人都会在这一个特定的价值体系中参与一些规定的仪式。它既是一种权利,又是一种义务,比如礼物的交换。莫斯在《礼物》一书中首先强调了礼物交换的仪式性形式特征:“从外在形式上看,呈献差不多总是慷慨大度的馈赠,但其实,在与交易(transaction)相伴的这些行为中,只有虚构、形式和社会欺骗;或者说穿了,只有义务和经济利益。”[①]具体地说,首先,交换不是个体而是集体之间互设义务、互相交换和互订契约;呈现在契约中的人是道德的人(personne morale),即氏族、部落或家庭,它们之所以会成为相对的双方,或者由于它们是同一块地面上的群体,或者是经由各自的首领作为中介,抑或是二者兼而有之。其次,它们所交换的,并不仅限于物资和财富、动产和不动产等在经济上有用的东西。它们首先要交流的是礼节、宴会、仪式、军事、妇女、儿童、舞蹈、节日和集市,其中市场只是种种交换的时机之一,市场上的财富的流通不过是远为广泛、远为长久的契约中的一项而已。第三,尽管这些呈献与回献(contre-prestation)根本就是一种严格的义务,甚至极易引发私下或公开的冲突,但是,它们却往往透过馈赠礼物这

国际奥林匹克总部前的雕塑:瘦弱的躯体能托起五环吗? 李哲摄

① 马塞尔·莫斯:《礼物》,汲喆译,上海人民出版社2002年版,第4页。

样自愿的形式完成。我们建议把这一切称为总体呈献体系（système des prestations totales）。①

仪式不仅仅只是一种表达族群意识和文化的形式和形态，其本身就具有一种神奇的功能；就像巫术一样，许多奇迹可以通过巫术，或在巫术过程中实现。在那里，巫术既可以被看作是实现这些奇迹的形式，可帮助人们完成某些心理愿望，也可以通过巫术去惩治敌人或者对手，还可以进行对生老病死所需要的“治疗”和对恐惧的排遣、释放、淡化和宣泄等。因此，有些人会习惯性地将其作为达到这些目标和目的的有效形式。其实，仪式的效力与巫术一样，或可以说巫术就是一种仪式——它本身即是一种奇迹。在这个奇迹中，凡属于人们认为可以达到的目标和目的，其实还与仪式的特殊效力分不开，其中的一个特征就是行为者在仪式中被赋予非同凡响的能力和作用，特别是那些仪式的主事和主持，他们的角色被赋予特殊的权力。

仪式并非只是某一个社会价值体系的信息和相关指示的汇集，也不是简单地将一系列日常生活的图景以符号的方式加以汇编，而是一种聚散的机制，它通过特定社会的观念和行为集结，将人、物、关系、事件和历史表述等展现在同一个行为的复合系统之中。它也是一种信息的聚合性的移动。在这种情况下，日常生活中的某些事物已经超越了作为日常生活价值和功能的指示意义，而参与到符号表述的特别的语境权力范畴。比如在基督教的圣餐仪式中，参加仪式的信徒们在规定举行的礼拜时，要分食少量的饼和酒，作为纪念耶稣的仪式；根据《新约》全书记载，耶稣在受难前夕与门徒共进晚餐时，手持面饼和葡萄酒祝祷后分发给门徒吃，并称“这是我的身体和血”。这样，在后来的礼拜和圣餐仪式中，信徒们所分食的面包（饼）和红酒等生活日常食品作为特别的符号也就有了凡同寻常的意义。

事实上，“每一个符号可以表达不同的主题，同理，每一个主题也被许

① 马塞尔·莫斯：《礼物》，汲喆译，上海人民出版社 2002 年版，第 7 页。

多符号表达”[①]。文化的“织锦”是由特定和特殊的符号性“织线”和“织法”编织起来的。在特定的仪式中，仪式的行为者，特别是那些仪式的主持者，包括师公、祭司、主持、巫师、酋长、族老、寨领等都成了权力化角色。在仪式中，这些权力化角色不仅被格外地突显其权力特征，而且其权力表述具有了特别的跨意义性质。一般来说，能够充当仪式主事者在日常生活当中大都是权力者或在当地受尊重的人士。只是他们在日常生活中的权力所及受到了限制，即他们的权力配置受到了地方知识体系分类的限制。仪式，特别是那些重大的纪念仪式，由于需要通过仪式的主事者与神灵或祖先们交通，所以原先所谓世俗化的人物便可以通过仪式成功地跨越传统分类的限制，从而具有了对另外的领域的掌控能力，使其声望倍增，权力增大。比如上文提到的贵州省荔波县瑶麓的青裤瑶社会的“娲厦”仪式便是一个例子。参加仪式的有七个主事，他们分别代表着瑶麓的七个姓氏的头领，各自身着七种不同颜色的女装。七个主事者在仪式当中也就成了村落内部平等参与和表达对大家共同认定的祖先的崇拜活动的代表。事实上，在日常生活当中，瑶麓的七个姓氏因其大小，人口的多少，迁移到当地时间的长短，大宗和小宗的不同等而明显地在村寨事务的世俗权力格局中所占的地位不同。然而，在“娲厦”仪式中，日常和世俗性的差异被弱化了。他们所面对的“娲厦”始祖神的“权力”是一样的。由七位男人身着同一款女性服装的象征符号，不仅表达了他们与这一个人群共同体内部对同一祖先的公认和共识，而且也表现出瑶麓社会与众不同的母系遗风。[②]

众所周知，功能主义民族志并未简单地处理可用作生产、生计和交换的仪式现象，马林诺夫斯基在特罗布里安德岛上发现了两种交换仪式：一种名为*gimwali*，指特罗布里安德岛上居民依据不同的地理及作物情况所进行的一种交换仪式，比如生活在内陆的居民以种植山芋为业，而生活在

---

① V. W. Turner, “Religious Specialists,” in A. C. Lehmann & E. Myers, *Magic, Witchcraft, and Religion: An Anthropological Study of the Supernatural*, California: Mayfield Publishing Company, 1985, 59.

② 彭兆荣、牟小磊、刘朝晖：《文化特例——黔南瑶麓社区的人类学研究》，贵州人民出版社1997年版，第228—229页。

海边的人们则主要以捕鱼为生。出于生计的需求，以种植山芋为主的农民和以捕鱼为主的渔民在长期的交往中形成了一种稳定的“伙伴关系”（partner relationship），他们定期进行物品交换。在进行交换的时候，照例都要举行 *gimwali* 仪式。很明显，*gimwali* 仪式在形式上与人们一般理解的“功能”接近。或者说，用于交换的物品主要用来满足生活需求。另一种仪式叫作库拉（*kula*）（马氏喜欢称作 *kula ring*），与 *gimwali* 的交换制度和仪式不同的是，*kula* 仪式并不真正交换某种用于生计的物质，而是一种代表声望的象征物 *vaygu'a*。*vaygu'a* 可分为两类：一类为红贝壳串成的项链，叫作 *soulava*；另一种为由白贝壳做成的臂镯，叫 *mwali*。前者在仪式中总是做顺时针方向运动，后者则向逆时针方向进行。[①] 这种仪式循环的最显著特征就是声望。由于这种交换仪式与神话、宗教、巫术等紧密地联系在一起，属于社会价值的行为综合体。它还必须满足一个条件，即所谓的“仪典性”：“这些物品中有些确是用作巫术和宗教仪式的器物，属于仪典固有的一部分，只有它们才称得上仪典性”[②]。正是由于库拉交换与巫术仪式联系在一起，因而具有神所赋予的“魔力”[③]，能够产生超乎寻常的能力与威望，它也成为当地头人的一种标志。简言之，特罗布里安德岛上的库拉仪式所交换的物品并不用于生活中的生计需要，而是满足表达一种社会再生产中权威和声望的符号象征。

与库拉交换有着异曲同工的是人类学研究中的著名例子“夸富宴”（*potlach*），它源自北美洲的印第安清努克语（Chinook）的一种非实用性交换。具体地说，夸富宴是一种大型的仪式聚会，参仪人员根据社会等级、地位和特权等明确各自身份，并依次排列座次。仪式伴有各种舞蹈、演讲、歌唱、面具表演等，主人及所属氏族在仪式中炫耀性地向众人分发贵重财物（多为铜铸徽章、貂皮被盖、雕塑等）以及其他消费品。来宾们则被邀作为某一贵族头衔及其社会特权的获得和转让的见证人，使头衔的获得和转让

① 马凌诺斯基：《西太平洋的航海者》，梁永佳、李绍明译，华夏出版社 2002 年版，第 73—79 页。

② 马凌诺斯基：《西太平洋的航海者》，梁永佳、李绍明译，华夏出版社 2002 年版，第 83 页。

③ 马凌诺斯基：《西太平洋的航海者》，梁永佳、李绍明译，华夏出版社 2002 年版，第 91 页。

合法化。[①] 在类似的所谓“非竞争性交换”中,“交换的不仅是物品和财富、动产和不动产等有经济价值的东西,更主要的还有礼仪、宴请、军事、女人、孩子、舞蹈、节日、仪式及聚会等。在这些交易中,财富的流通只不过是契约关系持续的一种方式罢了……这些部落通过聚会靠社团和秘密社会的等级来确定各自的地位。此外人们也利用这段时间来举行各种仪式,诸如婚礼、成年礼、萨满巫师降神仪式以及其他敬神或崇拜图腾的祭祀活动。这些祭祀中必不可少各种仪式和法律及经济方面的种种馈赠[②],也正是这些活动确定了部落内部和部落之间个人的政治地位”。[③] 在萨摩亚,契约性的交换礼物不只限于婚礼,凡人生大事如出生、割礼、病痛、少女成年仪式、丧葬、贸易等都有送礼的习俗。而且,这里存在严格意义上夸富宴中的两个要素:第一,财富所代表的名誉、威望和“玛那”(*mana*)灵力;第二,绝对必要的回礼义务,违反规则会导致灵力、威望和财富的失去。而这种灵力本身就是财富的源泉。一对父母,在孩子出生仪式上得到和回赠礼物之后,即“沃拉”(*oloa*,表示男方财产)和“通嘎”(*tonga*,表示女方财产)交换之后,并不会因此而致富。但借此机会,这些财产的积累却给他们带来极大的荣耀和满足。[④] 无论是库拉,还是夸富宴,都是经典民族志提供的仪式所带来的权力、荣耀和威望等非竞争性交换或非实用性为交换目的的案例。

① 马赛尔·莫斯:《论馈赠——传统社会的交换形式及其功能》,卢汇译,中央民族大学出版社 2002 年版,第 13 页。

② 莫斯的同名著作在中译本中有《礼物》和《论馈赠》两种译本。

③ 马赛尔·莫斯:《论馈赠——传统社会的交换形式及其功能》,卢汇译,中央民族大学出版社 2002 年版,第 6—7 页。

④ 马赛尔·莫斯:《论馈赠——传统社会的交换形式及其功能》,卢汇译,中央民族大学出版社 2002 年版,第 9—10 页。

第六章　仪式与表演

仪式中的表演

近些年来,文化表演(cultural performance)已经成为一个时兴的语用和研究视角。不过,表演涵盖的范围很宽,不同的学者在使用上也各有侧重。早先的学者如伯克(Burke)将其置于戏剧的范畴;特纳则强调社会剧,包括了社会的多样性和多重性,诸如世俗的仪礼和神圣的仪式;戈夫曼把重点置于人们在社会中扮演的角色上;而奥斯汀(Austin)、斯伯尔(Spearle)等人侧重于分析表演中的"演说行为"。[①] 毫无疑问,表演是人类学仪式研究中的重要方面,当然,表演的特性具有更为宽广的解释空间,在人类学、民俗学、语言学、宗教学、戏剧学、政治学、文学批评、现代传媒等领域都会涉及。20世纪六七十年代学术界更出现了一种强调和强化表演理论(performance theory)的现象,并在美国形成了一个学派。早在1957年,詹森(Janson)就已开始使用"表演"这个概念,并以民俗为案例,从民俗学

① C. Bell, *Ritual Theory, Ritual Practice*, New York & Oxford: Oxford University Press, 1992, 37-38.

理论上讨论表演。此后表演理论呈现出了洋洋大观之势。在当代的文化研究中，辛格(Singer)则使用了一个重要的概念"文化表演"，以概括人类社会文化在演变过程中的诸多历史形态和传统，如部落的、封建的、资本主义的、社会主义的，以及各类文化主题的表述类型。[①] 辛格的"文化表演"概念中，包括了他称之为"文化中介"(cultural media)，即一种交流方式——不仅包括人类的语言交流，而且包括非语言性的交流，如歌舞、行为、书法及造型艺术等，或融合了多种艺术要素的交流性民族、族群文化，如印第安文化等。[②] 当代最负盛名的仪式研究者、表演人类学家特纳则使用了"社会剧"，以强调仪式的表演性。大致上看，社会剧具有以下几种基本的意思：一，强调表演的"工作"性质。据特纳说，戏剧源自古希腊，意为工作。[③] 在这里，工作不仅仅指代人类身体上的劳动状态，还强调人类工作与"表述"和"反映"类型上的关联性和原发性；颇有些"艺术来自劳动"以及"哼呀嗨哟派"的意思。不过特纳的意思更具体，以强调工作与表演类型的关系。二，表演同时是对话和交流的工具和介体，以强调人们以各种各样的方式，语言的、身体的、行为的等民俗活动在表演者和观众之间所建立的交流和对话的意义。[④] 从这个意义上看，表演事实上是一种社会空间中的实践。三，社会剧还是一种特殊的叙事。它表面上只是一种具有客观性的独立形式，实际上却交织着对立性矛盾、竞争性、论争性等因素的活动类型。同时，还提供各类社会叙事内容，诸如社会结构的、政治性的、心理方面的、哲学的，甚至方法论方面、物质承载方面的形式。[⑤]

围绕表演的含义和本质特点，不少学者从不同的角度进行论述，比如鲍伊在《作为表演的语言艺术》中认为，表演本质是"一种说话的模式"，属于"一种交流方式"：

---

① M. Singer, *When a Great Tradition Modernizes*, New York: Praeger, 1972.

② M. Singer, *When a Great Tradition Modernizes*, New York: Praeger, 1972, 76.

③ V. W. Turner, *The Anthropology of Performance*, New York: PAJ Publications, 1987, 26-27.

④ V. W. Turner, *The Anthropology of Performance*, New York: PAJ Publications, 1987, 27.

⑤ V. W. Turner, *The Anthropology of Performance*, New York: PAJ Publications, 1987, 33.

从根本上说，表演作为一种口头语言交流的模式，存在于（表演者）对观众承担着展示自己交际能力的责任。这种交际能力依赖于能够用社会认可的方式来说话的知识和才干。从表演者的角度说，表演要求表演者对观众承担有展示自己达成交流方式的责任，而不仅仅是展示交流的有关内容；从观众的角度来说，表演者的表述行为达成的方式、表述技巧以及表演者展示的交际能力是否有效等等，将成为被品评的对象。此外，表演还标志着通过对表述行为本身内在品质的现场享受而使经验得以升华的可能性。因此，表演会引起对表述行为的特别关注和高度自觉，并允许观众对表述行为和表演者予以特别强烈的关注。

在表演理论中，表演经常被当作一种“核心性文本”，并将这一“文本”置于“具体的语境”中加以关注和讨论。这样，以下几个方面的内容和要素便受到重视：①特定语境中的民俗表演事件。②交流的实际发生过程和文本的动态而复杂的形成过程。③讲述者、听众和参与者之间的互动交流。④表演者的即兴性和创造性。⑤表演的民族志考察，强调在特定的地域和文化范畴、语境中理解表演。[①]

无论表演理论在不同学科和学者那里所阐发的意思和意义有什么不同，但是都有一个共同的认知前提，即认可作为表演的仪式具有其交流与交通的特质。换言之，交流与交通构成了仪式的一个基本功能，并通过这一功能作用于社会现实。[②] 这涉及以下几个可能性指示：其一，仪式作为一种社会形式，属于确定范围内的人群共同体的价值认可。如果人们不能认可特定的社会价值，便不可能参与到某一个具体的仪式形式中来。其二，一种特定的仪式同时被公认为表达某一种社会理念的形式（无论是强制性的还是自愿性的）。其三，仪式有助于使某一群人在规定的时间和地

① 杨利慧：《表演理论与民间叙事研究》，载《民俗研究》2004 年第 1 期。

② C. Bell, *Ritual Theory*, *Ritual Practice*, New York & Oxford: Oxford University Press, 1992, 43.

点进行社会化交流活动。经常会出现这样的现象,人们因一个仪式而聚集,可聚集(交流)的结果却超越了某一个形式本身,甚至形成了历史性的约定,如盟约、文本、权利和义务等。也可能由此产生一个伟大的人物和思想。这些仪式活动的结果在后来的历史记忆与记录中变成了脱离形式的"符号"或"身份"。其四,对交流本身的解释也是仪式的一个重要方面。格尔兹在他的《文化的解释》中对其做了极端的发挥。而马尔库斯和费彻尔在理论上把仪式的表演置于一种类似于"可阅读的文本"(can be read like a text)。[①] 既然仪式可以被视为一种社会化的阅读文本,那么,不同读者、不同读法就会"读"出不同的意思,从中看到不同的社会影像。

藏戏与藏仪　俞建平摄

表演理论有几个发展脉络,其中有一条脉络来自语言文学,即诗学的影响。这一派学者认为,诗性语言与日常生活的语言不一样,表演属于特殊的语言形式。这一形式主义思想在20世纪三四十年代影响了布拉格学派,后由著名的语言学家雅格布森形成大观,并传播到美国。由于美国博厄斯及其弟子们的努力,创新为一个新的分支——言语民族志(Ethnology

---

① G. E. Marcus & M. J. Fisher, *Anthropology as Cultural Critique*, Chicago: University of Chicago Press, 1986, 61.

of Speaking)。言语民族志主张,只有通过民族志调查才能发现社会生活中的语言模式和功能。所谓的“表演”在一定程度上属于言语民族志的一部分。言语民族志不仅仅强调语言与表演之间的学理与逻辑关联,而且重视表演与其他的言语方式(ways of speaking)的差异。鲍曼为表演归纳了以下几种情形:一,表演在形式结构上被紧密地结合在一起。二,与其他言语方式相比较,表演形式更常被集合为一种容易辨认的文类。三,它更倾向于存在那些最值得记忆的、最为重复的言语方式之中。四,与其他言语相比,表演形式具有更强的可循环和可共享特征。五,表演形式更倾向于是一种有意识的传统化,即人们会意识到表演是“重复以往已经存在过的东西”。

表演的另一条脉络与仪式更为接近,即强调“文化表演”,这一脉络发展的学理依据和学术背景直接来自文化人类学,尤其是法国人类学家涂尔干的《宗教生活的基本形式》中的思想和框架。涂尔干对仪式非常感兴趣,他认为仪式是社会关系的扮演(enactment)或者说戏剧性的“出演”(acting out)。简单地说,他认为,社会关系是无形的、抽象的,但当人们通过仪式聚集在一起的时候,他们采用一系列象征符号和一系列象征性行为,并通过戏剧化这一形式,可以达到对社会关系的理解。所以,这些事件(尤其是仪式)就变成了社会力量的象征化力量的象征化展示。按照涂尔干的理解,如果想要了解一个社会关系,以及这些关系是如何被结构的,最好的办法就是了解仪式。大致归纳,文化表演有以下一些特点:一,文化表演事件和周围的其他事件通过时间和空间的限定被区分开来。二,在一个特定的场景中,文化表演与其他的时间、空间,社会关系、社会生活之间相互关联。三,文化表演是一个公共事件,有独特的社会组织结构。四,文化表演具有“异质性”(heterogeneous)。文化表演的一个有趣的地方在于向观众表示和表现自己独特的东西。五,规划(programmed)。文化表演与其他表演的一个差异在于:它需要很多的准备。比如对民族志研究而言,如果要研究庙会,就不应该等到庙会开始的时候才去,而是要将提前的一定时间(即庙会活动和仪式的前期规划和准备工作)都纳入观察的时段里。

六，文化表演事件的一个重要特征是其升华和强化人的情感。[①]

仪式天然具有表演的性质与特征。这与仪式所包含的关系有着内在的关系。两个紧密相连的理由确认仪式的表演性。一，与神圣和祭祀相属的仪式，比如巫术和宗教仪式，它们不仅可以将人类与自然的关系神秘化，而且可以提升人们对各种变化的适应能力。二，仪式的戏剧性增加了“神秘的话语权力”的产生与展现，即所谓“真实隐在了背后”（truth lying behind）。[②] 这很符合仪式的表演特性和关系特征。[③] 仪式的表演性质在这两个方面都各自嵌入不同的因素和符号系统，从而使仪式的表演成为一个重要的话题和研究领域，成为各式各样的专门理论。尽管今天的表演理论已日趋成为一门学问，但学者对其中的核心概念“表演”仍持不同的看法，它甚至关乎人们对“仪式中的表演”和“戏剧中的表演”的态度和评判。简言之，表演究竟归属于仪式还是归属于戏剧可以成为一个理论上的问题。[④] 这首先在研究者的眼中属于一个学科分类问题。谢克纳为了厘清二者之间的差异，将一些基本的要素做了细致的分理[⑤]：

功能与娱乐和表演的其他方面的联系

功效	⟷	娱乐
仪式		戏剧
结果		乐趣
与不在场的他者相联系		仅与在场的人相关

① 理查德·鲍曼：《美国民俗学和人类学领域中的“表演”观》，杨利慧译，载《民族文学研究》2005年第3期。

② R. Finnegan, “How to do things with words: Performative utterances among the Limba of Sierra Leone,” in *Man* 1969, 50(4): 537-551.

③ R. Rappaport, *Ritual and Religion in the Making of Humanity*, Cambridge University Press, 2000, 116-117.

④ 菲奥纳·鲍伊：《宗教人类学导论》，金泽、何其敏译，中国人民大学出版社2004年版，第182页。

⑤ R. Schechner, *The Future of Ritual: Writing on Culture and Performance*, London & New York: Routledge, 1995, 120.

象征的时间	强调现在
演出者神灵附体，处于狂喜中	演出者知道他或她在做什么
观众参与	观众观看
观众信仰	观众欣赏
不允许批评	以批评为炫耀
集体的创造	个人的创造

谢克纳将仪式与戏剧放在功效与娱乐的不同方面来区分二者的差别。他的评判标准是：假如一个表演的目的在于功效，那么它就是仪式；假如表演的目的在于娱乐，则就是戏剧。但他同时强调，仪式和戏剧的边界并不是固定和静止的，二者可以转换。他以巴布亚新几内亚高原的仪式舞蹈为例，说明一种表演如何沿着连续体的功效仪式这一端向娱乐的戏剧另一端演变。[①] 作为有代表性的一种仪式理论，谢克纳的分析显然值得我们重视。毫无疑问，仪式的表演性质（作秀）是一种外在形态，这是人们很容易看到和感受到的。我们可以从仪式的几个重要的构成要件中清楚地辨析二者彼此无法泾渭分明的方面，即笔者称之为"五定要件"：确定的时间、固定的场所、规定的程序、稳定的人群和特定的氛围。至于谢克纳所做的其他分析更多是从学术的习惯性认知分类和现代行为案例入手得出来的差异，也可以说是从现代人的眼光和知识分类体系去看待古代或原始民族的行为。我们当然会豁达地给予学者从事研究时充分阐释和分析的权利，同时，我们也会以同样的慷慨给自己对既定理论进行质疑和拷问的权利；比如如果我们提出这样的问题：人类祖先的表演行为或表演活动可能或可以在仪式/戏剧之间区分得那么清楚吗？

一个古老的命题

事实上，就西方的诗学传统（此指文化传统——笔者注）而论，神话－仪

① 菲奥纳·鲍伊：《宗教人类学导论》，金泽、何其敏译，中国人民大学出版社 2004 年版，第 182—183 页。

式的人类学派对仪式理论的发轫并非横空出世，学统上原有所本。它涉及一个命题并构成基本的学理问题：人的表演行为与我们后来所说的戏剧显然有着渊源关系，而这种关系又可以从仪式－戏剧的缘生性上找到许多证据和解释。有些学者干脆认为，在某一个历史阶段，所谓的戏剧其实就是仪式，或者说，二者存在着一个对原始仪式的改变和变迁的轨迹，即从宗教仪式中的宗教戏剧到节日的节日戏剧，到乡村戏剧，再发展到现代戏剧。有的学者认为，节日演出是处于宗教仪式和真正戏剧的中间形态，属于“前戏剧”。这样的变化在对非洲仪式化戏剧的溯源中可以得到确认。① 也可以认为，随着历史的发展，学术的精进，传统的知识分类和学科之间的樊篱显得过于刻板和狭窄，诗学、历史学、伦理学、逻辑学、哲学等知识分类已经不足以囊括和触及更多、更新的材料以及解释、视野和方法。于是，在学科上，据基础而扩之；在学术上，据原点而张之一直体现在学术精神和学术理念之中，包括人类学仪式研究。

众所周知，远在古希腊时期，学者们就已经对仪式有过不少的阐述。最为著名、经典者当然得数亚里士多德关于酒神祭祀仪式与悲剧的关系。他认为：悲剧来源于对酒神祭祀仪式的模仿，“借以引起怜悯与恐惧来使这种情感得到陶冶”。因此，“摹仿酒神祭祀仪式——引起怜悯等情感陶冶”一直成为迄今为止仍然延续的所谓“仪式假定”（the ritual hypothesis），也成了后来学者们在讨论仪式命题的时候不能回避的一个学术原点。古典的人类学派在这个学科建立伊始，无论在学理关系上，还是学科定位上，都自觉不自觉地回到这一个原点。由于这种学术传统与发展挺进之间的相互作用，决定了古典的人类学神话－仪式学派与诸如神话学、文学研究之间从一开始就交叉浸透，以至于直到今天，人类学与神话研究都无法剥离。又由于所谓的仪式假定长期以来一直在哲学、美学与文学诸领域浸透着，其研究难免也具备着相当的文人化色彩。我们今天甚至无法将诸如威克利（Vickery）、坎贝尔（Cambell）、利明（Leeming）等神话学家的著作和早期人类学家像弗雷泽、赫丽生、穆雷等的作品区分开来。这不仅仅因为许

① 简·布洛克：《原始艺术哲学》，沈波、张安平译，上海人民出版社1991年版，第194页。

多晚辈的神话学家、文学家对以弗雷泽为代表的神话 - 仪式学派推崇有加[①],更重要的还是在新兴的人类学学科面前横亘着一个学理性传统和不能直接跨越的基本态度。这样,逻辑上,人类学仪式理论在原初性问题上也就必须去参与和面对来自“两希”——希腊神话和希伯来神话的诗学叙事传统,并不得不在讨论上与仪式认定有所衔接。[②]

亚里士多德著名的仪式论是从酒神狄俄尼索斯祭祷仪式与悲剧的发生关系切入的,而欧里庇德斯的《巴克斯》(*Bacchae*,亦译为《酒神的伴侣》)通过酒神巴克斯(酒神的罗马及外国名——非希腊神话体系的一个最有代表性的异名——笔者注)与忒拜国王彭透斯之间的神话故事,将酒神这种与生俱来的自然野性表露无遗。剧中有这样的情节,狄俄尼索斯来到忒拜国王彭透斯的法庭,国王希望狄俄尼索斯作为卡德谟斯(Kadmos)的孙子。可是酒神执意不肯承认,却宣称利底亚(Lydia)为他的祖地。彭透斯一直询问他的关于确认其具有神性的标志,特别是显示出他那只由宙斯给予的具有神性的手,可是他拒绝伸出来证明自己高贵的神性符号。彭透斯遂用尽各种办法来钳制他,像捆绑公牛那样对待他。然而,狄俄尼索斯宣称控制了国王的意志,并且引导彭透斯身着女人的衣服前往巴克内尔。彭透斯的母亲阿格依(Agaue)是一名疯狂的酒神信徒和酒神祭祀仪式的祭司。在酒神节神秘的祭祀仪式过程中,那些疯狂的女人们头戴面具,身披动物皮毛,高举着火把在乡间纵酒狂舞,她们将献祭的牺牲撕成碎块,作为圣餐敬献给她们崇拜的酒神。彭透斯在女祭司的疯狂行动中成了狄俄尼索斯的“献祭圣餐”。

古代希腊在这方面的理论建树与戏剧实践都在同一领域奠定了稳固的基础。所以,这个问题也就自然而然地成为一些学者试图在理论上有所创新的突破口。比如许门(Hyman)于 1958 年发表的论文即从亚氏的仪式认定开始。在他看来,虽然现代学者的“仪式视野几乎覆盖着希腊文化的

---

① J. B. Vickery, *The Literary Impact of the Golden Bough*, Princeton University Press, 1973.

② 彭兆荣:《文学与仪式:文学人类学的一个文化视野——酒神及其祭祀仪式的发生学原理》,北京大学出版社 2004 年版。

全部”，比如简单地将希腊悲剧视为狄俄尼索斯祭仪的衍生物，或者“古代近东神秘文学直接渊源于仪式”[①]等陈说，但他却认为，这一切都不能改变仪式理论仍须将此作为一个起点。现代学者越来越多地把神话和仪式的“聚合体”做分别处理。换言之，二者虽不易泾渭分明，却也没有必要生硬地将二者死绑在一起，具体分析的时候完全可以分而置之。比如有的学者就相信，戏剧 drama 与 dromenon 相关，在仪式中，它表示“做过的事情”（the thing done）；渊源上，它与神话 legomenon 相呼应，表示“说过的事情”（the thing spoken）。这样也就精巧地将以往仪式与神话相混淆的地方给区分开来。[②]

毫无疑义，对于亚里士多德的仪式认定做直接应对的就是关于酒神狄俄尼索斯。而且，酒神祭祀仪式与戏剧之间的渊源关系无疑是文学的人类学仪式研究必须直面的问题。同时，它又无妨为一个极好的分析个案。所以，从学理上看，如果要彻底否定亚里士多德的逻辑前提，必须要证明酒神仪式与悲剧没有历史的、直接的、必然的关系。显然，这相当困难。我们不能不看到，尽管现代学者已经相当腻味数以千年的亚氏仪式认定，仿佛人们天天咀嚼同一种菜肴时的乏味，但是，公正地说，要彻底否定酒神祭祀仪式与悲剧的原生纽带，尚欠火候。于是，仪式理论也就出现了这样的局面：要么不谈，要么谈仪式的技术性、细节性（现代人类学仪式理论的成就之一就在于通过对仪式内部的细节性、技术性等问题的探讨获得的）；凡属涉及推原形态，尤其是美学戏剧发生学方面的问题，总要回到这个原点。

综观对这一原点的讨论，艾尔斯（Else）的观点代表了对这一问题的全新思索和反叛精神，也较能体现当代学人标新立异的治学态度。艾尔斯认为，早期的希腊悲剧历史里面并没有包含什么“狄俄尼索斯的”（Dionysiac）因素。他提醒人们注意，亚里士多德在《诗学》当中并没有提到什么神

① S. E. Hyman, “The Ritual View of Myth and Mythic,” in J. B. Vickery ed., *Myth and Literature: Contemporary Theory and Practice*, University of Nebraska Press, 1966, 56-57.

② R. F. Hardin, “Ritual in Recent Criticism: The Elusive Sense of Community,” in R. A. Segal ed., *The Myth and Ritual Theory*, Malden: Blackwell Publishers, 1998, 171.

或者狄俄尼索斯精神被确认作为戏剧的表现内容。[①] 相反,“大部分所知的悲剧内容与酒神仪式来源无关,从荷马到史诗时代,它们主要取材于英雄神话和传说。对于祭祀神话和祭祀仪式,特别是狄俄尼索斯祭祀仪式的接纳,无论其广泛性和重要性方面都是次要的。换言之,希腊悲剧通常所借鉴和汲取的资源是英雄史诗,而非宗教祭仪”[②]。他进而认为,总体上的希腊悲剧英雄所表现的是“自我意识”(self-awareness),而绝不是像狄俄尼索斯所表现出的基本精神品质的“自我迷失”(self-abandonment)。[③] 与此同时,仪式假定的形式与目的关系也受到质疑。一般而言,仪式行为的实践者可以由单一的“演员”完成,而观众如果在“怜悯精神”指导下,在观看演员表演的时候是无法确认自己的角色的。[④] 二者的距离显然非常大。艾尔斯等人的观点代表着一批试图从沉重的仪式假定羁绊中解脱出来的现代学者们所做的努力。不用说,这种努力相当费劲,特别是面对狂热的希腊悲剧观众所表现出来的对仪式的那种态度。无怪乎对于希腊观众沉迷悲剧仪式的现象,艾氏甚至很尖锐地用了一个“仪式期许”(ritual expectancy)的概念。他认为,正是由于仪式期许现象的存在,“严重地伤害了我们对戏剧的解释,并通过我们的解释达到对悲剧的总体上的认识”[⑤]。

另外一种可能性同时存在:现代学者的职业研究已经完全习惯于学科的知识分类,这种习惯在一定程度上对于超越科学门槛的社会知识原始形态的把握无疑是一种限制甚至是障碍。如果戏剧理论家们决计要打破亚氏认定,一个逻辑前提就是试图证明戏剧与仪式的发生形态并非构成必然

① G. F. Else, *Origins and Early Form of Greek Tragedy*, Martin Classical Lectures, Vol. 20, Cambridge: Harvard University Press, 1967, 14.

② G. F. Else, *Origins and Early Form of Greek Tragedy*, Martin Classical Lectures, Vol. 20, Cambridge: Harvard University Press, 1967, 63.

③ G. F. Else, *Origins and Early Form of Greek Tragedy*, Martin Classical Lectures, Vol. 20, Cambridge: Harvard University Press, 1967, 69.

④ R. F. Hardin, "Ritual in Recent Criticism: The Elusive Sense of Community," in R. A. Segal ed., *The Myth and Ritual Theory*, Malden: Blackwell Publishers, 1998, 172.

⑤ G. F. Else, *Origins and Early Form of Greek Tragedy*, Martin Classical Lectures, Vol. 20, Cambridge: Harvard University Press, 1967, 4.

的互为关系。最明确的目标为:戏剧与仪式根本没有关系,至少二者的关系为次要。然而,如此这般破除亚氏认定的学术基础可能更为脆弱,因为现代学者的知识系统和知识贮备,学术认知和学术认同是已经“画地为牢”了的林立学科和分类樊篱,即早已将仪式与戏剧作为不同的知识范畴来看待。而我们完全有理由相信,仪式和戏剧的原生形态或许根本就是一体的。艾尔斯所犯的错误可能比亚里士多德更为严重,因为他连论理的认知前提都失去了。

在这方面,倒是人类学的仪式研究显得更为平实。神话-仪式学派除了在古董堆里发掘属于人类学学科性质的独到表述以外,他们还做了大量多学科的资料准备和比较研究工作,比如弗雷泽同样也花很多笔墨于古希腊神话的考索,单是酒神狄俄尼索斯神话和祭祀就有大篇幅的描写。[①] 通过比较,我们看到了希腊酒神狄俄尼索斯与埃及的奥西里斯神话仪式之间的历史关系。与一般的神话学家和戏剧学家不一样,弗雷泽借用大量异民族的材料进行参照比对。他的研究更接近于比较文化(神话)的研究范畴。人类学研究从一开始就体现出相当开放的趋向,却并不急对仪式和神话的发生形态做哲学美学上的提升和总结,却集中对仪式的形式上的操作性、技术性、细节性等进行研究。而且非常重视文化表述中社会象征能力上的族群单位性质。后来的一些人类学家,比如特纳、米德(Mead)都强调仪式的最小单位“象征”上的指示。这样的结果往往以超过两个民族或族群的丰富资料来论证同一类问题。重要的是,这种研究的努力使人们有机会看到某种文化形态的“复原”特性。

仪式理论的几个链接点

现代的仪式研究在谱系的梳理上虽然会将亚里士多德的“戏剧源自对仪式的摹仿”作为一个原点,但现代学者在讨论现实生活中仪式的具体表演和展示的时候,由于与古希腊的先辈在知识背景上已经有了巨大的差

① J. G. Frazer, *The Golden Bough*, London: Macmillan Publishing Company, 1947, XLIII.

异,各自的言说对象也不尽相同,所以直接套用亚氏的理论于分析显得多少有些隔阂。如果说亚里士多德有关仪式与戏剧的论述在知识范畴方面还显得过于粗放的话,那么,现代人类学的仪式研究则在学科范围内建立了自己的学术特色和学理规范。代表人物主要是涂尔干和马林诺夫斯基。法国人类学家涂尔干的仪式研究具有非常重要的地位。一方面,他并没有完全背弃古典人类学仪式理论的学术基础,继续在仪式与宗教的原始链条中进行他的研究工作。与神话－仪式学派完全不同的是,他厘清了作为人类经验的分类系统中仪式与信仰之间的差异,继而看到了仪式作为信仰的基础及其在宗教社会范围内的整合性质。他认为,宗教可以分解为两个基本范畴:信仰和仪式。仪式属于信仰的物质形式和行为模式,信仰则属于主张和见解。这是把所有的现象区分为两大类(思想和行为)的根本区别。“仪式是以其对象的独特性质来确定和辨别的,并由此与其他的人类实践(如道德实践)区别开来。……世界划分为两个领域,一个是神圣的事物,另一个则是世俗的。这种区分构成了宗教思想的特征。信仰、神话、教义和传奇,或是表象或是表象的体系,它们表达了神圣事物的本质,表现了它们所具有的美德和力量,表现出它们相互之间的联系以及同世俗事物的联系。但是,人们绝不能把神圣的事物理解为所谓神或精灵之类的人格化的存在。一块石头、一棵树木、一股喷泉、一块卵石,一片木头、一座房屋,总之无所不能是神圣的。而一种仪式也可以具有这种特征,事实上,仪式若不在某种程度上具有这种特性,就不成其为仪式……由此我们得出下列定义:一个宗教是信仰与仪式活动之统一的体系,它们都同神圣的事物有关。神圣的事物是有所区别和禁忌的。……仪式活动这一因素在定义中同信仰这一因素相比,并非缺乏本质性。”①

涂尔干关于神圣/世俗的著名命题后来成了人类学家讨论仪式内涵时不能轻易跨越的另一个链接点。换句话说,你可以不同意涂尔干将这样一组对立性概念作为仪式的指导圭臬,却经常不得不借用这样一个仪式分析

① 史宗主编:《20世纪西方宗教人类学文选》(上卷),金泽、宋立道、徐大建等译,上海三联书店1995年版,第61—63页。

的工具。不少新的见解也都是从对它的讨论和诠释开始,或直接将它与仪式意义联系在一起。比如拉德克利夫－布朗(Radcliff-Bown)有针对性地说,当涂尔干使用“神圣”这个术语时,既包含了神圣也包含了不洁。“法国人比英国人容易做到这一点,因为拉丁语 sacer 这个词既可以用于诸如神祇之类的神圣事物,亦可以用于诸如犯了罪的令人憎恶的人物。但在英语中,神圣(sacred)只与神圣(holy)相等同。……在社会成员中间,我们发现,对于社会成员赋予不同种类的对象的仪式价值存在着某种程度的公认尺度。我们还可以发现,大多数仪式价值是上面所定义的(社会成员所公认的、既定的——引注)社会价值。……仪式的价值存在于每一个已知的社会之中,从这个社会到那个社会,仪式价值会呈现出极大的差异。”[①]在布朗那里,仪式成了社会组织的一种描述和社会总体结构中的象征性表述。神话不仅可以解释仪式,也可以解释其他文化组织行为。但是,涂尔干虽然原创性地划分了神圣/世俗,却并没有对二者之间的交通给出一个令人满意的解释。换言之,在仪式的实际表现和展演中,要达到神圣/世俗的分离并非似认知观念的区分或是分析概念区隔那样简单和容易,在许多仪式的实际发生和进行的过程中,二者往往是包容性的。比如即使是在祖先崇拜的祭仪中,祖先当然被赋予神圣的含义,否则人们就不会因此举行仪式去祭拜,然而,祖先也具有人格和人性,也经常被附于人类的常伦,有七情六欲。无怪乎有的学者从分析哲学的角度认为,需要以审美的态度对仪式中的神圣/世俗进行定位与分离,即仪式的演出需要一种分离的审美。[②]

马林诺夫斯基在神话和仪式的关系问题上基本上与神话－仪式学派保持一致,但他独辟蹊径,从功能上进行解释,认为神话是观念的,仪式则是实践的,二者并置。马氏将文化现象,包括巫术、神话、仪式等人类与自然相互关系这一“功能”直接勾连。这样,所有那些神秘的、不可见的、超

① 史宗主编:《20 世纪西方宗教人类学文选》(上卷),金泽、宋立道、徐大建等译,上海三联书店 1995 年版,第 107—109 页。

② 简·布洛克:《原始艺术哲学》,沈波、张安平译,上海人民出版社 1991 年版,第 198 页。

自然的、经验的、制度性的文化现象的表述、表示、表演都显得更具有直接的、根本的和功利性的理由。他直截了当地宣称:所有的巫术和仪式等从根本上说都是为了满足人们的基本需求。[①] 巫术总在执行这样一种原则:“帮助那些需要帮助的人们。”人们为了面对那些无法预知的、无法安排的来自命运、机会和不幸等的各种情形和境地,不可避免地与巫术发生关系,二者互为你我。如果人类没有这些“基本需求”,那些形形色色的文化表述便无从生产。巫术需要仪式行为的表演来帮助实现现实生活中人们办不到的、无法取得的结果。逻辑性地,仪式行为建立在一种信仰之上。这种信仰是人们经过对生活传统的细致观察,确信人类可以影响自然的过程,控制命运。这种信仰可以在传统的神话中被发现,在经验事务中发现巫术的力量。因此,巫术具有族群价值,它又促使人们为了公共利益加入仪式活动。马林诺夫斯基非常清晰地演绎出了功能主义的示意图:人们相信,巫术可以帮助实现人们所不能达到的结果。这种相信绝非凭空,它建立在人类生活的现实和经验之上。仪式成了实现这一逻辑关联的具体行为——一种族群的、社区的、具有地方价值的功能性表演。因此,它也是一种地方知识系统。这种知识系统所呈示的诸如宗教、巫术、魔术和作为文化现象的各种分类都是为了保证满足人类的需要。[②]

列维-斯特劳斯的结构主义与马林诺夫斯基的功能主义的主张不同,一个重要的原因在于,功能主义可以解释人类寻找物质、满足基本需求的基本功能;甚至也能够解释在满足了这一个层次的基本要求之上,即那些社会组织、信仰制度、神话叙事等非常广泛的现象都置于功能主义的名目之下。然而,功能主义却不足以解释原始思维形态的基础问题以及这些社会现象所具备的共同的内部结构和叙事文法。[③] 结构主义试图通过从同

① 参见史宗主编:《20 世纪西方宗教人类学文选》(上卷),金泽、宋立道、徐大建等译,上海三联书店 1995 年版,第 91 页。

② B. Malinowski, *Sex, Culture and Myth*, J. Middleton ed., New York: Harcourt, Brace & World, Inc., 1962, 190-191.

③ C. Lévi-Strauss, *The Raw and the Cooked, Introduction to a Science of Mythology: I*, Trans. John and Doreen Weightman, New York: Octagon Books, 1979, 15-16.

一物类的内部物质的共性出发，寻找其共同的“心智结构”以及如亲属制度般的传承关系。比如，人类虽然有各式各样的人种，如蒙古利亚、尼格罗、高加索等，肤色也不一样，如黑色、白色、黄色、棕色等，但不同人种、不同肤色不仅具备着共同的物质基础，而且具备着共同的情感诉求。不同人种或肤色的人们可以通婚、生育并不间断地繁衍生息。这说明，只要可以归属于人类这样一个基本的生物种类范畴，任何不同人种之间就存在着共同的本质性，这种本质性的一个重要的区别就是看其是否具有可传嗣性。而像马和驴的关系就不同，它们可以交配、生产，可是作为下一代的骡便宣告繁殖性和延续性的终结。这说明，不同肤色的人群属于同一种类，反之，马和驴不属于同一种类。以此为基础，作为同类的产物，人类不同的社会文化也就具备共同的“文法结构”。

今天，人类学的仪式研究已经越来越不同意传统仪式研究上的主导理念和范式：一是以涂尔干为代表的范式，即把仪式当作信仰的行为（神圣的或社会的）；一是以马林诺夫斯基为代表的功能主义，将仪式当作满足人们基本需求的社会行为。结构主义也不断地被解构。总而言之，不同意将仪式作为一个可以如零件一样从一部机器上拆卸下来进行单独分析的、具有器具化操作的样品。当代西方学术界刮起的一股“后学”风——“后现代主义”“后殖民主义”种种观念和方法自然而然也进入了仪式研究领域，并因此产生了一些新的思索点。贝尔就提出了一些新见解：首先，由于社会空前迅猛的发展，不同的社会形态和族群交流日益扩大、日益深入，使传统的仪式在今天的背景之下增加了许多不同的新质。仪式如果被视为一种具有文化意义的文本的话，那么，它为文化人类学的研究找到了一个很有意思的切入点。这种意义上的基本理解促使了仪式研究延伸到了更加广泛的领域，特别在民俗研究、文学批评、政治伦理、历史人类学、消费主义、再生产模式、传播理论、戏剧研究和社会心理学等方面，明确出现了在社会、文化、历史领域浸透的努力，并且已经非常从容地把仪式作为人类的经历和分析的工具一并交织在了一起。[①] 其次,这样的社会进程不可避免地将个人带入了仪式化境界。个人的行为都成了有目的、策略性的行为。反之,仪式化新产品嵌入了大量属于独立个体本能性的东西和知识,包括他们的身体。他们对待现实生活的态度以及他们不得不在维持和平衡权力关系的微妙境遇中做出符合自己理解的行为方式的选择。[②] 通过类似的观点,我们可以清晰地发现福柯、布迪厄等观点的移植和变形。新学和"后学"理论及观点的引入,无疑将仪式这一人类最为古老的信仰崇拜和行为方式放到当代社会的放大镜下重新给予评估,这显然不是一件坏事。至少,像贝尔这样的学者警示着我们,在当代社会里,仪式的权力色彩已经成为一个制衡社会结构和个人行为的重要因素。而任何一个独立的个体,当他自愿、半自愿或者非自愿的参与仪式行为都不得不羼入有目的的策略性选择。表面上,这样的仪式行为比古老传统仪式中个体与社群彼此结成一个人群共同体、族裔共同体背景下的仪式行为更具有自觉性、自主性,也更遵照自愿的原则,其实正好相反。当一个人原来的本意并非如此,却由于某种政治和权力上的考量不得不做出违背自己意愿的选择时,个体变得更加渺小。此外,由于人类学对仪式的研究,使得仪式不仅经常被作为形式案例,而且提示其作为案例的普遍价值和写作范式。马尔库斯和费彻尔注意到了仪式的描述和分析已经成了一种民族志文本的通常形式。这是因为仪式的文本生产上的文化类象。通过它可以解读经验之上的意义。[③]

面对这种变迁与变化,我们一方面有理由为当下仪式研究的广泛性,为仪式理论被移植和扩大到各个领域的情状感到兴奋;另一方面,这一急速的变迁与变化也在一定程度上使人感到望洋兴叹。今天的仪式与昨天的仪式已不可同日而语。单就表演这一范式早已从诗学发展到戏剧,到文

① C. Bell, *Ritual Theory, Ritual Practice*, New York & Oxford: Oxford University Press, 1992, 16.

② C. Bell, *Ritual Theory, Ritual Practice*, New York & Oxford: Oxford University Press, 1992, 221.

③ G. E. Marcus & M. J. Fisher, *Anthropology as Cultural Critique*, Chicago: University of Chicago Press, 1986, 61.

化展演，到社会结构，甚至到旅游观光中所谓"真实性"讨论等错综复杂的情状。

仪式/游戏，娱神/自娱

格尔兹在题为《深层的游戏：关于巴厘岛斗鸡的记述》一文中对巴厘社会进行过精彩的分析。我们根据格尔兹对这一游戏的描述，依照当地社会的文化背景、"游戏规则"等，将其逻辑关系以及实践行为和符号叙事简述于此：

在巴厘岛，"斗鸡是非法的"，只有当人们举行节日"静默日"（*Nje-pi*）——在这一天，所有的人都必须整天安坐不动以防止与暂时跑出地狱的恶魔突然相遇——的前一天，几乎岛上所有的村庄都要举行大规模的斗鸡（在此情形下斗鸡是合法的）。之所以如此，因为"斗鸡被视作'原始的'、'倒退的'、'不进步的'，而且通常是与一个有雄心的民族不相称的"。然而，与禁酒时期的喝酒一样，斗鸡作为"巴厘人生活方式"的一部分，仍然非常频繁地继续发生。[①] 所以，实际上在巴厘人的现实生活中，斗鸡的非法性与斗鸡的常规性完全兼容。笔者在巴厘岛旅行的时候，只要在村庄，到处可以看到被装饰得非常考究的鸡笼和精心喂养的雄鸡。这种悖论性或许就像斗鸡一样，需要有两方面的对立和对峙的因素存在并发生作用，否则人们很难解释某一件事情"违法的普遍性存在"这样一个事实。

斗鸡游戏之所以在巴厘岛盛行，它可以展示一个巴厘人（男人）实际上是什么样的。如同在棒球场、高尔夫球场、跑道上或围绕一个牌桌所表现的美国外观一样，巴厘岛的外观就在斗鸡场上。因为表面上，在那里搏斗的只是公鸡，而实际上却是男人。"对任何或长或短在巴厘岛住过的人来说，巴厘男人与他们的雄鸡的深刻的心理认同是明白无误的。"表现在语言中，雄鸡被隐喻地用于表示英雄、勇士、冠军、有才干的人，或者政治候

① 克利福德·格尔兹：《文化的解释》，纳日碧力戈、郭于华、李彬等译，上海人民出版社1999年版，第472—473页。

选人、单身汉、花花公子、专门勾引女性的人或者硬汉等。诚如当地男人所说:“我们全都是雄鸡迷”。因此,巴厘男人们与他们的公鸡的亲密关系不仅仅是隐喻的,而且以一种着迷般的赞美和梦幻似的自我专注的眼光凝视它们。[①] 同时,斗鸡也与赌博联系在一起,而赌博的规模、赌资的大小与人的社会声望联系在一起;另一方面,斗的成与败却是无法预料的,这更突出了男人参与竞争的“刺激”与“兴趣”。[②] 所以,许多巴厘人的家里都会驯养斗鸡。

巴厘人精心饲养的斗鸡　彭兆荣摄

斗鸡除了被巴厘男人视为英雄气概的象征意义外,它还属于一个社会事件。“带一只公鸡参加一次重要的比赛对一个成年男人来说,是作为公民应尽的义务;经常在集日举行的斗鸡带来的税收是公共岁人的主要来源。对艺术的赞助是被规定的君王的责任;斗鸡场(或称 *wantilan*)位于村庄的中心,与其他的巴厘人礼仪的古址——议会厅、最初的庙宇、市场、信

---

① 克利福德·格尔兹:《文化的解释》,纳日碧力戈、郭于华、李彬等译,上海人民出版社1999年版,第477—479页。

② 克利福德·格尔兹:《文化的解释》,纳日碧力戈、郭于华、李彬等译,上海人民出版社1999年版,第490页。

号塔和榕树相邻。”[①]那些真正重要的社会成员，即当地生活围绕他们展开的有实力的公民，在参加斗鸡时，除了下赌注外，这些聚会的关键性要素在于，通常支配着和规定了这项活动的男人们正是支配和规定着当地社会生活的人们。这使得巴厘人的斗变得深刻的并不是金钱本身，而是金钱所导致的结果，投入的钱越多越是如此：巴厘社会的地位等级移入斗鸡这种形式，是一次“地位的血的洗礼”。[②]

巴厘岛的社会关系与当地错综复杂的联姻群体以及对立的群体组成有关系。尽管每一个村庄的群体构造并不相同，但由父系制度为主轴的世系群体为主要计量和支配的情形却是一致的。由于大多数村庄都实行内婚，这就使得参加斗鸡的群体与群体之间形成对立。同时，它也可能成为在不同的超越村庄范围与其他村庄形成联盟的政治和社会行为。这样，斗鸡仪式也就浮现出巴厘社会内在的许多关系事实，比如人们从不会把赌注压在自己宗族成员的公鸡的对立面上，通常他感到有义务为属于自己宗族的鸡而赌。亲属纽带越是紧密，斗鸡越是深刻，情形就越是如此。遵循这一原则，按照同一逻辑的推导，如果自己的宗族没有公鸡参赛，就要按同样方式支持联盟的亲属群来对抗未联盟的群体。以此类推，村庄也是一样。[③]

从这个著名的民族志例子我们很清楚地看出，斗鸡作为人们一般性的理解和经验，它应该属于游戏的范畴，因为大多数人会把仪式与较为庄严的事件或事情联系在一起，而习惯性地将日常生活中的那些轻松、没有神圣感的事件或事情视为游戏一类。然而，格尔兹对巴厘岛人的斗鸡游戏的精到分析，让人们看到了一种新的现实意义，即分析二者之间在尺度上完全可以通缀。当一种日常生活的游戏成为传统不可或缺的有机部分，并形

---

① 克利福德·格尔兹：《文化的解释》，纳日碧力戈、郭于华、李彬等译，上海人民出版社1999年版，第484—485页。

② 克利福德·格尔兹：《文化的解释》，纳日碧力戈、郭于华、李彬等译，上海人民出版社1999年版，第494—495页。

③ 克利福德·格尔兹：《文化的解释》，纳日碧力戈、郭于华、李彬等译，上海人民出版社1999年版，第494—496页。

成地方礼俗时，游戏也可以被视为仪式；只不过它的庄严性和严肃性深纳在表象的后面。另外一种评判仪式的视角经常是由游戏的娱乐对象所决定。众所周知，许多庄重而盛大的仪式通常都是以娱神为目的，或者说，仪式的初衷是娱神的。随着社会的发展，世俗化越来越普及和普遍，娱神的含义越来越淡，甚至已经消失，转而成为自娱活动或单一性目标的活动了。体育就具有明显的类似特征。如果我们把斗鸡看作是一种由游戏向仪式转变（潜移）的活动的话，那么，体育则更像是由仪式向游戏转变（潜移）的活动。

仪式表演中的"娱神/自娱"母题带有悲凉与喜庆的双重语义。它是一个表演的"情节"，更是一个历史的"情结"。迄今为止，几乎所有人都知道世界上盛大的体育竞技活动，即奥林匹克竞技节日。可是，对于它的形成却鲜为人知。其实，传统的饮誉全球的奥林匹克体育竞技活动起源于丧葬仪式。在古代希腊的历史文化中，最有代表性的是四大竞技节日，它们分别是奥林匹克（the Olympic）、尼米亚（the Nemean）、科林斯地峡（the Isthmian）和皮西厄（the Pythian）。它们分别是古希腊的四个地名，而且这些地方都出现过神祇或大英雄的灵迹武功。然而这四个古希腊最重要的节日仪典，都无一例外地起源于丧葬仪式。这些丧葬仪式原本是生者对死者表示敬意和缅怀的方式。奥林匹克竞技节日相传是为了纪念庇罗甫斯（Pelops）[1]而创立的。传说庇罗甫斯在奥林匹亚有一神圣的属地（Precinct）。为了敬奉奥林匹亚的英雄，他就一年一度举行以羊为牺牲的祭祀仪式。后来他死亡并被葬在奥林匹亚，所有的伯罗奔尼撒小伙子都自己将自己捆绑着来到他的墓前，以他们的血祭奠这位死去的英雄。[2] 这就是奥林匹克体育竞技活动的雏形。在世界各民族的节日仪典中，这并不是唯一的例子，弗雷泽曾令人信服地撷取了大量例子以说明许多民族的节日仪典都起源于对死者的哀悼仪式。[3] 北美的一些印第安部族也有类似的习俗，

---

① 庇罗甫斯系古希腊传说中的英雄，他是斯巴达的始祖。伯罗奔尼撒就源于这个名字。

② J. G. Frazer, *The Dying God*, London: Macmillan and Co., Limited, 1898, 92.

③ J. G. Frazer, *The Dying God*, London: Macmillan and Co., Limited, 1898, 92-105.

他们在举行丧葬仪式之后照例都要进行一系列的跑步、投射等活动，或者说这些活动就是仪式的构成部分。鞑靼人在掩埋了他们的死者之后，总要进行热烈的赛马活动。吉尔吉斯人也有此俗。高加索人除了在人死之后要举行隆重的仪式，在第二年的周年时还要举行类似的仪式活动。

值得人们进一步思考的是，除了不同时代和人群共同体的风俗习惯表面上迥然不同外，深藏在其中的文化内涵却有着惊人相似之处，这就是原始人类普遍相信万物有灵。人的死亡只是肉体活动的停止，灵魂却依然存在，而且他们还会复活或再生。悲/喜可以转化和转变。所以，丧葬仪式以悲致喜反而成为原始仪式中的一种混合体。神话学家利明认为："虽然英雄们经常遭受'死'——以显示人类悲剧循环(tragic cycle)，然而，死却成了复活和永生的途径。"[1]另一方面，生命的循环配合着人类对自然现象，诸如四季更替、一岁一枯荣的交替现象的参照和理解，在生命的礼仪中交织和融会了悲-喜的感情和感受，也将仪式中的娱神-自娱通融在一起。有的时候也会出现这种情形，即原始的丧葬仪式所表现出来的人类情感主要是悲伤的，由于仪式本身的经久性，随着时间的变化和文化的变迁，原来凝聚或主要体现在仪式中的情感感受和符号意义转化为另外一种符号价值和感受体验。奥林匹克体育竞技活动即是如此。

① D. Leeming, *Mythology*, New York: Newsweek Books, 1977, 13-14.

第七章　仪式的进程：阈限与通过

分类与阈限

仪式的种类繁多而复杂，归结起来，原始仪式主要有以下三类：时序仪式、生命礼仪和宗教仪典，三者时常混杂。时序仪式，即在自然的节律之中体验生命的律动，而这一切都与四季变迁、生命变化直接发生关系。轮回观念因引产生：

死游进了水里，
春天来到了我们中间。
带着红红的孵蛋，
带着黄黄的煎饼。
把死神逐出村庄，
把夏日迎进家园。

……①

这是波西米亚人对新生的歌咏。人类的生命呈现于自然时序递进、四季轮替、节律嬗变之中,它本身也就因此获得了一种神圣性。由于它与人类的生命、生计和生活休戚相关,唇齿相依,因此,时序性仪式显然为人类最基本和最原始的一类。生命礼仪,即根纳普所谓的通过礼仪。在《通过仪式》一书中,他开宗明义:“任何社会里的个人生活,都是随着其年龄的增长,从一个阶段向另一个阶段过渡的序列。”②“一个阶段向另一个阶段过渡”,仿佛移植了时间的物理性质;时间被人为地区分为有临界状态的阶段。然而,这正好是生命时间制度的另一种表态,或者说生命时间的社会性。简单地表述为:如果没有一个特定族群和确定社会仪式的分水岭将一个年龄与另一个年龄以特殊的方式分隔开来,便无从获得社会规范中的过程属性。就像不举行成年仪式,便无法步入成年社会一样。仪式的生命过程具有凭照的性质。宗教庆典,指在一个宗教或宗教团体内所举行的仪式,以彰显宗教信仰、教义、事件、人物等灵迹和神圣。宗教庆典的一个最外显的功能在于,通过仪式化行为将神圣与世俗的距离拉开。

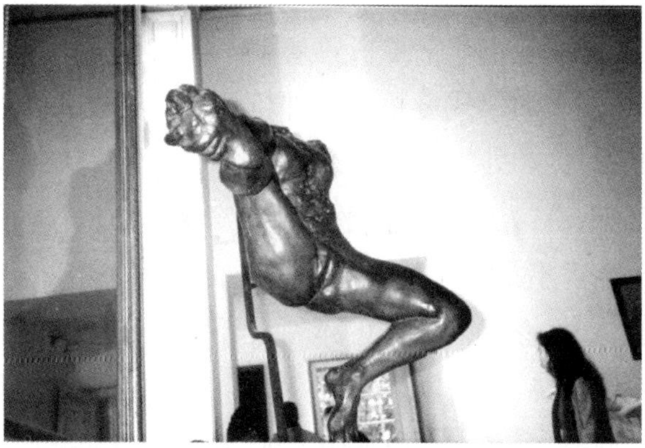

罗丹的雕塑《生命之门》 彭兆荣摄

① J. G. Frazer, *The Illustrated Golden Bough*, London: Macmillan and Co., Limited, 1978, 120.

② A. Van Gennep, *The Rites of Passage*, London: Routledge & Kegan Paul, 1965, 3.

巴黎拉雪兹墓地的“地狱之门”　彭兆荣摄

文化人类学从一开始就将仪式研究视为该门学问的专项内容。一方面,许多古典人类学家,如泰勒、弗雷泽、史密斯等在他们的研究中早就注意到了不同种族、族群、民族、地方的人们在对待仪式、贯彻仪式、体验仪式上的许多共同点,特别在人类的属性、人与自然、人与非经验所能及的想象性存在(神灵系统)之间渗入了交流和逻辑关系。另一方面,早期的人类学家对仪式过程的研究也非常重视。毫无疑问,其中最为著名者非根纳普莫属。特别是他创立的仪式分析的特殊价值——将仪式作为一个独立的内部单位结构来对待和处理。可以说,通过仪式开创了仪式内部进程分析的里程碑。表面上看,人生礼仪似乎只涉及个体生命过程的年龄递增的自然演进,事实上却远不止于此。他建立的仪式过程乃是一个完整的社会机制和分析原则。如果说,泰勒、弗雷泽等人类学家在他们的研究中还停留在将仪式作为社会生活的关联性纽结,以突出原始社会的所谓交感联系的话,那么,根纳普则将仪式本体研究引入人类学的专门学问。简言之,前辈们所做的研究是社会中的仪式,而根纳普做的则是仪式中的社会。正如其代表著作的书名一样,他首先阐明了所有过渡仪式(transition ritual)的基本类型和分析原则。值得一提的是,根纳普通过仪式的表述范式对西方现代文学产生了巨大的影响。

理念上,根纳普与涂尔干不同,他并不认为宗教和巫术截然不同,而是将二者作为一种社会语境中的方式差异。他认为,宗教表现为理论性的,而巫术则表现为实践。在这样的理念指导下,仪式的过程就成了二者不可偏废的一刃双面。重要的是,之于一个社会,个体和群体之间建立的仪式系统体现了社会关系和交流价值。在根纳普的仪式理论中,人类社会所有的高级仪式,如献祭仪式、入会仪式、宗教仪式等,无不具有边界、开端、运动的特点,因此,所有这些过渡性仪式也都包含着三个基本的内容(分离、过渡和组合)和阈限期(liminal phase),它们分别被表述为前阈限、阈限和后阈限:

分离(separation)　过渡(margin-transition)　组合(reaggregation)
前阈限(preliminal)　阈限(liminal)　后阈限(postliminal)

"阈限"概念的建立并使之具有工具性的操作价值使得仪式理论从一开始就具备了模型化的分析规则,为拟构仪式的动态性机制奠定了一个良好的基础。它将人的生理和生命阶段的物理性质社会化,人的生命过程与社会化过程在仪式理论中被整合到了一起。同时,根纳普也为仪式研究,特别是仪式过程和仪式内部的研究开了一个先河。

生命礼仪以及阈限理论对分析人在社会中的阶段性通过具有模式的意义。在一个社会里,人的社会性随着年龄的增长而被赋予不同的权利和义务。这些社会性的获得并不是当一个人达到某一个年龄段的时候便自然具备,而需要通过仪式才被赋予。"人不成年,不被看作资格全称的人,……权利义务都不平等。及到一定年龄,青年男女,在原始社会里,多要经过一种繁缛的仪式,然后才算正式的人。……这样仪式之在中国社会,于男青年就叫作'冠礼',于女青年就叫作'笄礼'。"①中国的古籍对这些仪礼有过许多记录:"男子二十冠而字"。(《曲礼上》)"二十而冠始学礼,可以衣裘帛,舞大夏,惇行孝弟,博学不教,内而不出"(《内则》)。女子则"十

① 李安宅:《〈仪礼〉与〈礼记〉之社会学的研究》,上海人民出版社2005年版,第38页。

有五年而笄"(《内则》)。"女子许嫁,笄而字"(《曲礼上》)。在传统的汉人民间社会,这些仪礼在举行和执行中,不同的地方虽有很大差异,然而生命礼仪的阈限之通过形式和意义却是一致的。至于在形式上何时形成制度化的问题,则说法不一。从历史典籍的记录看,一些通过仪式早已定型。不过,有学者考据,有些通过仪式,如冠礼及至清代以后,由于各民族习俗差异较大,冠礼才逐渐式微。[①] 我国绝大多数的少数民族仪式文化中,各种通过仪式构成了民族和族群最为重要的知识体系和实践章程。如果说许多少数民族的成年礼与汉人社会有什么明显的不同的话,那就是他们在举行成年仪式的时候,经常会伴有忍受痛苦的行为。最常见的少数民族成年礼是文身黥面。他们用针刺绘图纹,再沾上植物的汁液或锅灰,血干后便留下永久的标记,也是氏族的标记。比如台湾的泰雅人、赛夏人和布农人都有这种习俗。对于许多民族而言,成年礼的精神在于"试炼"——精神上、肉体上的。[②]

成年礼中的这些所谓的试炼行为和程序成为成年礼中入社(initiated)所必需的过程。它与人类古代文化表述中的两大主题有关:一,"赎罪-洁净-奉献"。比如在古代社会的许多仪式中,特别是宗教仪式的割礼——割去或割裂男人的包皮,割去女人的阴蒂或小阴唇的仪式。古希伯来、古埃及、美洲印第安社会,以及犹太教、伊斯兰教和基督教中都有此俗。基督教还有一个耶稣受割礼日(1 月 1 日,相当于公历的 1 月 13 日或 14 日),据《新约·路加福音》载:耶稣诞生后第八天接受割礼和命名。这与他后来被钉在十字架上以祭献上帝的仪式性行为形成一个完整的受难仪式的阈限主题。二,"苦行-磨历-考验"主题。毫无疑问,这一主题在神话的文学叙事中几乎成为最具代表性的一个主题。从"普罗米修斯盗火","寻找金羊毛","摩西逃离埃及","耶稣垂难与受难",《西游记》师徒取经路上之"九九八十一难",到英雄神话中的求索和受苦等,无不包含着

① 陈丽宇:《成年的礼俗一:访周何教授谈"冠礼"》,见王秋桂主编:《神话、信仰与仪式》,稻乡出版社 1996 年版,第 82 页。

② 陈三青:《成年的礼俗二:少数民族的成年礼》,见王秋桂主编:《神话、信仰与仪式》,稻乡出版社 1996 年版,第 85—86 页。

这一主题。这一主题在许多少数民族的成年礼中甚至演变成为必须通过的程序,比如"上刀山下火海"(我国西南许多少数民族的成年礼中都有此程序),以考验受仪者入社的能力与毅力。

在许多生命礼仪中,考验与受难是考察和评价通过者必须和必备的功力和课业,是社会布置的作业,完成了便获得社会给予的入社通行证,反之则无法入社。

对阈限的理解与使用

对仪式模具的拟构,看上去使根纳普的仪式论显得有些刻板和机械,却不妨碍他对社会人类学在仪式研究方面产生的广泛而深远的影响。利奇在他的研究里就采纳了根纳普的框架并做了符号结构上的引申。另一方面,我们也明显地看出,他同时接受了涂尔干神圣/世俗的分类原则。根纳普清楚地看到了社会生物只有首先被界定在具有两个领域的价值,仪式的通过意义以及属下所有的阈限分离才具备逻辑起点。利奇虽然避免沿袭神圣/世俗的单一线索的描述,比如,在涂尔干的神圣/世俗的二元对立中,仪式特指在神圣的语境中所发生的社会行为,但是,他认为,社会行为缀入一个连续体,它可以是神圣的,亦可以是世俗的。可以看出,利奇的所有这些论述,都完整地接受了根纳普的阈限和界限的概念①,并在此基础上进一步将这一分析模式引入所有二元分类的社会结构的研究,比如禁忌。他试图努力把根纳普的通过仪式和涂尔干的二元观融会贯通。

不过,利奇对仪式阈限的看法表现出相应的灵活性,即并不是简单地将某一个阈限内的象征指喻凝固化,而是在象征的动态意义上做进一步的发掘和发挥。他认为,把死亡和诞生看作一回事很愚蠢,因为其中缺失了对仪式整体性的完整把握。只有像根纳普那样将仪式作为整体中的几个

① E. R. Leach, "Two Essays Concerning the Symbolic Representation of Time," in *Re-Thinking Anthropology*, London School of Economics Monorgragh No. 22, London: Athlone Press, 1961, 124-136.

部分:象征性死亡,仪式性的与世隔绝时期,象征性再生等,生命的动态才能显现。他甚至将通过仪式与人生周期的阶段联系起来,与时间的某种表述或概念化联系起来。这样,生 - 死认同就合乎逻辑地在时间的表述制度里面成为一种钟摆型概念,即著名的利奇专利性的钟摆理论——将他对缅甸高地克钦人政治系统中的人群分类与动态的政治归属应用到了阈限理论中。[①] 很清楚,仪式的两种禀性被突显了出来:过程的阈限关系和变动的模具性质。

受根纳普仪式理论影响并对仪式的阈限分析有重大发展者之一,当为格鲁克曼,特别在功能主义方法上有着重要的贡献。格氏是一位典型的"社会冲突"论者。他对仪式理论的基本主张反映在他早期的论文《东南非洲的反叛仪式》(*Ritual of Rebellion in South East Africa*,1963)中。他援引弗雷泽《金枝》开头关于纳米(Nemi)祭司的仪式,并从此引出另一个仪式活动的连带性意义,即所谓的"反叛仪式"——通过对神圣的"弑杀"的不可缺失的行为,使得仪式生成内部系统的过渡功能和转换指示。弗雷泽注意到祭司、国王等部族首领们与农事仪式之间的转变关系。他通过对世界许多原始部族民族志资料的汇集,揭示了一个重要的仪式类型——"杀老"。它的基本叙事为:当一个部族社会的首领衰老了,或者生病了,部族就会举行隆重仪式,杀死已经衰老或者得了重病的首长、祭司、国王、酋长等,并同时产生一位新的、年轻的、身强力壮者来占有首领这一位置。这不仅仅是一个简单仪式的程序转换,它凭附的背景依据至关重要:一个部族的生命体现和循环过程与自然生物的表象相配合。春夏秋冬、万物枯荣,生命伴随之兴盛衰退。作为原始神话 - 仪式的思维逻辑和叙事范式,大自然的交替和交感的生命价值被移植到了人类社会。部族社会的兴盛被他们的首领体现着,他们必须符合强壮的生命体征——年轻、高大、雄壮、满面红光、性欲旺盛、像公牛一样等等。力量、繁荣、权威等一并与部族的繁

---

① E. R. Leach, *The Political Systems of Highland Burma: A Study of Kachin Social Structure*, London: G. Bell & Sons, 1954; "Two Essays Concerning the Symbolic Representation of Time," in *Re-Thinking Anthropology*, London School of Economics Monorgragh No. 22, London: Athlone Press, 1961.

荣昌盛的社会语义同构。反之亦同。于是,"杀老"与"代新"相互续承。后者不言而喻地成为前者的"杀手/弑者"。但他们贯彻的是人类的自然精神和参照兑换。[1] 从而最终实现了另一层寓意:五谷的精神(spirit of the corn)。如此指喻便自然而然地延伸到了生命的种类,在人类、动物、植物等品类上赋予了随时可以互动的人类思维和交感关系。格鲁克曼在此基础上做了进一步的发挥,特别是仪式中性别角色的补偿性转换功能这一点。

格鲁克曼在对祖鲁(Zulu)人的调查中发现,他们的农业祭祀仪式大都由妇女们组织参与,其主要祭颂的神灵 Nomkubulwan 亦为女神。更有甚者,祖鲁社会中的占卜者多数也是女性。与这些重要的祭典仪式活动中的角色相比,男人们通常采取的态度是疏远和离异,以一种漠不关心的面目出现。[2] 仪式似乎透露出这样一种语码信息,妇女总是社会的一面镜子。由于妇女在社会中必须依附于男性,屈服于男人。这样的社会性别显然不平等,它将给社会带来另一种不平衡的后果。仪式恰恰给了妇女获得地位补偿的机会,也给了妇女特殊的权力和能力。简而言之,祖鲁社会中的女性仪式不独凝聚成了社会机制上的"情结",同时也是该社会的"情结"——社会构成的"反叛"主题。它既可以被理解为社会冲突,又可以被视为社会冲突的平衡关系。格鲁克曼所举的例子与古代爱琴海地区出现并流行的酒神祭祀仪式的情形有异曲同工之妙。酒神狄俄尼索斯的祭司、信徒皆为女性。举行仪式期间,女性向父系社会的男性(包括国王、亲子等"君臣关系""母子关系")进行了激烈的"反叛"行动,她们甚至将"国王 - 男人"杀死,撕成碎片——忒拜国王彭透斯便为一个极端的例子。彭透斯系希腊神话中的忒拜国王,忒拜城的奠基者。在一次酒神节庆典仪式期间,他试图禁止妇女们参加狄俄尼索斯的祭典仪式,而被酒神的女信徒们杀死并撕得粉碎。女信众中就有彭透斯的母亲。这一个著名的神话故事一直以来成为希腊悲剧作家们喜爱引用的题材。如果按照格氏理论,女性的角色反叛不啻为父系社会性别冲突的一个必然的社会仪式行为,是冲

① J. G. Frazer, *The Golden Bough*, London: Macmillan Publishing Company, 1947.

② M. Gluckman, *Order and Rebellion in Tribal Africa*, London: Cohen & West, 1963, 113-137.

突，亦是平衡。格鲁克曼的理论显示出丰富的社会哲理性。

格鲁克曼的另一个例子是非洲的斯威士(Swazi)社会中一年一度、极为复杂的皇家礼仪 Incwala。它属于水果节的一个重要部分。仪式进行之前的一段时间，除了皇家氏族，特别是国王本人以外，其他人都不能动庄稼。仪式中有一个极具戏剧性的表演：国王赤裸着从人民面前走过，妇女们则大声地哭泣。格鲁克曼据此认为，仪式的意义并非传达斯威士社会的民族团结，正好相反，它强调社会冲突，一种阶段性聚合以反叛和抗拒国王。[①] 当然，社会冲突的前提和意义可以成为仪式社会存在的阐述，它更具有功能上的效力，即通过仪式的实践达到阶级性的联合。格鲁克曼进而认为："冲突的行为可以因此获得一种'赐福'——社会整合。"[②]通过这两个例子，格鲁克曼确定了仪式具备冲突/整合(conflict/unity)的社会结构和操控机制。仪式的过程和阈限性质被提升到了社会组织结构的高度。

特纳的仪式理论

当代人类学界对仪式研究最具影响力的人类学家为特纳。他将仪式作为一种结构性冲突的模型来分析，使其享有在物质性个案研究中将民族志图释为一个模型的大师称号。[③] 作为结构－功能主义者，特纳的仪式研究集中表现出对二者不偏废的努力。尽管在后来的作品中，他试图超越这一理论框架。特纳仪式研究的总体结构性概念的引进基本上袭用了根纳普通过仪式三段论的原始意义。他称根纳普为"形态过程的分析之父"。但是，在特纳那里，阈限成了"互动性结构的态势"(interstructural situation)。他最具有理论特色的所谓"两可之间"，或曰"模棱两可"(betwixt and between)，即直接导源于他对仪式阈限的独到理解和新颖诠释。[④] 较

① M. Gluckman, *Order and Rebellion in Tribal Africa*, London: Cohen & West, 1963, 125.

② M. Gluckman, *Order and Rebellion in Tribal Africa*, London: Cohen & West, 1963, 126.

③ A. Kuper, *Anthropologists and Anthropology*, Harmondsworth: Penguin Books, 1973, 183-184.

④ V. W. Turner, *The Forest of Symbol: Aspects of Ndembu Ritual*, Ithaca, New York: Cornell University Press, 1967, 93-111.

之根纳普，特纳的仪式研究明显更加深入并弥补了根纳普仪式研究中较为单一、刻板的毛病，特别是他对仪式阈限理论中象征意义的挖掘方面更具有解释价值。

特纳发现了仪式过程中几个重要的特征：①阈限的模棱两可性，即在仪式的动态过程之中，具体的阈限并不总表现在一个方向上。它的意义亦非单一表述。在一个阈限与另一个阈限的关系之间存在着中间状态，毫无疑义，也就存在着一个中间性。一方面，它是仪式由一个阈限向另一个阈限延续的必要阶段；另一方面，它同时要把双边性都交代清楚。正是因为这个所谓的中间状态好像与逻辑上的排中律看起来联系得并不那么密切，但它所蕴含的仪式性指喻更为深刻，也具有更大的诠释空间。仿佛交通要道上的指示灯，由于红灯和绿灯直接与排中律发生关系，走或者停，在通过的表示上显得更为紧迫并充满着焦虑感。因而也往往为人们所格外重视。然而，黄灯在行动上直接为红/绿的过渡提供中间性缓冲和缓和，使对立起来的关系更为丰富。②阈限之间可以化解其分类性隐喻，比如生－死、幼稚－成熟等等。换句话说，虽然仪式的阈限理论和实践活动带有“工具和机械”的外部征兆，其内部运动的意义指示却受到象征性社会价值附属力量的控制。所以，任何仪式的所谓通过其实是凭借仪式的形式以换取对附丽其中的象征价值的社会认同和认可。③人物角色的可逆转性，包括表现出来的正常与非正常行为。仪式的过程所表现出来的物理特性在表象上仿佛不可逆，比如当一个人到了一个特定社会规定的成年的年龄时，需要举行成年礼。而他在通过成年礼之后便自然地进入了另外一个社会分层与规范，即成年社会。相应地，他的行为必须符合那个社会分层的要求，不能越雷池，不可造次。时间的物理性上，他已经永远无法再回到往昔未成年的阶段，他的行为也已经无法再向那个时期的年龄负责。所以，就这个意义而论，仪式的通过在其形式的能指上具有不可逆性质。不过，由于仪式本身建立起来的社会关系非常独特，即可以在特定的时间和地点突出或者夸张一些社会性质，甚至漠视另一些社会规范，因此，它具备了一些特别的功能，包括行为。④仪式的阶段性处于封闭和孤立状态，从而使之为另一种过渡提供了理由。虽然在特纳那里，就仪式的进程而言，它具有两可之间的性质，但这并不意味着阈限与阈限之间缺少相对的独立性；相反，每一个阈限本身不仅在能指的物质上自我包括，而且也具有独立自主的阈限性规定和意义。更有甚者，其规定和意义会随着时间的推进而膨胀，从而达到最终向另一个阈限过渡的极限要求。⑤仪式的展演过程存在着绝对而专断的权力。通常它被视为公共利益。行为上大都由长者来传递共同体的袭成价值和知识表述。所谓仪式，从功能方面说，可以被看作一个社会特定的公共空间的浓缩。这个公共空间既指称一个确认的时间、地点、器具、规章、程序等，还指称由一个特定的人群所网络起来的人际关系：谁在那个场合做什么，谁在那个场合该做什么，谁在那个场合能做什么，等等，都事先被那个社会所规范和框定。始作俑者便是权力。其实，通过仪式之所以在一个形式之后能够获得另一种特殊的"能力"，而它又必须与其所相衬的社会性相呼应，都受控于那个专断的权力。它以个别人在特定的场合为代表，由社会价值赋予其特殊的权力。

在《模棱两可：过关礼仪的阈限时期》中，特纳认为："一切社会都有过关礼仪，但这种礼仪往往在小规模的、相对稳定的循环变化中才达到最大限度的表现，因为在这些社会中，变化与生物和气象状态的周而复始、往复循环密切相关，而与技术发明无关。过关仪式指明并构成状态间的过渡。"他认为："'仪式'这一术语更加适合于表示与社会过渡相关联的宗教行为，而'典礼'一词则更适于表示与社会状态相关联的宗教行为，因为在社会状态中政治－法律制度也比较重要。仪式是转变性的，典礼则是确认性的。在通过仪式的阈限时期，'过渡者'从结构上看是'不可见的'，尽管他在形体上是可见的。"[①]特纳对根纳普的阈限理论的一个创新之处在于，他把通过仪式的三个阈限看作互为相关的、双向负责的、具有交通功能的有机部分。他对过渡阶段的阐释成为其仪式理论的一个特色。他认为，仪式在过渡时期表现出模糊不清的状态，它既不完全隶属于前阶段，又不属

① 维克多·W.特纳：《模棱两可：过关礼仪的阈限时期》，见史宗主编：《20世纪西方宗教人类学文选》(下卷)，上海三联书店1995年版，第513—515页。"过关礼仪"即"通过仪式"——笔者注。

于后一阶段；当然，也可以这样说，它既承前，又启后，因而具有特殊的中介和边缘的特点。但从根本上说，通过仪式的过渡阶段最为关键。

特纳的仪式分析有两个方面：一方面是“社会结构中的状态”（statuses），特指社会关系所建构起来的稳定状况，具有明确的功能主义意义和经验主义色彩。“它植于过去，又延伸向未来”。它是认知、分类、范式、工具。对个体而言，那是一个“冷漠而机械”的世界。[①] 其象征性有三：一，它是一种模糊不定的时空。二，在阈限期，受礼者进入了一种神圣的仪式时空，处于一种中间状态，此时世俗社会生活中的分类不复存在。三，在世俗的社会结构中，等级、身份、地位消失了。[②] 另一个方面是社群，指介于具体的、历史的、特质的个体间的关系。在谈及二者的关系时，他认为，所有的社会，不论其是确指的，抑或是不确指的，都包含着两种截然相对的社会模式：一是作为社会结构的模式，它与公理、政治、官方、地位和角色相连带；另一种模式是作为社群的结构，它与具体的、个性化的个人相联系。[③] 简言之，任何一个社会结构关系无不同时在两个意义“极相”上陈述，它既可以在社会历史的层面上体现出历史的、抽象的、逻辑的“文法性”，又是某一个具体的、社群的、个性化的表述。特纳还列举出一系列对应性关系：

结　构	社　群
稳定的关系	过渡的关系
多重性	单一性
均等的	非均等的
有财产	无财产
世俗性	神圣的
骄傲的	谦卑的
复杂	简单
分类性的	无分类性的

① B. Morris, *Anthropological Studies of Religion*, Cambridge University Press, 1995, 255.

② 王铭铭：《想象的异邦——社会与文化人类学散论》，上海人民出版社 1998 年版，第 237—238 页。

③ V. W. Turner, *The Ritual Process*, Harmondsworth: Penguin Books, 1974, 166.

特纳还对一些具体族群的仪式进行分析，其中最为著名的例子是朝圣行为。在他看来，朝圣属于典型的制度性社群的仪式行为。通过分析他发现，朝圣仪式行为有几个引人入胜的特征：①朝圣地通常在距离朝圣者居住处很远的山里、洞里、森林里，距离城市一般都有较远的路程。②朝圣被看作与常规的、日常生活的、固定的系统不一致，是一种“离开世俗世界的休憩”(retirement from the world)。③在朝圣的过程中，所有既定的社会道德和伦理价值，如等级、地位等都宣告消解。所有的朝圣者一律平等。④朝圣属于个人自由选择，却具有宗教上的虔诚和苦修。⑤由居住地到朝圣地之间的朝圣行为有着更为广泛的共同体价值，间或可以超越宗教教义上的规定，甚至达到超越政治和民族的界限。在这里，我们仿佛看到了在西方古代文学作品当中那些考验主题的仪式性通过价值和范式。这也正是为什么人类学的通过仪式经常成为一种工具性分析程序出现在文学研究领域。

西藏大昭寺前的朝圣者　俞建平摄

特纳继承了根纳普的仪式阈限理论，同时又借用了结构主义的框架和概念性工具。不过，他不是死板地搬动或全盘套用，而是独辟蹊径。比如他将仪式的阈限视为社会结构的一个模式，尤其是不同阈限的“进入与出去的时机”(moment in and out of time)所涉及的复杂关系共同构造成一个“结构扭结”(structural ties)。这里面，包括了种姓、等级、世袭关系——财产和社会地位等，在政治、经济和法律等社会条件下，个体可能因此受到更多或更少的不同待遇。另外，相对平等的个体作为交流单位的过程难免受到来自同一个社会结构的语境下老年人权威的制约。所以，他建议以社群来替代社区，重要的依据之一正是为了尽可能保持作为单位个体在仪式阈限中与那些来自影响平等关系的因素区分开来，这样就可以不再拘泥于以往单纯的神圣的/世俗的分类窠臼。

特纳花了不少气力去甄别他所采用的结构特点和特质。他认为，他所采用的结构主要是依据英国社会人类学家们的主流意见，即强调在特别安排的组织形式、机构的社会功能上的作用，或借此基础上的社会关系和角色地位。而非指列维－斯特劳斯所使用的那种结构，即关于逻辑分类和介于其中的关系形式。大致上看，仪式的阈限理论可以简约为英国社会人类学式和列维－斯特劳斯式两种。不过特纳用心良苦，他虽然在观念和分析视野上属于英国社会人类学式的，却希望自己的研究具有列维－斯特劳斯式的效果。他说："对于神话和仪式中错综复杂的情况而言，简约地理解为：如果我们将阈限中的时间和地点从正常的社会行为模式中抽出，那么，它就可以被理解为中心价值的结构阶段和文化发生的原理了。"[①]而作为社会生活的两个主要方面，文化结构和社会关系经常是矛盾的和冲突的。仪式注定构成这二元结构中的重要角色。比如，他说："在这里，无时无地能够阻挡住分类，主要二元化分类和类型都显现在神话、象征和仪式的巨大的遮蔽物之中。"[②]事实上，它是反文化的。然而，特纳在他的著述中违背了对一个基本事实的承认：仪式具有意识形态的功能。[③] 简而言之，特纳的仪式阈限的结构分析虽然带有英国社会人类学的意味，他却希望因此获得列维－斯特劳斯式的普世性效果。另一方面，他试图追求其仪式结构分析的模式价值，却又在分析中黏着属于案例典型性的社会文化气质。

---

① V. W. Turner, *The Ritual Process*, Harmondsworth: Penguin Books, 1974, 166-167.

② V. W. Turner, *Dramas, Fields and Metaphors*, Ithaca, New York: Cornell University Press, 1974, 259.

③ B. Morris, *Anthropological Studies of Religion*, Cambridge University Press, 1995, 261.

对阈限理论的批评

仪式阈限理论自诞生以来,就一直受到学术界的广泛关注和重视,并成为无可争议的仪式理论之经典性话题。其所以如此,一方面,阈限理论为仪式在结构 - 功能领域的延续研究起到了一个非常重要的桥梁作用。另一方面,它本身亦具备了作为理论提供所需要的逻辑性和物质形式方面的特性。而且,它与宗教世界中生命的两种状态、两种过程以及相互作用、相互交流和转换现象相吻合,也与人类在与自然的参照与认识中的四季变迁、生命枯荣变化的永恒现象的类同有关。因此,在逻辑上它具有理论的普世性。然而,人类学家同时也发现,尽管仪式的阈限理论具有学术上的权威性,可是,当它在与考古人类学资料结合起来的时候经常出现某些相悖的地方。特别是在一些具体的、有明确地理和族群空间的社群范围内,仪式必然与地方性的伦理和知识系统结合在一起,形成了具有地方特色、时空限定的仪式实践。毕竟,不同的社会意识形态会呈现多样性质,所围构起来的边界包括领土边界、中心边缘边界、政治权力边界、文明类型边界等都不尽相同。[①] 仪式的阈限价值和限定也就不同,甚至有可能出现相左的现象。仪式的阈限理论从某一个角度上说,其实旨在通过一个有明确界限的、具有时间空间规定的、被特定族群认同并参与的、有固定程序格的社会行为来强调和强化一种社会秩序,突出既定的伦理和民约,递承传统的意识形态。因此,在仪式的外部功能上,形式性和重复性最容易被加以勾勒,但是欲以一个通用性的象征指示系统和解释意图全部囊括便显得非常困难。治理论者总希望自己的理论建构具有普世价值。可惜,这种逻辑和推理上的范式经常在具体的案例应用甚至解释上显得爱莫能助。仪式的阈限理论当然亦不能例外。

根纳普的阈限理论华丽而整齐,逻辑上有着广泛的理论价值,因而被仪式研究视为基石,并深刻影响了人类学宗教研究领域。后来的人类学家

---

① C. Riva & S. Simon, "Ritual Landscapes in Archaic Etruria," in J. B. Wilkins ed., *Approaches to the Study of Ritual: Italy and the Ancient Mediterranean*, University of London, 1996, 93-94.

们虽然对他的阈限陈说有不少修正意见,如利奇、特纳等,却没有在根本上进行反叛,更多的只是在此基础上的发挥。然而,阈限理论的假设完全建立在生命的历时性维度以及它与生命的自然观照之上。换言之,人的生命进程被类同于一段行动单一、方向同趋且不可逆转的物理过程。在这个人类感知的生命流程里面,它可以再被分割成为几个重要时段,在经过每一个时段的关节上必须伴着一个相应的仪式行为以确立其过渡的程序,标榜生命行程通过的阶段性标志。毫无疑义,它符合生命的物理性质,可是它同时与生命的心理期待有所冲突,并在许多宗教信仰现象中加剧这样的生命理解:人的生命礼仪在年龄的物理过程中通过,最后体现为死亡状态。人的生命礼仪在年龄的心理期待中通过,最终体现为生的永恒。很显然,按照根纳普的阈限理论,其中三个阶段所串联起来的指示是单向的而不能是双向的,它符合生命的时间一维性,逝者如斯。现在的关键问题在于,人类对于生命的理解相当悲观。对于生命物理性质无可奈何的情势时常回馈于心理、宗教层面的期待表述,它正好与生命的物理维度相反。抗拒生命构成了人类最为深层的悲剧式的理解和心理表述。仪式很大程度上恰好是在宏大的表演性节目的掩蔽下传递着抵抗阈限的心理情结。人类学家发现,世界上许多的民族在进行丧葬仪式时有将死者屈肢葬的习惯。学者们对遍布于世界各地的屈肢葬俗的理解和解释颇为一致,即认为通过丧葬仪式把故人亡者送回母腹,回归婴儿。根纳普不管人们在经过丧葬的通过仪式之后的归属问题,至多只强调在经过阶段性阈限之后达到理论上的理解:整合。可是,真正广播于世的民族和族群,特别是人类的先辈们,在实行各种不同的通过仪式的时候,他们所寄予的生命理解应该更具备宗教的原生态:生命的通过是双向的,或者说,肉体的生命形式沿着时间的走向表演着单线性的阈限通过程序;而仪式的深层背景中却强调着另外一种生命的景象,可逆性的阈限通过程序。它更符合仪式的宗教性缘生话语,强调宗教的超现实奇迹,同时满足对来自人类死亡恐惧的心理平舒和慰藉的要求。

仪式具有对现实和超现实的整束能力。一方面,仪式的阈限理论告诉人类生命如斯的流程以及不可反复的阶段过渡形式;另一方面,仪式践行着宗教的可操控精神。人们相信,他们在仪式的实践过程中介入他们对待生命期许的有效指喻。生命的价值并不那么无可奈何,而是形同自然的节律进行着循环反复而已。因此,仪式的宗教功能正好在于淡化生命的阈限和过渡边界。笔者相信,仪式的原始宗教形态表述的根本在于,通过仪式符码的释义来抗拒生命(物理时间)。生命定义在仪式的原生形态里面完全可能是另一种景观。因此,仪式的阈限理论对其基本的结构和指示以及由此被人类学家做的补充虽然使之成为举世瞩目的重镇性理论的原点,并得到重要的推进,危险的是,它可能正好与仪式所要反映的宗教原生形态和话语指喻相悖。至少,不少族群的仪式个案无法通过阈限理论的瓶颈。因此,从这个角度透视,文学中的生－死母题、再生母题、回归母题等更加符合仪式阈限的原始意图,因为它们所表现出来的意义都是双方的通过仪式。

第八章 仪式的象征：功能与结构

象征：仪式的符码及功能

仪式中充满了象征符号，或者干脆说，仪式就是一个巨大的象征系统。《象征词典》是这样解释“仪式”的：“基本上说，每一个仪式都是象征化并再生产出其创造性。所以，仪式与象征的机能紧密地联系在一起。无论是那些缓慢运动的仪式，还是所有个性化的仪式都与超越运动的节奏联系相结合；同时，每一个仪式都属于一种聚合，即受到力量和类型的深刻影响，仪式的功能来自不同的力量和这些力量相互交错所发生的权力表达。”[①] 象征主义仪式大师特纳把象征符号当作维持一个社会的机制，而象征是仪式的最基本构成单位，它在社会结构中具有行动上的操作能力，并成为社会向某一个方向行进中的积极的动力。[②] 所以，任何的仪式研究都不会放

① J. E. Cirlot, *A Dictionary of Symbols*, Trsns. by J. Sage, New York: Philosophical Library, 1971,274.

② V. W. Turner, *The Forest of Symbol: Aspects of Ndembu Ritual*, Ithaca, New York: Cornell University Press,1967,CH. 1.

过对仪式中的象征符号的仔细观察、深入理解和深度描述。

人类学仪式理论可谓洋洋大观,对仪式的认知却从未达成共识。然而,这并不意味着研究者在从事仪式研究的时候没有一个基本的认同框架。如上所述,单就仪式定义一点,不少人类学家都有过界说,相互之间有些还相去甚远。造成这个现象的原因之一主要表现为各自破解和诠释的角度、范围和方向的差异,却并没有远离仪式本身。其中一个基本的透视视野就是仪式的象征符号。粗略地看,仪式有广义和狭义之分。依广义看,我们日常生活中的招呼:见面握手说"你好",告别挥手说"再见",等等,都可入仪。依狭义看,它专指谓宗教上的礼拜仪式。[①] 显然,以广义如是说,似有过于宽广之嫌;以狭义如是说,又有过于偏狭之虞。好在人类学家对待仪式定义抱以非常宽容的态度,任由学者们自己去框定。人类学家更看重的并不是对仪式的定义,而是仪式所具有的社会历史叙事能力,特别是它的象征性功能。不言而喻,仪式肯定具有实践行为的特征,但是,与一般日常生活中的习惯性行为不同,它表现为特定的范畴、特别的社会(社区)、特殊的知识系统的符号象征表述。也就是说,它具有丰富而特定的语境背景。

马林诺夫斯基认为,原始社会的知识系统与低级的文化相适应,通过象征的力量和引导的思维来表现知识系统。[②] 象征主义作为人类活动的一种基本类型,作为交流的媒体和传统的陈诉,以满足人类进一步思考的需要。它之所以表现出一种需要,首先是由于人类表述的工具和象征功能之间的关系。人类就是需要借助自然的工具作为手段借以传达人们对它的理解。仪式具有两重性质:一方面,它可以传授或表现某种东西;另一方面,也是为了改变和获取某种东西。[③] 所以,人类的认识活动其实也是建

---

① F. B. Bird, "Ritual as Communicative Action," in J. N. Lightstore & F. B. Bird ed., *Ritual and Ethnic Identity: A Comparative Study of the Social Meaning of Liturgical Ritual in Synagogues*, Wilfrid Laurier University Press, 1995, 23.

② B. Malinowski, *Sex, Culture and Myth*, J. Middleton ed., New York: Harcourt, Brace & World, Inc., 1962, 191.

③ 参见吉田祯吾:《宗教人类学》,王子今、周苏平译,陕西人民出版社1991年版,第53页。

立在与自然象征主义的互动之上的。

建立起了这样的认知基础，我们便可以进一步理解诸如语言以及标准化信号和这一符号系统所传达的知识、信仰方面的信息。任何符号系统，体姿或者声音等，它们通过工具性行为提供一个界定物体的范畴，包括程序的建设和技术的标准化等，这些都被视为象征符号系统原始形式方面的科学理论。① 在马林诺夫斯基看来，原始社会的象征主义首先是为了满足人类交流。这种交流当然包括了人类与自然的关系和由此建立起来的象征语码系统。他在任何时候都没有离开一个基本的线索：象征主义的功能必须建立在物质工具性媒介（instrumental means）之上。这种原始文化的物化性倾向一方面满足了功能主义对科学品质的限定和在分析上的便利，另一方面，反映出功能主义在诠解仪式的时候，尽可能地把文化与自然互文化。很清楚，仪式对于社会结构和人际关系而言，一个基本的原则就是交流。遵循这个原则，它展示了以下三种功能和各自的表述范畴：

展演功能（exhibitions）——表述范畴（展示什么/What is shown）

行为功能（actions）——表述范畴（做了什么/What is done）

指示功能（instructions）——表述范畴（说了什么/What is said）

因此，从这个意义上说，仪式的社会化其实不过是检查它的功能在社会生活中的体现状况和程度。所以，依据功能主义的眼光，遗存下来的仪式，就是有社会功用的；反之，它便不能生产，或随着社会的发展而消失。

当然，仪式本身具有明确的叙事功能和目的，但是观察者、调查者和研究者在面对仪式的时候也会表现出相应的视野和视角，具有相应的解释权力，也具有不同的感受和体验。研究者自然也可以从某一些特殊的角度对

① B. Malinowski, *Sex, Culture and Myth*, J. Middleton ed., New York: Harcourt, Brace & World, Inc., 1962, 213-215.

这些符号在表述什么？ 彭兆荣摄

仪式进行分析和解释。特纳在归纳仪式中的符号表达范围的时候曾经总结了三个研究者基本的表述功能和范围：注释性的符号功能（the exegetic）；使用性的符号功能（the operational）；位置性的符号功能（the positional）。[1] 注释性的符号功能包括调查者和研究者对仪式中的行为者所表现出来的在仪式系统中的行为进行解释，比如仪式中不同的年纪、性别，在仪式中所充当的角色、地位、知识背景等。它们无不具有特殊的意义，需要研究者对其进行解释，特别是将它们置于某一个特殊的社会群体和地方知识体系中去进行解释。使用性符号的功能范围是指研究者对仪式中的符号的使用以及它们的意义，特别是它们在仪式中被格外突显的价值，包括姿态、表达方式、情绪、主事者咏唱的方式、使用的语言等进行观察、询访和判断。位置性的符号表述功能和范围，主要指观察者和研究者发现仪式中符号与符号之间的关系和位置感，以便寻找其不同符号来源和意思，既将仪式中的符号集体表述视为一种特殊的语境，以确定符号之间相同和相反的组织关系以及不同的符号所组成的格局。

① V. W. Turner, "Religious Specialists," in A. C. Lehmann & E. Myers, *Magic, Witchcraft, and Religion: An Anthropological Study of the Supernatural*, California: Mayfield Publishing Company, 1985, 60.

毋庸置疑，仪式的表达意义非常丰富，而象征和意义无疑是重要的解释角度，比如仪式中的交换制度和形式符号就备受人类学家的关注。莫斯在他的《礼物》一书中检索并引用了大量民族志的仪式材料，他认为："从外在形式上看，呈献差不多总是慷慨大度的馈赠，但其实，在与交易（transaction）相伴的这些行为中，只有虚构、形式和社会欺骗；或者说穿了，只有义务或经济利益。"[①]由于仪式性的社会实践活动决定了其中的交换不是以个人为单位，而是氏族、部落或家庭。所以，这种交换被称作"总体呈献体系"。[②] 在谈到马林诺夫斯基的"kula"时说："正是通过这种方式，所有这些部落，所有这些沿海远航、珍宝奇物、日用杂品、食物宴庆、有关仪式或性的各种服务、男人女人等等，才被纳入到一个循环之中，并且围绕着这个循环在时间和空间上规则地运动"[③]。仪式经常并不仅仅表现出单一的形式特征，它本身就构成了一个象征性的结构。进入仪式体系自然也就有多种路径。

拉德克利夫－布朗在确认社会人类学研究仪式（布朗称之为"社会的自然科学"）的进入方向时有三条路径：研究仪式的思路之一是考察仪式的目的和原因。研究仪式的思路之二是思考它的意义。笔者在此使用的"象征"和"意义"有内在的一致性，凡是有意义的东西就是一个象征，而意义恰恰是象征所表现出来的东西。研究仪式的思路之三是它的效果。这种效果不是由仪式的操作人所设想而产生的，而是仪式实际所产生的。[④]

我们无妨从这样一个角度来看待和理解仪式，即仪式系通过象征这样一个特殊的"知识系统"来释放符码，解读意义。当然，这势必首先引出另一个对象征的概念界定的问题。如所周知，人类学家和其他学科的学者，对象征的界定、概念、制度甚至基本工具等的外延和内涵都不尽相同。符号－象征更表现为言人人殊的状态。德国学者卡西尔认为，语言和象征作

---

① 马塞尔·莫斯：《礼物》，汲喆译，上海人民出版社 2002 年版，第 4 页。

② 马塞尔·莫斯：《礼物》，汲喆译，上海人民出版社 2002 年版，第 7 页。

③ 马塞尔·莫斯：《礼物》，汲喆译，上海人民出版社 2002 年版，第 47 页。

④ 参见史宗主编：《20 世纪西方宗教人类学文选》（上卷），金泽、宋立道、徐大建等译，上海三联书店 1995 年版，第 111 页。

为人类文化的基本特征，可大致定位于人和人类作为动物性方面的语用符号与物质能力指示(animal symbolicum)。[①] 但是，与其他动物相比，人类获得的符号交流使人类生活得以根本性改变：它不但使人类现在的生活领域扩大了，更重要的是获得了一种现实的全新意义。[②] 所以，象征的指喻可以在人类的方方面面得到表述和理解：语言、历史、科学、艺术、神话和宗教等。显而易见，在卡西尔那里，符号和象征似是而非，相互关联，分别属于两个不同的类型：前者属于物理的、物质的、操作者的，后者则是人工的、设计者的，属于人类世界意义的，而在弗思眼里，象征与一个复杂系列的符号相互关联，却并不与符号或某一物质发生关系或直接等同，其关系被看作为习惯性的，有时甚至是专属性的。比如："狮子是勇敢的象征。"[③]毫无疑问，在这样的指示结构之中，狮子的符号指示明确无误，"勇敢"的象征指示也明确无误，然而，"狮子"与"勇敢"之间的关系并没有建筑在物品上或在工具上的必然联动，这也是明确无误的。换一种表述：如果只把狮子完全限制于生物品类或者体质特性的符号表达，而不加入社会的价值和表述系统的话，那么，它与"勇敢"之间根本不可能建立起什么必然的逻辑关系。弗思显然发现了在符号与象征之间如果仅仅靠前者专事工具职能，后者单管意义呈示的泾渭分明的缺失。他力图在二者的功能规定之外建立一种超越简单工具的纽带关系。

有意思的是，仪式的程序、过程、场合、氛围等除了因其特殊的象征指示关系可以产生超越日常生活的不同价值和意义外，其本身就是一个巨大的象征符号，它可以建构、强化、倒错各种关系，它的影响力形同巫术，含糊不清而坚实有力。埃文斯－普里查德在《努尔人》中发现，在努尔人社会里，社会结构能够产生特殊的权力，它来自仪式权力，这种仪式权力有时会使人很出名，而且具有极大的影响力："在仪式方面的地位给一个人赋予了其在当地的某种含糊的影响力，但他只是在特定的仪式情境中才具有一

① E. Cassirer, *An Essay on Man*, New York: Bantam Books, 1944, 28.

② E. Cassirer, *An Essay on Man*, New York: Bantam Books, 1944, 26.

③ R. Firth, *Symbol: Public and Private*, London: Allen & Unwin, 1973.

种权威。对于地方性影响力来说,性别与年龄是两个更为一般性的制约品质。女人与儿童的地位总是低于男人的。有时,女人也会成为预言家或巫师并因而获得一种声望,但是,根据那里的惯例,她们在公共事务中不起任何领导作用。"[①]其实,这种情形在仪式实践中是相当普遍的现象。就文化的关系结构和社会秩序而言,每一个人在生活中都享受着性别、年龄、阶层等的角色权力和规范,他们共同构建出一幅社会图貌。单独地看,每一个社会角色似乎都是被限制的,哪怕就是权威人士,如祭司、族老、寨头,也不能为所欲为。从这个意义上说,社会关系就是一个巨大的符号象征,在现代社会的民族-国家里面,暴力机构起了重要的作用。然而,在许多原始部族,或仍继承着传统习俗的社会里面,每一个社会角色都是单一的符号,它们又为那一个特定的社会符号提供了构造的元素。

仪式象征符码的整体构造

仪式是一个符号整体。按照利奇的归纳,仪式的符号结构研究大体上有两种基本的研究视野和路径,即从物质的客观性和从心理的或直觉性的角度进行探讨和解释。[②] 仪式的整体由许多不同的因素和要件构成,大致包含了以下六个方面的内容:仪式空间(ritual space),仪式对象(ritual object),仪式时间(ritual time),仪式声音和语言(ritual sound and language),仪式确认(ritual identity)和仪式行动(ritual action)。[③] 这是一种代表性的划分,它基本上把仪式表现出来的东西都囊括了。当然,我们在研究中也未必囿于同一种归纳和划分。特纳就以类似亲属树的主干和分支的关系来描述仪式的整体性和发展状况。在许多仪式中,特别是那些重大和复杂的大仪式,往往一个主干仪式系由多个不同的分支仪式共同组成,从而使

---

① 埃文斯-普里查德:《努尔人》,褚建芳、阎书昌、赵旭东译,华夏出版社2002年版,第203页。

② E. R. Leach, "The Structure of Symbolism," in J. S. La Fontaine ed., *The Interpretation of Ritual: Essays in Honour of A. I. Richards*, London: Tavistock Publications, 1972, 241.

③ L. R. Grimes, *Beginnings in Ritual Studies*, D. C. Washington: University Press of America, 1982.

主干仪式事实上成为一个由某一个确定的主题主导下的仪式群，特纳称之为生长茂密的“仪式树”。[①] 这就意味着在类似的由多个或多种不同的分支仪式共同组成的仪式里面，形成了一个象征符号系统，而在这个系统当中又存在着一个或一系列主控性符号（dominant symbols）。比如在一些传统的、经过精心准备的循环性仪式当中（一年一度的纪念性仪式等），甚至是一些带有偶然性的仪式展演中，会出现一系列或一组相关的仪式，它们共同在一个基本的文化主题之下结合或组装为一个完整的盛大仪式。每一个小仪式，或分支仪式各有其相对独立的表达意思，但它们又在各自的位置上，按照规定的程序共同加入完成那个更高主题的主干仪式。

每一个仪式群里面都有一个核心，比如在一个主干仪式里面，分支仪式 A、B、C、D 等虽各有独立的含义，仪式程序也各自一体，但这些分支仪式都围绕着主干仪式中的符号核心——仪式的主旨便是通过这一核心价值体现出来的；而那一系列的分支仪式又都或远或近地围绕着同一个核心意义进行表述，形成了一个在主干仪式主题表演和表达下的完整的符号结构，它可以被形象地比作一个“棘轮”（a ratchet wheel）。整个仪式语境形同棘轮的凹凸关系，整个齿轮在运转过程中都围绕着一个被引导的核心，而这个轮子也就成了符号的中心意义，而其按照一定程序周而复始的运转只是表象上仪式进程的表演而已。仪式主题才是主导整个仪式运行的基本动力。[②] 格尔兹在巴厘社会的国家仪式的研究中发现：“在国家仪式的主流性（tendentious）戏剧术背后，且实际上在激活国家仪式的永恒情节背后，潜藏着两种意象性观念的固定联合。首先，padmasana，神的莲花宝座（或王座[throne]）；lingga，他的阴茎像，或生育力；和 sekti，他灌注到其特定展示物中去的能量（energy），尤其是灌注到充任统治者的人身体之中的

① V. W. Turner, "Religious Specialists," in A. C. Lehmann & E. Myers, *Magic, Witchcraft, and Religion: An Anthropological Study of the Supernatural*, California: Mayfield Publishing Company, 1985, 57.

② V. W. Turner, "Religious Specialists," in A. C. Lehmann & E. Myers, *Magic, Witchcraft, and Religion: An Anthropological Study of the Supernatural*, California: Mayfield Publishing Company, 1985, 57-58.

能量。其次,buwana agung,存在的领域;及 buwana alit,感悟的领域:自然天在的'大世界'和思想与情感的'小世界'"。[①] 换言之,在特定的仪式体系中,象征符号通过其整体性构造进行展示、表演和言说。

另外,仪式象征符号的整体性也表现为对仪式程序和过程的依赖。比如瑶族的"还盘王愿"仪式的整个展演过程,通常要不间断地延续数天。整个仪式中间又包含着众多不同的分支仪式,诸如挂灯仪式(瑶族"度戒"之一种。度戒在瑶族,特别是盘瑶、勉瑶支系中,具有传教之意义。大致上度戒又可分为四个等级:挂三台灯、挂七星灯、度三戒和度四戒等。度戒含有成年仪式及成年礼的不同等级的含义),安龙仪式(含有安稳祖宅龙脉的含义)等为数众多的分支仪式,其中有些仪式可以独立进行,说明它们各自有着完整的指示含义和程序。但如果这些分支仪式被安排在"还盘王愿"仪式进行的话,便都围绕着与"向盘王许愿"(一般在年初举行)和"还盘王愿"(集中在年末由师公通过"选吉时"仪式而定)这样一个基本的主题进行。

由符号的存在和象征表述构造的仪式,一般都有一个既定的主题,它由象征符号围构,其主题大都是那个结构的中心或核心,并由一系列围绕着同一主题出现的器物和行为,同时按照规定或传袭下来的程式规程进行,这一切都被安排着表现仪式主题;而仪式的主题价值也正是在这些器物和活动表演中体现出来。这样,仪式的主题结构也自然被置于和安排在那些"对应性相同物质和活动"之中(vis-á-vis similar objects or activities),每一个仪式主题都是一个对应性的双位制模式(mode of positioning is binary opposition)。对应的双方因此也都存在着符号的"极向",它们与某一个特定的文化的意涵表示相联系。为了更清楚地对此进行阐述,特纳以恩登布(Ndembu)社会女子的青春期的成年礼仪为例加以说明。伴随着恩登布女子成年礼仪活动,有一项目活动是要为举行仪式的青春期女孩建造一个茅屋以使行仪的女孩在茅屋里过着几个月作为成年社会初涉者必需的隔

① 克利福德·格尔兹:《尼加拉:十九世纪巴厘剧场国家》,赵丙祥译,上海人民出版社 1999 年版,第 124 页。

瑶族“还盘王愿”中的安龙仪式　彭兆荣摄

绝和禁闭生活。在茅屋框架的建造过程中，两个主要的木条分别必须是从两种树木 mudyi 和 mukula 取出，这两种树木在恩登布社会中具有特殊的文化含义，因而取这两种树木来做少女仪式的茅屋结构框架也就有了特殊的指喻。对恩登布人来说，mukula 代表着少女在举行了成年礼仪后即将要嫁的丈夫，而 mudyi 则代表仪式中的隔绝者，即新娘自己。然而，前者被认为是整个仪式的主导性象征符号，其基本的象征表述为“血”，故 mukula 也被认为是“血树”。同时，在当地人的价值认知中，有些血木有公母之分，因此它们又具有两种基本的语义表示：前者主要包括勇士、猎人、受割礼者，所代表的意义为责任，而后者主要表示男性结构和父系社会的基本特征和原则。另一个对应两极制里面，血的符号表示为流动的血和凝聚的血，后者被认为是好的，而前者则被认为是危险的。这样的符号二元对应结构为了延长或保证男性结构和父系社会的基本特征和原则，就要依照如下的两极对应性符号关系发生演变：“没有用的”女性的“血”需要退落，以保证其对因猎取、战争等处于危险之中的男性的“血”——“好的”在同一个族群中的利益。[1] 从特纳的案例分析中，我们能清楚地看出，在一个特定的仪式系统里面，符号簇被有机地结合在某一个特定的社会价值认知体系之中，二元对应制度又在仪式的主题结构和同一个主题结构的意义表达中起了规矩和平衡的作用。

既然一个重要的或重大的和复杂的仪式会出现多种更小的仪式围绕一个主题结构的现象，其结构又都具备所谓二元对峙的基本要件表述，有的时候，这一要件表述在整个复杂的仪式结构当中可以表现为类似于"符号介体"(complex of symbol vehicles)，因为在这类仪式当中，围绕着同一个主题会出现不同层次的象征表述和意义，其中有主要的、次要的、再次要的等等。[2] 这些不同层次的符号构造既围绕着同一个主题结构，又要对各层次相对独立的仪式表述和意义负责。比如在"还盘王愿"的重大仪式结构里面，"还盘王愿"之名便可被视为同一仪式的主题和主旨，长达数天的仪式都围绕着这一主题结构。但是，在同一个主题仪式里面，又会出现许多各自相对独立，包括意义独立、程序独立、活动独立一体的部分，比如挂灯仪式、安龙仪式等等。它们可以放在"还盘王愿"仪式中进行，亦可以独立进行。而当它们被放在"还盘王愿"里面时，其各自独立的仪式意义在整个"还盘王愿"仪式中的符号结构就成为相对次要的象征指示，它们在整体结构中属于一种特殊语境中的亚类仪式文本表述，并与整体形成了一种由符号介体勾连在一起的完整的结构秩序和格局。

我们强调仪式的符号整体构造的时候，不能忘记另外一个基础性的部分，即任何具有民族性的符号表述体系都与那一个民族特定的认知体系有关。人类学中就有一个专门从事认知系统的分支——认知人类学。认知人类学的主要任务在于回答两个基本的问题：一，对某一种文化类型中的

① V. W. Turner, "Religious Specialists," in A. C. Lehmann & E. Myers, *Magic, Witchcraft, and Religion: An Anthropological Study of the Supernatural*, California: Mayfield Publishing Company, 1985, 58.

② V. W. Turner, "Religious Specialists," in A. C. Lehmann & E. Myers, *Magic, Witchcraft, and Religion: An Anthropological Study of the Supernatural*, California: Mayfield Publishing Company, 1985, 59.

人民来说,哪些物质现象是重要的,为什么那些物质现象会被认为是重要的。当然,这也必然延伸出对应性的问题,哪些物质现象是不重要的,为什么那些物质现象是不重要的?二,人们如何与这些物质现象建立认识上的关系等。认知体系是一个极其复杂的系统,它是指示某一种传统文化之所以是这样而不是那样的根本原因。而某一个民族的认知又由最为基本的分类制度联系在一起。

道格拉斯认为,分类包含着对事物的界定,界定又会产生对定义的模糊性,而模糊性又产生了人们对同一界定的多种认识的可能。[①] 然而,在具体的仪式场合里面,分类经常可以把我们带入一个必要的观察、分析和解释方向。比如在一个仪式里面,对某一些动物作为牺牲的选择和认定与那个特定的民族或族群的认知体系就有着直接的关系。因为每一个民族或族群都会根据自己对动物的基本分类原则来确定牺牲。“对动物的分类有三种基本的标准:一,根据动物的外在特征进行分类;二,按照动物的生活习性进行分类;三,根据它们的行为举止进行分类。”[②]认定动物的这三个基本的属性和特征进行界定又必须服从所属民族或族群的整体性认知体系的原则。

既然人类意识到自己已经与动物有了类的区别,就必然会在认知分类上强化二者的差别。人类学自然也就有了关于动物性的基本视野和分析态度。自涂尔干之后,关于社会行为的价值评价,如神圣/世俗等构成了社会人类学研究对象上的一种价值尺度,尤以列维-斯特劳斯的《野性的思维》和玛丽·道格拉斯的《洁净与危险》为代表。他们都在着意强化动物类之间的差异。虽然两位人类学家在理论、学术旨趣、学术风格上存在着很大的差异,但他们在二元对峙原则下对社会结构的态度有相当共识。比如《洁净与危险》的学术原点建立在“污染”与“忌禁”之上并由此引出来的学术思考。将“原始人”和“现代人”做宗教态度上的分野之后,为了理

---

① M. Douglas,“Taboo,” in R. Cavendish ed. ,*Man*, *Myth*, *and Magic*,London: BPCC/Phoebus Publishing,1979,270.

② M. Douglas,“Taboo,” in R. Cavendish ed. ,*Man*, *Myth*, *and Magic*,London: BPCC/Phoebus Publishing,1979,270.

解污染和禁忌，道格拉斯认为，首先有必要检讨我们生活中的脏/净的概念；虽然避免肮脏对我们而言与其说具有宗教隐喻，还不如说更接近个人的卫生习惯和美学意义。然而，在我们的文化当中，它所扮演的角色与原始文化中的禁忌仪式极其相似，因为“肮脏其实是一个社会系统和秩序及事物分类的副产品”①。这样，禁忌便为了保护纯洁、划清界限、抵御入侵的分类设障。这样的功能之于社会系统原来就有着传统上的经历和经验。

随着二元对峙律的分类制度的引入，动物随之有了社会意义。作者以希伯来对动物的分类为例，娓娓诉说着在同一个原则之下的动物分类与社会价值间的道理。

希伯来的动物分类				
	鸟类	兽类	爬行动物	水生动物
可食的				
宜为牺牲的	斑鸠	牛(ox)		
	鸽子	羊(sheep)		
		山羊(goat)		
宜于上桌的	麻雀	小鹿	蚱蜢	典型的鱼类
	鹌鹑	羚羊	蝉	
		朱鹭		
		瞪羚		
不可食的	枭、猫头鹰	骆驼	蛇	虾
不洁净的动物	鹰	蹄兔	鼬鼠	儒艮
	秃鹰	猪	蜥蜴	
	戴胜科鸟	野兔		

由此可见，动物在社会系统中扮演着一个重要角色。它们还有以下几个重要的特征：

①动物可作为一种无玷污，也可以说洁净品，常常以全牲而成为祭献的牺牲品。雄的、未受伤的和没有得病的动物才能够成为祭祀仪式的

① M. Douglas, *Purity and Danger*, Harmondsworth: Penguin Books, 1970, 48.

牺牲。

②初胎的动物经常被选为祭神时的牺牲——无论是人抑或动物都一样。

③只有活口的动物才有资格用于祭献。

④有的时候,肥的和新鲜的动物也被认为是作为祭祀时用的牺牲所必须具备的。

⑤人们有理由相信,动物作为牺牲时的肉是神圣而洁净的,人们在仪式中接受它自然也是神圣而崇高的。

⑥人们相信祭祀和献牲的地点、物品等也附着着灵性。

道格拉斯认为,“污染”用于表示一种社会秩序的分类,因为“活着的机能主义更能反映复杂的社会形态”。在仔细考察了希伯来“污染”的观念后她研判,物体为人们提供了所有象征系统的基础框架。“几乎没有任何污染不存在一些心理依据。”[①]格尔兹说得尤其干脆,神圣符号的实际应用和现实价值无不产生于特殊的场景和既定的仪式之中。[②]

在以色列人眼里,有些动物是洁净的,有些则是肮脏的。什么是洁净的,什么是肮脏的,遵循着一套原则。比如将动物的偶蹄和反刍视作一种原则,按照道格拉斯的观点,与之相悖者属于反常的;反常的事物即是肮脏的和危险的。[③] 猪虽偶蹄但不反刍,故而是肮脏的、危险的。牛、绵羊和山羊同时满足偶蹄和反刍的条件,所以为中东地区所喜欢甚至被视为圣物。事实上,生态人类学家曾提出一个更有说服力的证据:像牛、绵羊、山羊这样的偶蹄反刍动物与生态有着直接的关系,特别是随着森林面积的缩小,土地的荒漠化,人口膨胀的加剧,使得人类与动物与生态资源的关系具有竞争性,牛、绵羊、山羊等动物的食物多以粗纤维植物为主,生态的恶劣化并不根本影响它们的生存,而对猪的影响就大得多,致使猪需要相对多的

---

① M. Douglas,“The Meaning of Myth, Chap. ,” in E. Leach ed. , *The Structural Study of Myth and Totemism*, London: Tavistock Publication. 1967, 193.

② C. Geertz, *The Interpretation of Culture*, New York: Basic Books, 1973, 108.

③ M. Douglas, *Purity and Danger*, Harmondsworth: Penguin Books, 1970.

精细食物。[1] 笔者要格外强调的是,爱琴海地区属于同一类生态环境,而且它与远古时期地壳运动的结果有关,属于地震运动频发地带。干燥、多山、多石、土地沙化、雨量小等,牛、绵羊、山羊这样的动物自然形成不与人类竞争食物却可以为人们提供肉用食品的亲密关系,也体现了人与自然的适应和协调。因此,它们被视为圣物、洁净、牺牲、祭品,附带了丰富的宗教含义便正常:历史变迁的正常、生态演化的正常、人与自然的正常、饮食习惯的正常、区域特色的正常。这样,我们在解读酒神崇拜祭祀中牛、绵羊、山羊以及原始戏剧的文化符码时,不仅可以了解一个历史性权力化区域划分的意义,也可以了解与之矛盾的品质。在此点上,与其将古希腊文化置于西方来认知,还不如将其与近东、中东地区放在同一个自然生态来看待似乎更合理些。

道格拉斯在对 Lele 人的宗教、神话和仪式的调查中发现,Lele 人对他们的宇宙秩序有一个非常清晰的概念,并有一套简单的分类方法。首先,是人类和动物的关系。人类在政治社会的诸种关系当中与其他的动物不同,这表现在他们需要实现自然本能的时候会视社会情势而变化、而隐藏。相反,动物在满足它们的自然欲望的时候无法控制。这种差别使得人类在自然的秩序和格局中处于一种至高无上的地位。同时,这也给了人类一种道德上的“执照”,即在猎杀动物的时候没有羞耻感和内疚感。其次,要使这样一种自然秩序得以延续和维护下去,保证这样的自然秩序的格局得以平衡,特别是人类对其他动物拥有超级的权势和猎杀的特权的时候,要使得人类与动物还能够长时间地维系平衡,则动物必须同时具有一种优势:它们的生产和生殖能力要远远大于人类。否则,这样的自然秩序很快就会被打破。很显然,在人类生存和生活的地域范围,特别在狩猎时代,如果动物不保持着自己超乎人类的生殖能力,或一年多胎,或一胎多子,或生育的周期短,或其他生产方面如卵生等,人与动物的关系就会遭到破坏。自然格局的根本性变化最终会导致价值系统和认知模式发生变化。这便是来

---

① 马文·哈里斯:《好吃:食物与文化之谜》,叶舒宪、户晓辉译,山东画报出版社 2001 年版,第 72—78 页。

自自然的规则。基于同样的观念,人类的不生育往往被归结为巫术的作用。所以,对 Lele 人来说,生殖仪式也就被置于那些具有非常高生育能力的动物的栖身之地森林里。有意思的是,伴随着仪式的进行还有专门的咒语和语用,包括询问为什么人类没有如此神奇的生殖能力之类。再次,Lele 人对动物的自然行为以及这些自然行为与人所发生的关系和意义有着自己独特的理解。多数动物能够逃避人类的猎杀,或者回避与人类的接触;有的情况下,个别动物的行为有悖同类动物的一般性常规等等,当地人就把这些“反常”性的动物行为看成是“非完全动物”而具有部分的人类性。[1]

在我们大致了解了 Lele 人的认知系统和知识分类以后,对他们的宗教信仰就会有一个更加深入的了解。Lele 人的宗教概念建筑在一种信念之上:人类、动物和神灵的互联关系网络。但是,他们各自拥有独立的领域,三个领域又不时地发生着互动关系。因此,总体上说,他们构成了一个大的系统。如果系统内的关系失衡或者失范,则主要原因出自人类以及人类在这个系统中的变化情况。相对而言,动物按照自己的生活规律生活着,它们的领域并不与人类发生什么冲突。如果人类的领域和动物的领域一旦发生了边界的重叠,则神灵便出现并开始作为。依照当地人的宗教观念,除了巫术的作用,没有动物能够有能力干扰人类的生活,侵入人类的活动空间。同理,若排除神灵的意愿,动物也不会成为人类猎枪下的牺牲品。[2] 这样,巫术性仪式行为也就自然而然地成为人类与神灵建立特殊关系的传媒和中介。如果人类要与某种动物发生关系,也就必须通过祭献仪式的进行以达到与神灵的契约沟通。由于种类众多,也就连带性地产生了祭司群,以便利与不同的事务、种类打交道。这样,“神灵 - 人类 - 动物”三位一体的认知系统、仪式行为和宗教信仰的完整体制也就形成并功能性地开展行动。

---

① M. Douglas, “Animals in Lele Religious Thought,” in J. Middleton ed., *Myth and Cosmos: Readings in Mythology and Symbolism*, University of Texas Press, 1989, 233-234.

② M. Douglas, “Animals in Lele Religious Thought,” in J. Middleton ed., *Myth and Cosmos: Readings in Mythology and Symbolism*, University of Texas Press, 1989, 239.

在汉族社会中，牺牲在祭祀仪式中的作用同样非常明显，选择什么样的牺牲并不是随意的，必须遵从社会的仪礼规范。比如“天子以牺牛，诸侯以肥牛，大夫以索牛，士以羊豕”（《曲礼下》），意思是说，天子用于祭礼仪式的牺牲必须是纯色的牛，诸侯使用的是自己养的牛，大夫使用的则是向外求得的牛，而一般的士绅用羊或猪做牺牲。我们知道，中国传统社会属农业伦理，其最显著的特征是等级制度，凡属于不同等级的人们在进行仪式活动的时候，其限制非常严格，不独包含牺牲，场所、名分、规模等都各不相同，不可随意僭越。

在苗族的认知系统中，人们根据与人类生产和生活关系的密切程度而对动物进行分类，并赋予不同动物不同的文化含义。比如生活在贵州榕江县新华乡摆贝村寨的苗族对牛的认知和确认就非常复杂，从中可以清楚地看到三种意义：

近距离的关系：作为单纯的肉类食物
中距离的关系：作为重要的仪式牺牲
远距离的关系：作为祖先的象征符号

在一般的日常生活中，通常牛只表现出较为单一性的意义表述，换言之，作为超越某个单一性民族的广泛认知，比如用牛来犁地。这在世界范围或者中国范围内的许多民族都表现出共同的认识和使用。那么，牛在特定民族中的特定价值便体现不出来。只有当牛被作为具有特殊价值的动物种类表现在特定的行为比如仪式之中的时候，它才表现其特别的意义与价值。有意思的是，在苗族仪式牯藏（亦称“鼓”，确指牛牯）节中，牛的不同意义可以在同一个现实行为中得到完整体现。首先，牛作为一种食物。在节日庆典中，人们要宰杀水牛，而且是大量宰杀。有些地方的苗族在举行牯藏节的时候，一次性宰杀数十头水牛。而笔者亲历的摆贝地区牯藏节仪式，共宰杀七头大水牛。庆典期间少不了全体村寨人民共同分享宰杀的牛肉。而牛又成了仪式中最为重要的、其他动物不可替代的牺牲。与许多宗教庆典不同的是，苗族在杀牛祭祖的活动中并没有明确“祖先”符号（诸如神龛、排位、神像等)，牛本身就包含着苗族祖先的指喻。这只有在苗族的认知系统中才可能出现。[1]

在有些特别隆重的纪念或祭祖仪式中，某一类特别的动物，甚至是同一类中某一头特别的动物具有被指认为牺牲的情形。比如在瑶族的“还盘王愿”仪式中，猪是确定为牺牲的动物，同时，那一头被实际仪式用作牺牲的猪则是在“许盘王愿”时就开始精心圈养的。由于从“许盘王愿”到“还盘王愿”至少要间隔大约一年时间，所以，那些“许盘王愿”的家庭便会将被指认的那一头猪的圈养与整个“还盘王愿”仪式结合在一起，因而，也成为与瑶族祖先“盘王”交流与交通的一种表达。那一头经过精心圈养的猪也就在“还盘王愿”的仪式中成为不可缺少的牺牲。它也自然构成了仪式活动整体的一个有机部分。

仪式的隐喻

隐喻属于符号性转换的一种重要表述手段。有学者把隐喻界定为“以其他的称指、物品或类项指示某一事物的表达方式”。有的学者认为，隐喻是把此与彼串在一起进行表达。[2] 总之，隐喻要求有一个基本的形式表述，即以两者或两者以上的相关性和相似性为条件，如 A:B::C:D。[3] 换言之，隐喻是通过对一种表象(物质、语言、行为等)的呈示或表达以传递另外一种意义和意思。仪式包含了大量的隐喻，隐喻的意义和意思表达也多种多样，有些仪式在原始的表达中就已经明确了以某物表达某种既定关系，有的则是在历史的变迁过程中出现了新的喻义。相对而言，对于仪式的隐喻表达的认知并不困难，困难的是对它进行公认性解释；特别是仪式经过了漫长的变故，原始的两相共性的互指和转换已经被时间流逝淡化。

---

① 彭兆荣、潘年英：《摆贝：一个西南边地的苗族村寨》，生活 · 读书 · 新知三联书店 2004 年版，第 69—70 页。

② Owen. Thomas, *Metaphor and Related Subjects*, Bloomington, NY: Random House, 1969, 3.

③ R. Rappaport, *Ritual and Religion in the Making of Humanity*, Cambridge University Press, 2000, 148.

另外,同一种行为的隐喻在不同的地方和文化中的喻义可能出现差异。比如割礼仪式,解释者不在少数,但是同样的割礼行为在不同的时间、地点和族群中的隐喻意思是不一样的。虽然在许多社会,割礼仪式与成年礼放在一起,但也有一些例外,即主要并不强调成年,而强调一种与母亲关系的解脱。比如澳大利亚的一些土著割礼仪式,将男孩的包皮割开,意在表明男孩与母亲的社会分离,意味着他与母亲的"子宫"脱离关系,可以与另外的女性交流和交往。

仪式的隐喻当然属于象征表达的范畴,而仪式本身作为一个整体,其中的所有符号与象征都自成一体。利奇的解释把二者视为发生关系中的部分之于全体,不能须臾隔绝。真正意义的传送却由隐喻来完成。仪式,在某种意义上,也就成了象征的隐喻性陈述,成了说一些关于个人和事件的事情。涂尔干和莫斯很早就慧眼识得仪式的符号和象征的社会表述能力,它们都可以被视为社会组织的表述。换言之,仪式是某一个特殊社会内部结构形貌的符号化传达。甚至在格尔兹对巴厘社会的描述里,"巴厘人,不仅在王室仪式,而且在普通的意义上,将他们对万物之终极存在方式的综合性理解,及人们因此应该采取的行动方式,投射到最易于直接把握的感官符号中去——投射到由雕刻、花朵、舞蹈、乐曲、手势、神歌、饰物、庙宇、姿势和面具的复合体之中——而非投射到一组以推理方式把握、组建起来的确然的'信念'(beliefs)之中"[①]。

事实上,古代神话叙事中就已经将自然化符号象征作为基本的表述原则,即神话不仅传递着与仪式相关的内容,而且还具有文化的组织化行为。[②] 这样,符号化隐喻也就成了一种象征化叙事。因此,在这一点上,神话与仪式相同。[③] 另外,仪式性行为和信仰在此特点上亦有相似之处,即

① 克利福德·格尔兹:《尼加拉:十九世纪巴厘剧场国家》,赵丙祥译,上海人民出版社 1999 年版,第 122 页。

② C. K. Maben Kluckhohn, "Myths and Rituals: A General Theory," orig. 1942, in R. A. Segal ed., *The Myth and Ritual Theory*, Blackwell Publishers, 1998, 321.

③ E. R. Leach, *The Political Systems of Highland Burma: A Study of Kachin Social Structure*, London: G. Bell & Sons, 1954, 264.

作为象征性的形式来陈述和理解社会秩序。[①] 利奇同时受到了列维－斯特劳斯的影响，移植结构于仪式的象征之中，将理念的结构（structure of ideas）——仪式，和社会的结构（structure of society）——社会结构分置于两个层面并对二者进行整合。在象征主义的结构里，文化可以被看作交流上的关系和实用上的解释。[②]

因此，仪式的行动也就自然而然地成了一个亟须解答的问题：它既是一个个具体的行为，同时，这些行为由于被仪式的场域、氛围、规矩规定，也就附加上了情境中符号的特殊意义。比如，人们日常生活中选择什么样的穿着：质地、款式、种类、风格等都显得无关紧要；可是在重要的仪式性场合，人们的穿着行为便有所规定、有所约束。它们都具有既定的符号设置和意义。最为平常者，西方的婚礼仪式和丧葬仪式中的衣着行为——颜色、样式等都必须符合伦理道德的约定，脱离了特定的语境也就丧失了意义获得的机会。作为仪式行为的符号象征的功能性解读，交流当然属于至为重要的指涉。因此，类型上也就有了相应的不同，大致看有以下几种基本类型：制度性交流——人们在某些特殊仪式中的行为，如婚礼。其仪式程序都预先形式化了。这些规定赋予了一种新的条件，人们的行为在这些程序中享受着一种新的状态和社会所赋予的明确身份。自我表现性交流——通过仪式中的行为不仅为自己展现自己，也向他人表现着自己。比如人们身着刻意挑选的服装出现于礼节性的仪式场合，既显示自己的风格，也向人们展示着什么。正如利奇所说："为了向我们自己传递一种集合的信息，我们去参加仪式。"[③]表达性交流——仪式为人们提供了一个表达和转述情感的机会。仪式的表达特征不独体现在特殊的语境（如丧葬仪式、缔婚仪式和生日礼仪等通过仪式），而且体现在任何仪式语境。常规性交流——仪式作为一种基本的交通传媒，聚集了社会价值信念、道德语码等，并将生命的理解与传说和生命圈的循环通过复述、音乐、舞蹈等行

---

① E. R. Leach, *The Political Systems of Highland Burma: A Study of Kachin Social Structure*, London: G. Bell & Sons, 1954, 14.

② E. R. Leach, *Culture and Communication*, Cambridge University Press, 1976.

③ E. R. Leach, *Culture and Communication*, Cambridge University Press, 1976, 45.

为加以表达。祈求性交流——有些仪式的实行是为了祈求获得某种神祇、精神、权力或其他圣灵的通融，通过人们的祈求从而希冀获得神灵的庇佑。[1] 或许，我们还可以进行另一种分类，即可以在以上分类的基础上进行再度分类。或许，将仪式行为进行分类并非最重要者，还在于这些仪式行为建构了一个完整的结构叙事。它提示我们，在认识了仪式的诸种交流功能的同时，无妨视结构关系为必须与必备。就此而论，如果我们不先对仪式的结构——起码的二元因素和关系做一个交代，遑论交流与交通?!以最为肤浅的道理，如果没有至少两种以上的结构要素，交流与交通也就无法展开和进行；哪怕是人们单独的“自我表现”(people represent themselves to themselves)行为[2]也无法脱离或是将他者作为必需的参照，或是将此时此地的自我与彼时彼地的自我进行沟通。结构主义正好在这一方面对任何符号系统的内部结构关系加以文法化(cultural grammar)。

隐喻作为象征的文化体系的一种表述在仪式中非常普遍，但是，在某一个特殊的文化体系当中，人们选择什么样的东西进行表述，他们为什么选择这个东西，所表达的意义是什么，这些意义在整个文化系统中占据什么样的地位，这些象征符号是否具有工具或宪章的作用等，都需要弄清楚，进而做出相应的解释。特纳对赞比亚恩登布人的研究就非常注重其仪式中的象征意义。他对恩登布文化中的象征并不着眼于某一个孤立的符号，而是将这些象征符号放到具体的仪式叙事中，放到特定的文化体系中去考察。只有这样才能够准确而充分地把握某一个象征符号的意义和意思。比如，他就把恩登布社会比喻为一个“牛奶树社会”(Milk Tree Society)，这种概括来自当地社会中的一个女子成年礼仪式。由于恩登布社会遵循着所谓的母系原则，也就是说，恩登布社会主干特征和主体价值属于母系世

---

① F. B. Bird, “Ritual as Communicative Action,” in J. N. Lightstore & F. B. Bird ed, *Ritual and Ethnic Identity*: *A Comparative Study of the Social Meaning of Liturgical Ritual in Synagogues*, Wilfrid Laurier University Press, 1995, 28-36.

② F. B. Bird, “Ritual as Communicative Action,” in J. N. Lightstore & F. B. Bird ed., *Ritual and Ethnic Identity*: *A Comparative Study of the Social Meaning of Liturgical Ritual in Synagogues*, Wilfrid Laurier University Press, 1995, 30.

系的混合，因而，其社会和文化的象征体系自然也就融洽了浓厚的女性特征。牛奶树社会便是特纳通过一个重要的通过仪式归纳出来的。

“牛奶树社会”概念直接取自当地女性从女孩子向女人过渡的通过仪式。其主要的象征指喻是一棵树，这棵树会流出一种白色的乳汁，就像母亲的奶一样。恩登布社会的文化体系中特别赋予了这种从树上渗出的白色液体以“母亲的奶”的含义，并将这种象征意义转喻为母亲和女孩之间的纽带关系。于是在女孩子的成年礼仪式里面，仪式不仅成了女孩子从未成年通往成年、连接未来的纽带，更重要的是，与她的母亲的象征性连接关系传达和突出了恩登布社会中母系世系的线索。所以，当地的妇女将牛奶树比作母亲和她的孩子的树。[①] 当然，任何一个代表着社会文化体系中的主干或核心价值的仪式，大都有与其相关的类似推原神话（即专门对世间万物的起源做解释的神话）或英雄祖先神话，恩登布社会的牛奶树仪式自然也少不了类似的叙述。特纳为我们转述了这则神话传说：

> 牛奶树是母系世系中所有母亲的处所，叫作“伊务母”（ivumu），意为“子宫”或“母腹”。它代表着女人和男人的女性始祖神，这棵牛奶树是恩登布人的始祖母憩息之处，也是原生之处。在这里，“原生”（创生）表示着女始祖们围绕着牛奶树跳舞，也是女始祖睡眠的地方。第一个始祖母倒下睡去后接着便是我们的祖母，接着是我们的母亲，再接下去是我们、我们的孩子。这便是我们部族习俗中的“处所”，称为“母切迪”（muchidi，其在恩登布社会也有“分类”“类别”“物种”的意思，也指“部族”本身。——原注）。那是我们开始的地方，即使是男人也一样，所以男人的割礼也要在牛奶树下进行。[②]

---

① V. W. Turner, *The Forest of Symbol: Aspects of Ndembu Ritual*, Ithaca, New York: Cornell University Press, 1967, 21.

② V. W. Turner, *The Forest of Symbol: Aspects of Ndembu Ritual*, Ithaca, New York: Cornell University Press, 1967, 21.

也正是这个原因,恩登布人把牛奶树视为"我们的旗帜"。[1] 不过,特纳对牛奶树神话传说的关注并非他的重点,他的重点在仪式本身,却不是孤立地审视机械性的仪式过程,而是通过具体的牛奶树仪式类型结构,考察当地社会在仪式中贮存、积聚和表现的社会象征体系和社会协调关系中的背异和矛盾原则。换言之,牛奶树仪式并不是单纯地表示恩登布社会的母系原则,相反,仪式本身恰恰创造了一个与之相悖的原则,这一原则拒绝接受由单一性母系世系传承下来的和谐关系,而是产生一种冲突的力量,以满足象征系统中的共生性结构的要求。所以,特纳认为,同在一个牛奶树场所,恩登布社会中的不同群体间的冲突被加以模仿。[2] 具体地说,在同一个牛奶树仪式当中,丈夫村落——代表同一个仪式符号体系中的象征意义的反面因素和力量出现了。牛奶树社会不仅体现了社会创生形态中的主干价值,即母系世系原则,也体现不同的分支、女性的不同社会状态(如婚姻前后),也体现代表丈夫村的男性社会力量的作用,等等,这一切都使牛奶树社会不只指一棵树(牛奶树),更隐喻着社会文化复杂的"森林"。或许,这就是特纳把他的书取名为《象征的森林》(*The Forest of Symbols*)的原因吧。[3]

仪式的结构

列维－斯特劳斯的结构主义,作为一种原则对人类学的仪式研究起到了一个引导作用。任何一个当代的人类学家如果要在他的仪式研究中引入结构的概念,他都必须,哪怕是最为粗略地对列维－斯特劳斯的结构主义概念进行论述,至少要说明自己所用的结构与之的关联和差异。利奇、

① V. W. Turner, *The Forest of Symbol*: *Aspects of Ndembu Ritual*, Ithaca, New York: Cornell University Press, 1967, 22.

② V. W. Turner, *The Forest of Symbol*: *Aspects of Ndembu Ritual*, Ithaca, New York: Cornell University Press, 1967, 27.

③ V. W. Turner, *The Forest of Symbol*: *Aspects of Ndembu Ritual*, Ithaca, New York: Cornell University Press, 1967.

道格拉斯和特纳都没有例外。不过,笔者在使用"结构"的时候,首先有必要阐明,即确认在仪式理论中,结构是一个重要的视野。但笔者也相信,在仪式研究中,不能把结构囿于一种机械的、固定的、简单的二元分立的关系。源自索绪尔(Ferdinand Saussure)的语言学系统理论虽然对结构主义具有开拓性意义,但正如学者指出的那样,结构主义语言学从一开始就含有"反历史主义"的倾向,杰姆逊(Jameson)早在20世纪70年代就以"语言的牢笼"对结构语言学提出了批评。[①] 当然,列维-斯特劳斯的结构主义也存在着同样的问题。事实上,早在涂尔干那里就显现将仪式的结构研究僵化的趋势。涂尔干通过仪式的带有结构化的象征主义,特别是他的著名的神圣/世俗的二元分类模式,融入了结构化的社会秩序分析。我们应该同时看到这种结构化的仪式理论,一方面存在着机械化的深深印记,另一方面,也为人们开启了仪式研究的重要领域。萨林斯从历史人类学的角度对仪式进行的结构分析,显然超越了结构主义的二元分类。

无论人类学对仪式的结构研究出现过多少不同和差异,作为"结构"概念的基本构造元素,即二元对峙成了分析和操作的依据,也是我们对复杂的仪式关系进行切入研究的重要路径。"仪式的发生——比如一个仪式的个体化参与——从开始到结局,或从第一步到最后的发生过程,二元对立的引入使众多分散性的单位得以缩小,或将复杂的因素缩减为二元关系。在任何一个社会,那些或发生或不发生的仪式中都包含着基本的固定的元素构造,即仪式的发生取决于来自非常自然的、明确无误的二元关系,诸如是/否,0/1,在/离,或此/或彼,男孩/男人,战争/和平,等等。"[②]二元关系之于仪式结构的观察和分析带来的便利的显著特征不仅是仪式发生的内在因素,也是事件的整体。它使得仪式的内在差异性得到清晰化,也

---

① F. Jameson, *The Prison-House of Language*, Princeton: Priceton University Press, 1972.

② R. Rappaport, *Ritual and Religion in the Making of Humanity*, Cambridge University Press, 2000, 89.

便于对仪式整体做细致的观察。[①] 简言之,二元关系使人们对仪式是一个什么样的事件有一个可观察、可分析、可操作的形式和方式。

毫无疑义,结构主义对仪式的观察和分析绝不囿于二元关系的确立和操作性分析层面,结构主义者似乎更在意通过结构的分析以建构一个通用性规则。列维－斯特劳斯结构主义的符号学说带有普世化色彩。他认为:"做研究的目的,是为了建造一个模型,要研究其性质,要研究在实验室的条件下会产生哪些不同的反应;以便在日后能把观察所得的结果用来解释经验世界实际发生的事情,后者可能和预测的情况非常不同。"[②]他的终极目标在于创立关于人的普遍科学。其中有一个重要原则:"人创造了自己,正像家畜的种类一样,唯一的差别在于前一阶段不那么自觉和主动。"事实上,列维－斯特劳斯的这一个原则来源于对马克思一句名言的理解和解释。他说:"马克思的那句名言:'人们创造自己的历史,但是他们并不知道他们正在创造历史。'首先证明了历史的合理性;其次,证明了人类学的合理性。"[③]特别在《结构人类学》一书中,他集中对神话的结构性符号指示进行论述。

需要说明的是,他所引用的神话带有明确的行动因素,包括了神话的仪式性表现和表演。亲属制度成了列维－斯特劳斯着意展示其结构主义的试验领域,因为它的社会功能本身就是结构性的:"亲属关系制度、婚姻制度、血缘集团组成了一个有机的整体,其功能在于借助错综复杂的关系维系,以确保社会的存在。我们可以将它视为一种机制的规划,把女人作为一种类似于流动的因素,从她们的血亲集团中分配到其他姻亲集团中

---

① G. Bateson,"Form, subsistence and difference," in Bateson 1972,451,first published in *General Semantics Bulletin* No. 37,1970.

② 列维－斯特劳斯:《忧郁的热带》,王志明译,生活·读书·新知三联书店 2000 年版,第 58—59 页。

③ C. Lévi-Strauss,*Structural Anthropology*,Harmondsworth: Penguin Books,1973,353. (*Anthropologie Stuucturale*,Paris: Plon, 1958.)

去，形成新的血缘关系的过程，如此循环反复。”[1]就亲属关系的结构而论，“妻子流”维持了社会的持续。仅此一范，婚姻的交换仪式不可避免地获得完成亲属结构的功能性使命。顺带说一下，列维－斯特劳斯还是结构主义文学分析的高手，比如他曾以亲属结构关系对拉伯雷的作品进行剖析。拉伯雷在他的《庞塔格吕尔》(*Pantagruel*)第四册里面所说的，很可能是根据一些去过西印度群岛的航海家的故事，而对今日人类学家称之为亲属制度的现象加以戏谑式的讽刺，他根据一些非常有限的资料加以任意发挥，因为在作品中“似乎”很难找到有多少亲属制度的关系内容。比如一个老头子会称一个小女孩为“父亲”。在列维－斯特劳斯看来，这样的例子说明，过去历史上的某些时期社会思想中缺少了比知识更为重要的要素，一种科学思想不可缺少的要素：意义的和谐性。[2] 显然，列维－斯特劳斯建构的结构系由诸多的结构要素组成。比如神话结构在他的眼里其实不过是总体的组合，它的单位组成部分也和语言一样，由神话素构成。[3] 仿佛对语言素的分析可以应用到对语言的研究一样，对神话素的分析亦可以应用到神话研究中去。简言之，神话仪式的意义不可能孤立于各种单位组成因素之外，它的符号价值取决于各种结构要素的构造方式以及它的转换能力。

利奇深谙结构主义并努力将仪式的结构核心凸显出来。不过他不像列维－斯特劳斯那样过于倚重对结构文法的普世模型的寻找和建构，而试图将结构主义的精神理念应用到社会中去，因此他比较注意社会结构中的矛盾和动态因素以及相互间的关系。在《从概念及社会的发展看人的仪式化》中，他梳理出自己对仪式的几个论点：

(1)仪式中，言语部分与行为部分是不可分离的。

---

① C. Lévi-Strauss, *Structural Anthropology*, Harmondsworth: Penguin Books, 1973, 309. (*Anthropologie Stuucturale*, Paris: Plon, 1958.)

② 列维－斯特劳斯：《忧郁的热带》，王志明译，生活·读书·新知三联书店2000年版，第83页。

③ C. Lévi-Strauss, *Structural Anthropology*, Harmondsworth: Penguin Books, 1973, 211. (*Anthropologie Stuucturale*, Paris: Plon, 1958.)

（2）文字语言相比，仪式的“语言”是极其浓缩的；在同一个范畴集合中暗含有许多不同的意思。这也是数学的一个特点。从数学是变换的这一含义上说，原始思想也是变换的。

（3）相对而言，仪式行动所特有的比较浓缩的信息传递形式一般适合于下述各种交际，在这些交际中，说者和听者处于面对面的关系，并对语境有着共同的了解。①

显然利奇注意到了普遍性仪式结构和某一个（类）仪式结构之间的存在差距，而族群背景下的功能之于存在性结构才是确认结构的最重要依据。

中国传统婚礼仪式　胡庆生供

道格拉斯批判地借鉴了列维－斯特劳斯的结构主义，在象征的结构中突出了个别的独特意义：普世中的个体力量。她说：“对符号的结构分析要以它与角色结构的联系为前提。”②而符号与意义的“趋向和关联发生于个性的象征系统和社会系统之间”③。借此，她针对普世性的结构主义提出了几个意见：一，社会生活丰富多彩，很难有象征的普世性类型。二，前文字符号的交流语码属于非结构性的，因此在认知上不具备相同的类型趋势。三，人类的文化说到底是促使所有层面的人类经验趋于和谐，它将通过物体的象征主义、宇宙观和社会结构之间的关系得到反映。四，象征主义的基础，可引用所谓的“社会结构”——可以是一种理想的秩序，一个模

---

① 利奇：《从概念及社会的发展看人仪式化》，见史宗主编：《20 世纪西方宗教人类学文选》（下卷），金泽、宋立道、徐大建等译，上海三联书店 1995 年版，第 510—511 页。

② M. Douglas, *Purity and Danger*, Harmondsworth: Penguin Books, 1970, 95.

③ M. Douglas, *Purity and Danger*, Harmondsworth: Penguin Books, 1970, 12.

型化的象征系统，同时又带有权力规则。因此，道格拉斯的所谓象征的结构主义羼入了浓厚的经验主义意图。显然，这有问题。[①] 在笔者看来，如此多重语义的结构本身就会导致结构失范的危险。不过，道格拉斯比较重视仪式结构中的类型作用。她归纳出社会结构中的三种：第一种是来自亲属制度内部的结构交流。这种结构的规则是以女人交换作为交流形式。第二种是经济交流形式。这种结构是以货物和服务为基本的交流手段。第三种即语言的交流形式。[②]

在谈到象征符号与结构的关系时，特纳认为："象征符号是仪式的最小单位，它保持和维护着仪式的特殊性质……并构成仪式语境特殊结构中的终极性单位。"[③]这样，结构也就成了符号的构造，也就是说，它可以被看作符号和象征赋予事物的特殊的关系和指示。因此，符号在仪式结构中的多种意义和意思也就自然而然地出现了，它包括以下几种分析的可能：一，任何符号、行为和事物本身的多义性质。二，符号在仪式中与其他的符号、事物以及程序等构成了特殊的语境价值。三，新的意义和意思在符号中产生的情形。四，符号在仪式中的对应关系和由此产生的结构意义。五，仪式阈限和过程的连带性。比如贵州省荔波县瑶麓村青裤瑶"娲厦"祭祀仪式中，七个主祭者（男性）在整个仪式过程中身着女性的服装主持仪式。服装和着装本身作为一种生活中的符号和功能具有世俗性的普遍意义。然而，在"娲厦"这一特殊的仪式语境和进程中，男性主持者（各姓氏的代表）身着女性服装却具有特殊的语境价值，即它已经不是一般意义和观念上的服装和着装，而具有仪式的特定的指示关系。祭仪伴随着杀一只至少生育过三胎以上的老母猪的行为，表明它与"娲厦"（始祖母）的丰产和生殖能力旺盛的意义相关。在这个特殊的仪式中，七个男性主祭者代表着当地村寨中的七个姓氏宗族之间的结构"共时关系"，也表明它们与更原始

① B. Morris, *Anthropological Studies of Religion*, Cambridge University Press, 1995, 227.

② M. Douglas, The Meaning of Myth, Chap. ," in E. Leach ed. , *The Structural Study of Myth and Totemism*, London: Tavistock Publication, 1967, 49-50.

③ V. W. Turner, "Symbols in African Ritual," in *Science*, 1973, 179: 1100-1101.

的、当地瑶人认知的母系社会“历时关系”结构指向。同时,祭祀仪式中的老母猪也清晰地表现出一种通过仪式本身的行动过程和阈限性仪式叙事传递的族群期待。①

特纳在《仪式的过程》一书中曾对仪式之阈限的象征性做过这样的言说:“仪式的阈限时常可以比作死亡、子宫、盲视、黑暗、两性、狂野和天蚀现象(an eclipse)。”②足见象征之于仪式关系的重要性。特纳对象征与仪式的看法并非表现为单一性。他一方面认识到仪式的整体结构即是象征的本体关联,一言以蔽之,仪式就是象征。作为一种社会系统的象征性表达,其内部的冲突和变动经常要通过阶段性的仪式加以表现。另一方面,象征又是构成整体社会结构的基层单位。他在对恩登布人进行研究时发现,“象征构成了恩登布人仪式的特殊结构中的最小单位”③。于是,象征之于仪式仿佛为一个动态的立体结构,处于不断变化之中:一方面,仪式的阈限性本身就是变化的一种特殊的仪式性表示,换言之,仪式的阈限本身即为动态;另一方面,仪式的内部结构并不是死板的,整个结构也在发生变化,而这个变动的结构时刻都有其内部的特质。它表现为以下三个方面:

首先,仪式的符号具有浓缩的性质。在对萨丕尔(E. Spair)的符号理论进行讨论之后,他进一步认为,符号本身存在着两类指喻:①参照性符号,包括通常人们所说、所定的认知符号,比如旗帜等等。②浓缩性符号,包括了情感内涵和在一个单一的形式里所包容着的复合意义。在特纳那里,仪式的符号价值集中聚现于此。它有多重的声音,代表多层意义。

其次,每一个符号都同时潜匿着极向的意义。它可以理解为在两极存在和可能伸展出来的意义。其中一极指其自然和心理的特质,指人类情感方面的经历,并同时能够唤起人们的欲望和情感。另一极则尤指社会的组

① 彭兆荣、牟小磊、刘朝晖:《文化特例——黔南瑶麓社区的人类学研究》,贵州人民出版社1997年版,第228—230页。

② V. W. Turner, *The Ritual Process*, Harmondsworth: Penguin Books, 1974, 81.

③ V. W. Turner, *The Forest of Symbol: Aspects of Ndembu Ritual*, Ithaca, New York: Cornell University Press, 1967, 48.

织原则，如社群间的合作、社会结构传统价值的继承等。

再次，解释仪式符号意义的三个层次：①本土的解释，特指仪式在确定的语境中的意义，特纳称之为“注释性意思”（exegetical meaning）。②操作的解释，即符号在特殊语境中的操作性意思（operational meaning）。③处所的解释，指在一个语境里仪式的符号与其他语符在总体中的关系及处所性意义（positional meaning）。[①]

仪式的社会剧概念集中地表现出特纳对仪式叙事的看法，也为当代戏剧理论提供了一个操作性模范，特别在对戏剧文学的原始形态的分析方面更是如此。关于仪式的社会剧的概念，特纳也曾在叙事中进行过讨论，他认为，社会戏剧是政治行为和社会形态的一种通用形式。因此，它对社会情境和叙事结构也同时适用。具体地说，社会剧来自许多文化展演类型的经验模型，具有补偿性平衡和既定的规程，所有口传的、文字叙事都囊括其中。[②] 至于社会剧的性质和特征，特纳通过对仪式的研究，比如在他所做的恩登布社会田野调查，发现仪式由许许多多的符号编织而成。它们构成了仪式的单位或曰“分子簇”（molecules）并贯穿于整个文化展演之中，形成了一个复杂的、符号性的织绣。社会关系便在这些物质结构里面充满意义。那些符号排列程序和方式不仅表现为功能结构，或简单的媒介体制，而且还具有完整意义上的政治代言人的角色。[③] 在特纳眼里，诸多社会文化的观念形态和社会集团组织的社会行为都处在一个社会剧的结构功能主义的范式之下。[④] 特纳对仪式理论的贡献是多方面的：一，他的仪式理论表现为人类学仪式研究推进的一种必然过程。二，他的仪式理论表现出

---

① V. W. Turner, *The Forest of Symbol: Aspects of Ndembu Ritual*, Ithaca, New York: Cornell University Press, 1967, 51.

② V. W. Turner, *Dramas, Fields and Metaphors*, Ithaca, New York: Cornell University Press, 1974, 154.

③ Kathleen M. Ashley ed., *Victor Turner and the Construction of Cultural Criticism: Between Literature and Anthropology*, Indiana University Press, 1990, xvii.

④ V. W. Turner, "African Ritual and Literary Mode: Is a Comparative Symbology Possible?" in A. Fletcher ed., *The Literature of Fact*, Columbia University Press, 1976, 46.

他对功能主义、结构学派的批评和包容上的非凡能力。三,他的仪式社会剧传达了他对仪式知识谱系的整合态度。特纳仪式理论的一个基本信条就是他的戏剧理论。他强调仪式的戏剧性质,却又表现得较为隐蔽。一方面,仪式的内部过程可以被视为一出戏剧的出演;另一方面,它又将社会的矛盾冲突集中地表现为戏剧化。作为形式的戏剧和作为功能的戏剧,特纳显然更强调后者,因为,仪式最重要的特征在于"过渡和交通"[①]的功能。

---

① V. W. Turner, *The Forest of Symbol*: *Aspects of Ndembu Ritual*, Ithaca, New York: Cornell University Press, 1967, 95.

第九章　仪式的历史记忆与叙事

仪式的历史方法与记忆的一般陈诉

仪式作为一种历史记忆对一个特定的民族、国家、社会和传统的价值是不言而喻的。然而，面对仪式所包容的复杂的、长时段的历史积淀与叙事，究竟要以一种什么样的方法进行研究无疑是对仪式研究有效性的一个考验。仪式不仅属于一种历史的容器，可以装载变迁的历史内容，同时，它也在历史的变化中改变自己的形式和样态以适应历史的变迁。面对这种情形，选择一种历史的方法也就显得非常的必要。格尔兹在《尼加拉：十九世纪巴厘剧场国家》一书之开篇讨论的就是研究的历史方法。他总结了两种先前对巴厘"剧场国家"研究的历史方法：一，研究者"试图写出一种他们没有拥有、而且大概永远也不会拥有其素材的历史……一种伟大文明的历史可以描述为一系列重大事件——战争、统治和革命——无论它们是否塑造了这一文明，却至少标志着其历程中的主要变迁"①。换言之，这

① 克利福德·格尔兹：《尼加拉：十九世纪巴厘剧场国家》，赵丙祥译，上海人民出版社1999年版，第4页。

种方法以历时性的重大事件为线索以揭示一个社会和文明发展的主要轨迹。二,以历史变迁作为透视“相对连续的社会和文化过程”,强调和突出作为整体的“变迁模式”。“这种变迁、过程的观点并不太强调对人们的所作所为进行事无巨细的编年史式钩沉,而是强调累积活动的形态性、或结构性模式。”[①]在这两种方法中,时间都是关键因素。但是它也同时表现出方法上的不足,即由于考虑到时间的秩序化线索和编年性纽带,一些社会结构的独立性单位表述,如宗教观念、世系制度、生态格局、水利系统等重要结构性事件和制度性机构等独立的、至关重要的因素便不容易得到凸显和突出。鉴此,格尔兹发展出了他称之为的第三种方法——民族志方法,将自己的分析作为置于“核心位置”,以区别作为社会人类学家与考古学家、历史学家在方法上的差别。[②] 就仪式研究而论,笔者试图在主题的研究中将仪式作为一种十字型构造,在方法上既满足仪式作为一种社会化历史记忆的积累和积淀的历时性纵向叙事,同时也考虑到作为独立性单位的横向构造,即超越某一个具体历史叙事的记忆模式。十字型构造模式在研究方法上有以下诸多的好处:其一,对任何一个向度的重视和研究都建立在另一个向度的条件之上,比如当研究者着眼于仪式的历时维度的时候(纵向),它必须以共时为条件(横向),否则,就丧失了根本的意义依附性。反之,当研究者着眼于仪式的共时关系的时候(横向),它必须以历时为条件(纵向)。其二,除了研究上可以侧重对纵向与横向进行专门研究外,还可能进行整体的结构研究,即将两向都作为考虑的因素,在结构中任意选择一个研究点以反映其全貌及内部关系。其三,通过认知研究的方法影射作为背景的整体结构。比如,当一个仪式中出现某种牺牲(如牛)时,研究未必一定将着眼点限制在仪式中的牛上,而是将牛在那个特定的族群的认知体系中的关系背景进行记忆的考释。事实上,即使是格尔兹本人强调的民族志分析法,也隐含着笔者所指称的十字型构造方法。由于“巴厘人看

① 克利福德·格尔兹:《尼加拉:十九世纪巴厘剧场国家》,赵丙祥译,上海人民出版社 1999 年版,第 4 页。

② 克利福德·格尔兹:《尼加拉:十九世纪巴厘剧场国家》,赵丙祥译,上海人民出版社 1999 年版,第 6 页。

待过去的方式几乎完全不是历史性的”，19世纪巴厘政治可以被视为摇摆于两种正相对抗的力量之间的张力：典范国家仪式的向心力和国家结构的离心力的平衡。[①]

如果仪式中存在记忆模式，那么，记忆在此就不是简单的主观行为，也可能包含客观显现的成分。换言之，仪式的表述与被表述、记忆与被记忆具有相关的整体性。“记忆”是一个非常宽泛的语用。既然本文是从人类学的视野和角度讨论记忆，笔者对这一概念的基本意思和意义做一个粗略限定。一般概念：“记忆是自我和社会的功能”；没有它便没有自我，没有认同；没有它，世界便在任何意义上失去存在的理由。[②] 记忆有个人记忆和社会或集体记忆之分。它的一个最基本的功能，就是进行区分和认同。因此，在人类学研究领域，对过去的记忆也就自然包含着个人的、社会的和政治方面的意义。尤其是社会记忆，作为一种广泛和深远意义的社会现象，无论是对个人还是政治家，抑或是学术研究，都具有巨大的价值。早在1925年，法国社会学家哈伯瓦奇（Maurice Halbwachs）就已经出版了有关集体记忆的两部著作。他认为，集体记忆并不是一个隐喻，而是一个社会现实。它通过意识能力和群体机构的传达来维持社会现实。概念范畴：作为“集体记忆”概念的延伸，出现了诸如文化记忆、历史记忆、地方记忆、官方记忆（official memory）、通俗记忆（popular memory）、公共记忆（public memory）、分享记忆（shared memory）、社会记忆等；它还与习俗、遗产、神话、根源、传统等紧密地联系在一起。[③] 记忆特征：集体的、社会的和历史的记忆具有明显的双重特性。一方面，它可以表现出暂时性（provisional）、可塑性（malleable）和偶发性（contingent）等特征。另一方面，它也表现出

① 克利福德·格尔兹：《尼加拉：十九世纪巴厘剧场国家》，赵丙祥译，上海人民出版社1999年版，第19页。

② Jacob J. Climo & Maria G. Cattell ed., *Social Memory and History: Anthropological Perspectives*, Walnut Creek/Lanham/New York/Oxford: Altamira Press, 2002, 1.

③ Jacob J. Climo & Maria G. Cattell ed., *Social Memory and History: Anthropological Perspectives*, Walnut Creek/Lanham/New York/Oxford: Altamira Press, 2002, 4.

积累性(cumulative)和经久性(persistent)。[①]

人类学视野中的社会和历史记忆:首先,人类学视野中的社会与历史记忆得益于多学科研究的整合,特别是社会学和历史学的研究成果。作为一种研究视野,它是对民族志参与观察的阈限性实践(liminal practice)的一种有益补充,具有方法论和范式创新的价值。显而易见,人类学的田野作业的实践过程包含着一定程度上时间/空间的阈限性,在某种程度上也意味着限制性。社会和历史记忆不独有助于人类学家对异文化的过去-现在-将来建立一个必要的历时性视野(原生纽带),同时,也通过对它的情境策略建立起特定的共时性关系(情境论)。而且,还可以通过它的作用,将其他类型的记忆文本,比如文字文本、展演文本、行为文本、声像文本统纳到研究的视野之中。在民族志研究中,借助社会和历史记忆建构起来的机制颇类似于特纳的仪式模式,它既是仪式的角色和符号在冲突中的实现,同时也是一种社会秩序的维持。[②] 人类学和历史学"在规律和规则上的更大的领域是民族志与历史学的会合"[③]。从历史的角度看,"人类学与历史学建立了长久的关系,但时而也会出现矛盾"[④]。笔者认为,无论从人类学"线性进化论"的基本主张、博厄斯为代表的"历史学派",到"新进化论"和"历史人类学"的线索来看,还是从方法论角度来看,人类学和历史学要在根本上相互排斥几乎是不可能的。因此,笔者倾向于赞成这样一种主张:人类学应该更加历史化,而历史学则要更加人类学化,以达到二者的完美结合[⑤]。

---

① Jacob J. Climo & Maria G. Cattell ed., *Social Memory and History: Anthropological Perspectives*, Walnut Creek/Lanham/New York/Oxford: Altamira Press, 2002, 4-5.

② V. W. Turner, *The Forest of Symbol: Aspects of Ndembu Ritual*, Ithaca, New York: Cornell University Press, 1967.

③ T. Abercrombie, *Pathways of Memory and Power: Ethnography and History among Andean People*, Madison: University of Washington Press, 1998, 14.

④ Jacob J. Climo & Maria G. Cattell ed., *Social Memory and History: Anthropological Perspectives*, Walnut Creek/Lanham/New York/Oxford: Altamira Press, 2002, 10.

⑤ John Comaroff & Jean Comaroff ed., *Ethnography and Historical Imagination*, Boulder: Westview Press, 1992.

通过以上的陈述，我们把族群（民族）、历史与记忆的关系串在一起，即把三者视为一个有机体。那么，这一有机体以什么方式与仪式建立特殊的联系呢？要回答这一问题并不容易，以下几个认知前提必须得到确认：首先，仪式是历史留存的一个物化形式。其次，仪式通过其特有的方式建立了特殊的关系秩序，特别是宗教秩序——既表现为信仰的观念，也通过形式使这种信仰得以表现和实现。再次，仪式属于某种“选择性的记忆”。这就是说，我们所能看到的所有仪式都不过是历史记忆与现实需要结合的果实。最后，权力再现，其中最主要的一种表现是将王权（现实功用）与神权（记忆叙事）通过选择结合在一起。比如，“在埃及，实际条件经常不是很清楚的创世故事显示了其组成部分的重要意义”[①]。我们以埃及的历史记忆为例。当人们注意到普塔是一个更普通的太阳神，他被看成埃及的造物主，因此，他是太阳——拉，被称为埃及的第一位国王。重要的是，这种现象不仅发生在宗教文献中，也出现在历史文献中，像公元前2千纪《都灵纸草》上的国王名单或托勒密的祭司马涅托的《历史》这样的文献。一首颂歌中提到了太阳神，好像他是一位已故的国王：

> 神圣记忆中的国王——拉，两地的君主，
> 具有最强大的力量，富于权力。
> 所有人中最高贵的人，他创造了整个地球。

这样对待太阳神是不寻常的。我已很谨慎地翻译“神圣记忆中的”这个词汇，以表明在这里拉被看作是一位死去的神。但作为一种规则，埃及人强烈地认为太阳是一位活着的神；因此，他们认为他已通过把埃及的统治权传递给其他神的方式安排了王权；最终统治埃及的权力落到了神荷鲁斯的身上，他化身为每一位法老。权力的授予使法老远离了神的世界，相

① 亨利·富兰克弗特：《古代埃及宗教》，郭子林、李凤伟译，上海三联书店2005年版，第36页。

反却把自己放在了与其他神同等的位置上。[①] 这使我们了解到，与其说这种神圣的记忆在于通过仪式建构一种形式，还不如说它通过对人们所认定的英雄（神、祖先）的选择和记忆有效地把神权转变为王权。这也是为什么我们可以通过历史文献，或通过亲身体验的方式了解远古遗留下来的许多重要的、神圣性的仪式庆典的原委。从这个意义上看，仪式成为有效地实现族群（民族）、历史与记忆相互链接的工具。

仪式的历史记忆存在着两个互为关联的部分：一是历史的谱系化和纽带性的符号记录；二是在特定的历史语境中根据那些记录进行符合所属族群的利益选择。也就是说，任何记忆都不是完全的虚幻。比如考古人类学家认为，我国的“可考历史”大约在殷朝灭亡后的两百年，其根据就是河南安阳发掘的简贼史料，配合司马迁《史记》中的谱系记录——特别是殷本纪——这些可核对的材料都在发掘的卜辞中找到。而这些材料说明，殷人是虔诚的祖先崇拜者，他们每隔一些时间都要举行祭典并贡献牺牲。每逢举行仪式，受祭的和被祈求谕示的那位祖先的姓名便要被载入卜辞并刻在卜骨上。每逢举行大典，全体祖先或其中多位接受合祭的名字都会依照顺序排列并刻录在甲骨上。[②] 单从历史记录的方式和材料的类型来看，历史的记忆与历史的记录是互为你我的。需要提醒的是，仪式中的记忆与人们在生活中的自然记忆——因经历（包括五官感受、心理体会、生活经验等）而被唤起的记忆，是族群因需要所进行的有目的的、有目标的、传统化的、策略性的自主记忆——创造性的、建构性的、未必向真实性负责，甚至是虚构的记忆。

历史的边界如何在记忆与叙事中建构

任何民族和族群的历史其实都可以被看作一种确定族群范围的认同

---

① 亨利·富兰克弗特：《古代埃及宗教》，郭子林、李凤伟译，上海三联书店 2005 年版，第 36 页。

② 李济：《中国文明的开始》，江苏教育出版社 2005 年版，第 53—57 页。

和集体记忆。诺拉在考察现代法国的民族主义时认为，记忆和历史存在着一个概念化的重建现象（a re-conceptualization）。因为过去的记忆与社会进程无法截然分开，而社会进程是特定群体的集体记忆价值的保留和传送的结果。① 换言之，社会记忆与历史情境有着密切的关系，却又非一回事情。也因为相同的理由，表现出相应的策略性特征：族群的"集体性记忆"与"结构性失忆"或"谱系性失忆"都可以被理解为"强化某一族群的凝聚力"。② 所以，族群认同下的历史记忆其实同时意味着相同意义上的历史失忆。因为历史的记录不仅使之成为历史构成的一个部分，也使这些被记录的部分成为无数发生过的历史事件中的幸运者和幸存者，属于人类主观因素和文化漂移视角的选择对象。③ 我们可以换一种表述：任何民族或族群的历史其实是同一个人群共同体根据他们所处特定情境的利益需要，到他们所具有的历史积淀当中去策略性地选择记忆和讲述某些事情和事件。这样，历史叙事与族群记忆便逻辑性地同构出了一个相关的、外延重叠的部分。

显然，族群记忆属于集体记忆，它的一个基本功能就是将我群与他群区分开来。这就像如果没有个人记忆，人们就无法将自己与他人区分开来一样。④ 不过，通过集体记忆建构起来的历史关系，存在着两种相互依存的互动指示：一方面，我者历史的确立需要借助他者历史的参照、比对、互动方可实现。另一方面，这并非意味着我者历史不具备个性特征和自我负责的能力。恰恰相反，越是在与不同族群边界的关系区分中修建属于我者历史的边界，就越需要强化某一族群的价值认同；因为民族的历史和文化

① P. Nora, "Between Memory and History: Les Liex de Memoires," in *Representations*, 1989, 26: 7.

② 王明珂：《华夏边缘：历史记忆与族群认同》，允晨文化实业股份有限公司 1997 年版，第 45—46 页。

③ E. Ohnuki-Tierney ed., *Culture Through Time: Anthropological Approaches*, Stanford: Stanford University Press, 1990, 4.

④ Jacob J. Climo & Maria G. Cattell ed., *Social Memory and History: Anthropological Perspectives*, Walnut Creek/Lanham/New York/Oxford: Altamira Press, 2002, 1.

终究还是要由一个确定的人群根据自己的族源和背景自己来进行确认。[①] 这就是说,民族的构造羼入了某一民族或族群的意识,是一种族群认同的策略性表达。因此,在"族性"的研究中,历史记忆、社会记忆等常被诊断为凝聚族群认同这一根本情感的纽带。"透过'历史'对人类社会认同的讨论,'历史'都被理解为一种被选择、想象或甚至虚构的社会记忆。"[②]其中也就有了一种历史记忆与族群认同之间相互负责的关联性,他们要对自己的行为负责。[③]

既然"社会记忆"属于族群认同的策略表述,那么,它就与社会叙事建立了一种关系。这意味着,社会记忆并非属于被动的叙事,而属于积极的、带有主动特质的表达。所以,我们谈论的所谓社会记忆事实上属于"叙事的社会记忆"(narrative social memory)。[④] 历史记忆其实是一种历史叙事。"叙事"在今天的历史讨论中成为一个一触即爆的话题。抵抗历史学变迁的人士,倾向于把叙事作为历史特有的写作方式来捍卫。赞成历史学革新的人却倾向于贬低它的作用。但是,真正比这些争论重要的是所谓的"元叙事"(metanarrative)或"主控叙事"(master narrative)。[⑤] 在我们看来,历史的元叙事之所以重要,在于它不仅直接与历史的原生形态丝丝入扣,而且,还引出了历史叙述中的话语性质——任何历史叙事无不潜匿着政治性目标的追求和政治意图的表达。再者,叙事同时表现出一种明确的政治策略,具体体现在对历史事实进行有族群目的之筛选,并使历史的事件性得到重新组合。于是,历史(假定为一种历史的客观存在)便成了一种似是而非的讲述(人们所面对的历史叙事)。人们为什么要叙说这些而不叙说那些,为什么要这样叙说而不那样叙说,为什么要选择在这样的时间和情

---

① F. Barth, *Ethnic Groups and Boundaries: the Social Organization of Culture Difference*, Boston: Little, Brown and Company, 1969, 3.

② 王明珂:《根基历史:羌族的弟兄故事》,见黄应贵主编:《时间、历史与记忆》,台湾"中央研究院"民族研究所 1999 年版,第 285 页。

③ M. Sahlins, *Islands of History*, Chicago: The University of Chicago Press, 1985, 152.

④ J. Fentress & C. Wickham, *Social Memory*, Oxford: Blackwell, 1992, CH. 2.

⑤ 乔伊斯·阿普比尔、林恩·亨特、玛格丽特·雅各布:《历史的真相》,刘北成、薛绚译,中央编译出版社 1999 年版,第210 页。

势而非那样的时间和情势叙说等，都与话语有关，都不是任意的社会行为。

在最为粗浅的认知层面上，历史－族群记忆可以被视为一种社会机能和能力。它建立在另一个必要的逻辑前提之上：族群叙事。叙事每每被简约地等同于故事的讲述。西文中的“历史”，从字义上解释正是“故事的讲述”。人类属性多种多样，除了生物存在和经济存在之外，还有一个基本的属性：故事的讲述者。[①] 人是故事的制造者，故事又使人变得更为丰富；人是故事的主角，故事又使人更富有传奇色彩；人是故事的讲述者，故事又使人变得充满着历史的想象。这里，叙事本身具有自身的功能－结构。人的讲述也具有历史语境之下的功能－结构。没有基本的故事讲述者，记忆便有束之高阁的嫌疑。其间的关系应为：社会叙事与社会记忆互为依据，共同建构一个社会知识传袭和伦理价值的机制。也可以这样说，社会叙事一方面在制造和解释特定的历史文本，另一方面，更是在解释人们在社会中的生产关系。[②]

我们之所以强调仪式的叙事性，是因为有许多仪式，特别是纪念性仪式，属于整个民族或族群的族源和祖先的历史讲解。在这种情况下，每一个共同体成员参加仪式，仿佛在进行历史教育，在聆听先祖的英雄故事。在这种情况下，仪式中的“历史记忆－族源叙事－故事讲述－英雄缅怀－民族认同”都混杂在一起。把叙事约等于讲述，是因为二者都在进行着一种表达和表现。但是，叙事除了具有语法性讲述规则以外，还包含着强烈的社会历史规约，符合范式改变现代表述需要。叙事经常充当“魔方”的角色，它可以通过“叙述秩序”“集结形象”等进行建构文本或解构情境的作用。“处在故事与读者之间的叙事者，决定着讲什么和让人怎么看。”[③] 这里有两个关节：一，历史事件是否发生或者怎么发生可以独立于叙事活

---

① M. Richardson, "Point of View in Anthropological Discourse," in I. Brady ed., *Anthropological Poetics*, Rowman & Littlefield Publisher, Inc., 1991, 207.

② J. Clifford & George E. Marcus ed., *Writing Culture: The Poetics and Politics of Ethnography*, Berkeley/Los Angeles/London: University of California Press, 1986, 13.

③ 华莱士·马丁：《当代叙事学》，伍晓明译，北京大学出版社 1990 年版，第 3 页。

动。一个叙事也未必在任何方面依赖于所讲述事件的“真实性”。[1] 二,叙事具有相对独立的结构系统。以往人们经常误认为,在历史的叙事中,叙事者为单一性;事实上,叙事者为多位一体。历史过程本身可以被视为一种叙事(历史的自然演变)。名字写在文本封面上的作者仅仅为显叙事者。纵然是同一作者,对待相同的历史事件也可以表现出完全不同的叙述面貌。马林诺夫斯基在特罗布里安德岛面对相同的人群和事件,他分别写进“民族志”和“私人日志”的时候就变得面目迥异。相对于显叙事者,无疑还有隐叙事者——表现为超越单一个体的,或被故事逻辑牵着鼻子走的叙事行为。对于人类学家来说,他们除了在田野作业中要面对一个个具体的故事讲述者,还要面对一个共同体叙事。在共同体叙事面前,分散的个人显得无足轻重,他们总躲藏在“一片由许多无名无个性的面孔组成的大墙背后”[2]。历史与叙事同构出一个神奇的“魔术”。

接下来的问题自然而然地出现在了叙事文本的分类讨论上。众所周知,叙事可以借助不同的文本进行表述。在反思作为当代社会科学的一种基本原则的今天,历史人类学在讨论叙事文本的时候,必然要对不同的文本进行重新检讨,特别是口述/书写的叙述关系。口述同样是一种记忆的文本,口述史偏爱用记录的“说本”(spoken documents)进行分类,并使历史呈现出具体化。但事实上,二者都构成同一个总体范式的有机部分。[3] 问题在:书写文化的分类和叙事话语将口述传统历史性地推到了“底层”,使之处于一种“不公”的状态。难怪口述历史宣称要“自下而上”地“重写历史”。[4] 这其中的一个重要原因就是书写文化的权力问题。这种权力来自知识,它的存在并非在所有为人感知的层面显露出来。[5] 在很大程度上,书写文本所倚仗的力量直接来自国家法律或行政方面,比如合法文件的效

① 华莱士·马丁:《当代叙事学》,伍晓明译,北京大学出版社 1990 年版,第 77 页。

② 米盖尔·杜夫海纳主编:《美学文艺学方法论·人类学方法》,朱立元、程未介编译,中国文联出版公司 1992 年版,第 120—122 页。

③ J. Fentress & C. Wickham, *Social Memory*, Oxford: Blackwell, 1992, 2.

④ J. Fentress & C. Wickham, *Social Memory*, Oxford: Blackwell, 1992, 2.

⑤ J. Clifford & George E. Marcus ed., *Writing Culture: The Poetics and Politics of Ethnography*, Berkeley/Los Angeles/London: University of California Press, 1986, 7.

用性。[1] 这大约也正是"作为历史的口述传统"[2]难以与书写文化相抗衡的原因所在。不过,我们要进行的声辩是:口述传统与书写文化在历史政治的价值体系和社会知识谱系的分类中尽管存在着不平等的情形,却并不意味着我们对二者在历史叙事中的真实性上也要表现出一种相应的不公平的态度。

无法否认,我们常称谓的传统其实可能被理解为一种社会记忆:它既是一种积淀,也是一种传承,更是一种社会历史结构。仪式的作为便显而易见。康纳顿为我们讲述了仪式的社会记忆能力。通常,人们面对任何一个历史性现象和事件,总避免不了对它的来龙去脉做一个追究,不管他是有意的或无意的,即总会想象历史的原初是什么样子。仪式的作用在于既作为传统知识继承的一种方式,同时又可以起到弃旧创新的作用。比如法国大革命的社会记忆就是这样。"审判和处死路易的要旨体现在公开的仪式上;通过否定其国王地位,让他的公共身份死亡。"对他的审判和处死仪式,意在消除前一个仪式(他作为国王的登基和加冕仪式)的记忆。换言之,"旨在废除一种制度的仪式,只有通过反过来回忆另一些迄今为止确认那个制度的仪式,才有意义"[3]。所以,仪式既对保留传统起至关重要的作用,同时,也在不断进行着历史的重构。

历史的隐喻与神话的现实

前文已经详细地介绍和分析了神话与仪式的历史渊源关系,这里要讨论的与之相关,它与表述逻辑与实践逻辑,类似于萨林斯的分类"文化理性"与"实践理性":"功利论(utilitarianism)与文化论(cultural account)的这种严正冲突中存在的种种选择,大致可以概述如下:文化秩序是否可以被认为是对人们有目的的、实用性的实际行为的编码;或者反过来说,现实

---

① J. Fentress & C. Wickham, *Social Memory*, Oxford: Blackwell, 1992, 9.

② J. Vansina, *Oral Tradition as History*, Wisconsin: The University of Wisconsin Press, 1985.

③ 保罗·康纳顿:《社会如何记忆》,纳日碧力戈译,上海人民出版社 2000 年版,第 4—5 页。

世界中的人类行为是否可以被理解为是受文化设计(design)的调整作用的,文化设计具体构造了实践经验、习惯性实践及此二者的关系。这中间的差别并非微不足道,……最终,就文化的特性来讲,文化指的就是这种或那种居于支配地位的逻辑——实际利益中的'客观'逻辑或'概念图式'中的意义逻辑。"[①]我们可以进一步把问题简单化,即在融合了神话叙事和实践活动的仪式中,究竟如何把握"真实性"?就仪式的逻辑而言——至少从表象上看——是以一种实践性的活动(生活中可感的、真实的、客观的东西、形式、行动等)建立和建构另外一种存在,即神圣性的存在(生活中看不见的、不可直接触摸的、非客观的)。因此,对仪式而言,人们必然会对二者之间的关系和逻辑提出疑问。当然,对于两种存在和两种逻辑的解释也可以多种多样,有的学者以仪式中的秩序关系为切入点,认为"神圣秩序的真实性与神性的存在一并建构于仪式之中"[②]。换言之,仪式在安排和设计活动秩序的时候,本身就已经把神圣的关系包容其中。也可以这样说,任何仪式无不需要一个文化和观念的图式,并把这些观念图式投射到仪式中去。因此,仪式的秩序不仅包含了神的秩序,也包括了政治秩序、社会秩序和经济秩序。它们的表述或再表述本身包括了其自身。[③] 这也就是所谓"真实的表述"。

历史学家和人类学家都面临一个同样的问题:除了理清虚构与事实之外,还涉及对表述形式的反思。比如历史事实/故事传说在传统的历史志表述中,其认知价值是不言而喻的;即把前者作为追索的圭臬,而把后者类同于茶余饭后的闲情。但事实上二者无法彻底分离,因为它们是一体性。在西文中,历史(history)——"他的故事"His-story 与故事(story)之间只是附加了一个人称代词。从词语的表面上分析,后者似乎更接近于"事实"

① 马歇尔·萨林斯:《文化与实践理性》,赵丙祥译,上海人民出版社 2002 年版,第 70—71 页。

② R. Rappaport, *Ritual and Religion in the Making of Humanity*, Cambridge University Press, 2000, 345.

③ R. Rappaport, *Ritual and Religion in the Making of Humanity*, Cambridge University Press, 2000, 345.

本身,因为它具有“非人称”(It' s)的喻指;本质上恰恰相反,只有附带着人的叙述(his)才更接近于事实本身。至少事实系由人类判断。也只有加入了人类的判断的主观性——可以理解为人文性——历史才有意义。有些学者基于对历史进程中人文话语的认识,提出了所谓“虚构的存在”或曰“非真实的真实”(fictious entities)。这与所谓的事实和对事实的表述形式有着密不可分的关系。萨林斯在他的另外一部重要的著作《历史的隐喻与神话的现实》一书中为人们做出了一个具有逻辑性的解答。它提醒人们一个貌似悖论的道理:真实与虚构原来并非完全泾渭分明,不可逾越,二者间的界限是可能被打破的。最粗浅的解释可以这样:那些“虚构”(非事实)的叙事——无论是其言说的内容抑或是言说本身都是“真实”的,而历史事件或者那些无须证明已经属于不争的“历史事实”当中却经常交织着“隐喻性神话”。同时,历史的隐喻和神话的现实还包括不同民族、族群、人群共同体在同一桩历史事实、同一件历史真实中所赋予的政治意义和诉求。

笔者(右一)和云南西盟佤族摩巴人在一起

在此,我们以当代著名人类学家萨林斯的有关夏威夷的历史民族志著作为例进行阐述。在书中,他精巧地以夏威夷罗诺(Lono)神话传说与库克船长的历史传说为例,讲述了这样一个道理:历史上的库克船长在夏威夷被当地土著杀死,他死后却成了在土著中盛传的罗诺神的再生,或者说,他成了罗诺神的替身。[1] 这一神奇的叙事正是通过仪式表现和留存下来的。于是,一个问题也就自然而然地浮现出来:其中究竟哪些是神话的,哪些是真实的?虚构的罗诺神怎么与历史上的真实人物库克掺和到了一起,而且同化为一个兼具人-神的仪式叙事和仪式存在?萨林斯在他的著述中彻底打破了"想象/历史""神话/现实"之间貌合神离的价值界线。在虚拟与事实、主观与客观的内部关系的结构中再生产出超越对简单真实的追求,而寻找到另外一种真实——诗性逻辑(poetic logic)。人们看到,库克船长的历史事件恰恰满足了印第安人神话叙事的一个必备要件。二者共同完成一个历史叙事的"结构"。人们骤然发现英国的历史叙述和夏威夷印第安的神话叙述其实同为一个"历史事件",看上去有天地之遥却构造出一个完整的结构性叙事——历史事实与神话虚构的关系非但不被隔绝,相反,表现为一种活动的交通关系。它有一套规则:"夏威夷的历史经常重复叙述着自己,第一次它是神话,而第二次它却成了事件。"[2]其中的对应逻辑在于:一,神话和传说的虚拟性正好构成历史不可或缺的元素。二,对同一个虚拟故事的复述包含着人们对某种习惯性的认同和传承。三,叙事行为本身也是一种事件和事实,一种动态的实践。四,真正的意义价值取决于整个社会知识体系。对某一种社会知识和行为的刻意强调或重复本身就成了历史再生产的一部分。它既是历史的,也是真实的。

然而,在萨林斯所谓文化理性/实践理性的作用下产生了对夏威夷神话(想象)-仪式(真实)的精妙解释,也给他带来了不少批评和责难——整个夏威夷的罗诺-库克的神话叙事和仪式展演不过是欧洲殖民主义和西方传教士对欧洲神话的历史建构,所以政治上受到一些人类学家(尤其是第三世界的人类学家、学者)的强烈质疑,甚至因此引起一场不小的争论,比如以奥贝赛克拉为代表就致力于"库克/罗诺"与"欧洲人/太平洋土著"之间的历史制造的"共谋"的揭露。他认为,夏威夷的历史绝对不可能

① M. Sahlins, *Historical Metaphors and Mythical Realities*, Ann Arbor: The University of Michigan Press, 1981.

② M. Sahlins, *Historical Metaphors and Mythical Realities*, Ann Arbor: The University of Michigan Press, 1981, 9.

在客观上得到一个结论,即一个英国的船长可以变成波利尼西亚的神。换言之,历史上的神话"文本"必须置于特殊的历史语境中才有真正的意义。奥贝赛克拉认为:"一个文本其自身不可能独立地存在,它必须借助于一个语境。"[①]也正是在欧洲殖民的历史语境中,奥贝赛克拉认为,库克的神化(the apotheosis of Cook)是欧洲18世纪的形象以神话模式为基础的创造,是所谓文明神对土著的移植。[②] 它也可以说是一种殖民化的产物。表面上争论双方都不遗余力地进行着各执一词的批评[③],但在笔者看来,他们事实上都在干着同一桩事情:对历史的建构!

我们除了那些政治性争执外,同样关注库克–罗诺的神话仪式的历史转变过程中那些引人入胜的地方。反对者们不仅认为库克船长转变为罗诺神的观念是荒唐的,而且对二者起着关键性转化作用的仪式庆典也提出了质疑,认为夏威夷人不应该犯这种根本性的错误,即把西方的库克船长与夏威夷的罗诺神混淆在一起;库克船长的登岛时机与夏威夷当地新年的仪式庆典(玛卡希基,即夏威夷的新年节庆仪典)也没有相同之处。反对者的理由之一是:罗诺神莅临的仪式庆典的"发明"晚于库克船长在夏威夷当地被神化的神话传说,而库克船长被神化的神话系由后来的基督教传教士和皈依者们制作出来。[④] 然而,萨林斯的反驳同样很有抗辩力,他首先从文化结构的内部关系中寻找库克船长和罗诺神之间的相同性,"夏威夷人叙述了关于罗诺神、创始国王罗诺伊卡玛卡希基以及卡伊伊玛冒之间非常相近的传说:传说拥有结构上的相似,不仅表现在宇宙起源上神和人的斗争,也包括库克船长的历史命运"[⑤]。他还详细地描述了仪式的过程:"1779年1月17日接待库克的那座庙宇——同时还举行了据说包括整首

---

① G. Obeyesekere, *The Work of Culture*, Chicago: University of Chicago Press, 1990, 130.

② G. Obeyesekere, *The Apotheosis of Captain Cook: European Myth-making in the Pacific*, Princeton: Princeton University Press, 1992, 3.

③ R. Borofsky, "Cook, Lono, Obeyesekere, and Sahlins," in *Current Anthropology*, Volume 38, April, 1997.

④ S. Bergendorff & Ulla Hasager & P. Henrique, "Mythopraxis and History: On the Interpretation of the Makahiki," in *the Journal of the Polynesian Society*, 1988, 4: 391-408.

⑤ 马歇尔·萨林斯:《"土著"如何思考》,张宏明译,上海人民出版社2003年版,第29页。

库穆里波的仪式——是罗诺年度环岛路线上的起点,也是23天后他返回时国王前来欢迎的终点。"[1]显然,这是罗诺神作为牺牲(死而复活)的关键性功能,它正好与库克船长死后被神化的过程有关。所以,萨林斯坚定地认为:"从他(库克船长)死去的那天直到几十年后进入下一个世纪,库克在夏威夷大众信仰和仪式实践中一直扮演着罗诺的一种形式。在为数可观的这类神化的报告中,有证据表明,库克的(人们声称的)遗骨在罗诺每年的玛卡希基巡游中都一同随行。"[2]事实上,即使是奥贝赛克拉也赞同仪式的对人/神—生/死之间的转换能力,"库克船长死的时候,夏威夷当地的土著知道他是凡人且不免一死。问题的关键在于,与萨林斯正好相反,即可以肯定的是,库克的仪式地位的任何提升必定是作为一种死后的神化才可能发生"[3]。不同的是,萨林斯相信,库克船长通过仪式的功能转化为罗诺神在于"夏威夷历史在仪式中反映的那些社会性分裂"[4]。

从此,我们可以很清楚地看出,夏威夷的历史的现实与神话的隐喻之所以具备其双方都在逻辑分类上走到对立面的可能性,即成为历史的隐喻与神话的现实,除去争论双方所抱有的不同的自我认定的代表性以外,以及理论上的可接受性,诸如社会的分裂性等,仪式对这些意义的生成和转换,无论是仪式的机械性功能还是仪式本身所具有的巨大的、神奇的叙事能力都是至关重要的。

---

① 马歇尔·萨林斯:《"土著"如何思考》,张宏明译,上海人民出版社2003年版,第30页。

② 马歇尔·萨林斯:《"土著"如何思考》,张宏明译,上海人民出版社2003年版,第108页。

③ G. Obeyesekere, *The Apotheosis of Captain Cook: European Myth-making in the Pacific*, Princeton: Princeton University Press, 1992, 147.

④ 马歇尔·萨林斯:《"土著"如何思考》,张宏明译,上海人民出版社2003年版,第252页。

第十章　仪式与暴力

暴力的解释

今天,在“反恐”作为全球性的一个政治目标的背景下,“暴力”几乎成了恐怖主义的同义词,经常与战争、武力等人们非常反感的词汇联系到了一起。因此,对它的界定也越来越趋向于政治化。威廉姆斯在他著名的《关键词》一书中就选择了“暴力”这一条目,他认为这一词汇在今天是一个很难解释的语词,主要原因是它经常与强制和强迫等具有威胁或胁迫(assault)意义的行为联系在一起,自然也经常与携带和使用武器等恐怖分子或恐怖行为(terrorist)连起来。然而,如果从这一词汇的历史索考来看,它同时还有一个基本的特征,即不受拘束、不守规矩等(unruly),是对一切既定的、习惯的、权威性的社会和价值系统进行的反叛行为。[①] 所以,在暴力的相关描述中,威胁成了一个较为集中的形象指喻。

我们在讨论暴力的时候,经常因为暴力的负面价值和负面形象而将其

① R. William, *Key Words*, New York: Oxford University Press, 1983, 329-331.

越南人把在越战中击落的美机残骸用于展览　彭兆荣摄

置于一个不进行细致分理的状态中，其实，说到底，英雄主义与暴力主义在很多情况下只有一纸之隔，尤其从文化的历史价值来评判。就暴力行为而言，比如杀戮，只是一种暴行；然而在社会价值系统内，先行暴力者或集团往往被看作是“非正义”的，而针对“非正义暴力”的行为和行动则被视为“正义的”。再者，人类对于其他生物和生命的暴力行为也经常是“正当的”。简言之，暴力原来是一种价值预设。借此，我们有必要首先对暴力的存在以及暴力的形式做深层结构和广阔意义上的文化认识。比如暴力/犯罪问题在不同的历史阶段和不同的社会很难给出一个公认的标准和尺度。在很多情况下，同一种行为在冲突的一方被视为“暴行－暴力”，在另一方则被当作“丰功－伟绩”。从民族志的资料看，“在以族间血仇为获得土地的途径的社会中，在冲突中杀死对方成员不仅不被当作犯罪，反而将被视为一种美德。实行一夫一妻制的社会中多偶无疑是一种罪过，而在另外一些社会里，拒绝接受多个配偶则是不可思议的。更有的地方盛行自由的性生活，在这里强奸或通奸等性罪显然不可能发生”[①]。

① 弗朗兹·博厄斯：《人类学与现代生活》，刘莎、谭晓勤、张卓宏译，华夏出版社 1999 年版，第 78 页。

在很多情况下，暴力会以各种不同的方式表现出来。格尔兹在《文化的解释》中通过对巴厘岛的斗鸡游戏这种所谓深层的游戏进行细致的分析，认为“每一个民族都热爱各自特有的暴力形式。斗鸡是巴厘人对他们的暴力形式的反观，即它的面貌、它的使用、它的力量和它的魅力的反映。在巴厘人经验的各个层面上，可以整合出这样一些主题——动物的野性、男性的自恋、对抗性的赌博、地位的竞争、众人的兴奋、血的献祭——它们的主要关联在于它们都牵涉到激情和对激情的恐惧，而且，如果将它们组合成一套规则使之有所约束却又能够运作，那便建构出一个象征的结构，在此结构中，人们的内在关系的现实一次又一次地被明白地感知”①。“在斗鸡中，人与兽、善与恶、自我（ego）与本我（id）、激昂的男性创造力和放纵的兽性毁灭力融合成一幕憎恶、残酷、暴力和死亡的血的戏剧。不必感到惊奇，作为不变的规则，当胜鸡的主人把通常已被其愤怒的主人撕得支离破碎的败鸡拿回家吃的时候，他是怀着一种混合的情感这样做的：社会性的窘迫、道德的满足、审美的憎恶，和吃人肉的快乐。而输掉了一次重要比赛的人有时会采取破坏他家庭的神龛和诅咒神明一类的宗教性（和社会性）的自杀行为。在寻找天堂和地狱的尘世对应物时，巴厘人把前者比作一个刚刚赢了斗鸡比赛的人的精神状态，而把后者比作一个刚输掉斗鸡比赛的人的心态。”②按此分析，暴力的四种指示和形式逻辑性地连贯在一起：一，暴力是任何民族和社会的存在，套用黑格尔的著名论断，是“合理的”。每一个民族无论做什么华丽的标榜，暴力无不充斥在其整个历史文化的表述中。二，暴力形式各种各样，构成了特定民族和社会的象征性结构，可以起到对社会关系的整合，对社会秩序的控制和对社会冲突的平衡作用。三，特定和特殊的暴力形式又构成了所谓的文化感；既是客观的又是主观的，因为这种文化感可以被感知和被体认。四，暴力的社会性特征是通过某一个个体的活动行为以折射和展示特定群体的社会心理样态和

① 克利福德·格尔兹：《文化的解释》，纳日碧力戈、郭于华、李彬等译，上海人民出版社 1999 年版，第 508 页。

② 克利福德·格尔兹：《文化的解释》，纳日碧力戈、郭于华、李彬等译，上海人民出版社 1999 年版，第 480 页。

共性的。

事实上,暴力的表现形态多种多样,除了在现实生活中看到、感受到的政治暴力、警察暴力外,还有符号暴力。按照布迪厄的说明,符号暴力就是“在一个社会行动者本身合谋的基础上,施加在他身上的暴力”。而符号暴力可以发挥与政治暴力、警察暴力同样的作用,而且还更为有效。[①] 在这里,困难的或许并不是对符号暴力的理解问题,而在于无法理解为什么一个暴力受害者会亲自参与对自己的施暴?这大约就是布迪厄说的符号暴力是行动者本身参与合谋的意思。符号暴力毕竟不同于政治暴力和警察暴力,而是在一个社会价值系统中人们对传统认可,并将这种认可铸入集体行为,形成了一套完整的知识体系和文化符号表述形式。换言之,人们自愿或自觉参加了这种知识体系的建造,并参与其中;以使自己不仅成为一个符号知识的建构者,同时成为这一知识体系的“受害者”。布迪厄在题为“语言、性别与符号暴力”的讨论中说:“符号暴力是通过一种既是认识,又是误识的行为完成的,这种认识和误识的行为超出了意识和意愿的控制,或者说是隐藏在意识和意愿的深处。”这种由人们参与的行为和行动构成了一种名副其实的“身体化政治”(embodied politics),共同完成了符号暴力的合谋。[②] 很显然,仪式不仅仅是一个充满符号的特殊实践知识,其中亦不乏符号暴力的影子,事实上建构者和参与者也都程度不同地成为暴力的受虐者,特别是那些弱势群体,比如女性。

但是,如果我们并不仅仅从这样一个具有紧张感的理解中去阐释暴力,或者并不只局限于从某一个社会价值和关系去看待暴力的话,它在一些特定的社会历史文化中却可能出现相反的,即积极的、革命性的因素,有些时候甚至还具有喜剧化色彩,比如仪式中的施虐/受虐的戏剧化场景。斯塔纳吉就此认为,暴力行为和感受是一个理解社会文化秩序的基本因素,我们甚至可以将它看作一种概念——对超越世俗的、既定的和日常规

① 皮埃尔·布迪厄、华康德:《实践与反思——反思社会学导引》,李猛、李康译,中央编译出版社1998年版,第220—221页。

② 皮埃尔·布迪厄、华康德:《实践与反思——反思社会学导引》,李猛、李康译,中央编译出版社1998年版,第227页。

范的必然过程：从既定秩序出发，到非秩序，消解秩序，从而再建新秩序。[①] 毛泽东最具影响力的一个口号就是"枪杆子里面出政权"；"建设新世界"与"砸碎旧世界"构成了一个相辅相成的逻辑关系；"革命"与"造反"成了一个基本的同语表述。如果我们把仪式视为一种戏剧化的表演的话，同样可以发现，暴力经常正好是解释和解决戏剧结构所必需的冲突要件。换言之，它成为改变现状的一种社会内部动力，没有它，社会变迁甚至是"进步"也就没有了理由和依据。

人们虽然在社会道德层面对暴力持排斥的态度，但这在很大程度上并非来自独立自主的见解，而更多地还是停留在某种假设性社会认定的逻辑之上。也就是说，人们还来不及对其做认真地思考就人云亦云地加入了附会。其实，暴力未必见得那么不可接受，只要人们认真地加以辨识。首先，我们要为暴力修筑一个在某一个社会历史时段社会秩序的契约性边界，即大家基本认定的规范，任何破坏这一契约性规范者就必须对其进行惩罚，这种惩罚自然包括暴力性的行为。在这种情况下，暴力既可以指破坏公认规约的行为，也可以指维护公认社会规约的行为。仿佛武器一般，它可以成为侵略、战争和恐怖的工具，同时也可以成为保家卫国、维护和平的工具。一切对暴力做出"合乎逻辑的解释"都是限定性的和情境化的。从这个意义上说，它只是一个经验性真实。[②] 这大概是理解暴力基本的客观前提。

其实，对暴力的理解和认定必须建立在某一个特定的文化语境（cultural context）之上，这对人类学研究尤其重要。暴力不能简单地被看作是一件事情本身（a thing-in-itself），而属于一个意识形态的行为，一个充满连贯性和连续性的社会行为，也可以是特定条件下的行为分类和规范。[③] 所

---

① S. Stanage, "Violatives: Modes and Themes of Violence," in S. Stanage ed., *Reason and Violence*, Totowa, NJ: Littlefield/ Adams, 1974, 229.

② G. Aijmer, "Introduction," in G. Aijmer & J. Abbink ed., *Meanings of Violence: Symbolism and Structure in Violent Practice*, Oxford: Berg, 2000.

③ Nigel Rapport & Joanna Overing, *Social and Cultural Anthropology: The Key Concepts*, London and New York: Routledge, 2000, 382.

以不能简单地认定它为“反常”或“变态”，必须将其置于某一种社会背景或族群伦理体系里去看待和对待。在瑶族的族源传说中，盘瓠神犬为“评王”（我王）而咬杀“高王”（异王），衔高王之首级回朝，鲜血淋淋，面目全非。然盘瓠之举属为“国家”立功，被评王奖赏敕封，荫庇后人，恩泽万代。后来，盘王年迈时在巡视途中被山羊撞下山崖而亡，盘王的儿孙们遂将那只山羊猎杀并撕其皮为鼓（今瑶族的长鼓），后代永远击打之。这里，无论是盘瓠咬杀高王，还是杀山羊取之皮为鼓击打的行为都在瑶族的族源解释中得到了符合逻辑的语境化认定。这些暴力化行为不仅可以得到认可，而且是必需的。它构成瑶族社会历史结构中的基础性分类，也为瑶族的族源找到一个英雄祖先的伟大故事。

暴力在有些学者那里被作为“出格”（out of order）行为加以解释，在有些情况下，这些出格的行为恰好分享着某一个社会争取自由和解放的荣誉性语码（a shared code of honour）并受到应有的尊敬。[①] 相反，同一种出格行为也可能被视为耻辱性语码的表示。我们可以从世界范围内的神话和传说中找到一种带有母题性的叙事类型，即一个英雄（包括他的名义、身份、荣誉、崇高等）要以相应的英勇行为——这些英勇行为正好是对异类，如敌人、怪兽、巨人、灵异等的艰苦卓绝的抗争，以及更为暴力化手段的必备行为换取最后的胜利，建立丰功伟绩，从而获得社会的尊敬和认可。伊阿宋经过千辛万苦，取回金羊毛；美狄亚残杀父兄，烧死丈夫的“新娘”，亲手烹煮自己的儿子给丈夫食用等非常剧烈的行为，都在同一个社会结构中实现着价值体系的二元对峙原理。泰勒将出格的行为放在社会变迁之中去理解，这些包含着非社会或反社会的概念和行为并非只能从单一性的角度去理解和透视，它只是解释一种社会化过程中必然出现的工具性行为。

这样，我们便把暴力引入了另外一个认知层面。事实上，人们对暴力的认知大致存在着两种指示：一种是真实性暴力（real violence），另一种是象征性暴力（symbolic violence）。学者们对二者有一个基本的分类，即把行动暴力（doing violence）与言说暴力（talking violence）区分开来，因为后

---

① L. Taylor, *In the Underworld*, Oxford: Blackwell, 1984, 148-157.

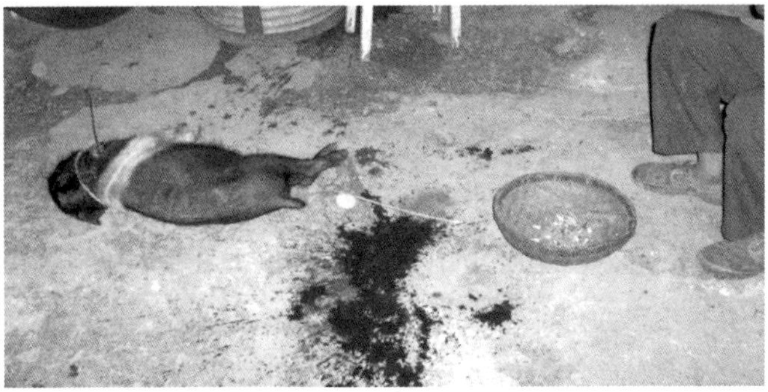

彝族“转头赎魂”仪式中的牺牲　李春霞摄

者仅限于言说的层面。但同时，一个暴力的过程经常伴随着先期的言语，进而行动，二者组成了一个完整的暴力整体。所以，在有些情况下，我们又不能截然将真实暴力-行动暴力/象征暴力-言说暴力简单地一分为二，或对立起来。它们可以构成同一个暴力行动的不同阶段或表现形态。[①]生活中，的确有许多暴力性后果，时常由言说暴力开场、开端和开始的，行为暴力属于跟从性或升级性行为。简言之，真实的、物理的或接触的与象征的、表现的或语言的虽然可以构成一组对应概念，却未必总是绝对地处于对立面，也可能是前后关系。

真实暴力/象征暴力在有些场合或场景中还可能出现完全不同的意义和氛围，由于仪式本身的体制作用，原始的暴力指示经过仪式的表演性需求和功能，其情绪性表演和表达使之走到了意义的背面，产生了欢乐的意味。它一方面与族群的历史记忆有关，另一方面也与特定的场合或场景联系在一起。比如在瑶族的“还盘王愿”仪式中，师公跳长鼓舞——不断拍击着鼓面，是对瑶族族源的一种历史记忆——通过对撞死盘王的山羊的惩罚来纪念自己的英雄祖先；另一方面，在戏剧性的仪式场合中，跳长鼓舞已经成为仪式整体性构造和符号系统的表演程序。它是欢快的，娱乐的。历史的真实转化成为象征性表演。在这里，符号的能指（鼓、鼓皮）与符号的所指（引申出的概念和意义）出现了巨大的变化，甚至走到了原义的反面。

① Nigel Rapport & Joanna Overing, *Social and Cultural Anthropology*: *The Key Concepts*, London and New York: Routledge, 2000, 383.

仪式经常扮演魔术性的角色。象征符号在仪式里面并非总是被动地处于表述的形式范畴,它同时也要主动为仪式的整体结构负责。

对暴力的社会表现进行划分的意义在于,把暴力当作单一性质的行为有时会使其某些合理的品质被一个更大的社会价值体系湮没。在人类学的诸多理论中,冲突经常被作为社会内部结构、社会关系调整、社会转型变化的必备力量。毫无疑义,冲突在中文语汇中更加中性,然而,任何人都清楚,它经常会伴随着暴力行为和形式。这也就把人们带到了另外一个领域来看待和解释暴力。于是,对暴力进行一些必要的划分也就成了学者们试图更加客观地对待它的努力。比如有的学者把暴力划分为民主的暴力(democratic violence)和无效的暴力(nihilistic violence)。前者并不拒绝在共事或共同体之中所做的认可性的解释和意义,而每一个共事成员或共同体成员都会在同一种意义和解释之下分享同一种确定的、情境化的价值。后者则属于个性化色彩的、不顾及整体的行为和解释。[①] 我们可以在世界许多民族志材料中看到早期族群与族群之间的盟约等,确定当结盟的某一方受到第三方的攻击时必须帮助缔结盟约的盟友。我们也可以看到大量有关血亲复仇、决斗等的暴力行为和观念。维柯把这些现象和行为上升到了"公理"的层面。[②] 也可以说,那些带有对民主暴力的认可和实践成了特定社会和人群共同体的集体的、公共的观念和行为。

其实,仅仅把暴力当作一种现象来看待和解释是不够的。毋庸忌讳,我们也可以把暴力放在人类本能存在和表现倾向上来进行分析。尼采、叔本华等人的"权力意志"即包含着对人类本性的某种暴力倾向的强调。古代希腊悲剧具有振奋人心的力量,然而,稍有西方古典学常识的人都清楚,古希腊悲剧"是暴力和喋喋不休的程式化辩论的奇怪混合。它们所表演的故事以骇人听闻的行为和痛苦为中心"[③]。人们对以暴力为主题的悲剧

① Nigel Rapport & Joanna Overing, *Social and Cultural Anthropology*: *The Key Concepts*, London and New York: Routledge,2000,385.

② 维柯:《新科学》,朱光潜译,人民文学出版社 1986 年版,第 483—486 页。

③ 玛丽·比尔德、约翰·汉德森:《当代学术入门:古典学》,董乐山译,辽宁教育出版社、牛津大学出版社 1998 年版,第 80 页。

欣赏可以解释为对人类心理某种暴力本能的提携和引导。同样,拳击似可视为被人类认可的、限度性的暴力的欣赏。在人类文明的早期,有些体育项目与暴力行为并没有严格的边界。人们仿佛可以从古代罗马的角斗士、西班牙的斗牛原型等看到人类心理的某种隐晦的需求。战争往往只是在一种“借口”之下的集体暴力行为,这已属公认的事实。人类使用暴力的一种解释可以被放在原始人类与自然抗争以及猎杀动物的生存需求之上,杀戮成了一种生存方式。人类的暴力倾向究竟属于人性本能抑或是习得的结果委实值得我们进行深入的讨论。人类学家利奇把暴力看作人类突显社会结构关系的某种基本行为,属于人类的本能,是“人类自然属性的一部分”[1]。利奇倾向于将暴力当作社会结构中的一种基本动力。

仪式的“替罪羊”母题与转换

“老派”人类学家弗雷泽在代表作《金枝》一书的开始,为人们讲述了一个关于古希腊罗马狄安娜的神话,在意大利尼米湖地区受到崇拜和敬奉的仪式,即在尼米庙宇有一棵神圣的树,它的树枝是不允许被砍的,这便是传说中的“金枝”。这是一个仪式——从原生到传入意大利有变形过程。围绕着它的传说有各种不同的版本,但所有版本都在仪式中贯彻一个共同的文化主题:通过暴力杀死祭司并得到“王”的名分以及权力的转换。因为“金枝”由被称为“森林之王”的祭司的守护着,任何觊觎这一称号的人若能在与祭司的争斗中杀死他,便可得到祭司之位和“森林之王”的称号。所以,它便成了决定命运的“金枝”。这一神话仪式的变迁告诉人们:这一神话传说不仅经历过从克里特到意大利半岛的地理迁移,也经过不同国家、族群在长时间传说中的变化,仪式的原始基型和主题仍得以保持。这意味着这一神话故事并不是历史真实。它们是以一种神话传说式的叙事

① E. R. Leach, *Custom, Law and Terrorist Violence*, Edinburgh: Edinburgh University Press, 1977,19-20.

类型来解释祭祀仪式的起源。[1] 但是，弗雷泽却从同类型的神话故事中发现了巫术和宗教的规则和原则，即著名的“相似律”与“接触律”，而它们都属于所谓的“交感巫术”的范畴。[2] 毫无疑问，《金枝》是一部伟大的人类学作品，但在很长的时间里，它在民族志的概念和叙事范式的讨论中却受到质疑。

在神话仪式的生命原型里面，有一种很有意思的表现形态，即“替罪羊”形态——在生与死的排中律面前强行地加入一个生命的“转换形态”——对神谕的曲折抗拒。在这里，神谕为“命运”的物理规则赢得了一个心理期许。人类智慧的狡猾在此“原形毕露”。原来，人类在某些时候、某种情况下也可以不必十分遵循命运的法则，替罪羊成了横亘在生与死的命运中间的替代物。替罪羊是从生死母题中派生出来的典型的仪式性延伸和转机。威克利就曾分析过几位作家作品中替罪羊仪式的形式性力量。[3] 对于英雄来说，至少替罪羊的仪式使得小说的叙事因此获得了一种更丰富的生命价值和英雄叙事。在人类社会的生活当中，原始的杀戮作为一种处罚性行为对人们互相所组成的共同体生活是一个威胁。

替罪羊的经典性母题典出于《圣经·利未记》，亚伦之子拿答和亚比户不尊重圣训，向上帝献凡火，被圣火烧死，罪及亚伦。从此，亚伦不得擅入圣所，进入圣所时必须服饰整齐，牵一只公牛，献为赎罪祭牲，为本族人赎罪。牵一只公绵羊献为燔祭。此外，须从民家选取两只公羊，通过抓阄决定它们的命运，一只献为燔祭，一只作为替罪羊。祭司将双手按在替罪羊的头上，承认所有人的一切罪过，罪过便全归在羊头上，然后将它放归旷野，它便将罪恶带到了无人之地。(《圣经词典》“替罪羊”条)《圣经》中还有一则神话故事与“替罪羊”有关，这就是亚伯拉罕的祭祀神话，即上帝用一只羊羔来替换男孩以撒。

---

① J. G. Frazer, *The Golden Bough*, London: Macmillan Publishing Company, 1947, 1-9.

② J. G. Frazer, *The Golden Bough*, London: Macmillan Publishing Company, 1947, 11-12.

③ J. B. Vickery, "Scapegoat in Literature: Some Kinds and Uses," in W. Marjorie ed., *The Binding of Proteus: Perspectives on Myth and the Literary Process*, Bucknell University Press, 1980, 264-278.

替罪羊母题在古代希腊的神话仪式中最有代表性的当数希腊联军在征讨特洛伊的出发前,联军统帅阿伽门农射杀了女神阿耳忒弥斯的赤牝鹿,得罪了女神,所以当阿伽门农率大军出发时遇到飓风而受阻,神谕让他将自己的女儿伊菲革涅亚作为牺牲祭献给女神以赎罪过。当伊菲革涅亚被作为祭品进行仪式的时候,女神阿耳忒弥斯用了一只赤牝鹿将姑娘替换下来。此神话还有一些不同的版本,这里不一一赘述,但替罪羊的主旨完全一致。替罪羊原型自古希腊戏剧的出现便一直成为表现的主题。比如著名的俄狄浦斯王的神话故事。弗格森认为,索福克勒斯的《俄狄浦斯》中的俄狄浦斯王所代表的其实是一种替罪羊原型。很显然,悲剧伊始就为人们展示出一派萧条的景象,忒拜城处于巨大的危机之中:所有的植物和牲畜,甚至城邦的女人们都不生长和生育……整个城邦国家笼罩于绝望的阴影之下,这一切都为仪式的神奇功能提供了展演的契机。接下来的铺垫就显然愈发明白了。而且,弗格森对希腊悲剧的历史做必需的"复原"并提供了令人信服的证据:"索福克勒斯时代的观众(城市的全体人民),他们早早就集中到露天剧场,并在那里待上一整天。那里有排着半圆形的歌队,有祭司的宝座和祭坛,后面就是舞台……演员都是非专业性的,他们由一个宗教机构从公民中遴选出来,索福克勒斯本人就参与了对他们和歌队的训练。"[①]盛大的庆典活动有许多的节目,包括我们今天所说的体育项目和音乐喜剧等。悲剧《俄狄浦斯》只是其中的一项活动——庆典仪式的组成部分。作为仪式的一种活动形式,"俄狄浦斯只是一个替罪羊,那是首要和必要的部分"[②]。它使得忒拜城中的俄狄浦斯之殿(Oedipus' palace)具有实际的功效。历史的细节无言地做着解释:戏剧从远古的仪式里走出,并向现在走来。

现代西方文化叙事传统存在着大量的生命和命运的转换与转机,替罪羊也因此经常成为现代作家们青睐的母题。威廉·特洛依曾专门以替罪

① F. Fergusson, "The Idea of a Theatre," in R. A. Segal ed., *The Myth and Ritual Theory*, Blackwell Publishers, 1998, 256.

② F. Fergusson, "The Idea of a Theatre," in R. A. Segal ed., *The Myth and Ritual Theory*, Blackwell Publishers, 1998, 257.

羊母题对法国作家司汤达和巴尔扎克的作品进行悉心的分析。在作品中，经常为了维护社会伦理，保护社会应有的秩序，主人公不得不成为牺牲品——替罪羊。这样的处理有的时候并非作者有意为之，而是在某种类似于潜意识之下对主人公的命运处理。比如《红与黑》的主人公于连·索莱尔，他聪敏而富有朝气，有才华而不乏浪漫。然而他在社会既成事实的等级面前，所有的理想都化为泡影。“红”（将军）与“黑”（教士）的理想与于连的努力、才气之间是永远无法衔接的两条平行轨道，美好的理想永远不会关照像他这样有才气、富有激情却没有背景的青年人。他愈发努力，愈追求上进，就愈把自己放在了社会的大祭坛上面，也使自己愈来愈像个替罪羊。结果很清楚，越是那样的社会也就越加需要像于连这样的祭祀品，社会也才更加显现其悲剧价值。作者并不忌讳要让主人公代表着社会上的一类积极的、向上的英雄类型。不幸的是，社会的发展和历史的现实宛若一个大筛子，总在进行着区分与排斥。这个过程可以被理解为一个社会的通过仪式。对于那样一个特殊的社会背景，有能力的人必须承受牺牲。于连最终带着双重罪孽——社会的和个人的——走向刑场，走向祭坛。他是社会通过仪式进程中的一个受难者和替罪羊。同样的道理，巴尔扎克笔下的吕西安等人，也可以被视为典型的牺牲品。作为诗人、艺术家，他不得不为他的敏感备受折磨。他在道德和宗教上的良知与他的能力才华使其成为真正具有宗教意义上的“罪在”（sin of existence），他与社会互相实现、互相推动：社会唆使他、教会他罪恶，他仿佛成了社会罪孽的具象。这恰好与巴尔扎克作品的“宗教再生化”追求的隐喻相一致。他借用了前辈但丁《神曲》的同一个象征符号，却达到了宗教理想的社会化效果——《人间喜剧》。不幸的是，“人间喜剧”必须以许多“于连”“吕西安”成为祭坛上的替罪羊为代价。①

仪式之所以具有如魔方一样的魔力与魅力，一个重要原因就在于仪式的转换功能。正如亚历山大所说：“传统的宗教信仰向日常生活展现了终

① W. Troy, *On Rereading Balzac*, New Brunswick: Rutgers University Press, 1967.

极实体或某种超越的存在或力量,以便获得它的转换力量。"[1]在仪式暴力的主题当中,暴力并不总是我们在生活中的单位行为和意义,在很大程度上它的语义和价值建立在转换之上。这里,转换除了表现出一种仪式性行为的功能外,还包含着文化语码的内部编排程序,就像电脑编码程序,需要在一个确定的系统之中才能得到充分的解读。换句话说,如果转换是暴力仪式的一种原则,那么,仪式转换生成的具体意思和意义就需要一个特定的文化背景。所以,人类学研究通常是通过一个个具体的民族志案例演绎同一个转换原则。

我们不妨举弗雷泽"弑君－杀老"的仪式母题为例给予佐证。他在《金枝》中开宗明义,讲述了发生在意大利尼米湖畔的一个古老的仪式,丛林之中有一个祭司守护着森林女神,他也因此成了"森林之王"。他的位置时时为"更为强壮或更为狡猾的人"所觊觎,杀死他并获得王位便成为这一仪式的关键。弗雷泽同时发现,这样的仪式意含和形式在世界上的许多民族和族群中不乏其例。重要的是,这一仪式所包括的象征指示远远超出了对某一国王－祭司－酋长等首领杀戮的简单的弑君行为,而是包括了人类对生命在自然律动中的直观性理解,并与国家社稷的长治久安,部落族群的繁衍壮大,黎民百姓的安养生息,万物的丰产收获维系在一起。因此,一旦首领出现了老态,就要伴随着对"老国王"执行死亡仪式,并由更为年轻健壮的后人替代之。以暴力"杀老"或"弑君"成了全书的一个主调。[2] 这是自然法则,亦为生命法则。

鲍尔迪在《黑色上帝》一书中也为我们列举了一个发生在也门——阿拉伯半岛南部古代遗留下来并延续至今的狩猎仪式,仪式的目的是求雨。仪式伊始,猎手们要召开正式会议,商量各项准备事宜。最后,到了某个星期五晚上他们要饮宴一番。狩猎活动于第二个星期举行。在狩猎的过程中,猎手们必须斋戒,直到他们的头目允许他们吃东西为止。狩猎时,他们

---

① B. C. Alexander, "Ritual and Current Studies of Ritual: Overview," in S. D. Glazier ed., *Anthropology of Religion: A Handbook*, Westport, CT: Greenwood Press, 1997, 139.

② J. G. Frazer, *The Golden Bough*, London: Macmillan Publishing Company, 1947.

只捕捉雄性的塔尔羊。抓到塔尔羊的猎手会说:“当心你的脖子,塔尔羊!”说着用刀刺到它的脖子里。这种做法是违背伊斯兰教规定的,根据伊斯兰教习俗,人们在割断动物的喉管时必须说“以真主的名义”。接着,猎手们喊道:“老头子被杀死了!”第二个星期的星期五早上,猎手们把塔尔羊带回自己的家乡。到了晚上,他们还要举行盛宴。星期六早上,人们列队来到附近的一条干谷,然后又回到村里。这种游行叫作“新郎们的结婚游行”。在也门,每月的第二个星期五意味着满月出现。此后就不能再举行盛宴了。原先的“结婚游行”很可能是在当月的第十五天举行的。人们狩猎塔尔羊显然不是为了吃它的肉,而是为了把它杀死,并取下它的两只角。人们把羊角当作纪念品珍藏起来,而且还根据羊角上环状纹路的数目来决定羊角的价值。在阿拉伯半岛南部,人们把羊角上的环圈称为“拉扎布”——某个月份的名称。在伊斯兰教出现前,在伊斯兰教采用与季节无关的纯粹的阴历前,这个从宗教的角度来看非常重要的拉扎布月正好是在一年最冷的时期之后,拉扎布月之后不久,春雨就来了。在20世纪,这种狩猎活动要么在一年最冷的时节,要么在最热的时节举行,而最热的时节过后仲夏的雨季就到了。[①]

从这一个案中人们可以非常清楚地看到,仪式的程序被严格地规定着——时间、地点、狩猎对象、行为过程等,这些刻板的程序是保证仪式转换效果的必备条件。仪式表面上以捕捉塔尔羊为目标,但是与一般生活中的猎食完全不同,人们猎取不是为了果腹,而是为了求雨。至于以暴力的手段猎杀动物(固定的动物种类和性别)与下雨之间有着什么样的关系,特别是文化体系内部的特殊含义,则必须在特定的历史文化和族群传统的知识体系中方可获得解释。不过,这个仪式的展示足以让人们认识到转换构成了仪式的基本品质。

① 朱利安·鲍尔迪:《黑色上帝:犹太教、基督教和伊斯兰教的起源》,谢世坚译,广西师范大学出版社2004年版,第40—41页。

仪式的叛逆与暴力

仪式中的“动物化行为”也是研究者注意的问题之一。这一问题可能引出一些相关的话题：首先，动物的这些与人类非常相似的行为和活动能否称为仪式？动物的这些行为和活动与人类的仪式行为在原始形貌上有无关系？要回答这些问题，重要的依据有以下两个方面的规定，即生理方面的和文化方面的。人类的缘生性仪式行为有无来自生物本能的基础？人类对这个问题的回答基本上是肯定的。作为对自然原始关系的基本体认，人类的生物本能构成了原始文化形态、原始文明形貌的基础性表现形式，同时也作为人类祖先基本的文化母题表述：人们熟知的所谓生死、生殖、生产、野性、暴力、欲望、自卫、竞争、恐惧等都具备生物基础。比如暴力和性欲就与生物的物质特征不无关系。“如果人类的生物本能达不到其所需要达到的目标，像暴力一样，性欲就会以如同生物品质‘代理’的转换形式出现。同样与暴力一样，人类的性欲存在着一个不断的能量积累过程，它迟早需要暴发宣泄，形同大劫难。”[①]吉哈德（René Girard）甚至认为，“就功能而言，仪式在于‘净化’暴力”[②]。

吉哈德认为，暴力对于人类是恐惧和迷恋的产物。按照吉氏的说法，暴力之所以使人恐惧，是因为它会产生无序化的可能和破坏性的结果；而暴力之所以为人们所迷恋，是因为我们将它视为一种存在的标志，像神性之于宗教情境这样。仿佛彭透斯和狄俄尼索斯的暴力行为，可以被视为是神性的一种赏赐。[③] 吉哈德将人类固有的暴力性称作“欲望与暴力黏附在一起，像个阴影一样随影同行；因为暴力是一个存在的能指，就像神性的能

① R. Girard, *Violence and the Sacred*, Trans. by P. Gregory, Baltimore: The John Hopkins University Press, 1977, 35.

② R. Girard, *Violence and the Sacred*, Trans. by P. Gregory, Baltimore: The John Hopkins University Press, 1977, 36.

③ R. Girard, *Violence and the Sacred*, Trans. by P. Gregory, Baltimore: The John Hopkins University Press, 1977, 151. 有关狄俄尼索斯和彭透斯的神话叙事可参阅拙作《文学与仪式》，北京大学出版社 2004 年版。

指那样”[1]。显然，吉哈德倾向于将暴力当作一种人类固有的存在，挥之不去，因而也不必大惊小怪；而且，人类的许多仪式或包含或围绕着暴力的主题展开。失却了暴力主题，也就失却了对仪式真实性的把握。

与吉哈德不同，虽然伯克特也认可吉氏的由仪式化暴力所激发的恐惧和迷恋的情结，但他将暴力概括为 Homo Necans，即牺牲化的弑杀属于人类社会中神圣的基本经历，而人类的这种宗教行为与人类的自我感知相维系。这便是所谓的 Homo Necans 的所指含义。[2] 在仪式化的杀戮中，人类的经验是一种对神敬畏的恐惧的碎片，并不在于害怕神的显现，或人类与神的不平等所产生的卑微感和紧张感，真正的恐惧来自人类对于命运、死亡的无助，而害怕神的旨意会带来这些方面的可怕信息。伯氏把仪式中对牺牲弑杀的场景和时刻的那种焦虑和渴望要植于人类在情感上对牺牲者（受害者）的同情。而仪式之所以惊心动魄，正是由于它场景化地实现和再现了那一个暴力的场景和时刻，并与活着的人们共同分享另一种生灵的死亡经历和过程。[3] 这多少有些类似于杀鸡给猴看的意思，那些参仪者、观仪者就像“猴”，只不过人类多了一层“神的光环”而已。当然，伯克特以祭献仪式中对牺牲的屠杀为例，并不是刻意要揭示人类心理上对暴力的紧张感，他进而将仪式中的暴力存在和作用看作社会秩序的戏剧化演示。[4] 基斯认为，伯克特的仪式分析深入了人类戏剧的原生性层面，即人类作为生物的一种回应。与此同时，他也通过仪式的展演，即一种深度的语言表述，展示社会的遗留物。[5]

仪式与叛逆和暴力显然是一个令人感到紧张的话题，但在学术上却非常富有启示性。如果我们把在某些神话中带有明确的暴力母题，同时又在同类的仪式表演中表现这一主题特征背景下做框限，那么所有人都不会有

---

① R. Girard, *Violence and the Sacred*, Trans. by P. Gregory, Baltimore: The John Hopkins University Press, 1977, 151.

② W. Burkert, *Homo Necans*, Berkeley: University of California Press, 1983, 3.

③ W. Burkert, *Homo Necans*, Berkeley: University of California Press, 1983, 38.

④ W. Burkert, *Homo Necans*, Berkeley: University of California Press, 1983, 24-25.

⑤ M. Kitts, “Sacrificial Violence in the Iliad,” in *Journal of Ritual Studies*, 2002, 1: 23.

任何的反对意见。因为从古至今,出现相关主题的神话仪式在世界任何一个民族都有。但是,如果把暴力作为仪式的基本特征和核心价值,则必然不会得到广泛的共识。尽管如此,仍然有一些学者把自己的学术主张建立在这样的基础之上,并同样产生了巨大而深远的影响。与这一命题有关的学者首推奥地利精神分析学家弗洛伊德以及他著名的"俄狄浦斯情结"——一个直接由俄狄浦斯祭仪串在一起的心理分析样本。弗洛伊德从精神分析学说出发,认为神话属于人类心理无意识的积淀(precipitates),神话意识系人们"内心理的反射"(reflections of our innerpsyche),并在此基础上提出了所谓的"内心理神话"(Endopsychic myths)[弗氏于1897年在与弗雷斯(Wilhelm Fliess)的一次谈话中提到——笔者注]。依据这些原理,他借用古希腊神话俄狄浦斯以及祭仪,提炼出了他的"俄狄浦斯情结"——"恋母情结"。他认为,人类原始最深层的动因是所谓的"伊德",也就是"性本能"(力比多),它具有强烈的心理上的暴力倾向。

暴力的母题仪式经常在叙事中有一个(假定)前提,也就是说,如果我们把仪式看作一种特殊的叙事的话,那么,通常在暴力行为之前存在一个强大的力量:它可以是一个具体的首领,如酋长、国王、祭司、寨老、家长制人物之类;也可以是一个象征性的符号,如某一个"位置"、神灵化的角色;也可以是一种动物等等。一方面,这些强大的力量在那个特定的人群共同体范围内被认定为神圣或图腾,另一方面,它对人们又形成了某种压迫和压抑,对集体意识构成了一个被觊觎的对象,并试图以暴力弑杀之或推翻之。这在原始部落的文化中几乎成了一种规则。弗洛伊德说:"1912年,我采纳了达尔文的一个假定,其大意是,原始的人类社会形式是一种部落形式,它被一个强有力的男性专横地统治着。我力图要指出,这种部落的特征在人类历史上已经留下了不可磨灭的印迹。尤其是,包括了宗教、伦理和社会组织起源的图腾制度的发展,与用暴力杀死头领、将家长制的部落转变成兄弟式的团体这类现象有关。当然,这只是一个假设,就象考古学家用来探索史前时期奥妙的其他许多假设一样。一位充满善意的英国批评家将这种假设有趣地称作'地地道道的故事',不过,我认为,如果这个假设被证明能够有助于前后一致地理解越来越新的领域中出现的现象,那么它还是可以信赖的。”[1]

弗洛伊德在《图腾与禁忌》一书中对原始的宗教仪式以及与宗教仪式相关的图腾与禁忌做了全新的解释：“禁忌”表示一个人在某种传导作用或本身即这种神秘力量的来源[2]；“图腾”乃是“来自于乱伦的恐惧”[3]。他借此为据来解释男孩子从小就将自己的生父视为与其争夺母亲性爱对象的竞争对手，并在潜意识中要杀死自己的父亲。但父亲又是巨大的，他成了儿子的宗教，因为儿子永远无法摆脱父亲的命运。这一条无形的纽带“使得我们把熟悉的父亲情结和上帝的信仰联系在了一起”[4]。父亲成为自己“本我”的“图腾”；然而在现实生活中，自己并非这一“图腾”的竞争对手，于是便产生了一种被这一巨大的“图腾”“阉割”的恐惧感。来自性本能的力量不仅要受制于现实原则，还要受到来自道德原则的调控。而这一切在他对莎士比亚经典剧作《哈姆雷特》的分析中达到了极致。

为了对弗氏的理论有一个更清晰的认识，我们把他的有关心理分析对应关系简单地图释于此：

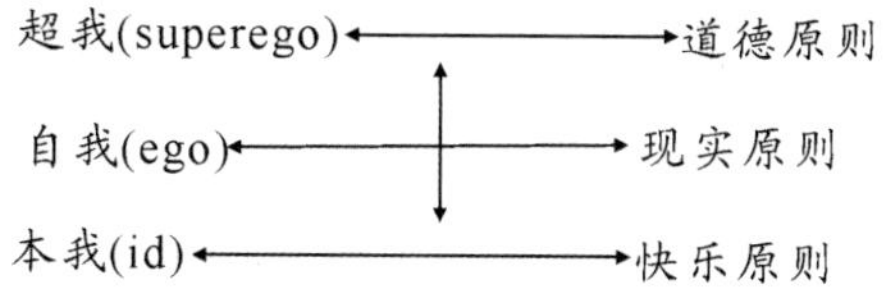

人类自我的心理层次所对应的原则

毫无疑问，弗洛伊德最早在神话和仪式中发掘出欲望/暴力的关系和主题，他是最具理论体系的开拓者。但是，人类学对来自精神分析学说和心理学方面的理论的态度总体上说是很谨慎的，因为人类学家需要把这些理论放在具体的田野案例当中去检验，正如格鲁克曼说的那样，心理分析只有被用于具体的仪式，或仪式的部分——特别的案例之中——才可能有

---

① 西格蒙德·弗洛伊德：《弗洛伊德后期著作选》，林尘、张唤民、陈伟奇译，上海译文出版社 1986 年版，第 132 页。

② 佛洛伊德：《图腾与禁忌》，杨庸一译，志文出版社 1972 年版，第 36 页。

③ 佛洛伊德：《图腾与禁忌》，杨庸一译，志文出版社 1972 年版，第 15 页。

④ H. Küng, *Freud and the Problem of God*, Yale University Press, 1979, 40-41.

效，因为每个案例都有其独特的历史发展和个性化的理由。[1] 比如发生在非洲的斯威士部族内部对国王的祭仪便是一个著名的例子，它经常被用来解释和阐发仪式中的叛逆与暴力心理因素。

斯威士部族在每一年的第一次水果成熟之际，当地居民都要举行一个盛大的部族性仪式，仪式的中心角色是他们的国王；然而，与许多地方的仪式不同的是，人们举行仪式并非歌颂他们的国王，恰恰相反，人们在仪式中极尽侮辱国王之能事，比如他们歌唱神圣的国歌以表达当地人民是多么仇恨他们的国王。祭仪同时与自然现象的有关的因克瓦拉(Incwala)或恩克瓦拉(Ncwala)观念有着密切的关系。斯威士人相信，自然与社会秩序遵照同一个原理，同时二者构成了相互的整体，如果一个方面出现了问题，另外一方也会跟着出现危机。所以因克瓦拉的祭仪也可以被理解为一种对自然现象的祭仪。斯威士人认为，太阳每一年在空中由南至北运行，当太阳一年运行至最接近南端的时候，就意味着它的力量最弱，需要休息。所以太阳会到“自己家”去休息，以恢复活力，以准备新一年的运行。而祭仪也就在这个时辰进行。“为了使国王获得活力，将运来的海水、河水和其他巫药一起放入国王居住的神圣的小屋，然后，战士们坦率地唱出了民众对国王的憎恨：‘王啊！民众拒绝你。王啊，他们憎恨你。’国王从小屋的缝隙先向东、后向西吐唾沫(具有巫药的意义)。这是为了毁坏去年，迎接新年，使自己强壮。”[2]

格鲁克曼认为，类似斯威士部族的这种仪式中的权力包括了两种对立的要素，一方面，国王拥有神圣的权力，另一方面，这种权力同时又是一种威胁，因此，它是部族内部人民共同的敌人，所以，在此基础上建立起来的对国王的忠诚便具有叛逆性质，而类似的通过仪式也就属于叛逆仪式。他进而认为，仪式原本属于社会冲突的产物，作为社会冲突论者，格氏理论的突出之处在于，仪式经常对社会冲突起化解作用。具体到斯威士这一仪

---

① M. Gluckman, “Ritual,” in R. Cavendish ed., *Man, Myth, and Magic*, London: Phoebus Publishing, 1970, 2393.

② 吉田祯吾：《宗教人类学》，王子今、周苏平译，陕西人民出版社1991年版，第94页。

式，他认为，由于社会冲突的普遍存在，社会处于紧张、憎恨和叛逆的普遍情绪之中，而人民通过类似的叛逆仪式化解社会冲突，使民众的这些情绪和情感获得宣泄。[①]

对于这一个极其复杂、有代表性的仪式，人类学家对它的解释并不一致，库珀认为，仪式中虽然有唱拒绝和憎恨国王的歌，但并非出于叛逆，而是出于对国王的同情和憎恨国王的敌人，祭仪行为的所有动机只有一个：为了加强王权和部族的统一。贝德尔曼则直接针对格鲁克曼的观点提出了批评，认为格鲁克曼的解释背离了仪式的主要目标和目的，并认为，格氏的解释是从自己的社会观念进行解释，背离了斯威士人的社会价值观念和世界观。史密斯则认为，这种祭仪的目的是"补充燃料"，以获得新的生命活力。[②] 要而言之，如果从仪式的表象看，确实存在着某种潜在的叛逆的表达性因素，关键问题在于，人类学家们对待同一个仪式的不同理解和解释。显然，我们在不同的解释中看到了相同"合理"和"有价值"的意义。所以，或许所谓的"叛逆仪式"行为本身并不是最重要的，最重要的是在特定的情境中获得一个有创新价值的解释。

在格尔兹的民族志描述里，巴厘社会是一个整体，冲突和暴力缀入其中，并成为重要概念。它组成的戏剧的关键因素以理解巴厘社会的意义。[③] 斗鸡便是他用来表述这一社会价值和转移的典型例子。在斗鸡活动中，竞争、斗争、自然、文化和经济力量都集中地体现在这一表演之中；它既是严肃的，又是玩乐。或者毋宁说，寓严肃和紧张于游戏和娱乐之中。对格尔兹而言，斗鸡是人类学家理解和分析巴厘社会的一个"文本"，在这个文本中，人们可以了解和阅读到蕴藏其中的权力，并在广泛的社会背景下解释暴力和冲突的社会作用。特别有意思的是，这一游戏性表演已经深

---

① M. Gluckman, "Ritual," in R. Cavendish ed., *Man, Myth, and Magic*, London: Phoebus Publishing, 1970, 2392-2398.

② 参见吉田祯吾：《宗教人类学》，王子今、周苏平译，陕西人民出版社1991年版，第95—97页。

③ M. Gilsman, "On Conflict and Violence," in Jeremy MacClancy ed., *Exotic No More: Anthropology on the Front Lines*, Chicago: The University of Chicago Press, 2002, 108.

深地演变为巴厘社会中与暴力和争斗相关的语言指喻:“法庭审判、战争、政治争夺、继承权的纠纷,以及街上的争吵都被比喻成斗鸡。”[①]斗鸡的游戏表演在表面上或许只被多数人视为一种娱乐、赌博或职业化活动,然而,在格尔兹的“深描”中,它所传达出来并通过它获得转移意义的却远不止于此,尤其是暴力的一种曲折表现和独特个性。“如格言所说,每一个民族都热爱各自特有的暴力形式。斗鸡是巴厘人对他们的暴力形式的反观,即它的面貌、它的使用、它的力量和它的魅力的反映。在巴厘人经验的各个层面上,可以整合出这样一些主题——动物的野性、男性的自恋、对抗性的赌博、地位的竞争、众人的兴奋、血的献祭——它们的主要关联在于它们都牵涉到激情和对激情的恐惧,而且,如果将它们组合成一套规则使之有所约束却又能够运作,那便建构出一个象征的结构,在此结构中,人们的内在关系的现实一次又一次地被明白地感知。”[②]

牺牲的作为

牺牲以及牺牲的祭献构成了仪式非常重要甚至是不可缺少的因素、要件和程序。毫无疑问,牺牲并不仅仅表现为一个物种或一个具体的生活必需品。一旦某一种物品或动物成为牺牲,它事实上就脱离了简单意义上的物而附加上了其他的含义,政治的、宗教的、社会的、族群认同的、符合的、审美的等全新的、受限于仪式时空的情境意义。在谈到牺牲的意义和功能的时候,利奇总结了几种类型,而每一种类型都各自有着不同的理论依据。它们是:

第一种,罗伯特森·史密斯的宗教教会理论(communion theory)。按照这一理论,在基督教信徒,甚至可以扩大到一个更大的社会层面来看,牺牲的受难与对牺牲地的处置(屠杀、杀戮),在特定的对神圣的祭祀仪式中

① 克利福德·格尔兹:《文化的解释》,纳日碧力戈、郭于华、李彬等译,上海人民出版社1999年版,第478页。

② 克利福德·格尔兹:《文化的解释》,纳日碧力戈、郭于华、李彬等译,上海人民出版社1999年版,第508页。

与神及神圣性具有一致性;吃牺牲的肉被视为神圣礼仪的基本要件。信徒在这种对神圣和神的祭祷活动和仪式中分享着集体的原罪,即对神的不敬进行集体的承担和赎罪。这种情形在基督教的许多仪式中都有明显的含义和指示。类似的理论和理念在涂尔干和弗洛伊德的著作中有着明显的表述,人们也可以瞥见这一理论与罗伯特森·史密斯理论的相互关系。

第二种,牺牲作为礼物的理论(gift theories of sacrifice)。这一理论的基本意思是,牺牲的赠奉是提供一种礼物予神,以祈求、期待神的回报或回赠。换言之,祭奉牺牲事实上是一种特殊的交换方式。这种祭献牺牲的意义和方式在民族志中有大量例证,民族志学者也经常对祭祀仪式做如是说。这并不奇怪,从务实和功利的角度看,人类之所以以虔诚的态度,以最好的礼物为牺牲赠奉给神,是需要得到神的庇护和保佑。神的庇护和保佑可能属于心理层面的,可能纯属一厢情愿,但却是人们必需的。这或许就是宗教存在的永久性依据。不过,虽然我们认可以上的论理,却无法回避一个基本的细节问题,正如利奇追问的那样:聪明而敏锐的人类要赠献礼物(牺牲)给他们的神,可他们到底怎么知道,或根据什么来判断这种赠奉礼物的方式和形式就是屠杀一只动物呢?① 利奇的问题虽然提得非常尖锐,但事实上并不难回答,因为答案正是祭献仪式本身。换言之,问题的提出正是问题答案。因为某一个民族、某一种教派之所以会选择以屠杀某一种牺牲祭奉给他们的神,他们一定相信,他们的神喜欢那一种牺牲。另一方面,人们之所以会选择杀牲以敬神的方式,就一定相信神不仅接受而且喜欢这种方式,否则,神就不会庇护和保佑祭献者。所以,二者的关系是相互的和逻辑性的。再说,人们之所以会选择某一种牺牲,并在特定的时间、空间、场合、人群和教派中进行,都含有群体性和教派性的历史文化认同,这种认同又经常与族群的族源或教派的原教旨联系在一起。比如猪不可能成为伊斯兰教的牺牲,苗族的祭祖仪式却要"砍牛"。

第三种理论源出赫伯特(Hubert)和莫斯,强调的是牺牲对于神圣礼

---

① E. R. Leach, "The Structure of Symbolism," in J. S. La Fontaine ed., *The Interpretation of Ritual: Essays in Honour of A. I. Richards*, London: Tavistock Publications, 1972, 267.

仪，是一种表演和展示。其基本意思是，仪式中祭献牺牲服务于特殊的情境目标，即赠予神圣，为仪式提供和营造出神秘和神圣，同时连接起民众与神之间的密切关系和条件。其展示性语义是：如果有人病了，通过这种仪式他的病就可以得到治愈，如果有罪，便可以得到宽恕，罪者便可以得到解脱。这一理论从某种意义上说，是史密斯理论的反面；史密斯强调的是受难（victim，指牺牲）与神之间构成了一种象征关系的认可；而赫伯特和莫斯则强调牺牲与赠予者之间的关系认可。利奇据此认为，杀牲改变了一处神秘的条件，如果赠予者与受难者（牺牲）的社会意义和价值同时得到承认和认可，那么，从某种意义上说，也就改变了赠予者神圣的前提和神秘的条件，从思维方式和意识形态上都陷入了自相矛盾的境地。假定一个病人为了使自己痊愈而去杀生，一方面玷污了神性，也弄脏了自己。从社会价值体系来看，任何一个社会不会明确地主张神圣、神和神性是慈悲为怀的，普爱生命的，拯救生命的，而这一神性的实现又是通过屠杀和杀戮牺牲的方式而获得的。从这个意义上说，杀牲和献牲毋宁是一种仪式活动的表演和场面的展示。[1]

第四种理论认为，牺牲表现为一种制度性的祭礼，与氏族社会的身份、职业等有关系。比如在氏族社会，首领或巫师、祭师、鬼师等（经常一身兼二任）作为特殊的职业（圣职），把氏族部落社会的繁荣发展与神灵祖先的关系，通过相应的仪式活动和仪式活动的制度化确定下来。由于祭祀仪式是社会中最为重要又要定时定期进行的活动，而祭仪中不可缺少的内容和程序就是将上好的祭品呈献给神灵祖先，所以，牺牲不仅构成祭仪的组成部分，还因此演变为一个牺牲饲养的职业化东西。“它似乎是对应于王朝秩序的身份、职业的组织的表象。”中国古代一些字形将这种制度化昭显无遗。[2] 这就是说，牺牲和牺牲的祭献并不是简单的仪礼行为，它衍化出了一整套的组织、制度和职业，特别是在举行团体或族群性仪式活动时显

① E. R. Leach, "The Structure of Symbolism," in J. S. La Fontaine ed., *The Interpretation of Ritual: Essays in Honour of A. I. Richards*, London: Tavistock Publications, 1972, 266-267.

② 白川静：《汉字》（卷一），朱家骏、林崎等译，厦门大学出版社 2005 年版，第 167 页。

得更为明确。

仪式经常伴随着的牺牲——牺牲的呈献与牺牲的杀戮，人世间的暴力在牺牲身上得到了转移。埃文斯－普里查德对努尔人社会中对牛的兴趣进行了悉心的分析；众所周知，他属于冲突论者，主张社会的分层与分化在不断的裂变中平衡，并构成相对稳定的社会体系。埃文斯－普里查德发现，努尔人的政治裂变与自然资源的分布以及争端有关，这些资源拥有者一般是氏族和宗族，冲突与平衡则常常与牛有仪式中的牺牲作用密不可分。在这种争端中，部落的各个分支之间经常会出现丧生或伤残的现象，于是便用牛来对此进行补偿。在因牛而产生的争端或是需要用公牛或公羊献祭的情形里，酋长和预言家便成了争端的仲裁者或仪式的代理人。[①] 另外，牺牲的作用还不止于对冲突和整装待发的补偿，还具有交通的媒介性质。"努尔人通过他的牛来与鬼魂或神灵建立联系，……努尔人与死者和神灵进行交流的另外一种途径便是献祭，如果没有公牛或公羊来献祭，努尔人的典礼仪式便不完整了。"[②]更有意思的是，用于献祭的牺牲在充当了应有的作用以后，可以成为人们的盘中美味。"在努尔人的习俗中，鬼魂或神灵总是很多的，为了向他们表示敬意，在任何时候举行献祭都是合宜的，而且，这些献祭往往在很长时间以来，便已为人们所期盼着了，因此，当人们想要美餐一顿时，他们总会有足够的借口来找出一个献祭的节日。在葬礼中，努尔人用有繁殖能力的奶牛来献祭。在献祭时，大多数人所感兴趣的并不是仪式的宗教特征，而是献祭典礼的节庆本身。"[③]

牺牲的隐喻作用非常独特：它一方面以非常宗教化、虔诚的方式，即以人们生活中最为重要和神圣的物品为祭品奉献给神灵；另一方面，它恰恰遮盖住了血淋淋的暴力倾向，或者说，通过仪式的巧妙作为使这种残酷的暴力行为得到一种文化意义上的宽恕和缓解。对仪式的暴力做精彩分析

---

① 埃文斯－普里查德：《努尔人》，褚建芳、阎书昌、赵旭东译，华夏出版社 2002 年版，第 20—21 页。

② 埃文斯－普里查德：《努尔人》，褚建芳、阎书昌、赵旭东译，华夏出版社 2002 年版，第 24—25 页。

③ 埃文斯－普里查德：《努尔人》，褚建芳、阎书昌、赵旭东译，华夏出版社 2002 年版，第 33 页。

苗族牯藏仪式中的重要程序:杀牛　彭兆荣摄

者,或者说当代在这方面最有成就者当数法国学者吉哈德。他认为,仪式的本质存在着暴力,以解释宗教仪式的起源的,既然仪式的根本原因(或曰功能主义心理学的肇因)是暴力,那么,阻止暴力便很自然地成为仪式的核心部分。1972 年,这一观点在他的《暴力与祭献》(*La Violence et le Sacre*,英文版于 1977 年出版)中被提出,他认为:"许多仪式中的祭献活动表现出两种对立的部分:一方面是为了某种神圣的义务而冒死亡的危险,另一方面又冒着危险进行着同样严重的犯罪活动。"①暴力是社会普遍存在的,它构成社会的混乱的一种严重隐患,所以人们以各种方式进行着阻止暴力的各种努力,仪式的一个最重要的功能就在于寻找一个可祭献牺牲去代替由于暴力而选择共同体社会中的成员作为伤害对象。② 这样就可以转移同一关系社会中的暴力行为,替罪羊理论(scapegoating theory)便是他的代表性解释。换言之,祭献是共同体给予自身一个替代者——保护它免受自己的暴力的伤害。而祭献仪式的目的在于恢复共同体内部的和睦,强化共同体内部的约束力。在吉哈德看来,这是构成一切文化行为的基

① R. Girard, *Violence and the Sacred*, Trans. by P. Gregory, Baltimore: The John Hopkins University Press, 1977, 1.

② R. Girard, *Violence and the Sacred*, Trans. by P. Gregory, Baltimore: The John Hopkins University Press, 1977, 5.

础。[1] 他还以莎士比亚的作品为例加以说明，比如莎士比亚的《特洛伊罗斯与克雷西达》(*Troilus and Cressida*)。作品围绕着这样一个逻辑关系：希腊人欲把海伦要回来，因为特洛伊人把她给掳走了；而特洛伊人坚持要把海伦留下来，因为希腊人欲把她要回去。这就是所谓"莎士比亚理论"(Shakespeare's Theory)[2]。如此，替罪羊仪式在时间的紧迫性、空间的可缩性、心理的紧张感和文化上的原罪感等方面都起到一个缓和、润滑、开脱、释放等作用。总而言之，替罪羊仪式就现代文学的创作而言，提升生命物质形式的哲学和美学喻义被视为其更重要的理念。这或许正是现代文学与传统的现实主义文学、自然主义文学在追求上所不同的地方。

总的来说，替罪羊的神话－仪式原型建立在模仿欲望之上，而这种关系发生在被称为竞争对手的两个或更多的民族和族群的现实之中。作为一种原则，吉哈德认为，某一个关系中的存在对象总是把对手的东西占为己有，其根本动机乃是"欲望的存在——一个群体或个人认为其缺乏某种东西，而这种他所缺乏的东西却正好为对手所拥有"[3]。其实，这种认识与认定并非全是现实中真正发生的事情，所以，与其说这一原则的依据完全可以在现实中兑现，还不如说，它更多表现为一种以人群共同体为边界的集体意识和集体无意识(collective unconsciousness)，具有明显的精神分析中的动机行为。用吉哈德的话来说叫作原则的自我复制(the disciple's self-double)，即根据人类社会的现实条件，在主观上产生"强烈的欲望"(intense desires)，换言之，这一原则看上去像一个具有强烈欲望的动机类型，召唤人获得和拥有他们认为或认定的东西。[4] 伴随着强烈的模仿欲望，暴力不可避免地发生。在他看来，"欲望就像一个阴影一直追随并驱

---

① 菲奥纳·鲍伊：《宗教人类学导论》，金泽、何其敏译，中国人民大学出版社 2004 年版，第 204 页。

② R. Girard, "Shakespeare's Theory of Mythology," in *Proceedings of the Comparative Literature Symposium*, 1980, 11: 113.

③ R. Girard, *Violence and the Sacred*, Trans. by P. Gregory, Baltimore: The John Hopkins University Press, 1977, 146.

④ R. Girard, *Violence and the Sacred*, Trans. by P. Gregory, Baltimore: The John Hopkins University Press, 1977, 146-147.

使着暴力，暴力成为一种固有的外在能指——神性的能指”[①]。吉哈德并不是一位人类学家，而是文学理论家，他对古典文学作品中的神话－仪式主题进行了深入的分析，比如在阐述他的理论时，就以古希腊的悲剧作家欧里庇德斯有关酒神狄俄尼索斯和彭透斯的故事为蓝本的著名悲剧《巴克斯》加以证明。

在某些狄俄尼索斯祭祀活动中，制度性现象在神学的意义上变得充满了异象，这种异象表现出极端的暴力倾向和血腥行为。比如酒神巴克斯的女祭司生吃活撕的牲畜。这是祭祀价值的倒错。但是，人们可以通过消除人与牲畜的界限，超越祭祀建立的一切区别，在低处颠覆祭祀，实现一种完全一致的状态，它是回到黄金时代所有造物之间的温暖亲情，还是在原始状态的混沌之中的堕落——在这两种情况下，关键是要或通过个体的苦行，或通过集体的迷狂，建立与神的关系类型，而官方祭祀各种手段对之加以排斥和禁止。作为疯迷(mania)之神，狄俄尼索斯凭借对那些在集体附魔等超自然经验，这种经验与官方崇拜并不相同，甚至许多方面是对立的。而早期的狄俄尼索斯祭仪看起来更像秘密祭仪，崇拜包含着两种基本的内容：秘传教义和秘密仪式。[②]

除了吉哈德对仪式中暴力的关注外，布洛克的观点也值得一提。他认为，仪式的关键所在是所谓的重新约束的暴力或征服，而这一切都与生命力及其变形有关。女性经常成为一个不可或缺的关键角色。“通过外在的存在获得具有征服力的生命，通常是动物、植物、其他人或女性。”[③]简言之，为了获得生命力或生命力的回归，寻找一种替代物(或人，多为女人)以取得对生命力的保持与延续，但必须得到神的赐给——由一种超越现实存在的主宰认可下的转换。替罪羊的另外一种意义表现为魔鬼的替身

---

① R. Girard, *Violence and the Sacred*, Trans. by P. Gregory, Baltimore: The John Hopkins University Press, 1977, 151.

② 让－皮埃尔·韦尔南:《古希腊的神话与宗教》，杜小真译，生活·读书·新知三联书店2001年版，第64—65、72页。

③ M. Block, *Prey into Hunter: The Politics of Religious Experience*, Cambridge University Press, 1992, 5.

(monstrous double)。它未必通过某一个具体的仪式行为直接选择一个替罪羊牺牲,而时常以一种社会符号或者被认为是受污染的社会角色的形式出现。比如就一个亲族社会而言,女人就经常成为这样的牺牲品。王明珂的关于"毒药猫的故事"就试图解释在有些社会女性便成了替罪羊的代名词。

> 毒药猫故事的叙事情节与意含,一方面与西方"女巫"传说所反映的社会与两性关系类似;另一方面,它又与某种社会(如中国与印度)妇女在宗教仪式、社会上具"污染力"的角色相关。然而,在欧洲或美国新英格兰,无论女巫是否作恶害人,或是否曾存在一个巫术传统,各种民间、政治与宗教团体的确曾对"女巫"施加暴力。在岷江上游地区(我国四川境内——笔者注),"毒药猫"只是村寨人群间的闲言闲语——没有任何女人巫术传统的证据,群众也没有对她们施加严重的群体暴力。……虽然如此,"女巫"或"具有污染力的女人"有一相同的背景值得注意。无论是由于追求宗教的纯净,或家族的纯净,女人都被视为外来者与潜在的污染者。因此在一个社会发生骚乱,如瘟疫、不明的死亡、外来挫折与群体内部纠纷之时,女人常成为替罪羊,以克服恐惧与凝聚群体。"①

替罪羊理论虽有些惊世骇俗,有很重的血腥味,并不被大家一致接受,可其理论具有强烈的学术穿透力则是公认的。理论价值主要表现在:一,其理论前提和设定对范式具有启发性。二,他对文学母题的套用对人类学研究有影响。三,他的所谓模仿欲望的根源性简化了所有仪式中对牺牲以及合法的组织的解释。② 很显然,在吉哈德眼里,暴力对我们来说既是可

---

① 王明珂:《羌在汉藏之间—— 一个华夏边缘的历史人类学研究》,联经出版事业股份有限公司 2003 年版,第 114—115 页。

② M. Kitts, "Sacrificial Violence in the Iliad," in *Journal of Ritual Studies*, 2002, 1:20.

怕的，同时又是迷人的。说它可怕，是因为它是盲目的，无政治的，可以摧毁现存的社会秩序；说它迷人，是因为它被当作一种存在的标志，作为一种神性，构成了宗教的语境。[①] 同时，暴力的存在又延伸出了许多功能的转换和变化。既然暴力有非常可怕的破坏力，那么，人们必然会以各种方式对它进行引导、疏通、转移，这一切不仅成为仪式中的意义表述，而且也成为仪式中的必要程序。所以，替罪羊仪式既表现出暴力的一面，又表现出舒缓暴力、符号转换的功能。也正是因为此，它才能够获得非凡的社会价值和实践能力。

① R. Girard, *Violence and the Sacred*, Trans. by P. Gregory, Baltimore: The John Hopkins University Press, 1977, 151.

第十一章　仪式的转换与治疗

变形的逻辑与原理

仪式具有转换的神奇能力几乎是学者的共识，也成了仪式的一个重要特征。关于此，笔者在前文已经详细地阐述了。如果说转换的一个主要功能在于讲述一种变化的道理，那么，变形则更多地体现在仪式的具体程序或技术性层面上。所以，我们可以这么说，仪式实际上就是一种情境特异的转换活动，而变形不啻为一种特殊的转换。有关变形的理论早在远古时期就有许多哲人、作家们描述和解释过，而一切的解释在根本上都围绕着自然现象中的变形与转换。对于人类先辈来说，人们首先要解释春夏秋冬为什么会发生变化和变形，与人类自身有着类似生命特征的种类为什么会演变，自然界的许多现象，如太阳为什么会有升有落，月亮为什么会有圆有亏，草木为什么会一岁一枯荣……这些神奇变化的背后隐藏着什么样的道理？所以，解释这些变化和变形的理论也就成了许多学科的滥觞。

变形——metamorphosis，原意指由巫术、魔术而产生的形变。其形态区分大致有以下三种：①人形物性，即在人的身上附有某种动物、植物、自然现象的特征。宙斯、波赛冬、阿波罗等均属于此类。②物形人性，即在某些物类身上赋予人性的特征。酒、葡萄、常春藤、牛、羊等被赋予人的某种特征和能力。③半人半物，即无论在形态上还是在性质上都兼容了人类和其他物类的特征和性质。著名的司芬克斯即为典型。毫无疑问，变形的原因不能与特定的历史条件相分离。当人类与自然界以及其他物种尚未在理性思维的层面分离的时候，自然力量遂为人们最大的威慑力。自然界的其他物种，尤其是动物便经常与人类“同情化”。“动物是人不可缺少的、必要的东西；人之所以为人要依靠动物；而人的生命和存在所依靠的东西，对于人来说就是神。”①

对自然万物和生命的原始认识，对人类而言，最容易引起关注的是外在形体和形状的变化。所以，神话叙事中的核心部分正是它的变形，它直接为转换价值提供了形体和形态上的依据。古罗马伟大的思想家、诗人奥维德的不朽著作《变形记》就试图把人类历史神话的整个思想基础建立在朴素的、唯物的、最具有代表性的变形之上，因为，所有的古希腊罗马神话的故事都有一个共同点——变形。② 它成了后来西方人文主义历史发展的一条重要的追踪线索：以人为本的发展变迁的一个渊源。神话学家坎贝尔的重要著作《千面英雄》这一书名就已经将变形转换的神话哲学凝聚其中。在“英雄的变形”一章中，作者简洁地概括了原始时代的英雄与人类的变化轨迹：“我们已经走过了两个阶段：第一个阶段从自己本身存在的创造者所直接产生的散发物起到神话时代的易变的然而是永恒的人物为止；第二阶段从那些被创造出的创造者起到人类历史领域为止。散发物凝固了，意识的范围缩小了。因此这时推动宇宙演化周期运转的不是已经变为无形的神，而是或多或少、具有人的性质的英雄，通过这些英雄决定世界的命运。”③

促使对宇宙万物的变化和变形做解释的历史使命自然也就落到了早

---

① 《费尔巴哈哲学著作选集》（下卷），荣震华、王太庆、刘磊译，生活·读书·新知三联书店 1962 年版，第 438—439 页。

② 奥维德：《变形记》，杨周翰译，人民文学出版社 1984 年版。

③ 约瑟夫·坎贝尔：《千面英雄》，张承谟译，上海文艺出版社 2000 年版，第 325 页。

期哲学家们的身上。在西方，用来解释变形的主要有以下几种学说：一是毕德哥拉斯的“灵魂转移说”。认为构成事物的最基本的东西为“单子”，它独立存在并构成灵魂和神的核心。一俟人死后，单子可以游离于人体之外或凭附在其他人和动物的身上。[①] 后来，在斯宾塞、泰勒那里演变成了“万物有灵论”，相信灵魂可以从人的肉体里“位移”出来。二是鲁克莱图斯的“一切都在变说”。这种观点体现了古代朴素唯物主义对客观事物变化的经验性认知。自然界的各种生物种类随着时间和空间的变迁发生了形体上的改变，它为人类先民观察和认识客观事物提供着最为直觉性的观察依据。三是“模仿说”。它产生于古希腊，集大成者即亚里士多德。在模仿说那里，人/神、主体/客体都出现了清晰的界限。于是，“艺术的原始情感问题就成了‘它像吗？’的问题”。对原始人来说，外形意味着一个可资纪念的符号和暗示，这应该是首先要考虑的事情。[②] 四是“拜物教说”。它凭借了原始社会中的图腾崇拜、自然崇拜等社会、文化和宗教现象，相信“万物同情”，“人神同形”。五是“进化论学说”，即以达尔文物种起源说为基本的学理基础和解释工具。

甚至变形和转换在后来的人类学家那里更成了一种思维认识上的分类原则。涂尔干和莫斯认为，神话和仪式叙事中的变形甚至早于人类的分类原则。[③] 虽然，二者可能在此犯下了一个明显的疵点，即变形本身就具备了分类的含义，正如尼达姆所批评的那样。[④] 但是，这并不妨碍涂尔干和莫斯慧眼识得变形之于神话仪式和知识体系中的意义和价值。仪式理论和仪式的实践都有一个非常重要的原则，即变形。也可以这样说，作为美学的基本原理和实践性工具，神话仪式完整地贯彻着变形——既可以视之为一种精神，亦可以视之为操作性工具和技艺。没有变形，所有的神话

① T. Bulfinch, *The Age of Fable*, New York: Airmont Publishing Company, 1965, 235.

② 朱狄：《艺术的起源》，中国社会科学出版社 1982 年版，第 99 页。

③ 爱弥尔·涂尔干、马塞尔·莫斯：《原始分类》，汲喆泽，上海人民出版社 2000 年版，第 5 页。

④ 爱弥尔·涂尔干、马塞尔·莫斯：《原始分类》，汲喆泽，上海人民出版社 2000 年版，第 100 页。

叙事都无法得以传承;没有变形,仪式的阈限也就无法变通和转换;没有变形,文化的理解、翻译、交流、借鉴也不可能得以顺利进行。在某种意义上说,社会文化人类学所产生的学理依据来自达尔文的进化理论;自然物种的演变进化在人类的生物性方面可以在本质和表象上达到相对一致的逻辑比照,无论是归纳还是演绎。人类的生物性都可以直接作为案例加以实验。然而,人类的社会性,尤其是足以与其他低级动物相区分的品性文化——从逻辑起点上就伴随着自然的律动:和着生命的节奏,创造性地展开对动物的驯化,对植物的耕作改造,并将这样的认知、观照作为人类经验的积累和对自身进步的肯定一并交织。它的基本规律正是变动、变迁和变形。所以,从根本上说,社会文化人类学是一门专事讲述文化变迁的学问。神话仪式,毫无疑问,也就是文化变形中的族群/区域、时间/空间、功能/结构相互作用下的实践原则和美学范式。差别仅仅在于,在不同的学科里面,其学术规范和概念色彩略微不同而已。

在现代,科学知识当然已经解决了人类祖先们无法解答的许多疑问,人们已经从简单的形体和形态上的变形转而关注那些在看得见的变形之中所看不见的转换意义。而仪式正是一种充满了象征符号和生成转换意义的最佳的观察和分析的样本。学者们在仪式中看到其转换的神奇魅力,特别是将仪式作为一种文化系统中特殊的知识叙事所包含的转换价值。同时,不少学者试图从自身的研究领域对它做出独到的解释。比如 20 世纪 50—70 年代,语言学领域占统治地位的理论是诺姆·乔姆斯基的“转换生成语法”。他认为,语言能力是先天完美的,是一幅抽象的图画。而语言运用则是对正常语言能力的一种不完美的实现。[①] 乔姆斯基的转换生成理论就被用来解释表演仪式中的叙事关系。事实上,如果我们把仪式置于一种结构之上的话,人们同样会发现,这个结构中最本质性的东西正是它的转换性。“宗教现象的这些不可简化的结构,是人类存在的最终的仪式表现。事实上,这种仪式的表现只是生命的物质过程在植物、动物以及

① 杨利慧:《表演理论与民间叙事研究》,载《民俗研究》2004 年第 1 期。

人类中的简单转换。”[①]

在仪式理论的研究中，人类学家不仅注意到了仪式中的转换原则，而且还对转换在仪式中的价值做了更为具体的阐发。比如特纳在对赞比亚恩登布人仪式的研究中提出了一个所谓的两极模式，其心理上的依据是“责任导致需求”（duty made desirable）的两极之间的转化关系。他认为，所有恩登布社会的仪式符号和象征都可以做相似的分析，即把象征系统分为两极：一极是“感受性的”（sensory pole）；另一极则是“观念性的”（ideological pole）。二者紧密地结合在一起共同实现着仪式的意义，实践着仪式的过程。感受极主要在仪式中体现出参与者们的心理事实和体验，诸如母亲的乳汁（mother's milk）、血、生、死等；而观念极则包含了社会的价值和对既定社会价值的忠诚：符合社会的规范、道德与习俗等。同时，它又成为恩登布社会内部的社会关系，如女人和男人、已婚妇女和未婚女子、母系世系范围里成员间的关系等。这一切都在仪式的两极之间获得体现，达到转换。[②] 世界上的古代文明类型，其原始的认知价值都可以通过仪式在感受极/观念极中得到完整和完美的实现。在埃及，人一旦去世，就成了阿克胡（Akhu），即“变形的灵魂”。但这种由肉体到灵魂的“变形”，需要通过丧葬仪式才能实现，而且从他们的坟墓得知他们被称为“装备完好的变形灵魂”。[③]

由此可知，仪式经常扮演着将某一物或某一种状态转变或转换为另一物或另一种状态的“魔术”。特纳甚至更为细致地分析了仪式的细节和过程，那些标榜着仪式下的宴饮、歌舞强烈地被心理激励，同时又得到心理上的感受和回应。换句话说，仪式中的这些活动一方面由仪式参与者的心理极所激发，并在仪式活动中给心理以回报；另一方面，这些围绕、产生于仪

① M. Block, *Prey into Hunter: The Politics of Religious Experience*, Cambridge University Press, 1992, 4.

② V. W. Turner, *The Forest of Symbol: Aspects of Ndembu Ritual*, Ithaca, New York: Cornell University Press, 1967, 28-29.

③ 亨利·富兰克弗特:《古代埃及宗教》，郭子林、李凤伟译，上海三联书店 2005 年版，第 76—77 页。

式的能量进而转换、凝聚的价值与观念极相回应、相负责。简言之，仪式呈现了这样一个模式性程序和过程，即责任和义务也成为具有合适和合法的需用与需求。很显然，正如格鲁克曼所说，特纳的两极模式属于一种与心理相适应的、升华的理论，它使得来自生理本能方面的需求在社会伦理方面得到了获准并取得了统一。①

当然，人类学的仪式理论的基本视野是从田野的个案中发掘出了转换的价值。比如通过仪式正是这一过程转换的生动陈述。我们几乎可以在所有的通过仪式的阈限与阈限当中瞥见转换的影子。在此我们举彝族女子的成年仪式“沙拉洛”以及彝族学者巴莫阿依的分析为例加以说明。

> 彝族姑娘们到了 15 岁或 17 岁就要迎来一个名叫“沙拉洛”的换童裙仪式。主持仪式的一定是一位儿女双全、长相端正、家庭和睦、能干利落的中年妇女。仪式只容许女性和儿童参加。多子多福的主持者告诉姑娘仪式后就可以与别的家支的男青年交往了，但千万不能与本家支的男子发生关系。年长的女伴们说风流话逗弄姑娘，唱诵祝愿姑娘多生儿女的祝愿辞。同时，还要祭告祖灵，打羊杀猪庆贺。
>
> 仪式中最主要的工作是改变服饰装束。一要为姑娘改变发式，将童年时期垂于脑后的一根独辫子分开梳成双辫，盘在头帕上；二要将姑娘耳垂上红黄色的耳珠换成银光闪闪的耳环；最后，将两节的“沙拉”童裙换成三节的成年百褶裙。如果这个时候姑娘已经订婚或出嫁，夫家就要赶来三只绵羊表示祝贺。如果这个时候，姑娘还没有订婚，还没有找到婆家，那么在换裙前，还要为姑娘举行“假婚”仪式。把姑娘背到一付磨子、一根木桩、一块大石头前，把姑娘象征性地嫁给假定的丈夫——磨子、木桩、石头。
>
> 那么，改变发式装束有什么样的意义呢？首先，发式服装的

① M. Gluckman, “Ritual,” in R. Cavendish ed., *Man*, *Myth*, *and Magic*, London: Phoebus Publishing, 1970, 2397.

> 改变象征着姑娘完成了从童年到成年这一人生的转折,标志着姑娘生理的成熟和社会的成年。本来,生理的成熟和社会的成年是一个自然的渐进的过程。但是,在彝族山区,则是用"沙拉洛"的仪式形式来强化这种转变,标志这种转变。……
>
> 第二,通过了成年礼的姑娘,不仅意味着获得了性生活的权利,同时也意味着为家支为社会负担起联姻和生育后代的义务和责任。……
>
> 第三,"沙拉洛"成年仪式的另一个意义是姑娘族籍的改变和社会角色的变换。仪式前,姑娘还是自己父亲家支的成员,仪式后,就被视为姻亲家支的人了,成了外人婆家的人。从仪式这一天起到住进夫家前,姑娘不能参加自己父母家举行的宗教仪式,在家庭生活中不能参与意见,发表自己的见解。对于将要举行成年礼的姑娘来说,她们的内心世界是矛盾的。一方面高兴激动,憧憬着新的人生;一方面伤感难过,因为仪式后在家里就没有了地位,不能与兄妹们有相同的待遇。[①]

我们从这个例子能非常清楚地看到仪式中蕴含着的转换机制和能力。事实上,仪式的转换功能即使是在彝族生活中也远非仅仅体现在人生礼仪中,其时间观念中也到处表现出这样的理念,比如彝历年和季节仪式就是这样。彝人会根据季节的转换特点按时举行与之变换相同步的三大宗教仪式:"伊茨纳巴"——冬季招魂、"晓补"——春季反咒和"吉觉"——秋季转咒。如图:

初春 —反咒"晓补"/解春愁→ 入秋 —转咒"吉觉"/去秋愁→ 冬临 —招魂"伊茨纳巴"/辞旧迎新→ 过十月年

季节性的仪式生活及年中行事,每年都周而复始地进行着,既是诺苏关心生产,希冀人寿年丰的心意民俗的反映,同时也衍生出农村、耕牧、天

① 巴莫阿依:《凉山彝族山民的仪式生活》,载《民族艺术》2003 年第 2 期。

文、占候、卜吉凶、祈发展等一系列岁时民俗现象。这三幅图景交替呈现一年到头的季节变化，以循环往复的岁时，将观众的想象带进了一个真切的山地社会。[1]

彝族毕摩在做反咒仪式

李春霞摄

替代（替换）无疑是仪式活动中经常出现的一类现象。藏密仪式"羌姆"（vcham）[2]中就出现了大量的替代现象。比如"灵嘎"（藏语"ling ga"的译音）多指羌姆仪式中用面捏制的人形替身鬼俑。在仪式中，它们的作用大体可以替代以下三类情况：其一，赎死替身。在藏密宗教的认知世界中，生者与死者分别在不同的两个世界，死者的世界是黑暗的、痛苦的，人死后只有通过献祭替身的方式才能把死者的灵魂从死人的世界中赎出，并通过替身的帮助才能通过死人世界的种种艰难险阻，到达九重天之上去享受天国之乐。其二，赎病替身。在古代西藏人的观念中，不能治愈的病患，几近于死，因此，也要用替身将病者的躯体和灵魂赎回。其三，赎罪替身。这种替身的目的是禳除灾难，使个人或群体摆脱厄运和灾难。在藏密仪式中，替身的类型和作用方法多种多样，有动物替身（牛、羊、马等），有人的替身，有咒符替身，有木刻替身等。所替代的目标和目的也不同。[3] 替身在仪式中的大量出现和使用很值得考究，如前面所讨论的替罪羊以及古希腊著名的神话仪式伊菲革涅亚，都说明在古代的许多仪式中，替身或替代物是一种变形的重要方式。类似的变形和变换，一方面通过相应的物或符号达到转移人类内心对死亡、命运、灾难等的恐惧；另一方面，通过人世间的交换原则和关系，以某种替代的方式求得一种关系上的平衡，达到人们对事物发展和变化的预设与期待。

① 巴莫曲布嫫：《构思高山图式》，载《民族艺术》2003 年第 2 期。

② 羌姆，专指以表达宗教奥义为目的的寺院仪式。

③ 郭净：《心灵的面具：藏密仪式表演的实地考察》，上海三联书店 1998 年版，第 249—264 页。

事实上，苦行伴随着人类生活的行为，甚至有些宗教以宣扬苦行为道德准则。比如佛教教义就包含着四个基本的命题，佛教徒称之为“四谛”：一，苦的存在。强调存在即受苦。二，苦的根源。苦存在于永远无法满足的欲望之中。三，苦的终结。通过压制欲望来实现。四，压制欲望的途径。它有三个阶段：第一阶段是正道，主要由五个诫构成：不杀生、不偷盗、不邪淫、不妄语、不饮酒。第二阶段为自我专注，强调宁静。第三阶段是超越冥想，获得智慧，获得救赎和拯救。[1] 我们发现，许多苦行就属于仪式范畴。它们并非一定含有浓厚或明确的神圣意味，甚至仪式的效果独立于神圣力量，仪式自身产生作用。仪式的这种现象表面上只是一种机械活动。它既不是一种创新，也不是一种祷告，希望从某种存在的恩惠那里得到回报。这种结果是通过仪式活动的自动作用获得的。“某些苦行实践也具有祭祀仪式的效力。”[2]人类选择苦行在很大程度上是希望通过这种方式获得自我的拯救。但是，在社会生活中，由于自我的拯救并非来自每一个个体的独立行为和行动，往往是社会化仪式的强制性活动导致的结果。就一个社会而言，社会需要借助某些压制活动以期达到这样的目标，比如割礼就是其中的一种。儿童并没有苦行的愿望，可是社会经常会强制性地为他们实施割礼。为了达到实施这一仪式的目的，儿童经常受到恐吓，形成了被弗洛伊德所称的“阉割恐惧”（castration fears）。[3] 与其说阉割属于一种带有惩罚性质的仪式活动，还不如说是社会通过强制性活动以突出苦行/拯救的目的。

文森特·克拉潘扎诺在《重返的仪式：摩洛哥人的割礼》一文中提出了一个新的观点，认为仪式是焦虑创造和定型过程的内在因素，人们通过

---

① 爱弥尔·涂尔干：《乱伦禁忌及其起源》，汲喆、付德根、渠东译，上海人民出版社 2003 年版，第 94 页。

② 爱弥尔·涂尔干：《乱伦禁忌及其起源》，汲喆、付德根、渠东译，上海人民出版社 2003 年版，第 99 页。

③ 叶舒宪：《阉割与狂狷》，上海文艺出版社 1999 年版，第 24 页。

不断重复生活图景来接受文化信息，文化信息又通过仪式导致焦虑的产生。[①] 克拉潘扎诺通过他的案例试图说明，一个七岁的摩洛哥男孩接受割礼，通过被"阉割"而成为一个男子，而实际上这并未给予他一个新的社会地位。这位男孩依然留在妇女和儿童的圈子中。与仪式相关联的痛苦、象征以及谈话，给经历割礼的男孩带来一种深深的焦虑。在很长的时期里，这位男孩努力排解他的焦虑，而儿童和青年时期的比武为他的这种努力提供了可行的途径。[②] 叶舒宪认为，阉割的神圣仪式在于"代表尘俗之人与神交往沟通的中介者也应该效法神而具有双性同体特征，这就是阉割的神圣起源之实质所在"[③]。克拉潘扎诺从心理分析的角度引入了一个新的解释，仪式除了呈现在表面的形式外壳和意义外，显然还在表达人类内心的焦虑。这种焦虑感受与其说来自仪式行为本身，不如说来自社会的压力和习惯势力。任何社会形态本质上说都是通过制度和习俗的传承和社会化约束个人的观念和行为，以使社会得以正常的运行。换言之，社会与个人存在着某种对立。个人需要在满足自己愿望的同时，又要服从社会化的制约，二者必定形成对立的情绪；而个人的愿望相对于社会化制约而言，其表现力量总是弱小的、无助的，从而产生心理上的焦虑。有意思的是，这种个人化的焦虑感受一方面可以通过一些仪式获得释放，如狂欢节仪式；另一方面这种个人化焦虑感也可能在特定的仪式中得到加强，如克拉潘扎诺所举行的割礼仪式。从这个角度看，仪式在释放和积聚个人化焦虑方面属于一把双刃剑。

历史上有许多仪式都包含着一个基本的对峙关系，具体地说就是现实生活中的伦理价值对人们的限制和压抑，包括文化、道德乃至生理和心理等方面，使人们产生了一种反叛和抗拒的能量，这些能量积压多了便会爆

① V. Crapanzano, "Rite of Return: Circumcisim in Morocco," in W. Meunsterberger & L. B. Boyer ed., *Psychoanalytic Study of Society*, Vol. 9, New York: Library of Pschological Anthropology, 1980.

② 乔治·E. 马尔库斯、米开尔·M. J. 费彻尔：《作为文化批评的人类学：一个人文学科的实验时代》，王铭铭、蓝达居译，生活·读书·新知三联书店 1998 年版，第 93 页。

③ 叶舒宪：《阉割与狂狷》，上海文艺出版社 1999 年版，第 134 页。

发，类似于满则溢的情势，它通过某种方式得到疏通和排泄，仪式便充当了贮存器的安全阀。比如广播于世的狂欢节仪典在很大程度上就起到了这种作用。帕特里奇对它的解释是："狂欢的真正作用是作为一种安全阀，至于敬神的观念，不过是半开化的人类对那些自己所不了解的事物所作的一种浪漫化的解释。""像狄俄尼索斯酒神节之类的狂欢庆典，除了具有祭神的目的之外，也是死亡恐惧和性欲本能的安全阀"。[①] 而来自生命本能的压制和压抑的一个基本的内容表现为日常生活中性的苦恼，这种苦恼的积郁需要通过某种仪式形式达到排遣。酒神祭祀仪式无疑是一个有代表的范例。酒神在意大利的直接来源是生殖神，所以在意大利各地，人们把酒神崇拜当作一种对男性生殖器的崇拜。在举行酒神祭祀仪式的时候，人们将一尊巨大的木制男性生殖器雕像放在一辆马车上，让马车载着它穿过大街和田野，最后让一位夫人顶在头上。对于这种仪式，西方有的学者认为，"这种仪式是一种极度的公开堕落行为"。有的学者则认为，这种仪式并"不是一种放荡，而仅仅是一种古老而又重要的宗教习俗，其目的是为了驱邪避祸"[②]。

加拿大著名学人弗莱在他的《批评的解剖》一书中对这一主题有过精到的分析，他认为人类的愿望与压抑相为关联，"在仪式与梦中都同样重要"[③]。

> 仪式并不仅是重复的活动，而是表达愿望和嫌恶的辩证的活动……我们有使社会完善的仪式，也有驱逐、处死和惩罚的仪式。在梦中也有同样的辩证法，因为既有满足愿望的梦，也有关于嫌恶和焦虑的梦即梦魇……仪式和梦以语言交际的形式加以结合便有了神话。这里说到的神话……神话对仪式和梦做出说明，并

① 伯高·帕特里奇：《狂欢史》，刘心勇、杨东霞译，上海人民出版社 1992 年版，第 33 页。
② 伯高·帕特里奇：《狂欢史》，刘心勇、杨东霞译，上海人民出版社 1992 年版，第 40 页。
③ 弗莱：《作为原型的象征》，见叶舒宪选编：《神话 - 原型批评》，陕西师范大学出版社 1987 年版，第 159 页。

使它们成为可际的。[1]

在弗莱那里，仪式、情结和梦都在神话中找到了原型，而原型本身在人类表述中的不断出现，便与人类的精神压制－排遣的主题表达密不可分。对此，人们最为熟悉的理论无疑是弗洛伊德的精神分析学说，此不赘述。而我们所强调的是弗莱把仪式视为一种带有原型的表达方式和意义。

其实，在许多古老的仪式中，压抑的主题并非单一，它的基本内容包括人们对生死现象的不理解以至于恐惧，对生产和生殖的期待与希冀，生理现象中的性欲本能的困惑，对男女性别的社会化所带来的压抑等，都会在仪式的实践中得到突显和疏通。甚至基督教最为重要的两个节日——圣诞节和复活节，本来是两个非基督教的节日，它们的起源都与繁殖和丰产有关。[2]

仪式的愚人化与施虐

由于原始人类在自然和神灵系统中所处的地位相对低下，他们又需要通过某种特殊的仪式场合排遣积郁，而许多最重要的原始仪式所面对的又都是超自然界神灵系统，于是人类在仪式中的角色经常会呈现一种“面具化”（它可以在仪式中真正戴着面具，也可以使参加仪式的人自我愚人化）；其实，西方的愚人节就直接产生于原始宗教的意义，它起源于非基督教崇拜，保留了不少原始特征，与其说它是由一种宗教情感所致，还不如说是一种狂欢，是一种发泄，只不过参与者是以开玩笑的方式表现它们罢了。有意思的是，愚人节活动是在割礼节那天举行。后来的愚人节中，大都有参加者或宗教人士进行自我丑化的行为和意味，愚人节庆典本身就是一个基本的形式和行为：参加仪式者的自我丑化表演。这种自我丑化的表演同

---

① 弗莱：《作为原型的象征》，见叶舒宪选编：《神话－原型批评》，陕西师范大学出版社 1987 年版，第 161 页。

② 伯高·帕特里奇：《狂欢史》，刘心勇、杨东霞译，上海人民出版社 1992 年版，第 85 页。

时包含了暴力与施暴的双重意义。尽管在后来的宗教人为化过程中,这种激烈的行为和意义得到了一定的缓和,但这一主题仍然以仪式的程序或符号保留和表现在这类仪式当中。甚至狂欢仪式中,还遗留着一些"自笞"和"施(受)虐"行为或象征行为。[①]

施虐在仪式中的情形经常是以一种象征性的行为来表述生活意义和生命常态的异象。在许多社会和宗教系统中,割礼仪式是一种常见的仪式。比如犹太教就实行割礼仪式,即用石刀对初生男婴的阴茎包皮施行割损活动,以作为神与人缔约的象征。在有些社会里,割礼也作为成年礼的一部分。虽然这种神圣的礼仪具有与神交流的关系,但是其实际行为本身却经常充满着施虐的成分。在有些部族社会,割礼还转化变形为污化神圣的戏谑行为。巴利在喀麦隆的多瓦悠人的葬礼仪式中发现了一些非常有趣的现象,举行葬礼仪式时,男人们相互打趣玩笑,原因是这些男人与死者同时接受割礼,他们见面就应该相互打趣侮辱。葬礼仪式还有参仪者到树林里大便的程序,事实上是到树林里相互戏谑,因为他们的肛门并未缝合。在描述葬礼第二天的情形时,巴利介绍了当时的情形:

> 男人都到十字路口。小丑和巫师也去。与死者同一批接受割礼的人也去。他们面对面坐下,把草放在脸上。一个人说:"把你的屄给我。"另一个人回答:"你可以拥有我的屄。"然后,他们开始交媾,用细棍子。一个男人放火烧草。他们大声呐喊,加入其他男人。结束了。

巴利在头颅祭仪的观察中还发现,多瓦悠社会中的"泼洒头颅"(头颅祭仪的名字)的行为象征"对着头颅泼洒排泄物与血液的仪式部分"。原来"那是男孩受完割礼的仪式变形。换言之,死者的妻妾在最后一次辞别丈夫后,被当成刚受完割礼的人。共同特点是接受割礼者与寡妇都经过一

---

① 伯高·帕特里奇:《狂欢史》,刘心勇、杨东霞译,上海人民出版社 1992 年版,第 85—90 页。

段时间隔离,可以再融入社会生活里。她们的丈夫——头颅祭的主角——也被视为刚受完割礼,他的头颅被放在头颅屋里,那也是割礼仪式的最后高潮地点”。[①]

在许多仪式的原型里面,最神圣的经常总与最受伤害或最残酷的死亡联系在一起。这几乎是一种非常具有代表性的神话仪式表述,无论是人为化宗教还是原始宗教。耶稣被残酷地钉死在十字架上,他的死转化为再生的必然,而这一切都象征性地表现在礼拜仪式中喝红酒与吃面包的有效程序之中。多瓦悠社会里,割礼形式十分可怖,整个阴茎都要划开来,“割礼仪式通过死亡与更生(rebirth),让男孩从呱呱坠地的不完满形态,蜕变成一个完整的男人”[②]。在类似的仪式象征化表述中,人们以面对神圣的自我弱化/矮化的施虐/受虐行为曲折地转达着一种相形见绌的关系构造。同时,也可以在同一个主题的表述中转嫁或转移对敌人的巫术力量,以达到惩罚或攻击的目的。

施虐/受虐的现代心理概念和主题,或许在原始时代的主要压力并非来自人类自身的生理感受,而来自与自然和上帝所建立的关系以及所产生的卑微感。与此同时,也来自对人类生命的悲观态度。其实,我们在许多原始社会中所看到仪式中的自我麻醉和迷幻情状,以及由此所发凡的所谓酒神情结在这个意义上依然是人类施虐/受虐的悲剧精神的演绎。[③] 那种迷幻和飞升的感觉若从精神分析学说的角度看,无异于施虐/受虐的一种宣泄,甚至可能包括音乐、舞蹈起源的一种解释。所以,如果我们把这一主题置于它的对立面来看待,可能能够得到更完整的理解。张光直在对商代考古材料进行分析时曾经这样猜测:“鬼神的降临与巫和王的升天须以何种方式完成,尚不十分清楚,但音乐和舞蹈显然是这种仪式(占卜仪

① 奈杰尔·巴利:《天真的人类学家——小泥屋笔记》,何颖怡译,上海人民出版社2003年版,第125—129页。

② 奈杰尔·巴利:《天真的人类学家——小泥屋笔记》,何颖怡译,上海人民出版社2003年版,第73页。

③ 彭兆荣:《文学与仪式:文学人类学的一个文化视野——酒神及其祭祀仪式的发生学原理》,北京大学出版社2004年版。

式——笔者注)的一个组成部分。饮酒也可能与此有关:殷人就以奢酒而著名,许多商代青铜礼器都为酒器的造型。或许酒精或其他药料能使人昏迷,巫师便可在迷幻之中作想象的飞升?事实可能如此,但还未有确凿的证据。商代仪式艺术中动物所充当的角色会给我们带来重要的启示。"①

仪式与治疗

福柯在《临床医学的诞生》一书中对人类的疾病做了其称之为"知识考古"的梳理,把人类的病理放在不同的分类层面。依照他的分析法,以同样的治疗方式去对待不同人群、不同地域的情况便显得与所谓的科学有了距离。在书的第一章他就做了这样的阐述:

> 对于我们来说,人的肉体天然有权界定疾病的起源空间和分布空间:这种空间的线条、体积、表面和通路都是根据一种迄今人们熟悉的地理学,按照解剖图来规定的。但是,坚实而可见的肉体的这种秩序仅仅是人们将疾病空间化的医学的一种方式,既不可能是第一种方式,也不可能是最基本的方式。过去曾经有过,将来还会有其他的疾病分布方式。②

看上去这与现代人对科学的定义和理解相去甚远。他认为,对疾病的治疗只不过属于分类的产物,"分类思想给自己提供了一个基本空间。疾病只是存在于这个空间里"③。事实上,病理状态至少可以有三次的空间化分类:第一次空间化作用是医学把疾病置于同系的领域,个人在那里没有任何正面的地位。反过来,第二次空间化分类需要有一种对个人的敏锐感知,应该摆脱集体医疗结构,摆脱任何分类目光以及医院经验本身。第

---

① 张光直:《美术、神话与祭祀》,郭净译,辽宁教育出版社 2002 年版,第 37 页。
② 米歇尔·福柯:《临床医学的诞生》,刘北成译,译林出版社 2001 年版,第 1 页。
③ 米歇尔·福柯:《临床医学的诞生》,刘北成译,译林出版社 2001 年版,第 8 页。

三次空间化分类是指在一个特定社会圈定一种疾病，对其进行医学干涉，将其封闭起来，并划分出封闭的区域，或者按照最有利的方式将其毫无遗漏地分配给各个治疗中心。[①] 这样疾病全体、个人的疾病和区域的疾病便构造出了在同一个名目底下的不同分类。也可以这么说，任何一种疾病至少存在着三种病理和病因，即与福柯的“科、属、种”相对应。[②] 福柯显然更强调后两种状况，因为“疾病与生存条件和个人生活方式有关联，因此不同时间不同地点的疾病也各不相同”[③]。如果真是如此，那么，现代医学的“权力”便受到质疑。

现代医学建立在现代科学技术主义的基础之上，是人类通过现代手段认识和治疗人类疾病的伟大成就。不过，现代社会所带来的种种社会弊病又引发了一系列疾病：艾滋病、SARS、疯牛病、禽流感……使人类不堪其苦。从根本上说，现代技术并没有彻底解决人类的疾苦；新的疾病不断涌现，且病发的周期越来越短，使人类陷入更大的恐慌。这就不得不让人们对现代疾病的社会现象产生新的反思。虽然自从有了人类，疾病也就相伴相随，欧洲中世纪的瘟疫所产生的社会恐慌成了人类一个不灭的历史记忆。在中国，疫的流行事件与医书也见诸各个历史时段。比如东汉张仲景《伤寒论》被许多医学史家认为是最早的探讨流行病的医书。元代、清末所发生的重大鼠疫更造成了当时谈疫色变的社会恐慌。另一方面，民间在对待疾病时仍经常延续着自己的传统，即与宗教理念结合在一起，并借助巫术（巫医）、巫技等进行治疗。

在很长的历史时间里，宗教和医学的界限并不十分清晰。自从宋代程朱理学兴起，二者才出现了明显的分道扬镳的趋势，逐渐形成了儒医/巫医的对立状态。[④] 巫医原本就是借助巫术仪式对疾病进行治疗的一种特殊的方式。巫仪在此不仅表现为一种行为和形式，更重要的，它属于一种民间信仰和认同意识。众所周知，作为中国古代中医的经典之作，《黄帝内

① 米歇尔·福柯：《临床医学的诞生》，刘北成译，译林出版社 2001 年版，第 16 页。
② 米歇尔·福柯：《临床医学的诞生》，刘北成译，译林出版社 2001 年版，第 8 页。
③ 米歇尔·福柯：《临床医学的诞生》，刘北成译，译林出版社 2001 年版，第 36 页。
④ 李礼君：《疫史与瘟神》，载《人簌论辨》2005 年第 12 期。

经》属托古之作，无论其真实性受到何种质疑，都无妨一个基本的事实：与宗教、神话、仪式形成共生关系；特别是其中的五方、五色、五行、五帝、五藏等关系都与神话仪式密切相关。其起源来自自然崇拜。[①] 这里，宗教意识与神话叙事通过仪式的手段和形式与人的生理和身体建立了特殊的行为关系。在许多少数民族社会里，巫仪成为一种特殊的"看诊"手段。比如贵州省榕江县新华乡摆贝村寨的苗族，流行着几种传统的巫师（鬼师）"看诊"方式，如"穿绳""看米""蛋卜""过阴"等皆属巫师为村民看病的方法，每一种方式都借助仪式。在那里，"仪式"成了"诊断"的依据。[②]

有材料证明，人类疾病对族群的记忆相当强烈，所造成的文化影响亦被证实为千真万确。甚至疾病被人们认为是某个伟大文明衰亡的重要因素。比如就有人认为，导致罗马帝国衰弱的一个重要原因是吸毒。虽然要证明这个特殊的案例还具有推断性质，但是，欧洲有大量经济、政治、社会组织关于这方面的文字材料。[③] 事实上，新近有科学家对一座一千五百多年前罗马古墓中一具孩童遗骸的 DNA 分析认为，疟疾可能是导致罗马帝国衰退的原因之一。考古学家相信，新的发现提供了有力的证据，证明在公元 5 世纪的时候发生过致命的疟疾大流行。以往有关古罗马疾病暴发多见诸文字材料。比如在罗马北方的一座小城鲁格纳诺镇，有人在坟墓遗迹里面发现一组间接材料。长久以来，罗马衰亡与一场瘟疫有关的猜测总不断传出。这次的 DNA 案例分析，科学家确信他们已经将以往的猜测往前推进了一大步。他们现在几乎可以做出这样的结论：古罗马帝国的衰微与一场骇人听闻的疾病有关。（《欧洲日报》据《纽约时报》网站消息，2001 年 3 月 2 日）另外还有一个更为直接的证据：现存于希腊最为完整的、最为宏大的、建于公元 4 世纪的伊庇德雷斯（Epidaurus）圆形剧场就与著名的

---

① 黄景贤：《〈黄帝内经〉与中医神话》，见叶舒宪主编：《文学与治疗》，社会科学文献出版社 1999 年版，第 180 页。

② 彭兆荣、潘年英：《摆贝：一个西南边地的苗族村寨》，生活 · 读书 · 新知三联书店 2004 年版，第 93—97 页。

③ M. H. Logan & E. E. Hunt ed. ,*Health and Human Condition*：*Perspectives on Medical Anthropology*,Duxbury Press,1978,80.

医圣阿斯克勒庇俄斯(Asclepius)有直接的关系。在希腊的古风时期,人们有病都必须到一个神圣的属地去求医圣治疗。医圣为人治疗要通过一些神媒(divine means)手段,剧场就是复杂的治疗活动的场所的一部分。① 伊庇德雷斯便是实证。以此推断,戏剧便是神媒发挥效力之必需。古代底尔菲的祭祀仪式就有一位女祭师专门为人解释神谕,具体的做法是女祭师口嚼着月桂树叶,处于迷狂状态,她的解释由一位男祭师刻到石头上。据说这一行为正是为人治病。而底尔菲祭祀的正是太阳神与酒神二者的"两位一体"。令人感到蹊跷的是,太阳神之子阿斯克勒庇俄斯就是医药之神。其实,类似的猜测、分析、推断、证明、结论等一切对我们来说都不感到讶异和陌生,在我们看来,这既是神话的、传说的、猜想的,也是逻辑的、常识的、合理的,更是记录的、历史的、事实的。吉多认为,希腊的悲剧作家在他们的神话中找到了可用来讲述他们所要讲的话的最好方法。因此,神话才能仍然活在他们的剧本里,他们把思想灌输其中,使神话变得栩栩如生。且莫言说太古时代,人类社会容易受到病魔的威胁,纵使今日,仍言疾色变。我们也相信,既然世界上流行过毁灭人类的洪水、地震等灾难,疾病必定是一个对人类社会、部族、区域、文明类型形成灭顶之灾的重要根由。想必人们还记得,薄伽丘的《十日谈》正是用了一个席卷欧洲的大瘟疫作为他在书中讲述人文主义的楔子。这些例证有助于说明,神话仪式或者酒神祭祀仪式中间所包含的治疗的可能性因子绝对不能排除。许多材料说明,这样的可能几乎可以说是历史上发生过的事件。那么,疾病与酒、狄俄尼索斯祭祷仪式之间是否存在着必然的关系,回答同样几乎是肯定的。

有疾病便有治疗。狄俄尼索斯无论作为神性、神位和神格都具有明确的致病/治病的双重性质、双重意象和双重隐喻。毫无疑问,酒神祭祀仪式也必然延伸出多重悖论的精彩。作为一种神秘的祭仪,它事实上与这些关系兼容并置。这种悖论的精彩在我国的一些历史记录中也不乏例子。巫术在古代是一种民间常见的治病方式和手段,所谓巫医,简单地说,就是利用特殊的仪式和方术对病症进行治疗。《解诂》有:"巫者,事鬼神祷解,以

---

① J. Purkis, *Greek Civilization*, London: Teach Yourself Books, 1999, 98.

古希腊底尔菲太阳神庙遗址　彭兆荣摄

治病请福者也。”正如钱锺书所说：“盖医始出巫，巫本行医”。但另一方面，巫术也是致病的一个原因。《扁鹊仓公列传》有录：“扁鹊以其言，饮药三十日，视其垣一方人；以此视病，尽见五藏症结。”后有一段议论和感叹：“病有六不治”，其六曰：“信巫不信医”。[①] 如果从历史发展的客观角度看，巫之治病先于医之治病，“夫初民之巫，即医（shaman）耳”。萨满既是一种宗教，也是一种治疗，包括一套动作、技术和心理相兼相融的仪式。所以巫医的连用，既是一种历史过程的指示，也是一种对疾病和治疗之同象－同质的历史描述。只不过在后来的发展中越来越趋于分化，巫与迷信被视为一畴，而医被提升到科学的高度。其实，二者哪里可以如此简单地加以区分?! 若按今日二分之情势，医是对巫不伦的“弑父”过程。其实，在很长的历史过程中，西医也并不把中医视作科学技术来看待。即使在今日，西方仍有余毒。如果在扩大的巫术仪式范畴来讨论这个问题的话，就世界范围来看，有五类事件或情况被认为与疾病产生或疾病的对付有关。它们是：一，妖术、魔术。二，违反族群禁忌。三，疾病物质的侵袭。四，精神性因素所引起的入侵。五，灵魂的遗失。虽然我们不能肯定所罗列的五种情况在每一个社会和族群中都存在，但是，作为一个特殊的文化和社会结构，

① 钱锺书：《管锥编》（第 1 册），中华书局 1979 年版，第 345 页。

民俗总会体现在社会的某些方面。比如希腊人并不认为疾病是因为人与宇宙的关系不和谐所致。健康的概念并不多见，纵然有之，也是很狭隘地将个人的身体情况放在一起来对待。由此可以判断，疾病的现象是泛人类的，对疾病的认识和分类却是独特的和民俗性的。[①]

新近有学者注意到了一个很有意思的现象，古代的神话仪式、神秘思维当中有着明显的病理志(pathography)痕迹。所谓病理志就是对病理行为的描述；而病理行为符合这么一种建构，即由于疾病的作用和影响而产生出来的综合行为，系人类的主观性经验——事件、感受、想法、敏感等整合性反映行为。[②] 它既有思维的特征，也可以是记叙的形式表现。神话既是一种叙事，也是一种思维。神话的病理志包含着两种相反的意义指示：第一种指示，按照通行的认知和理解，神话是幻想的、虚构的。第二种指示，恰恰相反，指内部的、更深层的真实。其中的道理其实并不艰涩，任何表面上再虚幻的东西都有现实的依据和摹本，都有极其真实的一面。克雷曼在描述人的病理行为时就援引了神话的概念："故事所讲述的疾病是一个病人的个人神话。"[③]人们更愿意相信，人类远古时代的病理志叙事有着以下两个显著的特征：一，以虚幻的、神秘的叙事传达对疾病的认识和感受，同时包含着一种非个体所能及的理解和期待。这种叙事是集体性的、族群性的。同时将这种对疾病的恐惧和无助转达到对超自然力量的膜拜，也就是神话中的超验和神秘力量——神系统。二，神话仪式的病理志并非简单的病例，叙述亦不足以为据。其叙事方式的主要特征表现为隐喻性。它既符合神话思维，又符合神话叙事。前者传达人类阶段性的认识程度，后者表明与之相符的表述方式。我们同时也可以肯定，在酒神祭仪和酒神崇拜的原始宗教情结中间，人类将他们的病理志叙事容纳进去。酒可以简单地入药，狄俄尼索斯崇拜和祭仪更具有治疗的奇迹。这一点，亚里士多

① F. Hughes-Freeland & M. M. Crain ed., *Celebration of Death*: *The Anthropology of Mortuary Ritual*, Cambridge University Press, 1978, 150-153.

② A. Hunsaker Hawkins, *Reconstructing Illness*: *Studies in Pathography*, Purdue University Press, 1993, 18-25.

③ A. Kleinman, *The Illness Narrative*, New York: Basic Book, 1988, 49.

德一开始就慧眼识得。因此,我们可将“迷狂”“醉境”“怜悯”“恐惧”“宣泄”“排遣”“净化”“治疗”等放在除了哲学美学范畴以外的地方,比如病理学、生理学、心理学范畴来丰富之。简言之,酒神狄俄尼索斯的祭祷仪式和文化母题里面其实具有某病理志的完整的叙事内容:它既有呈现人类对于疾病的生物、生理性特征,也有因此所带给人类害怕、恐惧的心理征兆,还有通过某种方式排解和宣泄来自人类生理心理方面的负担和折磨的行动和行为。重要的是,无论医疗方面的理由、心理方面的理由,还是文化哲学方面的理由,今天看来仍然充分而鲜活。

对疾病的治疗自然并不只停留在观念的认知上,更重要的还是要表现在实践上,换句话说,就是要能够发挥作用,仪式便经常充当这些观念和认知的验证工具。伯格曼曾经在对 NAVAJO 部族的医学人类学研究中发现,对于当地部族中的“病人”(“medicine men”这一概念要比我们所理解的“病人”的内涵和外延大,属于 NAVAJO 部族内部知识体系中的认知范围,当然,也包括我们所说的生病的人或病号 patients——笔者注),事实上,在不同的文化体系中,人们对疾病的认识是不同的,有的时候甚至会有非常大的差异,治疗的方式也迥异。而 NAVAJO 人在认识疾病的时候融汇了祖先和神灵的观念,对疾病的治疗便需要通过举行特殊的仪典与祖先和神灵沟通,以实现对疾病的治疗。所以,仪式的举行和表演总体上总是象征性地适合任何的病例,病人们在仪式中通过“死者”与生者所建立的交通和影响以达到治疗的作用,使病人恢复活力和生气。人们把这种治疗描述为“以一个梦境去完成对另一个梦的治疗”(Treatment of a dream by a dream)。对于 NAVAJO 人来说,仪式对治疗病人的主要作为表现在,形式上不变的仪式行为来治疗不同的病例符合 NAVAJO 人医疗的中心思想和核心认知价值。[①]

类似的活动在世界上的许多民族和地方都大量存在,无论是过去还是现在。或许不同的仪式治疗在意义和内容表达上会因不同的民族背景和

① R. Bergman, “A School for Medicine Men,” in *American Journal of Psychiatry*, 1973, 130: 663-666.

地方知识系统而呈现许多差异，但是，仪式作为于疾病以及人们对仪式之于疾病的治疗工具性和效果的认识都是共同的，即相信通过仪式的举行、仪式的程序、仪式的交通等活动和行为，不仅可以使病人与造成疾病的因素建立对话和交流关系，通过仪式中的祭献、祈求、表演等行为方式或贿赂，或娱乐，或请求，或宴请祖先和神灵，最终达到对疾病的治疗。

第十二章　仪式与生态关系

仪式的时空制度

仪式具有明显的生态性质，因此，它首先具有物理性。仪式的物理性的原初性认识和体现经常与自然现象与生态环境相映成趣。比如，太阳（日）在世界古代的自然崇拜中占据着一个非常重要的地位，因此，原始的祭拜仪式多与之有关。《礼记·郊特牲》有："郊之祭也，迎长日之至也，大报天而主日。"郑玄的注文："天之神，日为尊"。"以日为百神之王。"孔颖达注疏："天之诸神，莫大于日。祭诸神之时，日居群神之首，故云日为尊也"。直接记载日神崇拜仪式的最早文字是殷墟卜辞，如："乙巳卜，王宾日。"（佚存 872）"出、入日，岁三牛。"（粹编 17）。[①] 郭沫若据此认为，殷商人每天早晚均要举行迎日出、送日入的礼拜仪式。卜辞中的"宾日""出、入日"等就是这种仪式的记录。[②] 毫无疑问，日出日落既是自然和物理时间的记述，又是这种物理被神话（神化）的表达，同时也是仪式的写照。如

① 何新：《诸神的起源》，生活·读书·新知三联书店 1986 年版，第 15 页。

② 郭沫若：《殷契粹编》，科学出版社 1965 年版，第 354—355 页。

果说，仪式之于生态的关系首先表现在人类对时间和空间的自然观照和认识的话，那么，人类对时空制度的记录也留下了特殊的记号。

关于此，叶舒宪在《中国神话哲学》中对“太一”与日神仪式之原型有过比较：在纷纭万变的各种自然现象中，对于人的想象影响最大的莫过于太阳。太阳的朝出夕落是人类祖先借以建立时间意识和空间意识的最重要的一种基型，也是引发阴与阳、光明与黑暗、生命与死亡等各种对立的哲学价值观念的原始基型。在神话的比较研究中，人类学家发现了一种带有规律性的现象：神明世界中的中心运动是某个神的死与复活，消失与再现。该神这种循环运动往往被认同为某种自然界的循环过程。最常见的是将此神认同为太阳（sun-god），……而远古社会中盛行的某些宗教礼仪活动正是基于同样的神话观念。例如德国人类学家利普斯所描述的巫术性助日仪式：

巫术行为中最重要的一种是用火作为象征，加强太阳的力量。特别是当一年最短的时候——冬至来临，太阳被想象为正在疲倦，要用巫术的火堆加以鼓舞。

例如，在纳弗和印第安人之中这样的仪式是非常好看的。当夜降临，在一块围着松枝篱笆的空地中间的巨柱点燃起来，并一直燃到天亮。庆祝者出现了，他们的头发披在肩上，他们的面部和身体涂上白粘土以象征太阳的白色，这些模仿者代表“漫游的太阳”。他们的手中拿着羽毛装饰的舞棒，围着火堆排成紧密的行列跳舞。他们从东到西来回移动，模拟太阳的运行。……

仪式的高潮是对日出的象征性模仿。……

黎明快到时，结束了仪式。涂着白色的舞蹈者再次出现，点燃一片正在冒烟的杉树皮，以一种模拟舞蹈表示战斗。仪式地点周围的松篱原来仅在东方有一个入口，表示太阳由那里来。当真正的太阳在天空开始自己的旅程时，东西南北都打开豁口，表示太阳向各方放射光芒。

从所记的无声的象征性仪式行为中可以看到,原始人由太阳神话中引申出来的时空意识以及相关的巫术信仰。如果把司马迁简略提到的汉代祀太一礼仪同印第安人的助日仪式加以对比,我们会惊奇地看到:两种仪式确有很相似的因素。[①] 其中最有特色的就是时空观念和制度。日本学者白川静在《汉字》中认为,任何事物都处于时间和空间之中,处于时间之中的叫"存",处于空间之中的叫"在"。而"存在"双方都是以圣记号"才"为基本。"才"的字形是于十字架似的十字形标本系上ᗜ的形状。ᗜ为祝告之器的形状,可以解释为咒符。标本系上咒符就是才,才是存在的标志,天、地、人称为三才。才为本来就有之物,即指物质、质料。其存在是由神而得到体现的,其圣标志就是才。"存"就是这种圣标志加上人形的字,可能意味着生命的圣化。"在"则是加上一个作为圣器的利器即士,意味着场所的占有。[②] 从这样的分析可以看出,时空 - 空间之存 - 在的标志为"才",而天、地、人之三才构成了一个完整的仪礼符号。

仪式也是时间和空间的展示,但是,仪式在时间和空间上的展示自成体系,自成格局。就时间而言,时间制度在仪式当中的表现与人们在日常生活中的时间有所不同,它经常是抗拒物理时间的一种表示。比如在缅怀性仪式中,某一民族或族群对他们的祖先或神灵的祭奠和记忆存在着一个非常有意思的特征,即认为他们的祖先(英雄)仍然"活"在他们的生活中,并具有保护、惩罚等能力。问题在于,这些英雄祖先都是死去了的人物。于是,仪式带有停滞性记忆的痕迹,这种时间制度有助于英雄神圣化。简言之,仪式经常正好是对物理时间的反叛。

由于人类学家的研究对象以及认知背景存在着巨大差异,时间制度既具有研究对象上的特质,又凭附上了人类学家的个性化解释。一般地说,人类学在看待时间时,有三个基本的切入点:一,时间社会意义。虽然我们知道,时间的一维性质是其基本存在,但相对于人类社会而言,如果没有附载时间意义的关系语码,我们便无法谈论和分析它;就像我们做事情一样,

---

① 叶舒宪:《中国神话哲学》,陕西人民出版社 2004 年版,第 9—11 页。

② 白川静:《汉字》(卷一),朱家骏、林崎等译,厦门大学出版社 2005 年版,第 179 页。

我们不可能不借助时间的形式而成就任何事情。二,由于人类学对异文化研究的特殊性,时间的他者便自然而然地成为一种相对于传统西方社会的对立、对照和对比。三,如果说在传统进化论的背景之下,人类学在界定他者的时间意义时带着简单的历时性社会分类意味的话,那么,地方时间(local time)便有了空间价值:一方面,它是不同族群和社会的单位表述,包含着不同单位时间的同质/异质关系;另一方面,是相对全球化的所谓本土性叙述。[①]

人类对时间的基本分类有两种,即循环式时间(cyclic time)和线性时间(linear time)。前者主要是通过自然界的季节交替、生物的"轮回"特征所表现出来的认知映象。后者则主要体现物理时间的一维性、"逝者如斯"的特征。这些时间的可视形象和可感认知包含在简单的系统之中,它们不可能同等地共存。[②] 也就是说,这样的时间认知主要是通过自然与生命的面貌和体征从外部反映出来。我们可以将这种时间的表现和对时间的认识置于生命的物理展示层面来看待。同时,体现出对时间独到的体会和运用。事实上,人类在循环式时间里即包含着对自然时间的一种模仿——生命循环、轮回等理解。时间无形之中被赋予了丰富的意义。这些意义也使得人类学家对时间的理解各不相同。但是,在许多仪式的时间制度的理解和实践中,经常是将线性时间和循环时间融于一体,特别是那些丧葬仪式。

涂尔干对时间的理解和表述有独到之处,他把时间划分为个人时间和社会时间:前者表示个人主观意识的显现,后者则强调社会活动所蕴含的社会节奏。在涂尔干的社会分类系统里,时间被赋予了有层次的表达,个人时间与社会时间体现在"集体表现形式"里面。在涂尔干眼里,集体在很大程度上指一种文化模式,"中国体系"成了他用于分析的例子。"中国体系中最后还有一项复杂的内容仍有待阐述,这就是:像空间、事物和事件

① N. D. Munn, "The Cultural Anthropology of Time: A Critical Essay," in *Annual Review of Anthropology*, 1992, 21: 93-94.

② N. M. Farriss, "Remembering the Future, Anticipating the Past: History, Time, and Cosmology among the Maya of Yucatan," in *Comparative Studies in Society and History*, 1987, 3: 572.

一样，时间本身也构成了分类的一部分。四季对应于四方。每方区域又一分为六，这样，二十四个分区就自然而然地对应于中国人一年中的二十四个节气了"。[①] 这颇符合中国传统"一点四方"的方位律制，只是他无法将时间置于人与土地"捆绑关系"的农业伦理之中。

埃文斯－普里查德在时间上的著名类分是所谓的"生态时间"(oecological time)。在这个概念的使用中，涂尔干的结构思想和马林诺夫斯基的功能主义得到了综合。在《努尔人》里，时间被分为两类：一类是生态时间，主要反映人们与环境的关系。另一类是结构时间(structural time)，主要反映人们在社会结构中彼此之间的关系。[②] 生态时间比较强调功能主义，用于对生态环境以及生活的计量，比如雨季和旱季的变化决定了居住方式(帐篷)的选择。时间在这样的生态环境中呈现循环往复。结构时间主要体现在以下几类：重大事件的时间(event time)，年龄群时间(age-sets time)和世系时间(lineage time)。它们的特征主要体现在：就事件时间的群体实践来看，群体范围越大，追溯的历史事件就越久远；那么，亲属团体的范围也就越大。相对地，年龄群时间和世系时间在追溯祖先的深度越久远，其群体范围也就越扩大。所以，努尔人的时间制度是与空间关系同时使用并实现其意义的。

马林诺夫斯基的功能主义时间概念采取了"时间计算"(time-reckoning)，即作为一种计量手段来使用，用于调整活动、记录事件、测量时间距离的长度等。[③] 从某种意义上说，人类学对时间的看法大都带有明显的工具论色彩，包括列维－斯特劳斯的有关婚姻理论的交换时间——以婚姻的交换模式来建构和确认时间。格尔兹有关巴厘人的两种时间观：日常生活时间和仪式性时间。前者主要用于指示亲属称谓、父子联名、历法等所谓"暂时性时间"，后者则属于超越时间限制的"超越性时间"。布洛奇(M. Bloch)则认为，每一个文化都有两套时间：一是仪式时间，强调"活在过

---

① 爱弥尔·涂尔干、马塞尔·莫斯：《原始分类》，汲喆泽，上海人民出版社2000年版，第76页。

② 埃文斯－普里查德：《努尔人》，褚建芳、阎书昌、赵旭东译，华夏出版社2002年版，第114页。

③ B. Malinowski, "Lunar and Seasonal Calendar in the Trobriands," in *the Journal of the Royal Anthropological Institute of Great Britain and Ireland*, 1927, 57: 203.

去”;一是实际时间(practical time),强调“活在现在”……总之,许多人类学家对时间都有一套自己的看法和解释。

至于仪式中的空间概念同样复杂,首先有一点需要提出来,即我们所说的时间/空间概念和制度在具体的分类和分析中多少带有人为因素,以便人们看待和认识上的清晰化。其实,时间和空间不仅在具体的事件中相互粿合在一起,甚至在许多文化系统的表述上也是互相指喻的,这在仪式和仪式场合更是如此。比如在我国封建社会中,下臣与君王相见的许多仪式性场合,常有“盛世”“无疆”等以空间表示时间的概念和词语。《正义》有:“无疆有二义,一是广博,二是长久”。反之亦然,《临》:“君子以教思无穷,容保民无疆”,则以空间之广博以示时间之“长久”。[①] 而仪式中的时间和空间制度和关系更符合一种特殊的结构。涂尔干的神圣/世俗与其说是一组人类学、宗教学的概念和工具,还不如说它旨在间隔出一个结构的时空范围。神圣/世俗之于仪式的实践而言,既是时间性的也是空间性的。列维–斯特劳斯认为,人类学在社会科学和物质科学之间建立起其研究领域,人类学认为人类的唯一限制是空间的因素。[②] 因为神圣与世俗如果没有产生足够的间离空间,仪式和宗教的崇高性便无从生成。事实上,仪式与戏剧之所以在发生学上有着不可分解的关系,空间上的表演形态显然为一个重要品质。远古时期的仪式就已经非常清晰地表现出了这一点。早在公元前6世纪,希腊人的狄俄尼索斯仪典是在剧场里进行,人们跨入剧场的大门就来到了圣地,进入了temenos(意即神圣的境区)。这个境区与一般的土地“割离”开来,是专献给神的。而被选为祭牲以及挑选为护送祭牲的青年人epheboi(刚满十八岁的青年人)把精心挑选的公牛——牛应该“配得上神”——送入圣区。[③] 这说明仪式有一个重要的功能,即分割出空间并附以特殊的社会意义。

---

① 钱锺书:《管锥编》(第1册),中华书局1979年版,第175页。

② 列维–斯特劳斯:《忧郁的热带》,王志明译,生活·读书·新知三联书店2000年版,第60页。

③ 赫丽生:《艺术与仪式》,见叶舒宪选编:《神话–原型批评》,陕西师范大学出版社1987年版,第68—70页。

仪式的物质性与仪式的空间场所分不开。事实上，仪式可以简单地理解为在特殊的场所、特定的时间、带有特别的动机、运用特殊的手段进行特殊的活动。[①] 这时有两个关节：一，仪式属于特殊的时空行为。二，仪式在于将其特殊性通过时空等物质性区隔与区分把日常/非日常的关系凸显出来。伦弗鲁根据考古材料对仪式做了一个所谓的"识别标准"：

关注焦点：

①仪式发生地，通常伴有特殊的自然（洞穴、小树林、泉、山顶）相关物。

②仪式或者发生于一座具有神圣功能的专门的特殊建筑。

③仪式的建筑和设置可能采用便于集中参与者注意力的设计，从建筑设计、特殊的固定装置……和可移动器物等可以看出来。

④神圣区域通常有大量反复出现的一些符号……

现世与来世的边界地带：

⑤仪式会涉及明显的、耗资巨大的公共陈设，也有隐蔽着的、特有的神秘仪式，我们能从建筑设计上找到实施这些仪式的迹象。

⑥我们能从设施和神圣区域的维护中看出清洁与污秽的含义。

神灵显现：

⑦从一个崇拜的偶像可以联想到的一个神或多个神的信仰……

⑧仪式符号通常会在图示上与祭祀之神及相关神话有联系。可能经常用到动物象征……

⑨仪式符号可能与通过仪礼中出现的符号有关。

---

① C. Renfrew, "The Archaeology of Religion," in C. Renfrew & E. Zubrow eds., *The Ancient Mind: Elements of Cognitive Archaeology*, Cambridge: Cambridge University Press, 1994, 49.

参与和祭品：

⑩祭拜仪式应包括祈祷和特殊动作……这些可能从装饰物或偶像等图像显示出来。

⑪可能采用各种方式诱导宗教体验（例如舞蹈、音乐、药物和苦刑）。

⑫可能用动物或人做牺牲。

⑬食物和酒类可能被带来作为祭品上供或者烧掉、倒掉。

⑭其他可能被带来供奉的物品……

⑮从装置的使用和祭品制作上可以体现大额的财物投入。

⑯从建筑本身及设施上可以体现大额财物投入。[1]

无论这一识别标准具有多么大的概括性，无论这一识别标准具有多么大的操作上的可靠性，有一点是确定的：仪式是通过各种物化性事物、物品、环境等将人类对自然以及社会的关系（尤其是早期人类社会）认知展现出来的。

越南人举行盛大的水节仪式 Van Bao **摄**

列维－斯特劳斯在《忧郁的热带》中以犹太教信仰和犹太庙为例进行

① C. Renfrew & P. Bahn, *Archaeology*: *Theories*, *Methods and Practice*, London: Thames and Hudson, 2000, 405-407.

分析，犹太庙的走廊表现为一种“通道”，将世俗世界与神圣世界分隔开来。仪式成了连接二者的必要条件。① 柯普曾经就神圣/世俗这一组概念的同名从语言学角度做了历史的考证，它的拉丁语来源 sacrum/profanum 一开始就具有丰富的意义。首先它指专属于神所操控的事物，所表示者为“神圣”，大致与 *holy* 相当，具有全知全能的指喻。与 profanum，profanes，即神圣相对应还有一个类似的语汇“fas”，指神域之外，不受神操控的领域。显然，神圣/世俗在原始语言中将范围加以区分。我们也可以理解为：属于神所掌握的领域为神圣的，反之便是世俗的。事实上，最早的所谓神圣对于罗马人来说并非一定与神联系，而是直接与仪式场域发生关系，即祭祀的宗教场所，诸如庙宇等具体祭祀的地方(fanum)，具体说就是将特定举行祭献的地方作为一个神圣的位置确定下来，从而与非神圣的地方相隔开来。② 依照语言上的训诂，神圣/世俗因此至少具有以下的指示范畴：

以神祇为核心的专属性——性质指喻

以仪式为表现形态的归属性——形式指喻

以场域为范围距离的空间性——空间指喻

以行为为规定范畴的连带性——行为指喻

我们仿佛从此看到了仪式与戏剧的原初性表演。空间的表演意义与语言叙事意义往往具有特殊的互文性质。这也正是我们所要强调的仪式与戏剧的关键所在。艾尔斯等人显然忽略了这一个问题。

仪式的时空观和时空制度是连带性的，由于仪式经常参与建造“神圣”“神秘”，使之成为一种非常独特的品质，因此，仪式中的时空观与人们所认识的物理性时空观有重大的差别，仪式的时空观经常恰恰是物理时空观的反面。比如对于一件具体事物或事件而言，物理的时间不能停滞，不

---

① 列维－斯特劳斯：《忧郁的热带》，王志明译，生活·读书·新知三联书店 2000 年版，第 295—296 页。

② C. Colpe, *The Sacred and the Profane in Encyclopedia of Religion*, Vol. II, Mircea Eliade ed., New York: Macmillan Publishing Company, 1987, 511-518.

可逆转；物理的空间不可无边界，不可破坏位标。然而，仪式却具有破除物理时空制度的能力。比如生活在贵州荔波瑶麓的青裤瑶人在他们的丧葬仪式中所遵从的时空法则就明显具有抗拒物理时空观的意义。他们在丧葬仪式所实践的法则属于符号表示法，而不是用概念来指代生活的意义。人们发现，在瑶人的丧葬仪式中，棺木上都有一个木刻的鱼；而青裤瑶迄今为止仍实行洞葬，即将棺材放置于山洞里，但是所有被选山洞前须有一条溪流，意味着死者的灵魂必须回到"东方老家"（瑶族属于迁徙民族，传说他们来自东方的水边泽畔）。而那一木刻的鱼不仅成为死者灵魂的化身，而且还具有引路的功能。正如巫师在丧葬仪式的"招魂"中所唱：

> 你（指死者灵魂）大胆朝前走，逢山不要怕；途中遇到白额眼的猛虎也不必畏惧。遇水不要怕，即使翻云覆雨的恶龙也同样不必畏惧。水去得，鱼去得；鱼去得，你去得！

有些木刻鱼上还有一只斗笠，象征着"鱼"在回归故土的旅途中用于遮阳避雨之用。在这个仪式中，我们非常清楚地看到了时空的双位制度：物理时空/仪式时空。在丧葬仪式的实践活动中，人的死亡、亲人的送葬、仪式的活动、巫师的送咏等都贯彻着物理时空制度。与此同时，亡灵化为"鱼"越过高山，涉过大河，回到了东方"祖先"故乡。这一切都伴随着仪式的进行而进行。在仪式里，时间和空间的"双位制"同步：时间的暂时性与永久性、过去与现在"共时"进展；而"祖先"的生命形式与意义在"生命的灵魂状态"与"生命的肉体"状态二者化一；一条溪流、一尾木鱼、一顶斗笠是"物具"。凭附的含义却"超现实"。[①]

---

① 彭兆荣：《抗拒生命的时空观》，见《瑶族研究专辑》（新亚学术集刊），香港中文大学新亚书院 1994 年版，第 179—180 页。

生态与仪式

以传统人类学的基本视野来看,仪式就是一种遗产;哪怕是那些在当代社会中新编造出来的仪式,仍具有遗产的意义,至少它可以引发人们去思考"现代性"是如何参与那些新型仪式的设计和建造工作的。难怪王铭铭认为,"文化遗产"这个概念要求我们重新考虑一个与此相反的事实,即过去的许多文化形式继续受到我们的研究主体和对象的珍爱。"遗产"这一概念,虽则不无些许含混不清之处,但却对某些在20世纪人类学领域产生重大影响的晚近非人类学历史想象构成有力的挑战和反讽。这里,至少有几方面的东西值得我们思考和注意:一,仪式的作用并不限于一种纯粹形式性的品质,它属于一种生态性平衡。它既可指人类与自然生态的关系,亦可指社会中的人与人、阶级与阶级、性别与性别等社会范式和传统所形成的既定关系的平衡。后者可以指称为人文生态。二,仪式属于一种历史传承的遗产,它除了具备诸多关系的制衡作用外,还具有一种动力和能量;不仅可以产生权力和权威,而且能够生产出一种看不见的控制力。对于任何社会的平衡,权力和权威都是必需的;无论是专制性的、强制性,科层性的、组织性的,信仰性的、崇拜性的,伦理性的、价值性的,还是个人性的、群体性的,都需要有对某种权力和权威的服从甚至臣服。三,既然是一种遗产——即使套用当代时兴的和权威的分类概念(联合国教科文组织确定的、被世界上多数国家公认的分类)——"文化与自然遗产"和"人类口头与非物质遗产"都不足以完整地展示其特征与特质。这也就是为什么我们迄今为止仍然非常遗憾地看到在联合国教科文组织所颁布的文件中仍没有见到有关仪式的独立分类,因而也没有看到世界上有哪一种仪式被授予相应的"遗产名片"。原因在于,许多仪式将自然和人文的多重因素和要件都囊括其中。其实,任何概念和分类在某种程度上都存在着断裂的危险,包括人文与自然的断裂和传统价值的历史断裂。而遗产恰恰在于强调连续和有秩。

李亦园在《生态环境、文化理念与人类永续发展》一文中专门讨论过人类发展与生态环境互动的关系。他将整个发展分为三个阶段:第一阶段是采集狩猎。在这一阶段里，人与动物同样，是自然的一部分。一个有名的人类学例子是，美国大平原地区早期采集打猎民族在出猎的时候必须要占卜，以决定打猎的方向，而在实际过程中，各个方向都很平均。这说明，早期人类在获取生态来源时非常注重不同生物均衡繁殖的关系，从而产生了平衡生态的结果。人类发展的第二阶段，即“产食革命”（Food Production Revolution），人与自然生态的均衡关系渐渐被打破。到了第三阶段的工业革命，即生物学上所说的“特化”（Specialization）阶段，人类反过来破坏、污染、强夺其他人类的资源，引起很大的灾害。比如因争夺石油而引起的战争等。李先生还引述了张光直的重要观点“连续（continuity）/断裂（rupture）”以解释中西方文化在发展过程中所采用的不同原则。[①]

按照张光直在《中国古代史的世界舞台》一文中所介绍的线索看，有关中国历史连续性的观点来自钱穆的《国史大纲》，后经杜维明的发展，将生态上的关联称为“存有的连续”：

> 是把无生物、植物、动物、人类和灵魂统统视为在宇宙巨流中息息相关乃至相互交融的实体。这种可以用奔流不息的长江大河来譬喻的“存有连续”的本体观，和以“上帝创造万物”的信仰把“存有界”割裂为神凡二分的形而上学截然不同。

杜维明在此虽然谈的是哲学上的宇宙观问题，但却符合生物生态秩序。而杜先生的“有机”观又是从英国的李约瑟那里借来的，他说：

> 中国哲学……把人视为存有连续中的一个环节，和天地万物发生有机的关连，而不是看做独立于自然之外，由上帝根据自己的形象所创造的特殊灵魂。

张光直据此总结道：“因为宇宙人类万物都是有机的整体，所以传统

① 孙振玉主编：《人类生存与生态环境》，黑龙江人民出版社2005年版。

中国有'化生'的说法,即天地万物都是动态的发展过程。这种发展的过程,是辩证性的,是以对立统一的阴阳观念为基础的:'天地絪缊,万物化醇,男女构精,万物化生。'"①

我们无意停留于古代哲学宇宙观的讨论,作为原则,我们认同李亦园对人类发展的三段论的划分和张光直、杜维明以及李约瑟等从中西方文化发展模式的比较中所归纳的连续/断裂特点。我们在此更关心人类社会和文化(尤其是中国的传统社会)以什么方式保持其连续性问题。这显然同样重要。毫无疑问,人类保持其文化类型的连续性的方式很多,仪式正是在此承担着连续性的重要作用;包括原始时代至今仍留存并使用的各式各样的术数、方技等。比如,占卜就是一种仪式。如果说"天人合一"概括了中国古代人与自然生态的哲学观念的话,像祭祀、庆典、巫术、占卜、测字、看风水、观天象等都是伴随着敬畏自然、将自然神化等崇拜、信仰、观念等行为化和技术化的果实。这些行为化和技术化的表现和表演也就是仪式。

一种观点认为,仪式与自然生态压力之间存在着一种可能性和假设关系。② 其大意可以表述为:由于生态资源在数量或质量上的消耗对社会全体成员或大多数成员造成生存上的威胁导致了仪式这样的"集体行为"。生态压力越来越大,人群的生存压力也就越大,那么,人们依赖集体行为的实际可能也就越大,尤其依赖像仪式这样的集体行为。因为仪式模仿了社会结构和宇宙论上的结构,从而为预测变化和控制社会行为提供了公开讨论的机会。③ 劳克林和达基利注意到,大多数人类社会在食物供应上都经历着某种程度的波动。在这样的波动期,虽然很多社会都能避免这种使人变得虚弱无力的资源匮乏状况,但其他一些社会可能每年都会经历这么一段短暂的匮乏时期,或者,尽管不是每年必定如此,但也可能不得不频繁地

---

① 张光直:《考古人类学随笔》,生活·读书·新知三联书店 1999 年版,第 59—60 页。

② P. R. 桑迪:《神圣的饥饿:作为文化系统的食人俗》,郑元者译,中央编译出版社 2004 年版,第 49 页。

③ P. R. 桑迪:《神圣的饥饿:作为文化系统的食人俗》,郑元者译,中央编译出版社 2004 年版,第 50 页。

与极度的匮乏做斗争。[①] 周期性的压力可以在一年一度的仪式循环中被预料到，正如我们在阿兹特克人按历法设定的祭献循环中可以看到这种生存压力一样，或者，仪式（有时是神话）在危机时期也可以提供行为反应的模式。[②] 甚至原始部落遗留下的“食人俗”和仪式也许都与生态压力有关，只不过这种应对自然压力的观念、态度和方式过于恐怖而已。这样假定和观点在推原神话和仪式发生的原始时代是很容易寻找到根据的。比如人类对水的依赖就可以是一个佐证。

谈到生态的时候，人们首先把它与自然环境联系起来，更何况在当代世界性事务中，生态环境是一个最为重要的关键词。所以我们在讨论仪式与生态环境时，大都会想到它与人类生存的环境之间的关系。这种关系与物质建立起了历史的关联。考古学在这方面为人类提供了大量的实物证据。所以，在这方面我们“研究的重点便是那些考古学出土的石头或砖头。砖石这种东西，只要还没有拆卸下来搬运到别处去重新使用，就是过去时代最有力的见证之一”[③]。而石头可以为人们揭示诸如神庙、王宫甚至仓库那一类较大的建筑物，还包括道路、广场、灌溉设施和下水道系统等，由此推测，当时存在着一个起作用的政治机构，以及那些出于防卫意识和作用的护城建筑系统、市政设施、贵族宫殿、城堡等。[④] 自然生态关系与人类生态关系是一个相互作用、斗争、压迫与平衡的机制。

毫无疑问，生态与自然形貌的关系属原始性和原生性的，它包括人类对其生命和生活的依赖。比如土地（大地）在许多原始部落的文化中被当作创世的本源和生命的母亲。这就是“地母”概念的原型，地与中国传统

---

① C. D. Laughlin & E. G. d' Aquili, "Ritual and Stress," in C. D. Laughlin & E. G. d' Aquili & J. McManus ed. , *The Spectrum of Ritual*, New York: Columbia University Press, 1979, 300-301.

② P. R. 桑迪:《神圣的饥饿:作为文化系统的食人俗》,郑元者译,中央编译出版社 2004 年版,第 52 页。

③ 罗曼·赫尔佐克:《古代的国家:起源和统治形式》,赵蓉恒译,北京大学出版社 1998 年版,第 55 页。

④ 罗曼·赫尔佐克:《古代的国家:起源和统治形式》,赵蓉恒译,北京大学出版社 1998 年版,第 56—59 页。

的天阳－地阴的观念联系在一起。《黄帝内经·素问》中有："积阴为地，故地者浊阴。"《艺文类聚》卷六引："地者，易也。言养物怀任，交易变化，含吐应节，故其立字，土力于乙者为他。"在这里，土地－母亲与生产－生殖形成了相互的纽带和符号。这又引出了人的生命之"反""归"等意象簇。"这种返归生命本源的要求在蜡祭仪式歌辞《蜡辞》中就已得到了鲜明的体现。……这种强调返归生命源头，回到静止的孕育状态的仪式主题同老子提出的反者道之动的观点是一脉相承的。……在原始民族和文明民族的神话和宗教中，存在着一种很普遍的思想，即世界必须每年获得一次更新（the annual renewal of the world）。每当年终岁尽之际，也就是世界回返初始状态，回返初始时间（time of origin）的时候，这种回返乃是为新年之际新的创造所做的必要准备。"①很显然，广播于世的地母观念以及祭地仪式无不与人类先民对自然生态、四季轮回、生产生殖、生命意象、神灵系统的观照有关，并形成了一条扯不断的生命纽带。

巴厘盛装少女举行传统祭树神仪式

From Barong collection

仪式与自然生态的关系，有一个重要的根据，即它的地缘性。任何一个有特色的文化类型都包含着明确的地缘性和地方性。萧兵认为，傩蜡文化的保存和流行主要集中于南方的长江流域。而按照学者的考据，"傩仪"的原始意思是一种"求雨之祭"。② 之所以傩蜡文化在中原大多失传，而在"封闭"的西南地区、部分东南地区得以保存甚至繁荣，与地缘与地方

① 叶舒宪：《中国神话哲学》，陕西人民出版社2004年版，第112页。

② 蜡，指一种祭祀仪式，音zhà。——原注。参见萧兵：《傩蜡之风：长江流域宗教戏剧文化》，江苏人民出版社1992年版，第708页。

的自然环境有着密切的关系。"它的原生形态却可以由西南边疆的某些丧葬仪式、耕作巫术,尤其是所谓'蹉蛆舞'和'除虫祭'的'再发现'得到'还原'。"[①]我们相信,中国南方形态多样的地方宗教(包括观念和行为)与地缘性生态共生共荣;我们也相信,这些地方性宗教与仪式不可须臾割裂开来。相关的材料不胜枚举,无论是考古材料、地方民俗、宗族活动、时令节庆、风俗习惯、戏剧种类抑或是文献记载。

不过,我们的研究在注意到人类与自然的关系时,还有必要强调"另一种生态环境",这就是通过仪式的特殊形式和力量所建造的一种平衡的人群与人际间的生态环境。我们知道人类在其发展过程中,与自然环境之间构成了一种对应、对立又友好、和谐的关系。基本上说,在传统的民间社会里,自然力经常被想象、被塑造成为"神";这些由人类创造出来的又"异化"到人类对立面的"神"给予人类许多的压力和庇护。神话与仪式的一个最重要主题正是表达这种关系。但是,我们同时也看到,社会化的人类自身也会形成一种人与自然相仿的关系情境,这不仅表现在不同的群体之间的关系上,也会表现在同一个群体之中。这种由人与人所建构起来的"等级生态",同样需要通过仪式进行疏导和平衡。所以,在仪式的实践性特征中,总是包含着二元对峙的元素和要素以及相互之间的挤压和调和。"仪式形式中所包含的二元对峙因素意味着作为一种以展现清晰的等级制度的表述关系。"[②]仪式具有许多其他文化表述方式不同的特质,它一方面是人群共同体的内部不同阶级和阶层文化差异间的冲突性展示,另一方面,它又具有一种特殊的品质,可以以通过仪式这一形式和现场将不同阶级和阶层人们的既定社会关系打破,以达到或制造某种暂时性平衡。有的学者将仪式的这种特质言说成由仪式实体(ritualzad body)造化出来的一种仪式感。这种仪式的实践体与仪式感将社会情境许多方面的因素都统纳其中,形成一种特殊的、具有族群特质的、地方知识系统性的、时间与空

① 萧兵:《傩蜡之风:长江流域宗教戏剧文化》,江苏人民出版社1992年版,第7—8页。

② T. S. Turner, "Dual Opposition, Hierarchy and Value," in Jean Claude Galey ed., *Differences, Valeurs, Hiérarchie: Texts offerts à Louis Dumond*, Paris: Ecole des Hautes Etudes en Sciences Sociales, 1984, 336.

间制度的特质化的氛围。[1] 简而言之，仪式的场域既可以表述具体的、有形的、时空的、在场的、可见的自然形貌，也可以表述抽象的、无形的、超时空的、人际化的、不可见的社会生态。

仪式与自然形态纽带的一个案例

一段时间以来，文化遗产与生态环境的关系问题骤然升温，并成为构建和评判和谐社会不可或缺的依据。中国传统社会的基础是乡土社会，因此，中国传统文化的基石是乡土文化。近代以降，国家政治对乡土社会的作用，半个多世纪接踵而至的政治运动，商业资本的大规模浸透，当代群众旅游如火如荼地进行，等等，都或明或隐，或喜或忧地发生一系列的连锁反应：诸如政治运动对传统村落社会结构的影响，村民的家园意识弱化，生态的污染等。那些自然形成的、自给自足的村落形态倏然出现大量游客，超出了村落空间和环境资源的承载量，生态链亮起了断裂的红灯。传统的生产和生活方式发生了巨大变化，按照生态与旅游人类学家的说法，农业发生了"内卷化"。原来习惯务农的农民或从事山地作业的山民开始了讨价还价的商业"练摊"。人们对这样"革命性"的变迁未及评估、认识就已置身其中。更令人担忧的是，村落生态的命运还来不及警示与警告，事情和事件已经发生并加速进行。

地处桂湘粤边界、隶属广西壮族自治区贺州市富川瑶族自治县的一个村落叫秀水村，先前在当地还有另一个村名叫秀峰村（因当地一山峰而得名）。这个边远的少数民族小村寨因在北宋时期出了一个状元毛自知，在当地闻名遐迩，便有了"状元村"的美誉。村落的称谓结构"状元－秀水"听上去颇有些人杰地灵的味道，引起笔者去破解这一符号结构的兴趣。在当地少数民族的历史记忆中，"状元"（除此之外，贺州所属的另一个镇桂岭还出现了另一个瑶族皇太后李唐妹的历史故事，地方志记载她系明孝宗皇帝的生母，后为明孝穆皇太后）明确无误地彰显了英雄祖先的历史叙

---

① C. Bell, *Ritual Theory*, *Ritual Practice*, New York & Oxford: Oxford University Press, 1992, CH5.

事。据地方志载录,出自秀水村的状元毛自知在历史上的“开禧北伐”中曾向宁宗皇帝提出“首论用兵”的主张,得到宁宗帝的赞赏与嘉奖。从此宣告了状元村与遥远帝国的历史瓜葛。一个小小的村落不仅出了个状元,从宋朝起一直到清代,陆续出了二十六个进士。村里的毛氏宗亲也因有这样的历史事实、历史记忆与历史叙事而傲然自恃。秀水村则清楚地昭示了村落的风水与众不同,出类拔萃;它环境优雅,青山秀水,俨然是大自然赠予的奇迹,并成为村落出状元的生态根据。两个名称冠于同一村落颇符合当代文化-自然的“双遗”价值。这也是笔者选择田野点“众里寻她”的缘由。

无须讳言,任何冠冕堂皇的理由少不了糅杂着历史政治的话语赘言和道德喻教的陈词,真正村落社会的生态理由却经常被精巧地篡改了,或在历史政治的话语中处于失语状态。如果说真有什么“历史共谋”的话,那便是了。就地方性共同体叙事而论,村落生态指人群聚落与自然环境相结合的原生形态,以及由此延续出来的社会关系。遗憾的是,长期以来,来自地方人群共同体的声音总在政治性宣传口号的共鸣声中被湮没。不过,我们可以稍显宽慰的是,虽然原生性的村落生态无法走到历史政治的前台,却并不意味着它们无所作为。秀水村的案例让人们清晰地看到了另外一条维系纽带在起作用,它紧紧地将人民与土地、宗族与生态、情感与认同捆绑在一起,惨淡经营着自己永久的家园。而维系这一条关系纽带的外显形式正是仪式,有些时候甚至起到现代国家都没有起到的作用。

秀水村的生态链:山、森林、泉水、庙、戏台　彭兆荣摄

人类学者与政府行政官员在民族文化遗产与生态环境保护方面的认识与强调明显不同:后者带有浓厚的政策、法规、宣导等性质;前者则试图通过地缘性案例的调研,找到对村落生态起关键作用的因素和元素。几年来,笔者在西南民族地区走了数十个边远村落,形成一个明确而简单的理念:就村落生态而言,水为村落灵性之载体,在村落生态链中至高无上。保护好水源,就把握住了村落生态的命脉。回顾人类历史演变的轨迹,文明原本写在水上。水成了人类文明的范式表述。众所周知,原始部落社会靠的是小河小溪,华夏始祖炎黄部落成就于姜水和姬水;《国语·晋语》:"黄帝以姬水成,炎帝以姜水成"。农业文明靠大江大河,世界古代四大文明无一例外地以江河命名。希罗多德在总结古埃及文明时有一句名言:"埃及是尼罗河的赠礼"。资本主义被历史学家们概括为"海洋文明"。这一条由水贯穿的历史轨迹同样触及生态人类学的核心概念"生态平衡"——人与生物、生态与生存之间所建立起来的,足以支撑、支持其平衡发展的根本,是为可持续发展的生态注疏。

绕到了村外,终于找到了那口滚滚涌出清泉的泉眼,它是村落生态的源头,滋养着整个村寨的生命,同时也是一种历史沉积的觞滥。那口泉眼的现场景观堪为一个人文自然完整的地方化展现:泉眼枕靠着一座山梁,村民在山前建起了一座仙娘庙,它并非汉族民间祭拜土地公的神庙,非单纯的宗族祠堂,亦非某个单一性神仙的祭场;它主要的神迹是讲述一个民间女性黄氏因抗金保寨而献身,她作为保一方水土的神被当地民众祭祟;并成为地方民众与原始神灵交流的场所,以祈求自然神灵的庇荫和保佑。偶尔看到村民在小神屋烧香祭祟,而后离去的情景。地方上重要的庆典仪式(无论是地方重要的活动,还是村民们的红白喜事)都在戏台上举行,与仙娘共享,与大自然共享。四周整个环境和植被保持得非常好,看不出有遭破坏和受污染的情状。从泉眼涌出来的清澈水流绕着山脚曲曲弯弯淌过村子,村边一簇簇参天大树悄然无声地翻阅着地方历史的篇章。在那里,祖先、神灵、生态中的山、水、树、地方文化、宗族关系形成了一条关系纽带。当地族规明确规定,任何破坏生态的人和行为都将受到惩罚。现立于八房祠堂左边的第一块碑石便明确镌刻着诸项条款:

传芳堂族规条列

一　赋税　国之重务各宜急公奉上毋致迟延

一　士农工商各有专业毋得游闲放荡党结匪徒群居聚饮盗窃牲畜违者呈官究治

一　赌博有干律法各宜恪守毋得窝招外境博徒引诱华龄子弟违者呈官究治

一　茶杉松等树木不许盗伐及纵火焚燎犯者罚银一两

一　樵采许取枯干朽坏自生之类如有犯及树艺之木者罚银三钱

一　茅草各割收窃取者罚银三钱

一　五谷成熟之日不得纵放童稚奴婢冒拾禾穗之名乘机窃取违者罚银三钱

一　油子自寒露十日以后方许捡取其遗如在十日中取者罚银三钱

一　夜晚自二更以后至五更初倘有急务必须明火扬声如无声火已经拿货查出不论有赃无赃俱以盗论祠堂重加责罚以后仍呈官究治

一　捉获首报除本主外量犯之轻重给赏如知而互相隐匿者或经失主察出或他外知情具□以应罚之□坐之

自刊碑约定尚有显蹈其失者决不瞻循无容观望凡我族属俱要兢自守莹挠薄进淳庞端于此乎肇之基矣

族长　毛信钊

房长　信启　信鹤

圣聘　圣隆

圣久　圣建

乾隆三十四年岁次已丑二月　谷旦立

通过这一方石碑上的条文能够很清楚地看到地方纽带真正的原生态。

我们之所以强调村落生态,是因为村落构成了乡土社会的基本细胞。

诚如费孝通在《乡土中国》中阐述的那样，中国乡土社区的单位是村落。村落具有相对的独立性。[①] 在前往秀水村的路上，笔者看到整个地区的生态环境保护得并不理想，不少的山头林木稀松矮小，一些属近几年退耕还林的产物。沿途掠过眼际最有代表性的景观是那些不同历史阶段和政治运动所遗留下的标语和涂鸦，墙头上，屋子边，路基旁，甚至厕所里。各式各样的，算是另一类“历史遗产”。数得出来的有：“人民公社万岁”“大跃进万岁”“农业学大寨”“为人民服务”“科学种田”“封山育林”“要致富，多修路”“谁毁林，谁坐牢”“计划生育是我国一项基本国策”……颇具黑色幽默的是，这些不同时期遗留下来的政治痕迹和宣传口号中夹杂着越来越多新鲜的商业宣告，且大多设计得拙劣和低档，宛如喜剧演出的舞台背景。问题是，半个多世纪陆陆续续的政治运动，一些受到“劫持”和“盗用”的科学宣传并没有使广大农村的生态得到真正科学、有效的保持和保护，不少村落反而生态受损，满目凄凉。一串问题油然而生：秀水村的生态链何以保持完好？它的村落生态靠什么维系？难道它可以在政治运动中置身世外？答案显然就潜匿在村落社会中。一种外在的解释是，具有相对独立的村落单位在面对同样的政策号令与政治风暴时，它的地方背景、宗族力量和村落生态等做出的反应并不一致。以往人们在解释乡土社会的独特性时喜欢以“天高皇帝远”的借口做囫囵开脱。如果我们进而追问：为什么同属边远，村落生态竟迥然不同？辩者或要语塞。另一方面，村落生态并非总是被动地接受国家政治和官方行政的作用，它有很强的能动和化解能力，特别在决定自己命运和生存方式时更是如此。对他们而言，那是生于斯死于斯的家园。他们把树视为神，把山视为神，把水视为神，把祖先视为神，破坏生态就意味着亵渎神灵。更有甚者，据当地村民说，如果谁砍了后山上的树会被宗族赶出村。

村落的形成是自然的，其原生形态表现为氏族与环境的有机结合。一群人（一个氏族、部族或亚部族——部族分支）随着生存、繁衍和发展，原先的环境和资源已经无法满足他们不断扩大的需要，遂重新寻找适合生存

---

① 费孝通：《乡土中国　生育制度》，北京大学出版社1998年版。

的环境。他们首先考虑的就是栖居之处能否提供这些条件。按照文化生态学的基本要理，人与环境的关系表现为适应。它有两个基本特征：对生态环境的保持、保障与保护，以及在和谐基础上的创造。这也是生态发生学的原旨。（生态学 Ecology 一词即源自希腊语 Oikos，意指栖息地、居住环境）简言之，村落的原生形态和基本的历史指喻正是生态学的。逻辑性地，村落民众必定会把自然环境中与自己关系密切的其他种类视为同类，并认同一种虚拟的血缘关系——把自然界的某种生物（包括动植物等）视为自己同祖同宗的“同类”，大抵与人类学研究中图腾（意为“他的亲族”）相吻。这也正是本文所强调的村落生态纽带的一种基本意思。我们在对地缘性村落（部族）进行族源/族谱索考时发现，某一民族、族群在推原叙事时经常把自己与某种始祖性生物种类群同置一畴。原始的村落组织也与这些种类共同承担起维护和保卫自己生态家园的使命。比如在苗族古歌中“枫树妈妈”为苗人的祖先，迄今在西南许多苗族村寨的村头仍可看到它们守护村寨的身影。在英国古典人类学家弗雷泽的巨著《金枝》里面，枫树作为苗族村落保寨树的风俗亦被收录其中。这些由虚拟血缘关系演变的风俗揭示了原始生态朴素的哲理：如果生存环境受到破坏，村落和族群便无以依靠，无以依赖。可持续性发展便成无本之木。是为生态学的关键语义。

不同的地缘村落社会生成了一整套独特的地方知识体系，并为地方人群所信奉和遵守。人们不仅把与自己关系密切的物种视为同类，更有甚者，将这些特殊的种类神灵化，加以崇拜，并融化于地方观念和行为之中。我们在秀水村同样感受到这些地方宗教和民间信仰的纽带作用。保护泉源与山岭便是一范。村民们明白：那口保障村寨生存的泉眼与它后面的山岭构成了村落与生态不可须臾断裂的连带关系。如果那座山的树林、地貌和植被遭到了破坏，泉水就会干涸，村民的生计就难以维持，更遑论繁衍生息。他们把此番道理化作自然神灵崇拜，延伸出一套体系化的地方知识和民间智慧，并见诸、落实于乡规民约。谁如果砍山上的树，甚至于动山上的丛草，其人其家乃至整个村子就将面临劫难。谁要胆敢毁林砍树，将面临族群、宗族严厉的惩罚。结果是：山岭的生态得到了完好的保护，泉水就长流不断;山水都得到了守护,村寨就得以生存;其他事业也才能蓬勃发展,就出了状元。与其说这是一条村落生态纽带,还不如说是一个自然的辩证法。

既然村落的生态纽带是民众的生存之本和命根,地方民众由此产生了对生态的自然崇拜和地方性家园意识。这一切构成了村落生态的基本关系和秩序。由此可见,秀水村的生态环境得到了相对完好的保护,与当地民众对自然的崇敬观念和家园情感有密切的关联,包括把某些动物、植物和自然现象神灵化、神秘化,并落实在民众的生活实践和仪式行为中,表现为他们的生命体验。然而,在极端的政治运动,如"大跃进""文革"时期,这些观念、习俗和仪式通通被归入"封建迷信"范畴,遭到了严厉的禁止和批判。比如在"大炼钢铁"运动中,民族地区的一些村民被迫将保寨树(被村寨民众视为氏族、宗族或族群的图腾标志和神灵符号)砍掉。南方一些崇信铜鼓("祖先"的含义)的民族和族群被迫把铜鼓交去炼钢铁。民众的祖先崇敬、家园意识受到空前的挫伤。取而代之的是政治性、短时段的"集体化"观念和行为。既然连"保寨树"都砍了,"铜鼓"都没收了,民众"就地取材"等有违永久家园的观念和行为便无法阻挡。即使在秀水村,"大跃进""文革"时期,一些古树也被砍伐了。今天看来,就村落生态的保护而言,自然的神灵崇拜与科学主义并不总是势若水火,泾渭分明,有时可以殊途同归。

目前我国农村存在着较为严重的生态问题已为不争的事实:森林被砍,水土流失,河道污染,土地贫瘠,沙化加剧……原因有很多,要者大致如下:一,国家与地方的"二元权力关系"没有处理好。村落的政治组织属于自治性的,其基本关系属"无为政治"。这种政治基础表现为契约性的"同意权力"。相反,国家政治属"横暴权力"[①]。特别是近代民族 - 国家的权力打破了以土地伦理为基础的格局,传统村落的生态纽带受到挑战。另一方面,不同的地方知识体系所表现的力量,亦即草根力量与国家力量之间的协调、平衡与斡旋能力也有强弱上的差异,这要视村落政治组织的机制,

① 费孝通:《乡土中国　生育制度》,北京大学出版社 1998 年版,第 59—60 页。

如村落中的自治机构和代表“同意权力”的组织及附带产物乡规民约等的完善程度。二,归根到底,现代国家政治存在一个“权力假定”:认为国家可以通过专政、法令、行政手段或政治运动解决乡土社会的所有问题。历史证明这种“权力假定”的限定事实上酿造了不少悲剧,包括生态悲剧。生态环境经常成为连带结果。我们只要看一看现行的“县城现象”,包括体制、组织乃至建筑模式(火柴盒式的房屋),便可体察“王权止于县政”的历史积习和行政效力。而要阻止“权力假定”的肆意放任,地方性生态纽带在一定程度上可扮演重要的角色。三,“地方精英”(地方领导者和有威信的人士)成了重要的因素。毕竟国家权力和官僚政治对地方的浸透必须通过地方精英的链接作用。四,族群认同与家园意识的弱化和淡化。地方民众的家园自豪感的强弱程度可以理解为地方动力的一种表现形态。它对村落生态起着重要的潜在作用。需要正视的是,以往的许多政治运动,官方的有些行政法令和法规,以经济为圭臬的社会取向,以主体民族的社会文化价值为主导的趋势,都可能导致地方性族群认同感的淡化,削弱人们的家园自豪感,加剧他们的文化自卑感。尤其是那些民族地区的少数民族,此一问题更为突出。

第十三章 仪式与现代移动性

现代社会的移动性与旅行文化

众所周知,现代社会的变迁日新月异;这种变化并不仅仅表现在形式的外表,也表现在社会和文化内涵的方方面面。当代社会的一个最为显著的特征就是所谓的移动性(mobility)。据此有学者归纳出五种移动－流动的图景:一,族群的图景。不同的民族、族群和人群,包括移民等在全球化背景下呈现大规模的移动现象,从而发生史无前例的生活方式上的改变。二,技术的图景。科学技术作为技术性工具、概念等的交流和交换已经在全球化经济和文化活动中充当无以替代的重要角色。它是如此深刻地影响和改变着这一代人的思想、思维、学习、知识积累及表述方式。在很大程度上,人们已经成为技术主义的奴隶。三,财金的图景。当代社会是一个经济商品的社会,在这个社会当中,出现了全球资本的流通。资本的活动比历史上的任何一个时期都更加活跃和具有广泛性。资本事实上成为一种无所不在的,且以快捷的、符号化的财政流活动和方式迫使人们越来越依赖它。四,观念的图景。扩张性的政治理念和价值,特别是以西方为主控叙事的社会价值。今天,社会的价值体系和观念形态必然会借助全球化的流动进行传播和互动。五,传媒的图景。通过报纸、杂志、电视节目以及电影等快速而广泛传播信息的方式以展示其特殊的现代能力,使人们想拒绝它都十分困难。①

毋庸置疑,文化也发生了史无前例的"移动"。无怪乎旅行文化成为最近一段时期学者们关注的重要社会现象。旅行文化并非不着边际。作为一种社会现象,它会附着于人群、性别、阶级、商品等进行传播和再生产。移动性将既往的许多边界打破:既然资金、资本、观念、形象、信息、人群、物品和技术都在移动,那么,文化也一改传统的表现形态,成了一个最具黏附力的附着物而产生变迁和移动,而且越来越快。这种移动还不只是具体的人和物质,随着媒体的发达,电视、电影、广告、图书、报纸、杂志等都加入对各种事物,甚至是观念的移动和转变中,并起到推波助澜的作用,文化也必然在各个方面扮演无法取代的作用。如果文化包含着人群共同体的价值归属,那么,人群的空前移动,自然使之成为一种"携程";如果文化表现为一种价值观念,它会随着人移动和移居而把价值观念也一并打入"行囊";如果文化也包括文化的意义,文明的类型、生产技术的使用也自然会成为交流和交通的工具;如果文化融化在人格里,则它会通过人的旅行展示其与众不同;如果文化与某一个特定的族群对历史事件的特殊记忆与认同有关的话,那么,文化就可能表现为某些历史事件的原创、记录、认可、选择与传承;传统也是一种流动的变化……这样,旅行就成了文化的载体。当然,旅行－旅游活动本身就是一种移动。除了游客要离开日常家庭生活到另外一个地方去做暂时性的旅行外,他们还随身"携带"着诸如符号、隐喻、生活方式、价值观念等。现代社会的流动－移动,包括人群、资本、物资、信息、工作、观念、社会关系、权力关系等呈现空前的转换。它不只表现在流动的速度上,更重要的是,流动－移动本身成了一种现代社会的属性。

---

① A. Appadurai, "Disjuncture and Difference in the Global Cultural Economy," in Mike Featherstone ed. ,*Global Culture*,*Nationalism*, *Globalization*, *and Modernity*,London: Sage,1990, 295-310.

詹姆斯·克里福德在1997年出版的重要著作《线路:二十世纪晚期的旅游和迁移》(*Routes: Travel and Translation in the Late Twentieth Century*)里,开宗明义,把出现在20世纪晚期的旅行文化概括为最重要的社会文化现象,并把这种旅行文化置于人类学研究的视野之中。作者以"旅游文化"为题对传统的社会价值予以探讨,诸如在时间的流逝中,旧的帝国大厦会倾覆,新的将取而代之。新的阶级关系不得不发生变化;这种变化主要并不是表现在物质的质量和使用方面,而是其运动——不是你在哪里,或你有什么的问题,而是你从哪里来,你去哪里以及你的这种迁移的速率问题。借此,克里福德把旅游以及旅游中所包容的各种事象当作一种对"范式性空间"(a paradigmatic place)的转变和占据。他称之为"斯夸托效应"(Squanto effect)。斯夸托是早期印第安人于1620年,在位于马萨诸塞的普利茅斯(Plymouth, Massachusetts)迎接各地来的朝圣客的活动。(1620年也是在普利茅斯建立英国清教徒朝圣制度的时间——笔者注)他们帮助这些朝圣客们度过寒冷的冬天,学习讲好英语等。这一切让人们想起那些从欧洲大陆远渡重洋寻找"新世界"的迁移者和旅行历程。在作者看来,20世纪人群在空间上的移动,深刻地触及了社会的内部构造,是一种特殊社会文化的表述、表达和表演的范式。[①] 由于旅游与社会文化之间的边界并非泾渭分明,因此,从社会的角度去看待旅游现象便有其内在的逻辑依据。首先,这是因为"社会的文化化"(culturalisation of society)的结果。其次,许多原先赖以维持差异和特点的边界关系随着文化创新的发生和发展,变迁和"漂移"打破甚至超越了既定的边界关系。比如,对某一个传统的东道主社会来说,它原来的社会结构主要由族群性、社区历史、社群——"面对面的社群"内部的文化关系建立起来。我们/他们的关系确认主要指族群与邻近族群或人群之间的认同。这种快速的变化打破了原有的边界架构。从这个意义上说,它增加了旅游活动的文化化。[②]

① J. Clifford, *Routes: Travel and Translation in the Late Twentieth Century*, Harvard University Press, 1997, 17-19.

② C. Rojek & J. Urry ed., *Touring Cultures: Transformations of Travel and Theory*, London and New York: Routlege, 1997, 3-4.

现代旅游可以被视为一种现代仪式，这是旅游人类学研究中的一个带有普遍性的观念。事实上，在人类历史许多变化的经验中，旅游仿佛是一个传统意义上的通过仪式。在基督教的传统里，救世军和信徒的苦行行为都被看作神圣历史的一部分。毫无疑问，由此所进行的那些到外国旅行的朝圣、宗教战争，如十字军东侵、传教等都可以包括在内。特别到了 18 世纪，由贵族和资产阶级建立起来的旅游观念、价值变成了（至少是潜在着的）每个人哲学的——世俗知识的来源。旅游主题的历史变迁，使得宗教性旅行趋向于成为通往以宗教为中心，或以灵魂救赎为基本主旨的一条必由之路。即使在现代旅游中，朝圣活动、宗教旅游仍然大量存在；而且它也经常成为人类学家在进行旅游研究时喜爱引用的材料和案例。其中一个原因是，朝圣活动更宜于进行分析，因为其大范围的西方和非西方经验，以及相对更少阶级和社会性别之间的界限，使研究者可以清楚地辨别那些经过旅游机构所组织的观光与纯粹出于宗教信仰目的所展开的旅行活动的差异。而且，在朝圣活动中，神圣的意义是事先出于对某一种宗教的信仰而确定下来的，人们也可以很容易地找到信徒进行长途旅行的宗教原因和信仰动机。[1]

在宗教旅游中，朝圣活动几乎成为这类旅行研究的经典范例。最早对神圣与世俗的不同状态以及它们之间相互转换的重要性进行研究的要数法国的社会人类学家赫伯特和莫斯，他们在对祭献仪式进行研究后强调，脱离生活的正常状态去一个神圣的地方祭献，使参加祭献的人在这一段时间内具有神圣的牺牲化意义，而参加祭献的人完成一次祭献旅行后就又恢复到日常的生活状态。[2] 英国人类学家利奇也很重视仪式程序和过程所产生的不同层面的意义价值，每一次节日庆典都代表着一个暂时性的“漂移”，即从正常－世俗（Normal-Profane order）的程序进入非正常－神圣

① J. Clifford, *Routes: Travel and Translatio~ in the Late Twentieth Century*, Harvard University Press, 1997, 39.

② H. Hubert & M. Mauss, *Sacrifice: Its Nature and Functions*, W. Hall Trans., London: Cohen & West, 1898.

(Abnormal-Sacred order)的程序,然后再回来。[1] 我们在了解到朝圣旅行中的仪式程序和意义后,接下来,或许可以进一步追问:现代旅游是否也具有宗教旅游或者朝圣活动的意义呢?[2] 对这一问题的解答显然非常重要。如果回答是否定的,那么,就意味着所谓的通过仪式的旅游分析只限于对类似宗教旅行的范围之内,超出这个范围就不适用了。如果回答是肯定的,即意味着像通过仪式这样的旅游分析就有很大的适应范围和意义。根据定义,所谓朝圣是指为了获得精神价值,或精神康复,或纯粹表现为一种苦行和感恩的旅行活动。[3] 不言而喻,这样一种定义本身包含着某种宗教朝圣的观念,而实践这种观念自然包括一系列的旅行步骤,这里当然便具有了通过仪式的完整意义。

那么,朝圣旅行是否只适用于宗教领域里的神圣活动呢?它有没有世俗的意味呢?这是旅游人类学对仪式的应用性研究的一个需要首先解决的问题。换言之,如果朝圣旅行只表现和适用于宗教活动,那么,我们在从事旅游人类学的研究中充其量将这种旅行归为旅游活动中独立的一种。但是,如果朝圣旅行所包含的意义和隐喻价值超越了作为单一性质的旅行行为,而具有更广泛的意义和分析价值,那么,情况就大不一样了。我们或者可以更具体地套用涂尔干的神圣/世俗的二元关系原理来考察,借以厘清朝圣旅行与其他旅游活动是否同时包括和满足两种因素。如果是的话,这就是说,其中所蕴含的价值可以运用于旅游理论的建构和对其他类型的旅游活动进行分析。仪式分析大师特纳对此的回答显然非常巧妙:“如果一个朝圣者是一个一半的旅行者的话,那么,一个旅行者就是一个一半的

---

① E. R. Leach,“Two Essays Concerning the Symbolic Representation of time,” in *Re-Thinking Anthropology*, London School of Economics Monorgragh No. 22, London: Athlone press, 1961, 132-136.

② P. M. Burns, *An Introduction to Tourism & Anthropology*, London and New York: Routledge, 2002, 95.

③ R. Hoggart ed., *The Oxford Illustrated Encyclopedia of Peoples and Cultures*, Oxford: Oxford University Press, 1992, 236.

朝圣者。”[①]很显然,特纳从哲学逻辑的角度对此做了认定和认可。其逻辑关系是:朝圣者必定是一个旅行者,而旅行者必然具有朝圣的意义。既然如此,我们把旅游行为置于仪式范畴,特别是通过仪式来看待也就有了逻辑前提。事实上,旅游人类学家们对此的看法和态度具有相当程度上的共识。也正是在这样的理论和逻辑的基础上,对旅游的仪式分析才成为旅游人类学研究领域非常重要的一个特色部分。

如果说,我们上面的分析只是在哲学性知识或者心理上的认知层面确认现代的世俗旅游具有用仪式进行分析的逻辑性的话,那么,接下来要做的就是从理论和分析上分清现代旅游活动中所存在的、可以成为人类学家从事仪式分析的具体条件和因素,比如哪些因素属于世俗的,哪些因素属于神圣的,它们在旅游活动中是否可能依照通过仪式的三个阈限模式程序——发展、交通和转换进行套用。格拉本对此有过分析,他先将旅游粗分为两个大类:自愿性的/义务性的(voluntary/compulsory)。前者离开家去旅行,除了被某一旅游目的地吸引外,还希望通过具体的旅游达到身体和精神上的“更新”。旅游的实际功能可以满足游客这一基本的需求,而达到这一最为简单的旅游目的是经过一种类似于通过仪式的转换完成的。另外一类所谓的义务性旅行,诸如商人、士兵、传教士、行政人员的出差等,虽然旅行对他们来说仅仅是工作的一部分,但却成为他们实现工作过程的一种延续的必要程序,同样具有形式意义上的通过意义。

仪式表演的“前后两分制”与真实性

仪式在现代旅游活动中经常作为体现和展示传统文化和地域价值的一种活动载体,仪式本身具有特殊的表演性和场景气氛,也经常被用于吸引游客,甚至让游客直接参与到“移置”的舞台性表演之中。对仪式这种文化资源的利用在实际生活中会发生一些矛盾,由于仪式的举行是传统社

① V. Turner & E. Turner, *Image and Pilgrimage in Christian Culture*, New York: Columbia University Press, 1978.

会的历史延续，时间、地点、参加者等都有明确的规定，许多仪式属于特定族群内部的活动，不允许外来者参加。然而，随着现代旅游的兴起，当仪式被用于服务旅游或用于产生经济效益的时候，借助或改造传统仪式的事件和事例便屡见不鲜。这样，仪式的"真实性"也就成为一个学术界讨论的重要话题。

比如在印度尼西亚的爪哇岛（TORRAJA）就有这样两个类似的案例：当地的巴科斯人为死去的亲友举行隆重的传统葬礼。由于葬礼非常奇特，被印尼政府视为潜在的旅游资源。鉴于当地的民族和族群的复杂关系，政府出面试图说服当地的伊斯兰人，因为他们非常排斥巴科斯文化。政府的说服工作没能成功。从某种意义上说，这反而挽救了巴科斯人和他们的丧葬文化。结果是，当地的头人向政府提出一个解决方案，即举行假葬礼。这种假葬礼现在已经成为当地的一种活动，即使没有人死去，他们也会提前一年筹划葬礼，举行空棺葬礼。重要的是，这一活动可以吸引三千多人前来观看，他们还会邀请电视台的人来参加。另一个例子是日本大众旅游中类似的民俗表演，与上述例子如出一辙。在进行活动时，当地人通常会向外界宣告："这儿有人要死了，快点来，带着你们的摄制组来，你们会为我们招来更多的游客。"这两个例子说明，真实性的问题并非完全取决于外部环境，也与当地人将自己的传统有意地篡改或改变成另外一种"真实"有关。同样的葬礼，巴厘人的处理方式就不一样。作为旅游观光的一种表演形式，虽然葬礼活动并非完全如巴厘人现实生活中的情形一模一样；从这个意义上说是不真实的，但他们并没有根本篡改其内容，仍属一种"真实"的表演。这就是巴厘人呈现给我们的另一番景象。它向世人展示了多彩的文明，包括他们的生活方式、舞蹈等等。这些活动在 20 世纪二三十年代被欧洲人发现并为之吸引。随着旅游的发展，当地政府和地方民众也日渐依赖于旅游业，各地都希望通过发展这种无烟经济以谋取利润，并将之称为"目标产业"。换言之，旅游业成为不同文化的中介者，成为跨世纪的产业。旅游可能会成为我们生活的一部分，但生活已经改变，人们看到的就是相对真实的"游戏"。然而，即使新的社会语境或商业现象在文化的展示中打上深深的烙印，它仍然为我们提供了新的、变化中的“真实性”。①

苗族把“上刀山”成年礼仪搬上旅游舞台　彭兆荣摄

真实性之所以成为讨论的一个热点，因为其中建构性真实与仪式中所涉及的内容密切关联。建构性真实里仍然有许多因素和问题值得进一步探讨。首先，我们在仪式的表演中很难寻找到一个绝对真实的客观性。即使我们相信并承认建构性真实是对客观真实性的忠实再现，却不能避免同一个事实的存在，即当人们根据客观存在建构出“真实”的时候，客观现实已经与建构时所依据的原生形貌产生了距离，因为“我们都进入社会，而文化却总在进程之中”②。其次，根据传统的发明的原则显示，传统的原生

① 纳尔逊·格拉本、彭兆荣：《旅游人类学家谈中国旅游的可持续发展》，载《旅游学刊》2006 年第 1 期。

② E. M. Bruner, “Abraham Lincoln as Authentic Reproduction: A Critique of Postmodernism,” in *American Anthropology*, 1994, 2:407.

性或原生性传统是人们根据自己在社会语境中的现实需要所进行的发明和建构。[①] 更何况,在传统的发明中卷入了像权力、操控等因素。再次,所谓的真实与非真实是人们在如何看待某一种具体事物时的特定视野和解释。

值得一提的是,在旅游人类学研究领域,麦克内尔自20世纪70年代提出有关旅游者的动机与经验研究中的真实性——特别是所谓的"舞台真实"(staged authenticity)问题以来,它就成为相关研究中的一个核心论题。麦氏的"舞台真实"显然受到更早一些有关表演"真实性"理论,特别是戈夫曼"真实理论"的影响。戈夫曼以其戏剧理论或"人生如戏"(life as theatre)的理论而著名。戈氏在分析表演的社会机制时借用"商业大楼"为例,以说明在"同一个真实"面前,由于不同人群在接触和认识上的限制和局限,会对"真实"产生不同的描述和认知。戈夫曼把大楼分成两部分:前面是举行会议、主人会见客人或者从事商业服务的地方;后面是主人或者工作人员休息、进行表演前的准备和表演后放松的地方。据此,他根据"建构性真实"理论进一步提出了他的"真实性前后两分制":

> 我们以一个特殊的表演为参照,其中有三个关键性角色,他们分别建立在不同的功能之上:表演本身,为观众的表演和那些既非表演者,亦非观众的局外人(outsiders)……这三个角色可以被描述为在不同的基础性的区域存在:表演者可以穿梭于前台和后台,观众只在台前区域,而局外者却被排除在前、后台之外。[②]

戈夫曼认为,人类总是生活在各种各样的社会交往中,在其中人们表现出一系列行为,一整套言语的和非言语的行动模式。通过这些行为和行动模式,个人可以表达出他们对于情境的看法以及他们对情境的参与者,

---

① E. Hobsbaw & T. Ranger, *The Inrention of Tradition*, Cambridge:Cambrige University Press, 1983.

② E. Goffman,*The Presentation of Self in Everyday Life*,New York: Doubleday,1959,144-145.

尤其是对他们自己的评价。这一积极的社会价值观被叫作“面具”(face)，即这种社会价值观是在特定的交往中个人所具有的也是其他人认为他们所具有的。这个面具是个人向他人自我投射的表象，是一个人最具有个人特征的一部分，人的安全感和愉快感均源于此。但戈夫曼很快又指出，一个人的面具是从社会借来的，一旦他或她的行为不适宜，社会就会撤走它。当一个人的社会价值信息不能很好地被整合到他或她的行为系列中时，这个人就是“戴错了面具”；当一个人参与到某种情境中，却没有表现出在这个情境中的所有参加者应当具有的行为系列，这个人就是“没戴面具”。所以，保有这个面具是互动的前提，而不是互动的目的。因为一个人的面具是保证互动顺利进行的恒定因素。当人们戴着面具进行互动时，他们就是在扮演一种角色使得他们的行为与他们所正在投射的面具保持一致。①

如果我们用戈夫曼的这一套戏剧理论对仪式进行分析，可以发现其中一些颇有价值的东西。首先，在一个特定的社会中，仪式可以被视为确定的社会人群所进行交流和互动的一个场景剧，这一场景剧形同一个文化规定的化装舞会，那些对同一个文化系统认同的、有资格参加的人都必须参加。在那一个情境里面，“面具”既构成自我认同的“照相”，又使自己成为他人的一个镜子。“面具”因此具有了进入舞场的凭证。整个仪式成了一个“真实性”的事件。其次，每一个参加仪式者都戴着同一类型的“面具”——以避免其行为角色“错戴了面具”或“没戴面具”——必须符合族群的价值规范。个性化的因素被加以约束，个性化的真实在仪式情境中不被格外地强调和张扬。也就是说，以一种“非个性化真实”的姿态和行为去满足仪式表演所表现出的族群性真实。再次，仪式表演的一个重要功能在于建构“两种权威的价值”：一，仪式现场的主角，如部落的头人、寨老、祭司等。这些主角在整个仪式过程中的所有行为必须符合既定的要求，包括他们在仪式中的穿戴、语言、主持规范等等。二，仪式现场的主角经常并非真正族群性公认的真正英雄，而只是通过他们在表演中的“特权”去纪

① 威廉·C. 科克汉姆：《医学社会学》(第7版)，杨辉、张拓红等译，华夏出版社2000年版，第63—64页。

念、彰显整个族群或人群共同体的“权威性符号”——可能是一个神话人物，可能是一个死去的公认英雄，也可能是整个族群确定的祖先等。

麦克内尔将这一套理论移植于旅游研究，并在此基础上又有新的发展。他把游客主要定位在“以现代人为核心”、“以中产阶级为主体”(mainly in the middle classes)的模式之上。[①] 麦氏的基本观点是：游客旅游的目标和目的是看到他们所预期的真实，即看到他们生活以外的真实场景而非旅游标示物(markers)。然而事实上，游客在旅游过程中所见到和体验到的只是旅游标示物真实的外在象征符号，却不是作为真实整体。另一方面，游客又通过旅游活动反观自己，自己也成了“镜”中映象。换言之，游客只看到被装饰过的“舞台真实”，而非“本来真实”。这就是“舞台真实”的要旨。

对于麦氏的“舞台真实”，学者们提出了各种各样的批评。按照麦氏的理论，不管游客以什么眼光，用什么方式，选择什么角度从旅游的“镜子”中观看，都不可能是完整意义上真实的整体和真实的自我，充其量只是真实自我的愿望。格拉本从游客作为人类的角度出发，确信人类与其他动物之所以不一样正是由于人类作为“类”上的共同性。人类之所以可以被定位于游客，是因为他们遵循同一种道德，可以从旅游活动中获得一种再创造的共同性经验；这些都建立在人的自由意愿的基础上，不是建立在某些具体的事情或者物上。从这个意义上说，游客并不是部分人而是完整的人。[②] 柯恩从社会交换关系的角度进行批评，认为“舞台真实”意味着游客注定在寻找真实，只不过那种真实被“舞台的布景”掩盖而已。由于现代旅游的商品交易化作用，所有的事物和活动都在商品交换当中获得一种价值的转变。具体而言，在商品贸易中，价格转变成了货物和服务，进而转化成为一种交换系统；事物和活动无不从价格市场上获得相应的存在标志。在这种情况下，任何物质和事物的内在固有品质已经丧失殆尽。由此

① D. MacCannell, *The Tourist: A New Theory of the Leisure Class*, Berkeley: University of California Press, 1999, 1.

② N. N. Nelson Graburn, "Relocating the Tourist," in *International Sociology*, 2001, 16(2): 150.

推之，旅游过程中的所谓“真实性呈现”（emergent authenticity）便演变为一种文化生产过程，也因此转变成了一种“图谋”和非真实的东西。[①] 这意味着游客所期待和寻找的真实与实际存在的真实并非同一物。厄里则认为，旅游活动中的“日常生活的责任和义务将被暂时搁置起来”[②]，而以一种非常独特的心态、方式和眼光去看待旅游活动中的事物。游客的眼光就显得非同寻常。它不仅仅是一种视野，而且是行为者对特殊事物所进行的观察和主动“投视”，是个人意愿的表达；任何其他人、方式和器械都无可替代，因而带有明显的“主观”色彩。所以，行为者不是简单“物质意义”上的行为，而是为了寻求经验意义上的“真实”。这种“真实”建立在游客的“想象”之上。[③] 仿佛“一百个观众就有一百个莎士比亚”一样，对象的“真实”与游客眼中的“真实”不可能重叠。在此，旅游民族志对“真实性”的讨论或许只是一个范本，无论作为一个“完整人”，还是“游客的视野”，抑或是社会再生产的商品交易过程，当代社会为人们提供了一种了解、认识和把握真实性全新和多种样态的可能性。

为了区分真实性之间不同的指称和差异，我们有必要对旅游民族志研究中的“真实性”概念做一个解释。它与传统民族志研究中的“真实”（truth）、历史民族志研究中的“真实性”（reality）以及社会再生产理论中的“真实体”（entity）等在语义的强调上有所不同。旅游民族志所讨论的“真实性”主要指一种带有公认和权威性质的认定和认可。从词源上考察，“真实性”与“权威性”（authority）来自同一词根。为什么要强调“公认”性质呢？因为在现代旅游中，自我与社会间的分裂与分离状况越来越明显，特别在旅游的文化生产中，已经使得真实性与虚假性并不是处于一种二元对立的状态，而是相互交织在一起[④]，使人们很难从中找到某种公

① E. Cohen, "Authenticity and Commoditization in Tourism," in *Annals of Tourism Research*, 1988, 15: 380.

② J. Urry, *Tourist Gaze: Leisure and Travel in Contemporary Societies*, London: Sage, 2002, 10.

③ J. Urry, *Tourist Gaze: Leisure and Travel in Contemporary Societies*, London: Sage, 2002, 13.

④ E. Cohen, "Authenticity and Commoditization in Tourism," in *Annals of Tourism Research*, 1988, 15: 371-386.

认的真实属性。所以,旅游民族志所讨论的一个主要目标,在于通过旅游活动寻求自我/社会整合和作用中的真实存在。归纳起来,旅游的真实性大致可以从三个方面得到体现和认识:一,“客观性真实”,指旅游在客观方面的原始属性。以此为出发点,旅游经验在认识论上大致与旅游的客观经历相符。二,“建构性真实”,指在对真实的建构中既包含了旅游行为本身的客观性,同时又浸透了一些其他因素,包括诸如想象、期待、偏爱、信仰、权力等,使之成为一个类似的“生产者”。以此为出发点,旅游中的真实性就包括了客观和主观之间的关系结构。这样,旅游的“客体”也就事实上成了一种“象征性真实”。三,“存在性真实”,指“存在”作为一种存在方式的潜能由旅游者和旅游活动所引起、所获得。以此为出发点,旅游经验是为了在旅行过程和阈限中获得这种“存在”的实现。旅游本身就是一种“真实”,与具体的旅游中的客观物质无关。[①] 要而言之,在现代旅游民族志研究和批评中,“真实性”不啻为一个讨论的焦点。但是,究竟什么因素构成了真实,如何分清游客在他们的旅游活动中所包含的那些复杂的、细微的、非连贯性的诸多因素却不是一件容易的事情。[②] 因为在移动性作为当代社会的一种基本属性的前提下,盘缠于真实性周围或相互关联的因素越来越复杂,新生成的边界关系也越来越多。事实上,人们对现代社会中的真实性之所以会出现不同看法,很大程度来自对同一概念的不同边界的建筑与理解。不同社会角色间的关系差异,又把同一问题引导到不同的方向。比如游客习惯上会把真实性问题放到现象的范畴来看待;东道主则偏向于把真实性放在情境中来处理;而游客/东道主之间的互动关系则要放在结构中去解释。这或许有助于使我们从多个“侧面”(亦可以说“片面”)更单纯地去把握真实性的样态,却又只是认识到所谓的部分真实。在这里,“盲人摸象”似可为一个喻证:每一个“盲人”都摸到了“真实的大象”却又不是“大象的真实”。

① Ning. Wang, “Rethinking Authenticity in Tourism Experience,” in *Annals of Tourism Research*, 1999, 2: 352.

② P. M. Burns, *An Introduction to Tourism & Anthropology*, London and New York: Routledge, 2002, 33.

在这方面，格尔兹给出了一个最具代表性的例子，即所谓的“巴厘剧场国家”的仪式性展演。“古代巴厘的国家庆典活动是隐喻性的剧场：这一剧场展示关于真实(reality)之终极本质的观念，与此同时，亦用以塑造当前的生活状况以与那真实融为一体；也即是说，剧场用来展现一个本体，且通过展现这一本体，使其发生——促使它成为现实之物。布景、道具、演员、演员表演的动作、那些动作所描述的宗教信念之总体轨迹——所有这些都必须置放在究竟是什么正在进行的背景之下。”①

旅游中的阈限性

将人类学仪式理论中的通过仪式模式引入对旅游的分析的一个重要依据，是将其作为类似于一个“结构模式”来使用。但是，如果我们要将现代旅游完整地置于仪式理论领域，从根纳普借用涂尔干神圣/世俗的分类结构创立了著名的“阈限模式”和“阈限理论”，到特纳的“模棱两可”以及“中间性”的交通与转换原理等，都为人类学家对旅游活动的分析提供了一个带有模型、工具或者公式性的功效。比如，纳什从游客的时间角度对“阈限模式”的套用大致是这样的：一，分裂。游客的旅游行动的开始，把他们的过去/现在(时间)、此处/彼处(空间)和束缚/自由(感受)按照“阈限理论”的第一阶段直接套入。二，在一个认知性阈限的通过后，趋向于对一个中心的进展。在那里，世俗性的日常生活的结构性需求得到了消解和解构，而处于一种“非平常状态”(non-ordinary state)，它环绕着一种“神圣的氛围”。② 三，在此基础上发展出一种与其他游客在同一个旅程中交流、交通与转换的感受，从而完成游客在旅行中“更新”的意义和价值。③

---

① 克利福德·格尔兹：《尼加拉：十九世纪巴厘剧场国家》，赵丙祥译，上海人民出版社 1999 年版，第 123—124 页。

② D. Nash, *Anthropology of Tourism*, Oxford: Elsevier Science, 1996, 41.

③ V. L. Smith, “Sustainability,” in Valene. L. Smith & Maryann Brent ed., *Hosts and Guests Revisited: Tourism Issues of the 21st Century*, New York/Sydney/Tokyo: Cognizant Communication Corporation, 2001, 66.

另一方面，虽然现代的群众性个人旅游已经较少具有那些政治、军事和宗教的目的（除了那些属于宗教信仰、传教为目的的旅行以外）。但是，依然存在着大量“仪式意义的隐喻”。杰夫里（Jafari）就在现代旅游中引入了这样一个观点，即所谓的“跳板隐喻”（the metaphor of the springboard），认为旅游者通过旅行活动，是从原来的日常生活状态进入一种身心解放和解脱的“非日常性的漂浮”（non-ordinary floatation）状态，然后再回到日常生活状态的过程。[①] 这一过程显然带有强烈的仪式性阈限的符号特征和通过程序。

根据这样的原理，世俗旅游同样具备类似于通过仪式的意义，并适用于仪式的模式分析。现在的世俗旅游慢慢从以世俗性的知识和权力来源转为到某个地方旅游，在那个地方，人们可以找回自我。[②] 这颇符合宗教的“再生”指喻。在许多宗教的教义里面，人的生命包含着某种“罪孽”，或属于“原罪”（人生而有之），或来自信仰性、行为性的“罪过”，而洗涤、去除它的方式在不同的宗教体系中有着不同的规定和规矩，但是，有一点则相对一致，即通过人类自身的行为和努力可以达到精神和肉体的“再生”。就其行为模式而言，它类似于一种通过仪式。格拉本曾以加尔文教徒的神圣旅游为例子，说明这一类带有宗教信仰目的的旅游事实上具有如下的模式意义：

世俗（profane）→	神圣（sacred）→	世俗（profane）
↓	↓	↓
日常生活	旅游活动	日常生活
↓	↓	↓
低状态	高状态	低状态

从这个分析模式我们可以清楚地看到，格拉本试图将涂尔干关于神

① J. Jafari, “Tourism Models: The Socio-cultural Aspects,” in *Tourism Management*, 1987, 8: 151-159.

② J. Fabian, *Time and the Other: How Anthropology Makes it Object*, New York: Columbia University Press, 2002, 6.

圣/世俗的观念和根纳普的通过仪式的模式结合在一起。[①] 值得注意的是,虽然从表面上看,经过旅游行为之后,仿佛"终点"又回归于"原点",其实不然,它达到了一种"更新状态"。特别在宗教性活动里面,此种意义更为明确。类似于一个信徒因自己的"罪过"而去"忏悔",在得到"主的宽恕"后,他照旧回到机械式的日常生活状态;然而,他事实上得到了"精神"上的解脱,得到了灵魂的"再生"。

格拉本把这样的过程和分析模式运用于现代的旅游活动,并为我们描绘出一个更为具体而翔实的结构图,我们可以将它看作旅游的缩模。

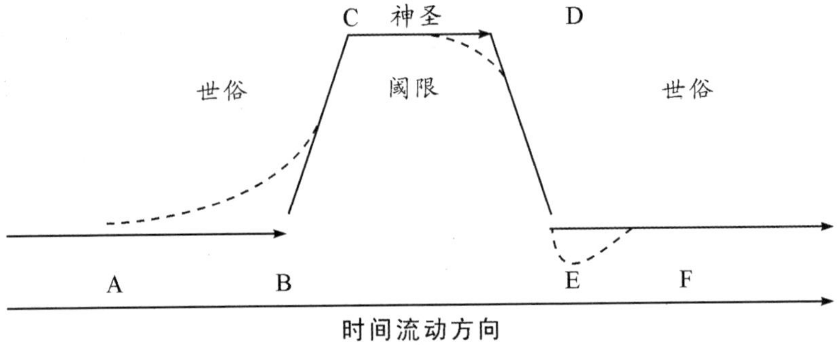

在这个缩模结构图中,我们可以清楚地看到游客在不同阶段中的行为和意义。

A—B 阶段与状态:游客在 A—B 阶段处于一种快乐期待的阶段。如果我们把旅游过程看成一个完整的、具有明确阈限价值的模式的话,它可以被视为"进入阶段"(Entries)。这一过程可能包括两种行为和心理上的表现形式:第一种是在确定要进入某一次旅游后,游客会有一段时间,几周甚至几个月进行旅游的安排和准备工作,包括资金预算和各项具体的准备。在这一段时间里,游客会表现出一种期待的心理,但也会表现出某种矛盾的心理状态,主要表现为对旅游项目选择的考虑,外出期间工作与家庭的安排是否周详,财政支出评估等复杂的心理活动。第二种是在离开家庭外出旅游那一个短暂的、真正进入的阈限关节。它是游客从实际准备和

① N. N. Nelson Graburn, "Tourism: The Sacred Journey," in V. Smith ed., *Hosts and Guests: The Anthropology of Tourism*, Philadelphia: University of Pennsylvania Press, 1977.

心理期待到具体实现的渐进过程。这一过程的完成就意味着旅游活动的开始。

C—D 阶段与状态:C—D 处于一种兴奋中间的阶段和过程,它具有象征意义上"神圣"的阈限意义,处于完全脱离日常生活而在享受着"度假"(holiday)——有意思的是,所谓度假的原义正是指度过"神圣的时光"(holy days)。这种状态正是游客梦寐以求的。毫无疑义,这一阶段同样也充满了矛盾的状态,特别在游客即将结束快乐的旅游活动时,与新结识的朋友分离,想到又要回到枯燥烦琐的工作状态,以及希望通过旅游所达到的身心上的再造而不是再回原来的状态(re-creation)。

D—F 阶段与状态: D—F 是处于苦甜交织的阶段。在 A 之前和 F 之后的一种世俗的日常生活,即所谓"出去"(Exits)阶段。

有意思的是,在旅游作为通过仪式的模式展演中,格拉本还为我们揭示出在三个不同阈限中的两种心理曲线:从 A—C 和从 D—E 的虚线活动指示。前者表现出游客从低向高的走势,体现游客对旅游的期待值逐渐向上的过程。更值得人们注意的是 D—E 的虚线,它不是直接回到原来的实线上,而有一个虚线低谷,表现出游客在重回日常生活和工作状态前的文化和心理震荡(cultural and psychological shocks)。这种情况非常充分地表现出旅游活动的一种特殊性的禀赋,正如法语中一句非常具有哲理性的话:"变化的越大,就越是一回事"。(Plus Ça Change, Plus C'est la Même Chose.)①

"再造"是一个值得讨论的话题,什么是"再造"? 它具体是指什么而言的? 为什么旅游对人具有再造的能力和功效? 旅游人类学家在回答这些问题的时候通常会将旅游放在仪式的功能和过程中来考察。简单地说,所谓再造(再生)是指经过旅游的通过仪式之后,旅行者达到了一种全新(更新)的状态。它可以置于任何一种类型、项目的旅游活动来解释。比如对于朝圣旅行,再造－再生可以特指一种宗教意义上的精神和生命的再生或复活。对于世俗旅游,再生－再造可以指游客的身体和心理达到一种

① N. N. Nelson Graburn,"Relocating the Tourist,"in *International Sociology*,2001,16(2):42-50.

更新、复苏状态。越是到了现代社会，这种感受和效果也就越是明显。在旅游的时间和时态的表述中，它与根纳普的通过礼仪有着十分相似的地方，包含着分离、过渡、整合三个阶段，或曰阈限。

如果人们的工作或生活状态达到一定的时间或限度，就需要休息、休憩、休闲。这无论从任何一种角度，打任何一种比喻都是合适的。从生理、心理的恢复体力和精力的层面是这样；一台机器，运行到一定的时间就需要保养；土地耕种到一定的程度需要休整……而生命的通过礼仪表现为阈限的阶段性通过：经过一个周期性过程，达到另一个新的周期性整合，生命方可得以持续。这无疑是一种合理的解释。

参考资料

外文部分

Abercrombie, T.

1998, *Pathways of Memory and Power: Ethnography and History among Andean People*, Madison: University of Washington Press.

Aijmer, G.

2000, "Introduction," in Aijmer, G. & Abbink, J. ed., *Meanings of Violence: Symbolism and Structure in Violent Practice*, Oxford: Berg.

Alexander, B. C.

1997, "Ritual and Current Studies of Ritual: Overview," in Glazier, S. D. ed., *Anthropology of Religion: A Handbook*, Westport, CT: Greenwood Press.

Anderson, B.

1991, *Imagined Communities: Reflections on the Origin and Spread of Nationalism*, London: Vergo.

Appadurai, A.

1990, "Disjuncture and Difference in the Global Cultural Economy," in Mike Featherstone, ed., *Global Culture: Nationalism, Globalization, and*

Modernity, London: Sage.

Ardener, E.

1972, "Belief and Problem of Women," in La Fontaine, J. S. ed., *The Interpretation of Ritual: Essays in Honour of A. I. Richards*, London: Tavistock Publications.

Asad, T.

1993, *Genealogies of Religion: Discipline and Reasons of Power in Christianity and Islam*, Baltimore and London: Johns Hopkins University Press.

Bal, M.

1990, "Experiencing Murder: Ritualistic Interpretation of Ancient Texts," in Ashley, Kathleen M. ed., *Victor Turner and the Construction of Cultural Criticism: Between Literature and Anthropology*, Indiana University Press.

Barfield, T. ed.

1997, *The Dictionary of Anthropology*, Oxford: Blackwell Publishing.

Barth, F.

1969, *Ethnic Groups and Boundaries: the Social Organization of Culture Difference*, Boston: Little, Brown and Company.

Bateson, G.

1972, "Form, subsistence and difference," in Bateson first published in *General Semantics Bulletin*, No. 37.

Bell, C.

1992, *Ritual Theory, Ritual Practice*, New York & Oxford: Oxford University Press.

Bergendorff, S., Ulla Hasager and Henrique, P.

1988, "Mythopraxis and History: On the Interpretation of the Makahiki," in *Journal of the Polynesian Society* 97.

Bergman, R.

1973, "A School for Medicine Men," in *American Journal of Psychiatry*, Vol. 130, No. 6.

Bird, F. B.

1995, "Ritual as Communicative Action," in Lightstore, J. N. & Bird, F. B. ed. ,*Ritual and Ethnic Identity: A Comparative Study of the Social Meaning of Liturgical Ritual in Synagogues*, Wilfrid Laurier University Press.

Block, M.

1973, "Symbols, song, dance and features of articulation," in *European Journal of Sociology*, 15.

1987, "The Ritual of the Royal Bath in Madagascar," in David Canadine and Simon Price ed. ,*Ritual and Royalty: Power and Ceremonial in Traditional Societies*, Cambridge: Cambridge University Press.

1992, *Prey into Hunter: The Politics of Religious Experience*, Cambridge University Press.

Boas, F.

1938, *General Anthropology*, Boston, New York: D. C. Heath.

Borofsky, R.

1997, "Cook, Lono, Obeyesekere, and Sahlins," in *Current Anthropology*, Volume 38, April.

Bourdieu, P.

1977, "Symbolic Power," Trans. by Colin Wringe, in Denis Gleeson ed. , *Identity and Structure: Issues in the Sociology of Education*, Driffield, England: Nafferton Books.

Bray, W. & Trump, D.

1982, The *Penguin Dictionary of Archaeology*, London: Penguin Books.

Bulfinch, T.

1965, *The Age of Fable*, New York: Airmont Publishing Company.

Bulliet, C. J.

1928, *Venus Castina: famous female impersonators celestial and human*, New York: Covici Friede Publishers.

Burkert, W.

1983, *Homo Necans*, Berkeley: University of California Press.

Burns, P. M.

2000, *An Introduction to Tourism & Anthropology*, London and New York: Routledge.

Cassirer, E.

1944, *An Essay on Man*, New York: Bantam Books.

Cirlot, J. E.

1971, *A Dictionary of Symbols*, Trsns. by Sage, J., New York: Philosophical Library.

Clifford, J. and Marcus, George. E. ed.

1986, *Writing Culture: The Poetics and Politics of Ethnography*, Berkeley/Los Angeles/London: University of California Press.

Clifford, J.

1997, *Routes: Travel and Translation in the Late Twentieth Century*, Harvard University Press.

Climo, Jacob J. and Maria G. Cattell ed.

2002, *Social Memory and History: Anthropological Perspectives*, Walnut Creek/Lanham/New York/Oxford: Altamira Press.

Cohen, E.

1988, "Authenticity and Commoditization in Tourism," in *Annals of Tourism Research*, Vol. 15.

Cohen, P. S.

1969, "Theories of Myth," in *Man* 4(3).

Collard, A.

1989, "Investigating Social Memory in Greek Context," in Tonkin, E., McDonald, M. and Chapman, M ed., *History and Ethnicity*, London and New York: Routledge.

Colpe, C.

1987, *The Sacred and the Profane in Encyclopedia of Religion*, Vol. II, Micea Eliade ed. , New York: Macmillan Publishing Company.

Comaroff, John & Comaroff, Jean. ed.

1992,*Ethnography and Historical Imagination*,Boulder: Westview Press.

Crapanzano, V.

1980,"Rite of Return: Circumcisim in Morocco,"in Meunsterberger, W. & Boyer, L. B. ed. ,*Psychoanalytic Study of Society*,Vol. 9,New York: Library of Pschological Anthropology.

Converse, P.

1964,"The Nature of Belief Systems in Mass Publics," in David Apter ed. ,*Ideology and Discontent*,New York: Free Press.

Crossman, R. H. S.

1937,*Plato Today*,New York: Oxford University Press.

Douglas, M.

1967,"The Meaning of Myth,Chap. ,"in *The Structural Study of Myth and Totemism*,Leach, E. ed. ,London: Tavistock Publication.

1970,*Purity and Danger*,Harmondsworth: Penguin Books.

1973,*Natural Symbols*,New York: Random House.

1979,"Taboo,"in Cavendish, R. ed. ,*Man, Myth, and Magic*,London: BPCC/Phoebus Publishing.

1989,"Animals in Lele Religious Thought," in Middleton,J. ed. ,*Myth and Cosmos: Readings in Mythology and Symbolism*,University of Texas Press.

Durkheim, E.

1961,*The elementary of religious life*, Trans. Joseph Ward Swain, New York: Colier.

Else, G. F.

1967,*Origins and Early Form of Greek Tragedy*, Martin Classical Lectures. Vol. 20,Cambridge: Harvard University Press.

Fabian, J.

2002,*Time and the Other: How Anthropology Makes it Object*,New York:

Columbia University Press.

Farriss, N. M.

1987, "Remembering the Future, Anticipating the Past: History, Time, and Cosmology among the Maya of Yucatan," in *Comparative Studies in Society and History*, 29(3).

Fentress, J. & Wickham, C.

1992, *Social Memory*, Oxford: Blackwell.

Fergusson, F.

1998, "The Idea of a Theatre," in Segal, R. A. ed., *The Myth and Ritual Theory*, Blackwell Publishers.

Finnegan, R.

1969, "How to do things with words: Performative utterances among the Limba of Sierra Leone," in *Man* 4: 537-551.

Firth, R.

1973, *Symbol: Public and Private*, London: Allen & Unwin.

1974, "Verbal and bodily rituals of greeting and parting," in La Fontaine, J. S. ed., *The Interpretation of Ritual*, London: Tavistock Publications.

Fontenrose, J.

1966, *The Ritual Theory of Myth*, Berkeley: University of California Press.

Fortes, M.

1966, "Religious Premises and Logical Technique in Divinatory Ritual," in *A Discusion on Ritualization of Behaviours in Animals and Man*, Organized by Philosophical Transaction of the Royal Society of London, Series B, Vol. 251, Biological Sciennce, London: Royal Society.

Francis, E.

1976, *Ritual and Drama*, London: Lutterworth Press.

Frazer, J. G.

1898, *The Dying God*, London: Macmillan and Co., Limited.

1947, *The Golden Bough*, London: Macmillan Publishing Company.

1978, *The Illustrated Golden Bough*, London: Macmillan and Co., Limited.

Freedman, M.

1978, *Main Trends in Social and Cultural Anthropology*, New York/London: Holmes & Meier Publishers, Inc.

Geertz, C.

1973, *The Interpretation of Culture*, New York: Basic Books.

1995, *After the Fact*, Cambridge, Mass: Harvard University Press.

Girard, R.

1977, *Violence and the Sacred*, Trans. by Gregory, P. Baltimore: The John Hopkins University Press.

1980, "Shakespeare's Theory of Mythology," in *Proceedings of the Comparative Literature Symposium*, Vol. 11.

Gilsman, M.

2002, "On Conflict and Violence," in MacClancy, Jeremy ed., *Exotic No More: Anthropology on the Front Lines*, Chicago: The University of Chicago Press.

Gluckman, M.

1962, *Essays on the Ritual of Social Relations*, Manchester: Manchester University Press.

1963, *Order and Rebellion in Tribal Africa*, London: Cohen & West.

1970, "Ritual," in Cavendish, R. ed., *Man, Myth, and Magic*, London: Phoebus Publishing.

Goffman, E.

1959, *The Presentation of Self in Everyday Life*, New York: Doubleday.

1967, *Interaction Ritual: Essays on Face-to Face Behavior*, New York: Pantheon Books.

1969, *Strategic Interaction*, Philadelphia: University of Pennsylvania Press.

Goody, E.

1972, "'Greeting', 'Begging', and the Presentation of Respect," in La Fontaine, J. S. ed., *The Interpretation of Ritual: Essays in Honour of A. I. Richards*, London: Tavistock Publications.

Graburn, N. N. Nelson

1977, "Tourism: The Sacred Journey," in Smith, V. ed., *Hosts and Guests: The Anthropology of Tourism*, Philadelphia: University of Pennsylvania Press.

2001, "Relocating the Tourist," in *International Sociology*, Vol. 16, No. 2.

Grant, M.

1962, *Myths of the Greeks and Romans*, New York: New American Library.

Grimes, L. R.

1982, *Beginnings in Ritual Studies*, Washington, D. C.: University Press of America.

1985, *Research in Ritual Studies*, Metuchen, N. J.: Scarecrow Press and The Americam Theological Library Association.

Hardin, R. F.

1998, "Ritual in Recent Criticism: The Elusive Sense of Community," In Segal R. A. ed., *The Myth and Ritual Theory*, Malden: Blackwell Publishers.

Hawkins, A. Hunsaker.

1993, *Reconstructing Illness: Studies in Pathography*, Purdue University Press.

Hoggart, R. ed.

1992, *The Oxford Illustrated Encyclopedia of Peoples and Cultures*, Oxford: Oxford University Press.

Hook, S. H. and Black, A. M. ed.

1993, *The Myth and Ritual Pattern of The Ancient East*, London: Oxford University Press.

1935, *The Labyrinth*, New York: Macmillan Publishing Company.

Hughes-Freeland, F. & Crain, M. M. ed.

1978, *Celebration of Death: The Anthropology of Mortuary Ritual*, Cambridge University Press.

Huxley, J.

1966, "Introduction: A Discussion on Ritualization of Behavior in Animals and Man," in *Philosophical Transactions of the Royal Society*, Series B, 251.

Hyman, S. E.

1966, "The Ritual View of Myth and Mythic," in Vickery, J. B. ed., *Myth and Literature: Contemporary Theory and Practice*, University of Nebraska Press.

Jafari, J.

1987, "Tourism Models: The Socio-cultural Aspects," in *Tourism Management*, 8.

Jameson, F.

1972, *The Prison-House of Language*, Princeton: Priceton University Press.

Kertzer, D.

1988, *Ritual, Politics and Power*, Yale University Press.

Kitts, M.

2002, "Sacrificial Violence in the Iliad," in *Journal of Ritual Studies* 16(1).

Kleinman, A.

1988, *The Illness Narrative*, New York: Basic Book.

Kluckhohn, C. K. Maben

1998, "Myths and Rituals: A General Theory," in Segal, R. A. ed., *The Myth and Ritual Theory*, Blackwell Publishers.

Kuhn, T.

1970, *The Structure of Scientific Revolutions*, University of Chicago Press.

Küng, H.

1979, *Freud and the Problem of God*, Yale University Press.

Kuper, A.

1973, *Anthropologists and Anthropology*, Harmondsworth: Penguin Books.

Laughlin, C. D. & d'Aquili, E. G.

1979, "Ritual and Stress," in Laughlin, C. D, E. G. d'Aquili & McManus, J. ed., *The Spectrum of Ritual*, New York: Columbia University Press.

La Fontaine, J. S. ed.

1972, *The Interpretation of Ritual: Essays in Honour of A. I. Richards*, London: Tavistock Publications.

Leach, E. R.

1954, *The Political Systems of Highland Burma: A Study of Kachin Social Structure*, London: G. Bell & Sons.

1961, "Two Essays Concerning the Symbolic Representation of time," in *Re-Thinking Anthropology*, London School of Economics Monorgragh, No. 22, London: Athlone press.

1966, "Ritualization in man in relation to conceptual and social developments," in J. Huxley (convenor), *A Discussion of the Ritualization of Behavior in Animals and Man*, Transactions of the Royal Society of London, Series B, Biological Sciences, 251.

1968, *Ritual In the International Encyclopedia of the Social Science*, Vol. 13, ed., Sills, D. L., New York: Macmillan.

1972, "The Structure of Symbolism," in La Fontaine, J. S. ed., *The Interpretation of Ritual: Essays in Honour of A. I. Richards*, London: Tavistock Publications.

1976, *Culture and Communication*, Cambridge University Press.

1977, *Custom, Law and Terrorist Violence*, Edinburgh: Edinburgh University Press.

Leeming, D.

1977, *Mythology*, New York: Newsweek Books.

Lévi-Strauss, C.

1962, *La Pensee Sauvage*, Paris: Plon.

1973, *Structural Anthropology*, Harmondsworth: Penguin Books. (*Anthropologie Stuucturale.* Paris: Plon, 1958.)

1979, *The Raw and the Cooked, Introduction to a Science of Mythology: I.*, Trans. John and Doreen Weightman, New York: Octagon Books.

Lincoln, B.

1991, *Emerging from the Chrysalis: Rituals of Women's Initiation*, New York and Oxford: Oxford University Press.

Logan, M. H. & Hunt, E. E. ed.

1978, *Health and Human Condition: Perspectives on Medical Anthropology*, Duxbury Press.

Lukes, S.

1974, *Power: A Radical View*, New York: Macmillan.

1975, "Political Ritual and Social Integration," in *Sociology: Journal of British Sociological Association* 9, No. 2.

MacCannell, D.

1999, *The Tourist: A New Theory of the Leisure Class*, Berkeley: University of California Press.

Marcus, G. E. & Fisher, M. J.

1986, *Anthropology as Cultural Critique*, Chicago: University of Chicago Press.

Malinowski, B.

1927, *Lunar and Seasonal Calendar in the Trobriands. J. R. Anthropol. Inst.* (57).

1927, "The Problem of Meaning in Primitive Languages," in C. K. Ogden and I. A. Richards, *The Meaning of Meaning*, London: Routledge.

1962, *Sex, Culture and Myth*, Middleton, J. ed., New York: Harcourt, Brace & World, Inc.

1948, *Magic, Science and Religion*, Boston: Beacon.

Mauss, M.

1967, *The Gift: Forms and Functions of Exchange in Archaic Societies*, Trans. by Ian Cunnison, New York: Norton.

Moore, S. F. and Myerhoff, B. G.

1987, "Secular Ritual," in Mircea Eliade et all. ed., *The Encyclopedia of Religion*, New York: Macmillan.

Morris, B.

1995, *Anthropological Studies of Religion*, Cambridge University Press.

Munn, N. D.

1992, "The Cultural Anthropology of Time: A Critical Essay," *in Annual Review of Anthropology*, 21.

Munz, P.

1973, *When the Golden Bough Breaks: Structuralism or Typology?* London and Boston: Routledge & Kegan Paul.

Nash, D.

1996, *Anthropology of Tourism*, Oxford: Elsevier Science.

Nora, P.

1989, "Between Memory and History: Les Liex de Memoires," in *Representations* 26.

Obeyesekere, G.

1990, *The Work of Culture*, Chicago: University of Chicago Press.

1992, *The Apotheosis of Captain Cook: European Myth-making in the Pacific*, Princeton: Princeton University Press.

Ohnuki-Tierney, E. ed.

1990, *Culture Through Time: Anthropological Approaches*, Stanford: Stanford University Press.

Purkis, J.

1999, *Greek Civilization*, London: Teach Yourself Books.

Rappaport, R.

1974, *The Obvious Aspects of Ritual*, Cambridge Anthropology. (2).

1979, *Ecology, Meaning and Religion*, Richmond, California: North Atlantic Books.

2000, *Ritual and Religion in the Making of Humanity*, Cambridge University Press.

Rapport, Nigel and Overing, Joanna.

2000, *Social and Cultural Anthropology: The Key Concepts*, London and New York: Routledge.

Renfrew, C.

1994, "The Archaeology of Religion," in Renfrew, C. & Zubrow, E. eds., *The Ancient Mind: Elements of Cognitive Archaeology*, Cambridge: Cambridge University Press.

Renfrew, C. and Bahn, P.

2000, *Archaeology: Theories, Methods and Practice*, London: Thames and Hudson.

Richardson, M.

1991, "Point of View in Anthropological Discourse," in Brady, I. ed., *Anthropological Poetics*, Rowman & Littlefield Publisher. Inc.

Riva, C. and Simon, S.

1996, "Ritual Landscapes in Archaic Etruria," in Wilkins, J. B. ed., *Approaches to the Study of Ritual: Italy and the Ancient Mediterranean*, University of London.

Rojek, C. and Urry, J. ed.

1997, *Touring Cultures: Transformations of Travel and Theory*, London and New York: Routlege.

Rudie, I.

1998, "Making Person in a Global Ritual? Embodied Experience and Free-floating Symbols in Olympic Sport," in Hughes-Freeland, F. & Crain, M. M.

ed. ,*Recasting Ritual*.

Ruthven, K. K.

1979,*Myth*,London: Methuen & Co. Ltd.

Sahlins, M.

1972,*Stone Age Economics*,Aldine de Gruyter.

1981,*Historical Metaphors and Mythical Realities*,Ann Arbor: The University of Michigan Press.

1985,*Islands of History*,Chicago: The University of Chicago Press.

Schechner, R.

1995,*The Future of Ritual: Writing on Culture and Performance*,London & New York: Routledge.

Sangren, P. S.

1987,*History and Magical Power in a Chinese Community*,Stanford: Stanford University Press.

Shils, E.

1968,"Ritual and Crisis," in Donald R. Cutler ed. , *The Religious Situation*,Boston: Beacon Press.

Staal, F.

1975,"The Meaninglessness of Ritual,"in *Human* 26, No. 1.

Stanage, S.

1974,"Violatives: Modes and Themes of Violence," in Stanage,S. ed. , *Reason and Violence*, Totowa, NJ: Littlefield/ Adams.

Singer, M.

1972,*When a Great Tradition Modernizes*,New York: Praeger.

Smith, J. Z.

1987,*To Take Place: Toward Theory in Ritual*, Chicago: University of Chcago Press.

Smith,V. L.

2001,"Sustainability," in Smith,Valene. L. & Maryann Brent ed. ,*Hosts* and Guests Revisited: Tourism Issues of the *21st Century*, New York/Sydney/Tokyo: Cognizant Communication Corporation.

Sylvia, L. & Purnell, H. ed.

1968, *Yao-English Dictionary* (*Cornell University Southeast Asia Program Data Paper No.* 69. *Linguistic Series II.*), Ithaca/ New York: Cornell University Press.

Taylor, E. B.

1958, *The Origins of Culture*, New York: Harper.

Taylor, L.

1984, *In the Underworld*, Oxford: Blackwell.

Thomas, Owen.

1969, *Metaphor and Related Subjects*, Bloomington, NY: Random House.

Troy, W.

1967, *On Rereading Balzac*, New Brunswick: Rutgers University Press.

Turner, T. S.

1977, "Transformation, Hierarchy and Transcendence: A Reformulation of Van Gennep's Model of the Structure of Rites of Passage," in Sally F. Moore and Barbara G. Myerhoff. ed., *Secular Ritual*, Amsterdam: Van Gorcum.

1984, "Dual Opposition, Hierarchy and Value," in Jean Claude Galey ed., *Differences, Valeurs, Hiérarchie: Texts offerts à Louis Dumond*, Paris: Ecole des Hautes Etudes en Sciences Sociales.

Turner, V. W.

1967, *The Forest of Symbol: Aspects of Ndembu Ritual, Ithaca*, New York: Cornell University Press.

1967, *The Drums of Affliction*, Oxford University Press.

1974, *Dramas, Fields and Metaphors, Ithaca*, New York: Cornell University Press.

1974, *The Ritual Process*, Harmondsworth: Penguin Books.

1976, "African Ritual and Literary Mode: Is a Comparative Symbology

Possible?" in Fletcher, A. ed. ,*In the Literature of Fact*, Columbia University Press.

1982, *Celebration: Studies in Festivity and Ritual*, Washington, D. C.: Smithsonian Institution Press.

1982, *From Ritual to Theatre*, New York: PAJ Publications.

1985, "Religious Specialists," in Lehmann, A. C. and Myers, E. ,*Magic, Witchcraft, and Religion: An Anthropological Study of the Supernatural*, California: Mayfield Publishing Company.

1987, *The Anthropology of Performance*, New York: PAJ Publications.

Turner, V. & Turner, E.

1978, *Image and Pilgrimage in Christian Culture*, New York: Columbia University Press.

Urry, J.

2002, *Tourist Gaze: Leisure and Travel in Contemporary Societies*, London: Sage.

Valeri, V.

1985, *Kingship and Scrifice: Ritual and Society in Ancient Hawaii*, Chicago: University of Chicago Press.

Van Gennep, A.

1965, *The Rites of Passage*, London: Routledge & Kegan Paul.

Vansina, J.

1985, *Oral Tradition as History*, Wisconsin: The University of Wisconsin Press.

Von Furer-Haimendorf, C.

1985, "Priests," in Lehmann, A. C. and Myers, E. ,*Magic, Witchcraft, and Religion: An Anthropological Study of the Supernatural*, California: Mayfield Publishing Company.

Vickery, J. B.

1973, *The Literary Impact of the Golden Bough*, Princeton University Press.

1980, "Scapegoat in Literature: Some Kinds and Uses," in Marjorie, W. ed., *The Binding of Proteus: Perspectives on Myth and the Literary Process*, Bucknell University Press.

Wang, Ning.

1999, "Rethinking Authenticity in Tourism Experience," in *Annals of Tourism Research*, 26(2).

William, R.

1983, *Key Words*, New York: Oxford University Press.

Zimmer, H. D. et all.

2001, *Memory for Action: A Distinct Form of Episodic Memory?* Oxford/New York: Oxford University Press.

中文部分

艾米·加金-施瓦兹:《考古学与民俗学中的物质文化、仪式和日常生活》,周惠英译,载《民间文化论坛》2006年第1期。

埃德蒙·利奇:《文化与交流》,郭凡、邹和译,上海:上海人民出版社2000年版。

埃里克·J.夏普:《比较宗教学史》,吕大吉、何光沪、徐大建译,上海:上海人民出版社1988年版。

埃文斯-普里查德:《努尔人》,褚建芳、阎书昌、赵旭东译,北京:华夏出版社2002年版。

爱弥尔·涂尔干:《乱伦禁忌及其起源》,汲喆、付德根、渠东译,上海:上海人民出版社2003年版。

爱弥尔·涂尔干、马塞尔·莫斯:《原始分类》,汲喆泽,上海:上海人民出版社2000年版。

奥维德:《变形记》,杨周翰译,北京:人民文学出版社1984年版。

巴莫阿依:《凉山彝族山民的仪式生活》,载《民族艺术》2003年第2期。

巴莫曲布嫫:《构思高山图式》,载《民族艺术》2003年第2期。

白川静:《汉字》(卷一),朱家骏、林崎等译,厦门:厦门大学出版社2005年版。

保罗·康纳顿:《社会如何记忆》,纳日碧力戈译,上海:上海人民出版社2000年版。

伯高·帕特里奇:《狂欢史》,刘心勇、杨东霞译,上海:上海人民出版社1992年版。

陈国强主编:《简明文化人类学词典》,杭州:浙江人民出版社1990年版。

陈梦家:《商代的神话与巫术》,载《燕京学报》1936年第20期。

恩格斯:《家庭、私有制和国家的起源》,北京:人民出版社1972年版。

恩斯特·卡西尔:《人论》,甘阳译,上海:上海译文出版社1985年版。

菲奥纳·鲍伊:《宗教人类学导论》,金泽、何其敏译,北京:中国人民大学出版社2004年版。

《费尔巴哈哲学著作选集》(下卷),荣震华、王太庆、刘磊译,北京:生活·读书·新知三联书店1962年版。

费孝通:《乡土中国　生育制度》,北京:北京大学出版社1998年版。

费孝通主编:《中华民族多元一体格局》(修订本),北京:中央民族大学出版社1999年版。

佛洛伊德:《图腾与禁忌》,杨庸一译,台北:志文出版社1972年版。

弗朗兹·博厄斯:《人类学与现代生活》,刘莎、谭晓勤、张卓宏译,北京:华夏出版社1999年版。

弗雷德里克·巴特:《斯瓦特巴坦人的政治过程》,黄建生译,上海:上海人民出版社2005年版。

富川瑶族自治县志编纂委员会编:《富川瑶族自治县志》,南宁:广西人民出版社1993年版。

顾颉刚:《古史辨自序》,石家庄:河北教育出版社2000年版。

《广西瑶族社会历史调查》(第8册),南宁:广西民族出版社1987年版。

贵州酒文化博物馆:《贵州酒文化文集》,1990年版。

贵州省民族研究会、贵州省民族研究所编:《贵州民族调查》(第1—7册),1983—1990年。

郭净:《心灵的面具:藏密仪式表演的实地考察》,上海:上海三联书店1998年版。

郭沫若:《殷契粹编》,北京:科学出版社1965年版。

郭于华主编:《仪式与社会变迁》,北京:社会科学文献出版社2000年版。

汉斯·比德曼:《世界文化象征辞典》,刘玉红、谢世坚、蔡马兰译,桂林:漓江出版社2000年版。

何辉:《宁化客家运动的文化复象》,厦门:厦门大学硕士论文,2000年。

何新:《诸神的起源》,北京:生活·读书·新知三联书店1986年版。

亨利·富兰克弗特:《古代埃及宗教》,郭子林、李凤伟译,上海:上海三联书店2005年版。

胡志毅:《神话与仪式:戏剧的原型阐释》,上海:学林出版社2001年版。

华莱士·马丁:《当代叙事学》,伍晓明译,北京:北京大学出版社1990年版。

黄应贵主编:《时间、历史与记忆》,台北:台湾"中央研究院"民族研究所1999年版。

黄钰辑注:《评皇券牒集编》,南宁:广西人民出版社1990年版。

霍布斯鲍姆、兰格:《传统的发明》,顾杭、庞冠群译,南京:译林出版社2004年版。

吉田祯吾:《宗教人类学》,王子今、周苏平译,西安:陕西人民出版社1991年版。

简·布洛克:《原始艺术哲学》,沈波、张安平译,上海:上海人民出版社1991年版。

金秀瑶族自治县民委、广西师范学院民族民间文学研究所、广西民俗学会编:《瑶族风情录》,南宁:广西人民出版社1991年版。

克利福德·格尔兹:《尼加拉:十九世纪巴厘剧场国家》,赵丙祥译,上海:上海人民出版社 1999 年版。

克利福德·格尔兹:《文化的解释》,纳日碧力戈、郭于华、李彬等译,上海:上海人民出版社 1999 年版。

拉曼·塞尔登编:《文学批评理论——从柏拉图到现在》,刘象愚、陈永国等译,北京:北京大学出版社 2000 年版。

《礼记》,陈澔注,上海:上海古籍出版社 1987 年版。

李安宅:《〈仪礼〉与〈礼记〉之社会学的研究》,上海:上海人民出版社 2005 年版。

李济:《中国文明的开始》,南京:江苏教育出版社 2005 年版。

李礼君:《疫史与瘟神》,载《人籁论辨》2005 年第 12 期。

李万春:《汉字与民俗》,昆明:云南教育出版社 1992 年版。

李学勤:《比较考古学随笔》,桂林:广西师范大学出版社 1997 年版。

李亦园:《文化的图像》(上、下),台北:允晨文化实业股份有限公司 1992 年版。

理查德·鲍曼:《美国民俗学和人类学领域中的“表演”观》,杨利慧译,载《民族文学研究》2005 年第 3 期。

列维－斯特劳斯:《神话与意义》,杨德睿译,台北:麦田出版社 2001 年版。

列维－斯特劳斯:《忧郁的热带》,王志明译,北京:生活·读书·新知三联书店 2000 年版。

林美容:《妈祖信仰与汉人社会》,哈尔滨:黑龙江人民出版社 2003 年版。

罗曼·赫尔佐克:《古代的国家:起源和统治形式》,赵蓉恒译,北京:北京大学出版社 1998 年版。

罗素:《西方哲学史》(上卷),何兆武、李约瑟译,北京:商务印书馆 1976 年版。

罗素:《宗教与科学》,徐奕春、林国夫译,北京:商务印书馆 2005 年版。

马林诺夫斯基:《野蛮人的性生活》,刘文远、纳日碧力戈、马殿君等译,北京:团结出版社 1989 年版。

马凌诺斯基:《西太平洋的航海者》,梁永佳、李绍明译,北京:华夏出版社 2002 年版。

马塞尔·莫斯:《礼物》,汲喆译,上海:上海人民出版社 2002 年版。

马赛尔·莫斯:《论馈赠——传统社会的交换形式及其功能》,卢汇译,北京:中央民族大学出版社 2002 年版。

马文·哈里斯:《好吃:食物与文化之谜》,叶舒宪、户晓辉译,济南:山东画报出版社 2001 年版。

马歇尔·萨林斯:《"土著"如何思考》,张宏明译,上海:上海人民出版社 2003 年版。

马歇尔·萨林斯:《文化与实践理性》,赵丙祥译,上海:上海人民出版社 2002 年版。

玛丽·比尔德、约翰·汉德森:《当代学术入门:古典学》,董乐山译,沈阳:辽宁教育出版社、牛津大学出版社 1998 年版。

美国时代-生活图书公司编著:《尼罗河两岸:古埃及(公元前 3050~公元前 30)》,聂仁海、郭晖译,济南、北京:山东画报出版社、中国建筑工业出版社 2001 年版。

米盖尔·杜夫海纳:《美学文艺学方法论·人类学方法》,朱立元等编译,北京:中国文联出版公司 1992 年版。

米歇尔·福柯:《临床医学的诞生》,刘北成译,南京:译林出版社 2001 年版。

米歇尔·福柯:《知识考古学》,谢强、马月译,北京:生活·读书·新知三联书店 1998 年版。

纳尔逊·格拉本、彭兆荣:《旅游人类学家谈中国旅游的可持续发展》,载《旅游学刊》2006 年第 1 期。

奈杰尔·巴利:《天真的人类学家——小泥屋笔记》,何颖怡译,上海:上海人民出版社 2003 年版。

宁化县志编纂委员会编:《宁化县志》,福州:福建人民出版社 1992

年版。

P. R. 桑迪:《神圣的饥饿:作为文化系统的食人俗》,郑元者译,北京:中央编译出版社 2004 年版。

彭兆荣:《神话叙事中的"历史真实":人类学神话理论述评》,载《民族研究》2003 年第 5 期。

彭兆荣:《文学与仪式:文学人类学的一个文化视野——酒神及其祭祀仪式的发生学原理》,北京:北京大学出版社 2004 年版。

彭兆荣、牟小磊、刘朝晖:《文化特例:黔南瑶麓社区的人类学研究》,贵阳:贵州人民出版社 1997 年版。

彭兆荣、潘年英:《摆贝:一个西南边地的苗族村寨》,北京:生活·读书·新知三联书店 2004 年版。

皮埃尔·布迪厄、华康德:《实践与反思——反思社会学导引》,李猛、李康译,北京:中央编译出版社 1998 年版。

钱锺书:《管锥编》(第 1—4 册),北京:中华书局 1979 年版。

乔伊斯·阿普比尔、林恩、亨特、玛格丽特·雅各布:《历史的真相》,刘北成、薛绚译,北京:中央编译出版社 1999 年版。

乔治·E. 马尔库斯、米开尔·M. J. 费彻尔:《作为文化批评的人类学:一个人文学科的实验时代》,王铭铭、蓝达居译,北京:生活·读书·新知三联书店 1998 年版。

让-皮埃尔·韦尔南:《古希腊的神话与宗教》,杜小真译,北京:生活·读书·新知三联书店 2001 年版。

沈松侨:《我以我血荐轩辕——黄帝神话与晚清的国族建构》,载《台湾社会研究季刊》1997 年。

史宗主编:《20 世纪西方宗教人类学文选》,金泽、宋立道、徐大建等译,上海:上海三联书店 1995 年版。

孙振玉主编:《人类生存与生态环境》,哈尔滨:黑龙江人民出版社 2005 年版。

特伦斯·霍克斯:《结构主义和符号学》,瞿铁鹏译,上海:上海译文出版社 1987 年版。

王宏源:《字里乾坤》,北京:华语教学出版社 2000 年版。

王明珂:《华夏边缘:历史记忆与族群认同》,台北:允晨文化实业股份有限公司 1997 年版。

王明珂:《羌在汉藏之间—— 一个华夏边缘的历史人类学研究》,台北:联经出版事业股份有限公司 2003 年版。

王铭铭:《想象的异邦——社会与文化人类学散论》,上海:上海人民出版社 1998 年版。

王秋桂主编:《神话、信仰与仪式》,台北:稻乡出版社 1996 年版。

威廉·C. 科克汉姆:《医学社会学》(第 7 版),杨辉、张拓红等译,北京:华夏出版社 2000 年版。

维柯:《新科学》,朱光潜译,北京:人民文学出版社 1986 年版。

吴永章:《瑶族史》,成都:四川民族出版社 1993 年版。

西格蒙德·弗洛伊德:《弗洛伊德后期著作选》,林尘、张唤民、陈伟奇译,上海:上海译文出版社 1986 年版。

萧兵:《傩蜡之风:长江流域宗教戏剧文化》,南京:江苏人民出版社 1992 年版。

徐新建:《醉与醒——中国酒文化研究》,贵阳:贵州人民出版社 1992 年版。

亚里斯多德、贺拉斯:《诗学　诗艺》,罗念生、杨周翰译,北京:人民文学出版社 1982 年版。

阎云翔:《礼物的流动——一个中国村庄中的互惠原则与社会网络》,李放春、刘瑜译,上海:上海人民出版社 2000 年版。

杨利慧:《表演理论与民间叙事研究》,载《民俗研究》2004 年第 1 期。

杨通山、蒙光朝、过伟等编:《侗乡风情录》,成都:四川民族出版社 1983 年版。

《瑶族研究专辑》(新亚学术集刊),香港:香港中文大学新亚书院 1994 年版。

叶舒宪:《阉割与狂猖》,上海:上海文艺出版社 1999 年版。

叶舒宪:《中国神话哲学》,西安:陕西人民出版社 2004 年版。

叶舒宪选编:《神话－原型批评》,西安:陕西师范大学出版社 1987 年版。

叶舒宪主编:《文学与治疗》,北京:社会科学文献出版社 1999 年版。

约翰·R.霍尔、玛丽·乔·尼兹:《文化:社会学的视野》,周晓虹、徐彬译,北京:商务印书馆 2002 年版。

约瑟夫·坎贝尔:《千面英雄》,张承谟译,上海:上海文艺出版社 2000 年版。

臧克和:《说文解字的文化说解》,武汉:湖北人民出版社 1995 年版。

张恩庭、刘善群、张仁藩主编:《石壁之光》,厦门:厦门大学出版社 1993 年版。

张光直:《考古人类学随笔》,北京:生活·读书·新知三联书店 1999 年版。

张光直:《美术、神话与祭祀》,郭净译,沈阳:辽宁教育出版社 2002 年版。

赵廷光:《论传统瑶族文化》,昆明:云南民族出版社 1990 年版。

中国大百科全书出版社《简明不列颠百科全书》编辑部译编:《简明不列颠百科全书》(第 9 卷),北京:中国大百科全书出版社 1986 年版。

中国民间文艺研究会研究部编:《民间文学理论译丛》(第一集),北京:中国民间文艺出版社 1986 年版。

周一良、吴于廑主编:《世界通史资料选辑》,北京:商务印书馆 1974 年版。

朱狄:《艺术的起源》,北京:中国社会科学出版社 1982 年版。

朱利安·鲍尔迪:《黑色上帝:犹太教、基督教和伊斯兰教的起源》,谢世坚译,桂林:广西师范大学出版社 2004 年版。

竹村卓二:《瑶族的历史和文化——华南、东南亚山地民族的社会人类学研究》,金少萍、朱桂昌译,北京:民族出版社 2003 年版。

庄惠兰:《广西盘瑶还大愿仪式中的神圣与世俗》,厦门:厦门大学硕士论文,2001 年。